Betriebliche Steuerpraxis

Doris Carius, Kerstin Loch, Dr. Jordan Pandow, u. a.

Betriebliche Steuerpraxis

Autoren:
Doris Carius, Kerstin Loch, Dr. Jordan Pandow
André Seifert, Antonella Sgroi, Kathrin Reinhold, Marion Reinhold, Bernd Weidtmann,
Sven Matthiesen, Monika Seeba

Herausgeber:
Dr. Bernd Arnold,
Leiter Xpert Business Deutschland

1. Auflage, Druckversion vom 01.09.2017, POD-4.1

Verlag: EduMedia GmbH, Augustenstraße 22/24, 70178 Stuttgart
Redaktion: Maria-Magdalena Kielholz
Lektorat: Marita Schwarzbach
Layout, Satz und Druck: Schlötel GmbH, Ziegelhüttenweg 4, 98693 Ilmenau
Printed in Germany

© 2014-2017 EduMedia GmbH, Stuttgart
Alle Rechte, insbesondere das Recht zu Vervielfältigung, Verbreitung oder Übersetzung, vorbehalten. Kein Teil des Werkes darf ohne schriftliche Genehmigung des Verlages in irgendeiner Form reproduziert oder unter Verwendung elektronischer Systeme gespeichert, verarbeitet, vervielfältigt oder verbreitet werden. Der Verlag haftet nicht für mögliche negative Folgen, die aus der Anwendung des Materials entstehen.

Internetadresse: http://www.edumedia.de

ISBN 978-3-86718-**515**-8

Lernen leicht gemacht!

Für Ihren optimalen Lernerfolg enthält dieses Buch ...

Basiswissen:
verständliche Texte, hilfreiche Grafiken und Tabellen

Beispiele:
Anwendungsszenarien aus der Berufspraxis

Wissenskontrollfragen:
das erworbene Wissen wiedergeben

Übungen:
das erworbene Wissen anwenden

Musterklausuren:
Ihre Kenntnisse in praxisnahen Prüfaufgaben testen und verbessern

Lösungen:
überprüfen Sie Ihre Ergebnisse der Übungen und Musterklausuren anhand der Lösungsdarstellungen im kostenfreien Download unter www.edumedia.de/verlag/loesungen

Was Sie wissen sollten ...

Damit unsere Unterrichtsmaterialien lebendig und lesbar bleiben, haben wir in dem vorliegenden Band auf Wortungetüme wie „LeserInnen" u. ä. verzichtet und stattdessen die männliche Form verwendet. Bitte haben Sie Verständnis für unser Vorgehen, liebe Leserin. Sie sind selbstverständlich ebenso gemeint, wenn wir z. B. von „dem Unternehmer" oder „dem Kaufmann" sprechen.

So kommen Sie weiter:

Dieses Buch führt Sie zum Xpert Business Zertifikat

Betriebliche Steuerpraxis

Dies ist u.a. Bestandteil folgender Abschlüsse:

Geprüfte Fachkraft Externes Rechnungswesen
- Finanzbuchführung 2 ☐
- Bilanzierung ☐
- Betriebliche Steuerpraxis ☑

Manager/in (XB) Betriebswirtschaft Rechnungswesen
- Finanzbuchführung 2 ☐
- Finanzwirtschaft ☐
- Kosten- und Leistungsrechnung ☐
- Controlling ☐
- Bilanzierung ☐
- Betriebliche Steuerpraxis ☑
- Lohn und Gehalt 1 ☐

	Xpert Business Abschlüsse | Betriebswirtschaft							
	Geprüfte Fachkraft (XB)				Buchhalter/in (XB)			Manager/in (XB) Betriebswirtschaft
	Finanz-buchführung	Internes Rechnungswesen	Externes Rechnungswesen	Lohn und Gehalt	Finanzbuch-halter/in	Personal- und Lohnbuchhalter/in	Finanz- und Lohnbuchhalter/in	Rechnungswesen und Controlling	Rechnungswesen | Lohn | Controlling
Finanzbuchführung (1)	●	●							●
Finanzbuchführung (2)	●		●		●		●	●	●
Finanzbuchführung (3) EDV	●				●		●		●
Bilanzierung			●		● (alternativ)		● (alternativ)	●	●
Finanzwirtschaft		●			● (alternativ)		● (alternativ)	●	●
Kosten- und Leistungsrechnung		●			●		●	●	●
Controlling		●						●	●
Betriebliche Steuerpraxis			●					●	●
Lohn und Gehalt (1)				●				●	●
Lohn und Gehalt (2)				●		●	●		●
Lohn und Gehalt (3) EDV				●		●	●		●
Personalwirtschaft						●			
Personale Kompetenzen	Teamentwicklung, Projektmanagement, Moderationstraining, Wirksam vortragen								●

Kooperierende Hochschulen und Handwerkskammern rechnen Xpert Business Abschlüsse als Studienleistung an. Nähere Informationen dazu finden Sie unter www.xpert-business.eu.

Bitte informieren Sie sich bei Ihrer Volkshochschule oder der Xpert Business Prüfungszentrale Deutschland.

Xpert Business Prüfungszentrale Deutschland
Sofia Kaltzidou

Tel. 0711 - 7590036
E-Mail: kaltzidou@vhs-bw.de
Web: www.xpert-business.eu

Xpert Business
Kurs- und Zertifikatssystem

Xpert Business (XB) ist das bundeseinheitliche Kurs- und Zertifikatssystem für kaufmännische und betriebswirtschaftliche Weiterbildung an Volkshochschulen und vielen weiteren Bildungsinstituten. XB-Kurse vermitteln seit über 10 Jahren fundierte Kompetenzen vom Einstieg bis zum Hochschulniveau.

Bundesweit anerkannt. Praxisnah. Aktuell.

Die Kurse zeichnen sich durch ihre besondere Praxisnähe und Aktualität aus: Von Anfang an lernen Sie anhand von aktuellen Beispielen und entwickeln Fähigkeiten, die Sie direkt im beruflichen Alltag einsetzen können. Dabei unterstützen Sie die vorliegenden Lehr- und Übungsmaterialien, welche passgenau auf die Xpert Business-Lernzielkataloge und Prüfungen abgestimmt sind.

www.xpert-business.eu/lernzielkataloge

Die XB-Zertifikate und Abschlüsse werden an kooperierenden Kammern und Hochschulen als Studienleistungen anerkannt.

Modular. Flexibel. Zukunftssicher.

Die Kursmodule können Sie je nach Interesse und schon vorhandenen Kenntnissen auswählen und kombinieren. Nach jedem Kurs besteht die Möglichkeit, eine standardisierte Prüfung abzulegen. Bei Erfolg erhalten Sie ein bundesweit anerkanntes Zertifikat. Durch Kombinationen von Zertifikaten erreichen Sie übergeordnete Abschlüsse.

Das modulare System und die bundesweit hohe Flächendeckung mit XB-Bildungsinstituten ermöglicht es Ihnen, Aufbaukurse nahtlos anzuschließen wann und wo Sie wollen: Einen in München absolvierten Buchhaltungs-Grundkurs können Sie z.B. später in Rostock durch einen Aufbaukurs ergänzen und zu einem Fachkraft-Abschluss führen.

Viele positive Erfahrungen.

Wir haben mit XB-Absolventinnen und Absolventen gesprochen: Sie berichten, was sie beim Lernen unterstützt hat, wie sie es geschafft haben, sich berufsbegleitend weiterzuqualifizieren, und wie sie mit Xpert Business ihre Karriere fördern konnten.

www.xpert-business.eu/erfahrungsberichte

Ich wünsche Ihnen viel Spaß und Erfolg in Ihrem Xpert Business-Kurs.

Dr. Bernd Arnold
Leiter Xpert Business Deutschland

Inhaltsverzeichnis

1 Wer, an wen und wofür? Grundlagen des deutschen Steuersystems 11

1.1 Was sind Steuern? 12
1.1.1 Der Steuerbegriff im deutschen Steuerrecht 12
1.1.2 Abgrenzung der abzuführenden Geldleistungen 13
- Steuerliche Nebenleistungen 13
- Gebühren der Finanzverwaltung 14
- Sonstige öffentlich-rechtliche Geldleistungen des Unternehmens 14

1.2 Wer zahlt Steuern und wofür? Die zentralen Größen des Steuersystems 15
1.2.1 Der Steuerpflichtige 16
1.2.2 Der Steuerträger 17
1.2.3 Der Steuertatbestand 17
1.2.4 Der Steuergläubiger 17

1.3 Unterscheidung von Steuerarten 18
1.3.1 Wer führt die Steuer ab? Unterscheidung nach Erhebungsform 18
1.3.2 Was wird besteuert? Unterscheidung nach Steuertatbestand 18
- Besitz- und Verkehrsteuern 19
- Verbrauchsteuern und Zölle 19
1.3.3 Wer bekommt die Steuer? Unterscheidung nach Ertragshoheit 19

1.4 Finanzverfassung 21
1.4.1 Rechtsnormen 21
1.4.2 Rechtsprechung 22

2 Das Besteuerungsverfahren 25

2.1 Übersicht über das Besteuerungsverfahren 26

2.2 Steuerpflichtige und Steuerpflichten 27
2.2.1 Steuerpflichtige 27
2.2.2 Steuererklärungen und Steueranmeldungen 27
- Abgabepflichten und Abgabefristen 28
- Form und Inhalt der Steuererklärung 29

2.3 Örtliche Zuständigkeiten von Finanzämtern 30
2.3.1 Zuständigkeit des Wohnsitzfinanzamts 30
2.3.2 Zuständigkeit des Geschäftsleitungsfinanzamts 31
2.3.3 Zuständigkeit des Betriebsfinanzamts 32
2.3.4 Zuständigkeit des Lagefinanzamts 32
2.3.5 Zuständigkeit des Betriebsstättenfinanzamts 33
2.3.6 Steuerabzug in Zusammenhang mit Bauleistungen 33

2.4 Steuerfestsetzung durch das Finanzamt ... 33
2.4.1 Steuerbescheide ... 33
- Bekanntgabe des Steuerbescheides ... 34
- Form und Inhalt des Steuerbescheides ... 34
- Die gesonderte Feststellung von Besteuerungsgrundlagen ... 35
- Feststellung der Besteuerungsgrundlagen durch Grundlagenbescheide ... 36
- Bestandskraft des Steuerbescheides und Vorbehalt der Nachprüfung ... 37
- Schätzung von Besteuerungsgrundlagen ... 38

2.4.2 Festsetzungsfristen ... 38
- Anlaufhemmung und Ablaufhemmung ... 39

2.5 Rechtsbehelfe im Besteuerungsverfahren ... 40
2.5.1 Außergerichtliche Rechtsbehelfe ... 40
2.5.2 Gerichtliche Rechtsbehelfe ... 42

3 Die Umsatzsteuer im Unternehmen ... 47

3.1 Steuertatbestand und Akteure der Umsatzsteuer ... 48

3.2 Feststellung des Steuertatbestandes ... 49
3.2.1 Der Unternehmer im Umsatzsteuerrecht ... 49
- Ein Unternehmer, mehrere Betriebe ... 50
- Der Unternehmer als Steuerschuldner ... 51
- Die Umkehr der Steuerschuldnerschaft ... 51

3.2.2 Steuerbare Umsätze ... 53
- Geltungsbereich der Umsatzsteuer ... 53

3.2.3 Lieferungen und sonstige Leistungen ... 54
- Lieferungen eines Unternehmers ... 56
- Lieferung aus Drittländern (Einfuhr) ... 59
- Sonstige Leistungen eines Unternehmens ... 61

3.2.4 Steuerfreie Umsätze ... 70
- Steuerfreie Umsätze mit Vorsteuerabzug ... 70
- Steuerfreie Umsätze ohne Vorsteuerabzug ... 71
- Steuerfreie Umsätze mit Optionsrecht ... 72

3.2.5 Der innergemeinschaftliche Erwerb ... 73

3.3 Ermittlung der Bemessungsgrundlage und des Vorsteuerabzugs ... 74
3.3.1 Bemessungsgrundlage der Umsatzsteuer ... 74
3.3.2 Bemessungsgrundlage für Leistungen, innergemeinschaftliche Erwerbe und Einfuhr ... 75
- Bemessungsgrundlage bei unentgeltlichen Wertabgaben ... 76
- Änderung der Bemessungsgrundlage ... 78

3.3.3 Der Vorsteuerabzug ... 79
- Abziehbare Vorsteuerbeträge ... 79
- Nicht abziehbare Vorsteuerbeträge ... 81
- Ausschluss vom Vorsteuerabzug ... 81
- Aufzuteilende Vorsteuern ... 82

3.4	**Sätze der Umsatzsteuer**	**84**
3.4.1	Steuersätze	84
3.4.2	Steuerliche Optionen bei Kleinunternehmern	85
	▪ Verzicht auf die Kleinunternehmerregelung	86
3.5	**Betriebliche Abwicklung der Umsatzsteuer**	**87**
3.5.1	Das Ausstellen von Rechnungen	87
	▪ Rechnungen im Sinne des Umsatzsteuergesetzes	87
	▪ Besonderheiten bei Rechnungen	89
	▪ Fehlerhafte Rechnungen	91
3.5.2	Der Besteuerungszeitraum	92
	▪ Soll-Besteuerung	93
	▪ Ist-Besteuerung	94
3.5.3	Besteuerungsverfahren innerhalb und am Ende des Kalenderjahres	94
	▪ Umsatzsteuervoranmeldung	94
	▪ Dauerfristverlängerung	97
	▪ Zusammenfassende Meldung	98
	▪ Umsatzsteuererklärung	100
4	**Die Einkommensteuer auf Gewinneinkünfte**	**111**
4.1	**Steuertatbestand und Akteure der Einkommensteuer**	**112**
4.2	**Feststellung des Steuertatbestandes**	**113**
4.2.1	Beschränkt und unbeschränkt Steuerpflichtige	113
4.2.2	Einkunftsarten	113
	▪ Exkurs: Verluste innerhalb der Einkunftsarten	114
4.3	**Ermittlung der Bemessungsgrundlage I: Gewinnermittlung**	**115**
4.3.1	Buchführungspflicht als Voraussetzung zur Gewinnermittlung durch Betriebsvermögensvergleich	116
	▪ Unterscheidung von Umsatz und Gewinn	116
4.3.2	Gewinnermittlung durch Betriebsvermögensvergleich	117
	▪ Das Betriebsvermögen	117
	▪ Gewinnermittlung nach § 4 Abs. 1 EStG	119
	▪ Gewinnermittlung nach § 5 EStG	120
4.3.3	Gewinnermittlung durch Einnahmen-Überschussrechnung (EÜR)	121
	▪ Zeitpunkt der Berücksichtigung von Gewinnen	121
	▪ Betriebseinnahmen und -ausgaben in der EÜR	122
	▪ Das Formular zur EÜR	123
4.3.4	Wechsel der Gewinnermittlungsart	123
	▪ Der Übergang von der EÜR zur Bilanz	124
	▪ Der Übergang von der Bilanz zur EÜR	125
4.3.5	Gewinnermittlungszeitraum	126

4.4 Ermittlung der Bemessungsgrundlage II: Bewertung des Betriebsvermögens 126
4.4.1 Grundlagen für die Bewertung 126
4.4.2 Bewertung des Anlagevermögens 127
- Abnutzbare und nicht abnutzbare Anlagegüter 127
- Bewertungsmaßstäbe für Anlagegüter 128

4.4.3 Bewertung des Umlaufvermögens 133
- Bewertung von Vorräten 134
- Bewertung von Forderungen 134
- Bewertung von Wertpapieren 136
- Bewertung von liquiden Mitteln 137

4.4.4 Bewertung von Verbindlichkeiten 137
4.4.5 Bewertung von Rückstellungen 138
4.4.6 Bewertung von Entnahmen und Einlagen 139
- Bewertung von Entnahmen 139
- Die private Nutzung des betrieblichen Pkw 140
- Bewertung von Einlagen 143

4.5 Ermittlung der Bemessungsgrundlage III: Betriebseinnahmen und -ausgaben 144
4.5.1 Betriebseinnahmen 144
4.5.2 Betriebsausgaben 145
- Nicht abzugsfähige Betriebsausgaben 145
- Beschränkt abzugsfähige Betriebsausgaben 146

4.6 Ermittlung der Bemessungsgrundlage IV: Berechnung der Abschreibungen 148
4.6.1 Planmäßige Abschreibungen 149
- Anwendung der linearen Abschreibung 150
- Lineare Gebäudeabschreibung 151

4.6.2 Sonderabschreibungen 152
4.6.3 Abschreibung geringwertiger Wirtschaftsgüter 154

4.7 Ermittlung der Bemessungsgrundlage V: Investitionsabzugsbetrag 156
4.7.1 Bildung des Investitionsabzugsbetrages 156
4.7.2 Auflösung des Investitionsabzugsbetrages 157

4.8 Ermittlung der Bemessungsgrundlage VI: Steuerbilanz 159

4.9 Steuersätze zur Einkommensteuer 161

4.10 Betriebliche Abwicklung der Einkommensteuer 162
4.10.1 Einkommensteuererklärung 162
- Einkommensteuererklärung - Mantelbogen 163
- Einkommensteuererklärung - Anlage G (Einkünfte aus Gewerbebetrieb) 164
- Einkommensteuererklärung - Anlage S
  (Einkünfte aus selbstständiger Arbeit) 165

4.10.2 Einkommensteuer-Vorauszahlungen 165

5 Die Lohnsteuer - eine Erhebungsform der Einkommensteuer ...173

5.1 Verpflichtungen eines Arbeitgebers bei der Beschäftigung von Arbeitnehmern 174
5.1.1 Steuertatbestand und Akteure der Lohnsteuer 174
5.1.2 Ermittlung der Steuerabzugsbeträge 175
- Die persönlichen Lohnsteuerabzugsmerkmale 175
- Die Lohnsteuertabellen 176
- Die Lohnsteuerklassen 176
- Ermittlung von Kirchensteuer und Solidaritätszuschlag 178
5.1.3 Anmelden und Abführen der Lohnsteuer 179

5.2 Sozialversicherungen 180

5.3 Besonderheiten bei geringfügig und kurzfristig Beschäftigten 181
5.3.1 Geringfügig entlohnte Beschäftigte 181
5.3.2 Kurzfristig Beschäftigte 183

6 Die Körperschaftsteuer 185

6.1 Steuertatbestand und Akteure der Körperschaftsteuer 186

6.2 Feststellung des Steuertatbestandes 187

6.3 Ermittlung der Bemessungsgrundlage 187
6.3.1 Grundlagen der Besteuerung 187
6.3.2 Ermittlung des Einkommens 188

6.4 Steuersätze der Körperschaftsteuer 190

6.5 Betriebliche Abwicklung der Körperschaftsteuer 191
6.5.1 Die Körperschaftsteuer-Erklärung 191
6.5.2 Körperschaftsteuer-Vorauszahlungen 197
6.5.3 Körperschaftsteuer-Rückstellung 198

7 Die Gewerbesteuer 201

7.1 Steuertatbestand und Akteure der Gewerbesteuer 202

7.2 Feststellung des Steuertatbestandes 203

7.3 Ermittlung der Bemessungsgrundlage 203
7.3.1 Berechnung des Gewerbeertrages 203
- Hinzurechnungen 204
- Kürzungen 206
- Anrechenbarer Verlustvortrag 207
7.3.2 Der Gewerbesteuermessbetrag 207
- Zerlegung des Gewerbesteuermessbetrages 210
- Exkurs: Anrechnung auf die Einkommensteuer 211

7.4	**Betriebliche Abwicklung der Gewerbesteuer**	**212**
7.4.1	Gewerbesteuererklärung	212
	▪ Steuererklärungspflicht - Abgabefrist	212
	▪ Das Formular zur Gewerbesteuererklärung	213
7.4.2	Gewerbesteuervorauszahlungen	216
7.4.3	Berechnung der Gewerbesteuerrückstellung	217

8 Steuerliche Aspekte wichtiger Unternehmensentscheidungen .221

8.1	**Steuerliche Gestaltungsfelder**	**222**
8.2	**Steuerplanung**	**222**
8.2.1	Zeitpunkt der Steuerzahlung	222
8.2.2	Anträge auf Herabsetzung bzw. Heraufsetzung von Vorauszahlungen	223
8.2.3	Umstellung des Wirtschaftsjahres	223
8.3	**Steuerliche Auswirkungen der Unternehmensform**	**224**
8.3.1	Gewerbebetrieb und selbstständige Tätigkeit	225
8.3.2	Einzelunternehmen, Personengesellschaften und Kapitalgesellschaften	225
	▪ Exkurs: Gesellschafter in der Geschäftsführung	228
8.3.3	Organschaftsverhältnisse	229
	▪ Ertragsteuerliche Organschaft	229
	▪ Umsatzsteuerliche Organschaft	230
8.4	**Bildung von steuerfreien Rücklagen**	**231**
8.4.1	Reinvestitionsrücklage gemäß § 6b EStG	231
8.4.2	Rücklage für Ersatzbeschaffung gemäß R 6.6 EStR	232
8.4.3	Zuschussrücklage nach R 6.5 Abs. 4 EStR	233
8.4.4	Investitionsabzugsbetrag gemäß § 7g EStG	233
8.5	**Finanzierungseffekte bei Rückstellungen**	**234**
8.5.1	Bildung von Rückstellungen und Finanzierungseffekte	235
8.5.2	Auflösung von Rückstellungen	236
8.5.3	Steuerliche Auswirkungen	236
8.6	**Verlustverrechnung - Verlustvorträge und Verlustrückträge**	**237**
8.6.1	Horizontaler und vertikaler Verlustausgleich	237
8.6.2	Anwendung von Verlustvortrag und -rücktrag	238
8.7	**Die Zinsschranke nach § 4h EStG**	**239**
8.8	**Sale-and-lease-back-Geschäfte**	**240**

8.9	**Steuerliche Aspekte bei Investitionsvorgängen**	**241**
8.9.1	Investitionen ins Umlaufvermögen	241
	▪ Wertansätze	241
8.9.2	Investitionen ins Anlagevermögen	242
	▪ Bedeutung des Wertansatzes	242
	▪ Abschreibungsmethoden	242
8.9.3	Geringwertige Wirtschaftsgüter (GwG)	244
	▪ Zuordnung als geringwertiges Wirtschaftsgut	244
	▪ Darstellung der Bewertungsmöglichkeiten eines GwG	244
8.9.4	Sondereffekte – Investitionszulagen, Investitionszuschüsse	245
	▪ Investitionszulagen	245
	▪ Investitionszuschüsse	246
8.9.5	Investitionsauslagerung	246
	▪ Ertragsbesteuerung nach dem Transparenzprinzip	247
	▪ Ertragsbesteuerung nach dem Trennungsprinzip	247
	▪ Gestaltungsmöglichkeiten der Investitionsauslagerung	247
	▪ Mutterunternehmen als Personengesellschaft	247
	▪ Mutterunternehmen als Kapitalgesellschaft	248
8.10	**Gestaltungsmissbrauch**	**248**
8.10.1	Tatbestand des Gestaltungsmissbrauchs	249
8.10.2	Übergang zur Steuerhinterziehung	250

9	**Musterklausuren**	**253**
	Sachwortverzeichnis	**279**

Wer, an wen und wofür? Grundlagen des deutschen Steuersystems

In diesem Kapitel werden die Grundlagen für die Besteuerung im Unternehmen erläutert. Dazu werden die wesentlichen Begriffe eingeführt, die eine Rolle im Steuersystem spielen.

Inhalt

- Was sind Steuern?
- Wer zahlt Steuern und wofür? Die zentralen Größen des Steuersystems
- Unterscheidung von Steuerarten
- Finanzverfassung

1.1 Was sind Steuern?

Dass ein einzelnes Individuum etwas von seinem persönlichen Besitz abgibt, um damit zum Unterhalt seiner sozialen Gruppe beizutragen, ist ein wesentliches Merkmal menschlichen Sozialverhaltens. Im Gegenzug bietet die Gruppe dem Individuum Schutz vor äußeren Feinden oder soziale, ökonomische, gesundheitliche, religiöse oder andere Unterstützung. Ohne dieses Geben und Nehmen wäre die Entwicklung menschlicher Gesellschaften wohl kaum denkbar.

Mit der Herausbildung von Staaten oder staatsähnlichen Organisationsformen entwickelten sich auch Regeln, Normen und Gesetze als Grundlage eines geordneten und verlässlichen Zusammenlebens. Von Beginn an war die Regelung von Abgaben des Einzelnen an die Gemeinschaft ein wesentlicher Anlass und Bestandteil dieser Normen und Gesetze. Aus freiwilligen Abgaben entwickelten sich Zwangsabgaben, auf deren Basis eine funktionierende Staatsverwaltung, Feldzüge, Infrastrukturmaßnahmen und andere hoheitliche Aufgaben des Staates finanziert werden konnten.

1.1.1 Der Steuerbegriff im deutschen Steuerrecht

Im heutigen politischen und rechtsstaatlichen System der Bundesrepublik ist der juristische Begriff der Steuern vergleichsweise eng definiert. Im allgemeinen Steuerrecht wird in der Regel § 3 Abs. 1 AO als Definition herangezogen:

Steuerbegriff § 3 Abs.1 AO

„Steuern sind Geldleistungen, die nicht eine Gegenleistung für eine besondere Leistung darstellen und von einem öffentlich-rechtlichen Gemeinwesen zur Erzielung von Einnahmen allen auferlegt werden, bei denen der Tatbestand zutrifft, an den das Gesetz die Leistungspflicht knüpft; die Erzielung von Einnahmen kann Nebenzweck sein."

Wie es für solche komprimiert formulierten Definitionen typisch ist, enthält auch diese in wenigen Zeilen einige zu klärende Begriffsmerkmale:

- **Steuern sind Geldleistungen.** Steuern werden nicht als Sachleistungen erhoben. Auch die Ableistung eines Bundesfreiwilligendienstes sind keine Steuern im Sinne dieser Definition.
- **Der Staat hat gegenüber dem Steuerzahler keine konkrete Gegenleistung zu erbringen.** Steuern unterliegen weder einer Zweckbindung noch werden sie danach erhoben, in welchem Umfang der Steuerzahler staatliche Leistungen in Anspruch nimmt. Damit unterscheiden sich Steuern von anderen Formen staatlicher Abgaben, wie Beiträge oder Gebühren.
- **Steuern werden vom öffentlich-rechtlichen Gemeinwesen erhoben.** Erhebungsberechtigt sind Bund, Länder und Gemeinden sowie einige Religionsgemeinschaften.
- **Steuern sind an einen definierten Tatbestand geknüpft.** Sie werden auf etwas erhoben. So wird z. B. der Erwerb eines Grundstücks mit der Grunderwerbsteuer belegt oder die Erzielung von Lohneinkünften mit der Lohnsteuer. Die jeweilige Steuerschuld entsteht erst, wenn der per Gesetz festgelegte Zustand oder Vorgang nachweisbar eingetreten ist.
- **Steuern dienen der Erzielung von Einnahmen - aber nicht nur.** Die Erzielung von Einnahmen für Bund, Länder und Gemeinden ist der augenscheinlichste Zweck von Steuern. Sie erfüllen aber noch zwei weitere Funktionen: Die der politischen, ökonomischen oder sozialen Lenkungsfunktion sowie die der sozialen Umverteilung. Bei vielen Steuern (von der Alkopopsteuer bis zur Mineralölsteuer) sind diese Nebenfunktionen sogar der eigentliche Zweck der Erhebung - sie tragen kaum nennenswert zur Finanzierung öffentlicher Haushalte bei.

1.1.2 Abgrenzung der abzuführenden Geldleistungen

Neben Steuern gibt es weitere Geldleistungen, die natürliche oder juristische Personen an den Staat abzuführen haben: Nebenleistungen, Gebühren, Beiträge und Sonderabgaben.

Steuerliche Nebenleistungen

Dabei handelt es sich um Zahlungen, die zwar selbst keine Steuern darstellen, aber in unmittelbarem Zusammenhang mit der Entrichtung einer Steuer und dem damit verbundenen Verwaltungsakt stehen. Zu den steuerlichen Nebenleistungen gehören z. B.:

- **Verspätungszuschläge (§ 152 AO)**
  Diese können erhoben werden, wenn der Steuerpflichtige der Abgabe einer Steuererklärung nicht oder verspätet nachkommt. Die Zuschläge dürfen 10 % der festgesetzten Steuer oder des festgesetzten Messbetrages nicht übersteigen und maximal 25.000,00 € betragen.

> *Beispiel Verspätungszuschlag*
>
> Die Klaus Schlicht GmbH hat Arbeitnehmer beschäftigt. Die Lohnsteueranmeldungen sind monatlich zum 10. des Folgemonats beim Betriebsstättenfinanzamt einzureichen. Die zum 10. März 2017 fällige Lohnsteueranmeldung wurde erst am 19. April 2017 an das Betriebsstättenfinanzamt übermittelt.
> In diesem Fall kann das Betriebsstättenfinanzamt für die verspätete Abgabe Verspätungszuschläge festsetzen.

- **Zinsen (§§ 233 bis 237 AO)**
  Zinsen werden auf Ansprüche aus einem Steuerschuldverhältnis erhoben, wenn das Gesetz es vorsieht; steuerliche Nebenabgaben werden nicht verzinst.
  § 233a AO regelt z. B., dass Steuernachforderungen und -erstattungen bei Einkommen-, Körperschaft-, Umsatz- und Gewerbesteuer unter bestimmten Voraussetzungen zu verzinsen sind.

- **Säumniszuschläge (§ 240 AO)**
  Wird eine Steuer nicht bis zum Ablauf des Fälligkeitstages bezahlt, ist für jeden angefangenen Monat der Säumnis ein Säumniszuschlag von 1 % des abgerundeten rückständigen Steuerbetrages zu entrichten; abgerundet wird auf den nächsten, durch 50,00 € teilbaren Betrag.

> *Beispiel Säumniszuschlag*
>
> Die Klaus Schlicht GmbH hat die LSt-Anmeldung i. H. v. 3.268,90 € für März 2017 erst am 19. April an das Finanzamt überwiesen. Da die Steuer zum 10. April fällig war, setzt das Finanzamt folgende Säumniszuschläge an:
>
> | | |
> |---|---:|
> | Lohnsteuer | 3.268,90 € |
> | abgerundet auf den nächsten, durch 50,00 € teilbaren Wert = | 3.250,00 € |
> | davon 1 % = | 32,50 € |
>
> **Hinweis:** Hätte die Firma die Lohnsteuer für März erst am 14. Mai überwiesen (Säumnis: 2 Monate), würden die Säumniszuschläge 65,00 € betragen.

1 Basis: Was sind Steuern?

- **Zwangsgelder (§ 329 AO)**
  Diese können erhoben werden, wenn der Steuerpflichtige seine Steuererklärung nicht abgibt. Das einzelne Zwangsgeld darf 25.000,00 € nicht übersteigen - einzeln bedeutet, dass das Zwangsgeld je Steuerart erhoben werden kann.

Beispiel
Zwangsgeld

> Aufgrund steigender Umsatzzahlen hat das Finanzamt den Unternehmer Braun aufgefordert, die Steuererklärungen für das Jahr 2016 bis zum 30. September 2017 abzugeben. Herr Braun ist dem nicht gefolgt und hat vom Finanzamt eine Erinnerung an die Abgabe erhalten. Da er immer noch nicht reagiert hat, wurde die Festsetzung des Zwangsgeldes angedroht. Unternehmer Braun hat ein dickes Fell und gibt seine Steuererklärungen immer noch nicht ab. Der nächste Schritt seitens der Finanzbehörde ist die Festsetzung des Zwangsgeldes mit dem Hinweis, dass bei weiterem Zuwiderhandeln die Finanzbehörde berechtigt ist, Zwangshaft zu beantragen.

Gebühren der Finanzverwaltung

Steuerpflichtige haben einen gesetzlichen Anspruch auf verbindliche Auskünfte seitens der Finanzbehörden. Um eine solche Auskunft zu erhalten, ist ein Antrag bei der entsprechenden Behörde zu stellen. Für die Bearbeitung dieses Antrags wird eine Gebühr erhoben (§ 89 AO).

Sonstige öffentlich-rechtliche Geldleistungen des Unternehmens

Neben den Steuern werden auf kommunaler Ebene Beiträge und Gebühren erhoben, die durch ein Unternehmen zu entrichten sind:

- **Beiträge** = indirekte Gegenleistung
  sind Geldleistungen für die Inanspruchnahme der öffentlichen Verwaltung, denen - im Gegensatz zu den Steuern - eine indirekte Gegenleistung gegenübersteht. Von der Gemeinde können z. B. Anliegergebühren für die Erneuerung von Straßenbelägen oder Straßenbeleuchtungen erhoben werden.

- **Gebühren** = direkte Gegenleistung
  sind Geldleistungen für die Inanspruchnahme der öffentlichen Verwaltung, denen eine direkte Gegenleistung gegenübersteht, z. B. die Gebühr für eine Gewerbeanmeldung, Zuzahlung zum Personalausweis oder Müllgebühren.

1.2 Wer zahlt Steuern und wofür? Die zentralen Größen des Steuersystems

Steuerzahler, Steuerschuldner, Steuerträger, Steuerobjekt, Steuersubjekt, Steuergegenstand, Steuertatbestand, ... ?

Wenn Sie sich in einschlägigen Lehrwerken oder im Internet mit den Grundlagen des Steuerrechts beschäftigen, werden Sie bemerken, dass wichtige Grundbegriffe von verschiedenen Autoren unterschiedlich verwendet werden. Dies hängt damit zusammen, dass einige der zentralen Begriffe seitens des Gesetzgebers nur indirekt - und in verschiedenen Einzelgesetzen sogar unterschiedlich - definiert sind. Hinzu kommt der häufige umgangssprachliche und in den Medien verbreitete Gebrauch vieler Begriffe des Steuerrechts, der natürlich ebenfalls keiner einheitlichen, allgemeingültigen Definition folgt. An dieser Stelle sollen diese begrifflichen „Unschärfen" behoben und die wichtigsten Begriffe eingeführt werden, wie sie in diesem Lehrwerk Verwendung finden.

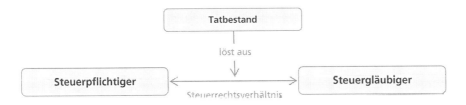

Abb.: zentrale Größen des Steuersystems

Die Abbildung zeigt in vereinfachter Form den umgangssprachlich gebräuchlichen Zusammenhang: Ein gesetzlich definierter **Tatbestand** führt dazu, dass ein **Steuerpflichtiger** Steuern an den Steuergläubiger zu zahlen hat. Als Steuergläubiger gelten Einzugsstellen wie z. B. Finanzämter, Gemeindekassen oder Kirchensteuerämter. Das Rechtsverhältnis zwischen beiden Parteien ist übrigens nicht nur einseitig, denn auch der Steuerpflichtige kann Ansprüche gegenüber dem Finanzamt haben, z. B. in Form von Rückforderungen überzahlter Steuern.

In der folgenden Grafik wird erkennbar, dass diese umgangssprachliche Sicht jedoch nicht ausreicht, um alle Akteure zu erfassen. Dies liegt daran, dass der Begriff des Steuerpflichtigen ein Sammelbegriff ist (§ 3 Abs. 1 AO). Die einzelnen Begriffe werden auf den folgenden Seiten eingehender erklärt.

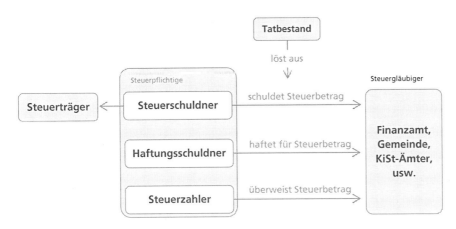

Abb.: Akteure im Steuersystem

1.2.1 Der Steuerpflichtige

In § 33 Abs. 1 AO wird der Steuerpflichtige als Sammelbegriff definiert:

„Steuerpflichtiger ist, wer eine Steuer schuldet, für eine Steuer haftet, eine Steuer für Rechnung eines Dritten einzubehalten und abzuführen hat, wer eine Steuererklärung abzugeben, Sicherheit zu leisten, Bücher und Aufzeichnungen zu führen oder andere ihm durch die Steuergesetze auferlegte Verpflichtungen zu erfüllen hat."

Steuerpflichtige sind also zu unterscheiden in Steuerschuldner, Haftungsschuldner und Steuerzahler.

- **Steuerschuldner** ist die natürliche oder juristische Person, die den Steuerbetrag gegenüber dem Steuergläubiger (i. d. R. das Finanzamt) schuldet. Wer die Steuer tatsächlich trägt oder zahlt, ist dabei unerheblich.

Beispiele Steuerschuldner

> **Beispiel 1:**
> Steuerschuldner der Lohnsteuer ist der Arbeitnehmer, denn sein Einkommen wird besteuert und er schuldet dem Finanzamt den Steuerbetrag; unerheblich ist dabei, dass der Arbeitnehmer den Steuerbetrag nicht selbst an das Finanzamt überweist, sondern dies vom Arbeitgeber übernommen wird.
>
> **Beispiel 2:**
> Steuerschuldner der Umsatzsteuer ist das Unternehmen, denn dessen Umsätze werden besteuert; unerheblich ist dabei, dass das Unternehmen die Umsatzsteuer auf den Käufer abwälzt.

- **Haftungsschuldner** ist die natürliche oder juristische Person, die für die fristgerechte und vollständige Zahlung des Steuerbetrages an das Finanzamt haftet. Der Haftungsschuldner kann - muss aber nicht - identisch mit dem Steuerschuldner sein.

Beispiele Haftungsschuldner

> **Beispiel 1:**
> Haftungsschuldner der Lohnsteuer ist der Arbeitgeber, denn er muss den Steuerbetrag vom Brutto-Lohn des Arbeitnehmers einbehalten und an das Finanzamt abführen. Dabei haftet der Arbeitgeber dafür, dass die Steuer pünktlich und in der korrekten Höhe abgeführt wird. Steuerschuldner und Haftungsschulder sind bei der Lohnsteuer also nicht identisch.
>
> **Beispiel 2:**
> Haftungsschuldner der Umsatzsteuer ist das Unternehmen. In diesem Fall sind Steuerschuldner und Haftungsschuldner identisch.

- **Steuerzahler** ist die natürliche oder juristische Person, die den Steuerbetrag an das Finanzamt bezahlt. Unerheblich ist dabei, ob derjenige selbst die Steuer schuldet oder den Betrag nur stellvertretend für den eigentlichen Steuerschuldner an das Finanzamt überweist.

Beispiel Steuerzahler

> Steuerzahler der Lohnsteuer ist der Arbeitgeber, denn er behält den Steuerbetrag vom Brutto-Lohn des Arbeitnehmers ein und überweist ihn an das Finanzamt.

Steuersubjekt

Der Begriff **Steuersubjekt** wird oftmals als Synonym für die Begiffe Steuerpflichtiger, Steuerschuldner, Haftungsschuldner oder Steuerzahler verwendet.

1.2.2 Der Steuerträger

Als Steuerträger wird die natürliche oder juristische Person bezeichnet, die nach dem Willen des Gesetzgebers mit einer bestimmten Steuer wirtschaftlich belastet werden **soll**, also die eigentliche Zielperson ist. Der Steuerträger muss dabei nicht identisch mit dem Steuerschuldner sein. So schuldet z. B. das Unternehmen die Umsatzsteuer, obwohl vom Gesetzgeber vorgesehen ist, dass sie auf den Endverbraucher abgewälzt wird. Der Gesetzgeber will in diesem Fall, dass die (unumgängliche) wirtschaftliche Belastung aus der Steuer beim Endverbraucher liegt. Ähnlich verhält es sich mit vielen Verbrauchsteuern (z. B. Strom-, Mineralöl-, Alkopop-Steuer, usw.), bei denen der Endverbraucher zwar belastet werden soll (also der Steuerträger ist), als Steuerschuldner aber entsprechende Handels- oder Erzeuger-Unternehmen herangezogen werden, die die Steuer gewissermaßen vom Endverbraucher einziehen, um sie dann an das Finanzamt abzuführen.

Wer bei einer bestimmten Steuerart der tatsächlich Belastete ist, lässt sich oftmals nicht eindeutig bestimmen, da vor allem bei Unternehmensteuern davon auszugehen ist, dass jegliche Steuerbelastung als betriebswirtschaflicher Kostenfaktor kalkuliert und letztlich über die Verkaufspreise bis an den Endverbraucher weitergegeben wird. Andererseits müssen sich Verkaufspreise am Markt auch erzielen lassen und hängen von vielen anderen Faktoren wie Angebot und Nachfrage, Konkurrenzsituation, usw. ab. Ob und in welchem Maße Unternehmensteuern auf den Endverbraucher abgewälzt werden können, unterscheidet sich daher von Branche zu Branche und sogar von Unternehmen zu Unternehmen.

1.2.3 Der Steuertatbestand

Steuern sind an einen definierten Tatbestand geknüpft, d. h. sie dürfen nur erhoben werden, wenn ein per Gesetz festgelegter Zustand oder Vorgang nachweisbar eingetreten ist. Zahlreiche Einzelgesetze definieren die jeweiligen Tatbestände der verschiedenen Steuerarten. Der gesetzlich geregelte Tatbestand beschreibt, unter welchen **Umständen**, von **wem** und **worauf** Steuern zu entrichten sind.

Dabei werden oftmals die Begriffe Steuerobjekt oder Steuergegenstand als Beschreibung dessen verwendet, worauf die jeweilige Steuer zu zahlen ist (z. B. auf das Einkommen, den Grunderwerb, etc.). In den meisten Fällen sind diese Gegenstände der Besteuerung nur in enger Verbindung mit den jeweils steuerpflichtigen Personen und den Umständen und Bedingungen sinnvoll zu beschreiben. Zu versteuern ist z. B. nicht einfach das Einkommen, sondern eben nur das Einkommen bestimmter Personen und auch dies nur unter bestimmten Bedingungen. Aus diesem Grund wird bei der Erläuterung der einzelnen Steuerarten in diesem Lehrwerk darauf verzichtet, den jeweiligen Steuergegenstand bzw. das Steuerobjekt einzeln zu definieren. Stattdessen wird jeweils der gesamte Tatbestand im Zusammenhang dargestellt.

Steuerobjekt bzw. Steuergegenstand

1.2.4 Der Steuergläubiger

Steuergläubiger ist die für die jeweilige Steuerart erhebungsberechtigte Gebietskörperschaft, d. h. Bund, Land, Gemeinde oder eine erhebungsberechtigte Religionsgemeinschaft.

Die Steuergläubiger werden durch die Finanzämter und teilweise durch die Hauptzollämter vertreten. Ausnahmen gelten für Gemeinden, an die der Steuerbetrag direkt zu zahlen ist und über die alle sonstigen Verfahren und Verwaltungsakte abgewickelt werden. Gemeinden und Städte erheben bestimmte Steuern selbst, z. B. die Gewerbe- oder Grundsteuer.

1.3 Unterscheidung von Steuerarten

Die zahlreichen Steuerarten in Deutschland können nach unterschiedlichen Kriterien eingeordnet werden:

- **nach der Erhebungsform**, d. h. ob Steuern direkt oder indirekt erhoben werden,
- **nach dem Steuertatbestand** (bzw. dem Steuerobjekt); demnach werden Verbrauch-, Verkehr- und Besitzsteuern unterschieden,
- **nach der Ertragshoheit**; hier wird zwischen Bundes-, Landes- und Gemeindesteuern sowie Steuern an erhebungsberechtigte Religionsgemeinschaften unterschieden.

1.3.1 Wer führt die Steuer ab? Unterscheidung nach Erhebungsform

direkte und indirekte Steuern

Ist der Steuerschuldner identisch mit dem Steuerträger, spricht man von **direkten Steuern**. Die Steuer wird in diesen Fällen direkt oder über Dritte bei der natürlichen oder juristischen Person erhoben, die nach dem Willen des Gesetzgebers auch wirtschaftlich belastet werden soll. Wird die Steuer an anderer Stelle erhoben, sind also Steuerschuldner und Steuerträger nicht identisch, spricht man von einer **indirekten Steuer**. In der folgenden Tabelle werden Beispiele für direkte und indirekte Steuern gegenübergestellt[1].

Direkte Steuern Steuerträger = Schuldner	**Indirekte Steuern** Steuerträger ≠ Schuldner
▪ Einkommensteuer (ESt)	▪ Alkopopsteuer
▪ Erbschaftsteuer (ErbSt)	▪ Biersteuer
▪ Gewerbesteuer (GewSt)	▪ Branntweinsteuer
▪ Grunderwerbsteuer (GrESt)	▪ Energiesteuer (früher Mineralölsteuer genannt)
▪ Kfz-Steuer	
▪ Körperschaftsteuer (KSt)	▪ Tabaksteuer
▪ u. v. m.	▪ Umsatzsteuer (USt)
	▪ Versicherungssteuer (VersSt)

1.3.2 Was wird besteuert? Unterscheidung nach Steuertatbestand

Für die Charakterisierung der Steuern kann ausschlaggebend sein, worauf sie im Rahmen des Tatbestandes erhoben werden. Aus verwaltungstechnischer Sicht unterscheidet man zwischen Besitz- und Verkehrsteuern auf der einen und Zöllen und Verbrauchsteuern auf der anderen Seite. Besitz- und Verkehrsteuern werden von den Finanzämtern verwaltet; für Zölle und Verbrauchsteuern sind die Hauptzollämter zuständig.

---

[1] Einen Überblick über die verschiedenen Steuerarten gibt die Broschüre „Steuern von A bis Z" vom Bundesministerium der Finanzen, die unter www.bundesfinanzministerium.de kostenlos heruntergeladen.

Besitz- und Verkehrsteuern

Mit Besitzsteuern werden Besitz- und Vermögenswerte besteuert. Sie können in Form von Personensteuern sowie als Realsteuern auftreten. Um Personensteuern zu erheben, werden die persönlichen Verhältnisse des Steuerpflichtigen zugrunde gelegt, z. B. ob er ledig oder verheiratet ist und ob er Kinder hat oder nicht. Bei Realsteuern hingegen werden nicht die persönlichen Verhältnisse besteuert, sondern bestimmte Sachen, wie z. B. der Grund und Boden im Falle der Grundsteuer.

Besitzsteuern

Verkehrsteuern sind an rechtliche oder wirtschaftliche Vorgänge gebunden. So basiert die Umsatzsteuer z. B. auf dem Verkauf von Lieferungen und Leistungen. Während die Grunderwerbsteuer bei dem Erwerb von Grundbesitz anfällt, unterliegen Versicherungsleistungen der Versicherungssteuer.

Verkehrsteuern

Besitzsteuern, u. a.		Verkehrsteuern, u. a.
Personensteuern	**Realsteuern**	Umsatzsteuer
Einkommensteuer	Gewerbesteuer	Grunderwerbsteuer
Körperschaftsteuer	Grundsteuer	Kraftfahrzeugsteuer
Solidaritätszuschlag		Luftverkehrsteuer
Kirchensteuer		Versicherungssteuer
Erbschaftsteuer		Rennwett- und Lotteriesteuer

Verbrauchsteuern und Zölle

Die Verbrauchsteuern sind Abgaben, die auf den Verbrauch bzw. den Gebrauch bestimmter Waren erhoben werden.

Zölle fallen ebenfalls unter die Steuern. Der Begriff Zölle wurde durch den europaweit einheitlichen Begriff Einfuhr- und Ausfuhrabgaben ersetzt.

Verbrauchsteuern, u. a.	Zölle
Alkopopsteuer	Einfuhrabgaben
Biersteuer	Ausfuhrabgaben
Branntweinsteuer	
Energiesteuer (früher Mineralölsteuer)	
Kaffeesteuer	
Schaumweinsteuer	
Stromsteuer	
Tabaksteuer	

1.3.3 Wer bekommt die Steuer? Unterscheidung nach Ertragshoheit

Im Grundgesetz (Art. 106) ist geregelt, wer welche Steuern bzw. Steueranteile erhält. Es gibt Steuern, die jeweils in voller Höhe den Gebietskörperschaften (Bund, Länder und Gemeinden) zukommen. Andererseits gibt es Steuern, die nach einem festgelegten Verteilungsschlüssel auf Bund, Länder und Gemeinden aufgeteilt werden; dann spricht man von Gemeinschaftssteuern.

Steuern, die den Gebietskörperschaften allein zufließen	Steuern, die auf die Gebietskörperschaften aufgeteilt werden
Bundessteuern, u. a.	**Gemeinschaftssteuern, u. a.**
▪ Alkopopsteuer	▪ Einkommensteuer
▪ Branntweinsteuer	▪ Einfuhrumsatzsteuer
▪ Energiesteuer (früher Mineralölsteuer)	▪ Kapitalertragsteuer
▪ Kaffeesteuer	▪ Körperschaftsteuer
▪ Kraftfahrzeugsteuer	▪ Lohnsteuer*
▪ Solidaritätszuschlag	▪ Umsatzsteuer
▪ Stromsteuer	▪ Zinsabschlagsteuer (Abgeltungssteuer)*
▪ Tabaksteuer	
▪ Versicherungssteuer	
▪ Zölle	
Landessteuern, u. a.	
▪ Abgaben von Spielbanken	
▪ Biersteuer	
▪ Erbschaftsteuer	
▪ Grunderwerbsteuer	
Gemeindesteuern, u. a.	
▪ Gewerbesteuer	
▪ Grundsteuer	
▪ Hundesteuer	
▪ Zweitwohnungsteuer	

* besondere Erhebungsform der Einkommensteuer

1.4 Finanzverfassung

Wer an wen und wofür Steuern zu zahlen hat, ist in der Finanzverfassung festgehalten. Dazu zählen sämtliche Regelungen, die zur Einhaltung der steuerlichen Rahmenbedingungen dienen. An dieser Stelle werden unterschiedliche Rechtsnormen vorgestellt und die Praxis der Rechtsprechung betrachtet.

1.4.1 Rechtsnormen

Steuern werden aufgrund von Gesetzen erhoben. Gemäß § 4 AO sind Gesetze Rechtsnormen, d. h. Bürger, Verwaltung und Gerichte sind an sie gebunden. Im Steuerrecht wird zwischen allgemeinen Steuergesetzen und Einzelsteuergesetzen unterschieden:

Allgemeine Steuergesetze	Einzelsteuergesetze, u. a.
▪ Abgabenordnung (AO) ▪ Bewertungsgesetz (BewG)	▪ Einkommensteuergesetz (EStG) ▪ Erbschaftsteuergesetz (ErbStG) ▪ Gewerbesteuergesetz (GewStG) ▪ Körperschaftsteuergesetz (KStG) ▪ Umsatzsteuergesetz (UStG)

In den allgemeinen Steuergesetzen sind Vorschriften enthalten, die für alle Steuern gelten. Die in den Einzelsteuergesetzen enthaltenen Vorschriften beziehen sich jeweils auf eine bestimmte Steuer. Die Grundsätze der Einzelsteuergesetze haben dabei Vorrang vor den allgemeinen Steuergesetzen. Die Rechtsnormen (Gesetze) werden durch Rechtsverordnungen und Verwaltungsanordnungen ergänzt.

Rechtsverordnungen haben die Verbindlichkeit von Gesetzen, obwohl sie nicht in einem förmlichen Gesetzgebungsverfahren entstanden sind. Zu den steuerlichen Rechtsverordnungen zählen diese Durchführungsverordnungen, die zur Ergänzung und Erläuterung der Steuergesetze dienen:

- Einkommensteuerdurchführungsverordnung (EStDV)
- Erbschaftsteuerdurchführungsverordnung (ErbStDV)
- Gewerbesteuerdurchführungsverordnung (GewStDV)
- Körperschaftsteuerdurchführungsverordnung (KStDV)
- Lohnsteuerdurchführungsverordnung (LStDV)
- Umsatzsteuerdurchführungsverordnung (UStDV)

Verwaltungsanordnungen beinhalten Weisungen einer vorgesetzten Behörde an den unterstellten Bereich. Sie können als behördeninterne Vorschriften angesehen werden. Diese binden nicht die Bürger und auch nicht die Gerichte, sondern lediglich die Finanzbehörden. Bei den Verwaltungsanordnungen wird unterschieden zwischen:

Richtlinien	Erlasse und Schreiben	Verfügungen
▪ Einkommensteuerrichtlinien (EStR) ▪ Erbschaftsteuerrichtlinien (ErbStR) ▪ Gewerbesteuerrichtlinien (GewStR) ▪ Körperschaftsteuerrichtlinien (KStR) ▪ Lohnsteuerrichtlinien (LStR)	▪ Anwendererlass zur Abgabenordnung (AEAO) ▪ Umsatzsteueranwendererlass (UStAE) ▪ Schreiben des Bundesfinanzministeriums (BMF-Schreiben)	▪ Verfügungen der Oberfinanzdirektion (OFD-Verfügungen)

1.4.2 Rechtsprechung

In der Praxis ist es oft der Fall, dass zwischen Steuerpflichtigen und den Steuerbehörden Uneinigkeiten entstehen. Bei Streitigkeiten werden die Finanzgerichte (FG; Gerichte der Länder) und in weiterer Instanz der Bundesfinanzhof (BFH; Sitz in München) eingeschaltet. Die Urteile, die von den Gerichten gefällt werden, sind nur für die beteiligten Parteien rechtsbindend, darüber hinaus aber auch bei gleichgelagerten Fällen zu beachten.

Die Entscheidungen des Bundesfinanzhofes werden im Bundessteuerblatt (BStBl) veröffentlicht, wenn die Urteile eine allgemeine Bedeutung haben. Die Entscheidungen des Bundesfinanzhofes können auf der Internetseite www.bundesfinanzhof.de aufgerufen werden.

Nichtanwendungserlass

Fällt der Bundesfinanzhof eine Entscheidung, die für die Allgemeinheit - bzw. für den Steuerzahler - von Interesse ist, so kann das Bundesministerium für Finanzen einen Nichtanwendungserlass veröffentlichen. Damit weist das Ministerium die Finanzverwaltung an, die Grundsätze des BFH-Urteils nur in dem konkret entschiedenen Sachverhalt zu berücksichtigen und nicht auf vergleichbare Fälle analog anzuwenden. Ein Nichtanwendungserlass öffnet dann die Türen für neue Klageverfahren.

Wissenskontrollfragen

Die Lösungen finden Sie online unter www.edumedia.de/verlag/loesungen.

1) Bitte kreuzen Sie für die folgenden Zahlungen an, zu welcher Abgabenart sie zählen:

		Steuer	Beitrag	Gebühr
a)	Zahlung der Kfz-Steuer an das Finanzamt	X		
b)	Zahlung der Grundsteuer an die Gemeinde	X		
c)	Zahlung der Abwassergebühren an die Stadt			X
d)	Zahlung für die Zulassung eines Fahrzeuges			X
e)	Zahlung für die Ausstellung einer Geburtsurkunde			X
f)	Zahlung von Anliegergebühren an die Gemeinde		X	

2) Bitte kreuzen Sie für die folgenden Fälle an, ob das Steuersubjekt jeweils Steuerschuldner, Haftungsschuldner oder Steuerzahler ist. Mehrere Angaben sind möglich.

		Steuer-schuldner	Haftungs-schuldner	Steuer-zahler
a)	Der Arbeitnehmer zahlt von seinem Gehalt Lohnsteuer an das Finanzamt.	X		
b)	Der Arbeitgeber zahlt die Lohnsteuer für seine Angestellten an das Finanzamt.		X	X
c)	Der Besitzer eines Fahrzeuges muss an das Finanzamt Kfz-Steuer abführen.		X	X
d)	Die Bank überweist die von den Sparzinsen einbehaltene Kapitalertragsteuer an das Finanzamt.		X	X

3) Worin unterscheiden sich direkte und indirekte Steuern? Geben Sie jeweils ein Beispiel an.

Bei der direkten Steuer sind Steuerträger und Steuerschuldner identisch. Bei der indirekten Steuer weichen Steuerträger u. Steuerschuldner voneinander ab. Beispiel: dir. St ESt., GebSt., USt. / indir. St Bier-, Tabak u. USt.

4) Worin unterscheiden sich Besitz- und Verkehrsteuern?

Mit den Besitzsteuern werden Besitz- u. Vermögenswerte besteuert. Bei den Verkehrssteuern werden rechtliche oder wirtschaftliche Vorgänge herangezogen.

5) Welche Gesetze fallen unter die „allgemeinen Steuergesetze"?

Unter die "allgemeinen Steuergesetze" fallen die Abgabenordnung (AO) und das Bewertungsgesetz (BewG)

1 Praxis: Wer, an wen und wofür? Grundlagen des deutschen Steuersystems

Praxisübungen

Die Lösungen finden Sie online unter www.edumedia.de/verlag/loesungen.

1) Kurt Schmidt hat seine Einkommensteuererklärung für 2015 nach mehrfachen Erinnerungen am 17.01.2017 beim Finanzamt eingereicht. Er wird nicht steuerlich vertreten. Am 31.03.2017 erhält er seinen Einkommensteuerbescheid. Die Einkommensteuer wird mit 4.000,00 € festgesetzt. Aufgrund der verspäteten Abgabe der Steuererklärung hat das Finanzamt einen Verspätungszuschlag in Höhe von 500,00 € festgesetzt.

Bitte beurteilen Sie den Verspätungszuschlag hinsichtlich der Zulässigkeit und der Höhe der Festsetzung. Begründen Sie Ihre Antwort unter Angabe der gesetzlichen Vorschriften.

Die ESt-Erklärung wurde nicht fristgerecht abgegeben, der Stichtag war der 31.05.15 (§ 149 Abs. 1 AO). Gegen denjenigen, der seiner Verpflichtung die ESt-Erkl. abzugeben, nicht oder nicht fristgerecht nachkommt

2) Die Stahl GmbH hat die Lohnsteueranmeldung für den Monat Februar zum 10.03. an das Betriebsstättenfinanzamt übermittelt. Die Zahlung in Höhe von 2.658,00 € erfolgte am 18.03.

Welche steuerliche Nebenleistung wird das Betriebsstättenfinanzamt festsetzen? Berechnen Sie diese.

Aufgrund der verspäteten Zhlg. wird das Finanzamt einen Säumniszuschlag festsetzen (§ 240 Abs. 1 AO). Dieser berechnet sich für jeden angefangenen Monat mit 1% auf volle 50,- abgerundete Steuerrückstand, also:

2 658,00 € abgerundet = 2650,-
davon 1% = 26,50 €

1) kann die Finanzbehörde einen Verspätungszuschlag festsetzen (§ 152 Abs. 1 AO), es sei denn, das Versäumnis erscheint entschuldbar. Private Gründe stellen kein entschuldbares Versäumnis dar. Die Festsetzung des Verspätungszuschlages soll gem. § 152 Abs. 3 AO regelmäßig mit der Steuerfestsetzung erfolgen. Der Verspätungszuschlag darf 10% der festgesetzten Steuer nicht übersteigen

Das Besteuerungsverfahren

Dieses Kapitel umfasst den Prozess der Besteuerung: wann ein Steuerpflichtiger eine Steuererklärung einreichen muss, wer diese bearbeitet und unter welchen Umständen ein Bescheid ausgestellt wird.

Inhalt

- Übersicht über das Besteuerungsverfahren
- Steuerpflichtige und Steuerpflichten
- Örtliche Zuständigkeiten von Finanzämtern
- Steuerfestsetzung durch das Finanzamt
- Rechtsbehelfe im Besteuerungsverfahren

2.1 Übersicht über das Besteuerungsverfahren

Das Besteuerungsverfahren umfasst den Vorgang der Ermittlung, Festsetzung und Erhebung der Steuern nach Maßgabe der Abgabenordnung und der Einzelsteuergesetze.

Abb.: das Besteuerungsverfahren

Demnach müssen Steuerpflichtige regelmäßige Erklärungen und Anmeldungen bezüglich bestimmter Steuerarten abgeben, die jeweils für ihr Unternehmen relevant sind. Diese reichen sie - meist auf elektronischem Wege - beim örtlich zuständigen Finanzamt ein. Dort werden die Angaben geprüft, die Steuer festgesetzt und ein Steuerbescheid an die Steuerpflichtigen ausgestellt. Sie entscheiden dann, ob sie die festgesetzte Steuer entrichten oder Einspruch gegen die Entscheidung erheben. Im Falle eines Einspruches werden die Steuererklärungen und -anmeldungen erneut geprüft und es wird noch einmal über die zu entrichtende Steuer entschieden. Den Steuerpflichtigen steht danach offen, ob sie die Steuer entrichten oder bei den zuständigen Finanzbehörden Revision einlegen.

2.2 Steuerpflichtige und Steuerpflichten

Die Steuergesetze regeln, wer welche Verpflichtungen im Besteuerungsverfahren zu erfüllen hat. Die Subjekte der Besteuerung (Steuerpflichtiger, Steuerschuldner, Steuerzahler) unterliegen dabei materiellen und formellen Steuerpflichten. Zu den materiellen Pflichten gehört die Zahlung der Steuern, während Aufzeichnungs- und Erklärungspflicht zu den formellen Pflichten gehört.

2.2.1 Steuerpflichtige

Wie bereits in Kapitel 1 erläutert, sind Steuerpflichtige natürliche oder juristische Personen, die Verpflichtungen zu erfüllen haben, die sich aus den Steuergesetzen ergeben. Gemäß § 33 Abs. 1 AO wird zum Steuerpflichtigen, wer:

- eine Steuer schuldet,
- für eine Steuer haftet,
- eine Steuer für Rechnung eines Dritten einzubehalten und abzuführen hat,
- eine Steuererklärung abzugeben hat,
- Sicherheit zu leisten hat,
- Bücher und Aufzeichnungen zu führen hat und
- andere durch die Steuergesetze auferlegte Verpflichtungen zu erfüllen hat.

Werden die betreffenden natürlichen oder juristischen Personen gesetzlich vertreten, so haben die gesetzlichen Vertreter die steuerlichen Pflichten für sie zu erfüllen (§ 34 Abs. 1 AO). Handelt es sich bei den Steuerpflichtigen um Unternehmer, obliegt den Vertretern insbesondere die Verantwortung für die Erfüllung grundlegender steuerlicher Verpflichtungen im Unternehmen, z. B. die Führung von Büchern und Aufzeichnungen, die fristgerechte Abgabe von vollständigen Steuererklärungen sowie die Einbehaltung und Abführung von Steuern für Rechnungen Dritter. Ein Steuerpflichtiger ist nicht zwingend auch Steuerschuldner. Führen die festgestellten Einkünfte zu keiner Steuerfestsetzung, entsteht kein Steuerschuldverhältnis.

Steuerrechtlich wird bei einzelnen Steuerarten zwischen unbeschränkt Steuerpflichtigen (Steuerinländer) und beschränkt Steuerpflichtigen (Steuerausländer) unterschieden.

Steuerpflichtiger ist nicht, wer lediglich in fremder Sache Auskünfte erteilt, Urkunden vorlegt, ein Sachverständigengutachten erstellt oder das Betreten von Grundstücken bzw. Geschäfts- und Betriebsräumen gestattet (§ 33 Abs. 2 AO).

nicht Steuerpflichtige

2.2.2 Steuererklärungen und Steueranmeldungen

Eine grundlegende Mitwirkungspflicht des Steuerpflichtigen im Besteuerungsverfahren ist die Abgabe von **Steuererklärungen**. Dadurch übermittelt der Steuerpflichtige dem Finanzamt die Besteuerungsgrundlagen, ohne die eine Steuerfestsetzung nicht möglich wäre. Gibt der Steuerpflichtige eine Steuererklärung ab, wird diese vom Finanzamt bearbeitet (veranlagt) und es ergeht ein Steuerbescheid. Der Steuerbescheid ist ein Verwaltungsakt, mit dem das Finanzamt einen bestimmten Betrag als Steuer festsetzt. Typische Steuererklärungen sind:

Steuererklärungen

- Einkommensteuererklärung
- Körperschaftsteuererklärung
- Gewerbesteuererklärung

2 Basis: Steuerpflichtige und Steuerpflichten

Steueranmeldungen

Steueranmeldungen (§ 150 Abs. 1 AO) sind zwar auch Steuererklärungen, jedoch stellt der Steuerpflichtige dabei die steuerrelevanten Zahlen selbst zusammen und berechnet den Steuerbetrag. Diesen zahlt er ohne weitere Mitteilung an das Finanzamt. Liegen dem Finanzamt abweichende Erkenntnisse gegenüber der eingereichten Steueranmeldung vor oder sind in der abgegebenen Steueranmeldung Fehler enthalten, ändert das Finanzamt die Feststellung und übergibt dem Steuerpflichtigen einen abweichenden Bescheid. Typische Steueranmeldungen sind:

- Umsatzsteuervoranmeldung (UStVA)
- Umsatzsteuerjahreserklärung
- Lohnsteueranmeldung
- Kapitalertragsteueranmeldung

Abgabepflichten und Abgabefristen

§ 149 Abs. 1 Satz 1 AO regelt in Verbindung mit den Einzelsteuergesetzen, wer zur Abgabe einer Steuererklärung verpflichtet und in welcher Frist die Verpflichtung zu erfüllen ist. Eine gesetzliche Verpflichtung zur Abgabe von Steuererklärungen ergibt sich demnach für

- Einkommensteuer aus dem § 25 EStG,
- Körperschaftsteuer aus dem § 49 KStG,
- Umsatzsteuer aus dem § 18 UStG,
- Gewerbesteuer aus dem § 14a GewStG und
- Gesonderte Feststellung aus dem § 181 AO.

Darüber hinaus bestimmt § 149 Abs. 1 Satz 2 AO, dass jeder zur Abgabe der Steuererklärung verpflichtet ist, der durch die Finanzbehörde dazu aufgefordert wird.

Soweit ein Einzelsteuergesetz nichts anderes bestimmt, sind Jahreserklärungen spätestens fünf Monate nach Ablauf des Kalenderjahres abzugeben (§ 149 Abs. 2 Satz 1 AO); die Frist ist nach § 109 Abs. 1 AO verlängerbar. Wird der Steuerpflichtige steuerlich beraten, gelten längere Abgabefristen.

Beispiele Abgabefristen für Jahreserklärungen

> **Beispiel 1:**
> Die Klaus Schlicht GmbH erstellt ihre Bilanzen und Steuererklärungen selbst. Sie hat die Jahressteuererklärungen für 2016 bis zum 31.05.2017 beim Betriebsfinanzamt einzureichen.
>
> **Beispiel 2:**
> Die Klaus Schlicht GmbH lässt ihre Bilanzen und Steuererklärungen von einem Steuerberater erstellen. Die Jahressteuererklärungen für 2016 sind bis zum 31.12.2017 beim Betriebsfinanzamt einzureichen (je nach Bundesland kann dies abweichen).

Einige Steueranmeldungen müssen häufiger als einmal pro Jahr eingereicht werden. Hierzu zählen insbesondere die Umsatzsteuervoranmeldungen und die Lohnsteueranmeldungen. Für die Umsatzsteuer und die Lohnsteuer gelten Meldezeiträume von einem bzw. drei Monaten[1]. Die Steueranmeldung ist spätestens zehn Tage nach dem Anmeldetermin an das Finanzamt zu übermitteln.

---

[1] Details dazu siehe Kapitel 3 Die Umsatzsteuer im Unternehmen und Kapitel 5 Die Lohnsteuer - eine Erhebungsform der Einkommensteuer

> **Beispiel 1:**
> Die Klaus Schlicht GmbH ist zur vierteljährlichen Abgabe der Umsatzsteuervoranmeldungen verpflichtet. Für das 1. Quartal 2017 ist die Anmeldung bis spätestens 10. April 2017 an das Finanzamt zu übermitteln und der Steuerbetrag zu bezahlen.
>
> **Beispiel 2:**
> Die Klaus Schlicht GmbH ist zur monatlichen Abgabe der Lohnsteueranmeldungen verpflichtet. Die Lohnsteueranmeldung für den Monat Januar 2017 ist bis spätestens 10. Februar 2017 an das Betriebsstättenfinanzamt zu übermitteln und der Steuerbetrag zu bezahlen.

Beispiele Abgabefristen Steueranmeldungen

Eine Nichtabgabe oder eine nicht fristgerechte Abgabe der Steuererklärung kann zur Schätzung der Besteuerungsgrundlagen (§ 162 AO) und Festsetzung von Verspätungszuschlägen (§ 152 AO) führen. Eine Schätzung der Besteuerungsgrundlagen entbindet den Steuerpflichtigen jedoch nicht von der Steuererklärungspflicht (§ 149 Abs.1 Satz 4 AO). Die Abgabe kann mit Zwangsmitteln gemäß §§ 328 ff. AO durchgesetzt werden.

Form und Inhalt der Steuererklärung

Der Steuerpflichtige hat die Steuererklärung nach § 150 Abs. 1 AO schriftlich auf amtlichen Vordrucken abzugeben und zu unterzeichnen (§ 150 Abs. 3 AO). Werden die Steuererklärungen im authentifizierten Verfahren an das Finanzamt übertragen, ist eine Unterschrift nicht mehr erforderlich. Der Steuererklärung sind Unterlagen beizufügen, die laut der jeweiligen Einzelsteuergesetze verlangt werden (§ 150 Abs. 4 AO).

Form der Steuererklärung

Die Übermittlung der Steuererklärungen oder sonstiger für die Besteuerung erforderlicher Daten kann auch in elektronischer Form im ELSTER-Verfahren erfolgen (§ 87a AO). Eine Übertragungspflicht per ELSTER besteht bei den Anmeldungen zur Umsatzsteuer, Lohnsteuer und Kapitalertragsteuer. Seit dem Veranlagungsjahr 2011 sind von Steuerpflichtigen, die Einkünfte aus Gewerbebetrieb oder selbstständiger Tätigkeit haben, sämtliche Jahressteuererklärungen in elektronischer Form an das Finanzamt zu übermitteln.

Im Ausnahmefall kann eine Steuererklärung beim örtlich zuständigen Finanzamt[1] zur Niederschrift erklärt werden (§ 151 AO). Diese Ausnahmeregelung greift jedoch nur in Fällen, in denen der Steuerpflichtige auf Grund von persönlichen Verhältnissen - Alter, Gesundheitszustand, finanzielle Situation, o. ä. - nicht in der Lage ist, die notwendigen Berechnungen selbst vorzunehmen oder durch einen Dritten (z. B. Steuerberater) vornehmen zu lassen.

Jede Steuererklärung wird unter Angabe der vom Finanzamt erteilten Steuernummer eingereicht. Je nach Art der abzugebenden Steuererklärung werden die Firmendaten oder persönlichen Daten des Steuerpflichtigen in die Steuererklärung eingetragen. In der Einkommensteuererklärung hat der Steuerpflichtige neben der Steuernummer seine persönliche Identifikationsnummer (IdNr.) anzugeben, die ihm vom Finanzamt mitgeteilt wurde. Die IdNr. ist eine elfstellige, lebenslang gültige Nummer, die in Zukunft die Steuernummer ersetzen wird. Weitere Inhalte einer Steuererklärung hängen von den einzelnen Steuerarten ab. Auf diese Inhalte wird in den folgenden Kapiteln eingegangen.

Inhalt der Steuererklärung

---

[1] siehe Kapitel 2.3

unrichtige oder unvollständige Steuererklärungen

Erkennt der Steuerpflichtige nachträglich, jedoch noch vor Ablauf der Festsetzungsfrist, dass er in einer abgegebenen Steuererklärung falsche oder unvollständige Angaben gemacht hat, kann es zu einer Steuerverkürzung kommen - d. h. dass die Steuerschuld reduziert oder Steuervorteile zu Unrecht gewährt oder belassen werden. In diesem Fall ist er dazu verpflichtet, die falschen Angaben umgehend anzuzeigen und richtigzustellen (§ 153 Abs. 1 AO). Berichtigungspflichtig ist nicht nur der Steuerpflichtige selbst, sondern auch sein Gesamtrechtsnachfolger oder gesetzlicher Vertreter. Kannte der Steuerpflichtige die Unrichtigkeit bzw. Unvollständigkeit der Steuererklärung bereits bei der Abgabe, so handelt es sich um einen Fall der Steuerhinterziehung nach § 370 AO. Die Verpflichtung entfällt, wenn die Festsetzungsfrist nach §§ 169-170 AO bereits abgelaufen ist.

2.3 Örtliche Zuständigkeiten von Finanzämtern

Um die Rechtssicherheit im Besteuerungsverfahren zu gewährleisten, hat der Gesetzgeber festgelegt, welche Finanzbehörden zur Verwaltung der Steuern zuständig sind. Es wird dabei grundsätzlich zwischen sachlicher Zuständigkeit (Aufgabenbereiche einer Finanzbehörde gemäß § 16 AO) und örtlicher Zuständigkeit unterschieden. Die örtliche Zuständigkeit wird im Folgenden näher erläutert.

Für das Besteuerungsverfahren sind nach dem Prinzip der größtmöglichen Sachnähe im Einzelfall die örtlichen Finanzbehörden zuständig. Die örtliche Zuständigkeit ist in den §§ 17 bis 29 AO geregelt, sofern keine einzelgesetzlichen Regelungen vorliegen.

Steuerart	Zuständiges Finanzamt	Rechtsgrundlage
Einkommensteuer natürlicher Personen	Wohnsitzfinanzamt	§ 19 Abs. 1 AO
Körperschaftsteuer juristischer Personen	Geschäftsleitungsfinanzamt	§ 20 Abs. 1 und 2 AO
Umsatzsteuer natürlicher Personen, die keine Unternehmer sind	Wohnsitzfinanzamt	§ 21 Abs. 2 AO
Umsatzsteuer inländischer Unternehmen	Betriebsfinanzamt	§ 21 Abs. 1 AO
Gewerbesteuer (Steuermessbeträge)	Betriebsfinanzamt	§ 22 Abs. 1 AO
Grundsteuer	Lagefinanzamt	§ 22 Abs. 1 AO
Lohnsteuer	Betriebsstättenfinanzamt	§ 18 AO

2.3.1 Zuständigkeit des Wohnsitzfinanzamts

Natürliche Personen, die zur Abgabe einer Einkommensteuererklärung verpflichtet sind, reichen diese beim zuständigen Wohnsitzfinanzamt ein. Unter Wohnsitzfinanzamt ist zu verstehen, dass grundsätzlich das Finanzamt örtlich zuständig ist, in dessen Bezirk der Steuerpflichtige seinen Wohnsitz oder in Ermangelung eines Wohnsitzes seinen gewöhnlichen Aufenthalt hat (§ 19 Abs. 1 Satz 1 AO).

Der Begriff „Wohnsitz" ist in § 8 AO wie folgt definiert: „Einen Wohnsitz hat jemand dort, wo er eine Wohnung unter Umständen innehat, die darauf schließen lassen, dass er die Wohnung beibehalten und benutzen wird."

Das Wohnsitzfinanzamt ist ebenfalls für die Umsatzsteuer von Personen zuständig, die keine Unternehmer sind. Dies ist z. B. beim Erwerb neuer Fahrzeuge im Sinne des § 1b UStG oder beim unberechtigten Steuerausweis gemäß § 14c Abs. 2 UStG der Fall. In § 19 AO sind weitere spezielle Fälle von Zuständigkeiten zur Einkommensteuer geregelt, auf die aber hier im Detail nicht eingegangen wird.

> **Beispiel 1:**
> Der Steuerpflichtige Andreas Lange wohnt in Frankfurt und betreibt ein Restaurant in Wiesbaden. Für die Einkommensteuer ist das Finanzamt Frankfurt zuständig, da er dort seinen Wohnsitz hat.
>
> **Beispiel 2:**
> Der Steuerpflichtige Michael Fuchs wohnt mit seiner Familie in Frankfurt und arbeitet in Nürnberg. Da er nicht täglich die Strecke zwischen Frankfurt und Nürnberg fahren will, hat er sich in Nürnberg eine kleine Wohnung eingerichtet. Dort ist er während der Woche und das Wochenende verbringt er in Frankfurt bei seiner Familie. Für die Einkommensteuer ist das Finanzamt Frankfurt zuständig, da dort seine Familie wohnhaft ist.

Beispiele Wohnsitzfinanzamt

> Hans Böhm ist Besitzer eines Gebäudes in Frankfurt, welches er zum Teil umsatzsteuerpflichtig vermietet. Einen weiteren Teil des Gebäudes nutzt er selbst. Hans Böhm gibt die Umsatzsteuererklärung an das Wohnsitzfinanzamt Frankfurt ab.

Beispiel Zuständigkeit bei Vermietung

Der so genannte **gewöhnliche Aufenthalt** ist laut § 9 AO dort, wo sich der Steuerpflichtige offensichtlich nicht nur vorübergehend, sondern mindestens sechs Monate lang aufhält (kurzfristige Unterbrechungen sind unerheblich). Dies gilt allerdings nicht für Aufenthalte zu privaten Zwecken, wie Besuche, Erholungskuren, o. ä., die nicht länger als ein Jahr dauern.

gewöhnlicher Aufenthalt

> José Alves ist als portugiesischer Gastarbeiter nach Deutschland gekommen. Er erhält von einer deutschen Firma einen auf neun Monate befristeten Arbeitsvertrag. Er arbeitet in Frankfurt und wohnt bei seinem Bruder in Offenbach. Eine eigene Wohnung besitzt er nicht.
> Für die Einkommensteuer ist das Finanzamt Offenbach zuständig, da José Alves dort seinen gewöhnlichen Aufenthalt hat.

Beispiel Zuständigkeit bei gewöhnlichem Aufenthalt

2.3.2 Zuständigkeit des Geschäftsleitungsfinanzamts

Bei einer steuerpflichtigen Kapitalgesellschaft, wie z. B. einer GmbH oder einer AG, ist das Finanzamt örtlich zuständig, in dessen Bezirk sich die Geschäftsleitung befindet (§ 20 Abs. 1 AO). Deshalb wird dieses Finanzamt auch Geschäftsleitungsfinanzamt genannt. Befindet sich die Geschäftsleitung nicht im Geltungsbereich des Gesetzes oder lässt sich der Ort der Geschäftsleitung nicht feststellen, so ist das Finanzamt örtlich zuständig, in dessen Bezirk die Gesellschaft ihren Sitz hat (§ 20 Abs. 2 AO).

Der Begriff Sitz ist in § 11 AO geregelt: „Den Sitz hat eine Körperschaft, Personenvereinigung oder Vermögensmasse an dem Ort, der durch Gesetz, Gesellschaftsvertrag, Satzung, Stiftungsgeschäft oder dergleichen bestimmt ist."

Beispiel
Geschäftsleitungsfinanzamt

Beispiel 1:
Klaus Schlicht ist Gesellschafter-Geschäftsführer der Klaus Schlicht GmbH. Er leitet die Geschäfte von Mainz aus, da er dort wohnt. Der Sitz der Gesellschaft ist gemäß Gesellschaftsvertrag Frankfurt.
Für die Körperschaftsteuer ist das Finanzamt Mainz zuständig, da von Mainz aus die Geschäfte geleitet werden.

Beispiel 2:
Die Porzellanmanufaktur Edel GmbH hat ihren Sitz in München, Geschäftsführer ist Peter Schwarz. Er leitet die Geschäfte der Edel GmbH von Salzburg aus, weil er dort wohnt.
Für die Körperschaftsteuer ist das Finanzamt München zuständig, da sich der Ort der Geschäftsleitung nicht in Deutschland befindet und somit der Sitz der Gesellschaft ausschlaggebend ist.

2.3.3 Zuständigkeit des Betriebsfinanzamts

Für Umsatz- und Gewerbesteuer von Unternehmen ist das Finanzamt örtlich zuständig, in dessen Bezirk das Unternehmen seine Geschäfte ganz oder überwiegend betreibt. Bei Gewerbetreibenden ist hier der Sitz der Geschäftsleitung ausschlaggebend; sollte sich die Geschäftsleitung nicht in Deutschland befinden, ist die Betriebsstätte ausschlaggebend. Besitzt ein Unternehmen mehrere Betriebsstätten, ist das Finanzamt zuständig, in dessen Bezirk sich die wirtschaftlich bedeutendste Betriebsstätte befindet. Bei Einkünften aus selbstständiger Tätigkeit ist das Finanzamt zuständig, von dessen Bezirk aus die Tätigkeit vorwiegend ausgeübt wird.

Beispiel
Betriebsfinanzamt

Arno Keller wohnt in Frankfurt und betreibt in Mainz ein Handelsgewerbe.
Für die Umsatzsteuer ist das Finanzamt Mainz zuständig, da er dort sein Gewerbe betreibt.

2.3.4 Zuständigkeit des Lagefinanzamts

Das Lagefinanzamt ist für die Erhebung der Grundsteuer zuständig (§ 22 Abs. 1 AO). Diese bezieht sich auf Betriebe der Land- und Forstwirtschaft, Grund- und Betriebsgrundstücke sowie auf Mineralgewinnungsrechte[1] (§ 18 Abs. 1 Nr. 1 AO). Es ist dabei das Finanzamt örtlich zuständig, in dessen Bezirk sich die jeweils zu versteuernden Grundstücke bzw. Betriebe befinden. Werden mehrere Bezirke abgedeckt, gilt das Amt als zuständig, in dessen Bezirk der wertvollste Teil liegt.

Beispiel
Lagefinanzamt

Hans Böhm ist Besitzer eines Mehrfamilienhauses in Frankfurt und wohnt selbst in einem Einfamilienhaus in Darmstadt. Für beide Häuser muss er Grundsteuer bezahlen.

Die Grundsteuer für das Mehrfamilienhaus in Frankfurt wird von der Stadt Frankfurt erhoben und die Grundsteuer für das selbst genutzte Haus wird von der Stadt Darmstadt erhoben.

---

[1] Mineralgewinnungsrechte werden zur Suche und zum Abbau von Bodenschätzen erteilt.

2.3.5 Zuständigkeit des Betriebsstättenfinanzamts

Das Betriebsstättenfinanzamt ist das Finanzamt, in dessen Stadt, Bezirk oder Gemeinde sich die lohnsteuerrechtliche Betriebsstätte des Arbeitgebers befindet. Beim Betriebsstättenfinanzamt ist die Lohnsteueranmeldung abzugeben und dorthin ist die einbehaltene Lohnsteuer abzuführen.

2.3.6 Steuerabzug in Zusammenhang mit Bauleistungen

In Zusammenhang mit Bauleistungen gelten unter Umständen mehrere Zuständigkeiten - je nachdem, von wem die Arbeit erbracht wird (Leistender). Erhalten Unternehmer oder juristische Personen eine solche Leistung, müssen sie laut § 48 EStG einen Steuerabzugsbetrag auf ihre Gegenleistung in Höhe von 15 % entrichten. An welches Finanzamt diese Steuerzahlung zu erfolgen hat, zeigt diese Tabelle:

Leistender Unternehmer	Zuständiges Finanzamt	Rechtsgrundlage
eine natürliche Person	Wohnsitzfinanzamt	§ 19 Abs. 1 AO
eine Körperschaft oder Personengesellschaft mit Geschäftsleitung oder Sitz im Inland	Geschäftsleitungsfinanzamt	§ 20 Abs. 1 AO
mit Wohnsitz, Sitz oder Geschäftsleitung im Ausland	Zentralfinanzamt	§ 21 Abs. 1 Satz 2 AO § 20a Abs. 1 AO

2.4 Steuerfestsetzung durch das Finanzamt

Auf Grundlage der Steuererklärung des Steuerpflichtigen und etwaiger weiterer notwendiger Ermittlungen werden die Besteuerungsgrundlagen festgestellt und der Steueranspruch mittels Steuerbescheid festgesetzt (§ 155 Abs. 1 AO). Durch die Steuerfestsetzung wird die Rechtsgrundlage für die Steuererhebung geschaffen.

2.4.1 Steuerbescheide

Ein Steuerbescheid ist ein Verwaltungsakt, durch den die Finanzbehörde

- für einen Steuerpflichtigen einen bestimmten Betrag als Steuer festsetzt,
- einen Steuerpflichtigen ganz oder teilweise von der Steuer freistellt (Freistellungsbescheid) oder
- einen Antrag auf Steuerfestsetzung ablehnt (Ablehnungsbescheid).

Eine abweichende Regelung gilt gemäß § 167 AO für die Steuerfestsetzung bei Steueranmeldungen. Ist eine Steuer auf Grund gesetzlicher Verpflichtung anzumelden, wird nur dann ein Bescheid erlassen, wenn die Festsetzung zu einer abweichenden Steuer führt oder der Steuer- und Haftungsschuldner die Steueranmeldung nicht abgibt. Ein typisches Beispiel hierfür ist die Umsatzsteuer.

Steuerbescheide dürfen nur von dem örtlich zuständigen Finanzamt erlassen werden. Eine vorgesetzte Behörde der Finanzverwaltung, wie die Oberfinanzdirektion, ist zum Erlass von Steuerbescheiden nicht berechtigt.

Damit ein Steuerbescheid wirksam werden kann, muss er demjenigen bekannt gegeben werden, für den er bestimmt ist.

Bekanntgabe des Steuerbescheides

Zugangsvermutung

Für die Bekanntgabe des Steuerbescheides gilt die Zugangsvermutung. Demnach gilt ein Steuerbescheid gemäß § 122 Abs. 2 und 2a AO als bekannt gegeben:

- im Inland am dritten Tag nach der Aufgabe bei der Post[1]
- im Ausland einen Monat nach der Aufgabe bei der Post
- bei elektronischer Übermittlung am dritten Tag nach Absendung

Beispiel 1
Zugang des Steuerbescheides

> Das Finanzamt Frankfurt gibt einen Einkommensteuerbescheid am Montag, den 01.06. (Datum des Poststempels) zur Post (einfacher Brief).
>
> Der Einkommensteuerbescheid gilt am Donnerstag, den 04.06. als bekannt gegeben (01.06. + 3 Tage = 04.06. - der Aufgabetag wird nicht mitgerechnet).

Hinweis: Bei der Zugangsvermutung spielt es keine Rolle, ob der Bescheid tatsächlich schon früher zugegangen ist.

Beispiel 2
Zugang des Steuerbescheides

> Das Finanzamt Frankfurt gibt einen Einkommensteuerbescheid am Mittwoch, den 10.06. (Datum des Poststempels) zur Post (einfacher Brief). Montag, der 15.06. ist Pfingstmontag, also ein Feiertag. Daher gilt der Einkommensteuerbescheid am Dienstag, den 16.06. als bekannt gegeben.

Die Zugangsvermutung gilt nicht, wenn der Steuerbescheid nicht oder zu einem späteren Zeitpunkt zugegangen ist. Im Zweifel hat die Behörde den tatsächlichen Zugang des Bescheides und den Zeitpunkt des Zugangs nachzuweisen.

Form und Inhalt des Steuerbescheides

Steuerbescheide bedürfen nach § 157 Abs. 1 AO grundsätzlich der Schriftform und können so genannte Muss- und Sollangaben enthalten.

Mussangaben des Steuerbescheides

Zu den **Mussangaben** gehören:

- Name der ausstellenden Finanzbehörde (§ 119 Abs. 3 AO),
- eindeutige Bezeichnung des Steuerschuldners (§ 157 Abs. 1 AO),
- Bezeichnung der Steuer nach Art und Höhe (§ 157 Abs. 1 AO),
- Zeitraum der Steuerfestsetzung.

Bei Feststellungsbescheiden wird anstelle der Steuerhöhe die Höhe der Besteuerungsgrundlage angegeben. Bei Steuermessbescheiden und Zerlegungsbescheiden wird die Höhe des jeweiligen Messbetrages angegeben.
Erfolgt eine Mussangabe nicht oder fehlerhaft, ist der Steuerbescheid nach §§ 124 und 125 AO nichtig und unwirksam.

Sollangaben des Steuerbescheides

Zu den **Sollangaben** in einem Steuerbescheid zählen:

- **Rechtsmittelbelehrung** (§ 157 Abs. 1 Satz 3 AO)
  Jedem Steuerbescheid ist eine Rechtsmittelbelehrung beizufügen. Damit wird darüber informiert, welcher Rechtsbehelf (z. B. Einspruch) zulässig und binnen welcher Frist und bei welcher Behörde er einzulegen ist.

---

[1] Für den Fall, dass das Fristende auf einen Samstag, einen Sonntag oder einen gesetzlichen Feiertag fällt, gilt als Tag der Bekanntgabe der nächstfolgende Werktag (§ 108 Abs. 3 AO).

- **Begründung** (§ 121 Abs. 1 AO)
    Weicht das Finanzamt bei der Erstellung des Bescheides von den Angaben in der Steuererklärung ab, so sind diese Abweichungen im Steuerbescheid zu begründen. Eine fehlende Begründung kann nachgeholt und der Mangel ausgeglichen werden. Wird jedoch durch fehlende Begründung das Einlegen eines Einspruches versäumt, kann unter Umständen die Wiedereinsetzung in den vorigen Stand erfolgen.

Im Gegensatz zu fehlenden Mussangaben sind fehlende Sollangaben kein Grund für die Nicht-Wirksamkeit eines Steuerbescheides. Sind Sollangaben nicht vollständig vorhanden, wird lediglich die Rechtsmittelfrist beeinflusst.

Die gesonderte Feststellung von Besteuerungsgrundlagen

Die Steuern werden - soweit nicht anders vorgeschrieben - von der Finanzbehörde durch Steuerbescheide festgesetzt (§ 155 Abs. 1 AO). Für bestimmte Besteuerungsgrundlagen ist es allerdings erforderlich, dass seitens der Finanzbehörde ein Bescheid über die gesonderte Feststellung von Besteuerungsgrundlagen erlassen werden (§§ 179 und 180 AO). Diese gesonderte Feststellung ist erforderlich, wenn z. B.

- bei Gewinn- und Überschusseinkünften das Wohnsitz- und das Betriebsfinanzamt nicht identisch sind oder
- eine Besteuerungsgrundlage für mehrere Personen gilt.

Im § 18 AO ist die Zuständigkeit des Finanzamtes wie folgt geregelt:

	Gesonderte Feststellung	Zuständiges Finanzamt	Rechtsgrundlage
(1)	Einheitswerte der Grundstücke	Lagefinanzamt	§ 18 Abs. 1 Nr. 1 AO
(2)	Einkünfte aus Land- und Forstwirtschaft	Lagefinanzamt	§ 18 Abs. 1 Nr. 1 AO
(3)	Einkünfte aus Gewerbebetrieb	Betriebsfinanzamt	§ 18 Abs. 1 Nr. 2 AO
(4)	Einkünfte aus selbständiger Arbeit	Betriebsfinanzamt	§ 18 Abs. 1 Nr. 3 AO
(5)	Einkünfte aus Kapitalvermögen und Einkünfte aus Vermietung und Verpachtung (Beteiligung mehrerer Personen am Grundbesitz)	Verwaltungsfinanzamt	§ 18 Abs. 1 Nr. 4 AO

Beispiel zu (1)

Max Berger und Andreas Kühn besitzen ein Grundstück in Heidelberg. Für die Einheitswertfestsetzung ist das Finanzamt Heidelberg zuständig, unabhängig davon, wo Max Berger und Andreas Kühn wohnen.

Beispiel zu (2) und (3)

Sabine Lorenz besitzt eine Gärtnerei in Mainz und einen Blumenshop in Frankfurt. Die Gärtnerei fällt unter die Land- und Forstwirtschaft; für die Feststellung des Gewinns ist das Lagefinanzamt Mainz und für den Blumenshop das Betriebsfinanzamt Frankfurt zuständig.

Beispiel zu (3)

Max Berger und Andreas Kühn sind Besitzer einer Gaststätte in Frankfurt. Das Unternehmen wird in Form einer OHG geführt. Für diesen Gewerbebetrieb werden die Steuererklärungen beim Betriebsfinanzamt Frankfurt eingereicht.

Beispiel zu (4)

Beate Vogel ist selbstständige Krankengymnastin mit einer Praxis in Frankfurt und ist wohnhaft in Hanau. Sie erklärt ihren Gewinn mit einer „gesonderten Feststellungserklärung" gegenüber ihrem Betriebsfinanzamt Frankfurt.

Beispiel zu (5)

Die Geschwister Peter und Paul Kramer wohnen in Frankfurt. Sie besitzen ein Mehrfamilienhaus in Rüdesheim, welches sie vermietet haben. Peter Kramer hat die Verwaltung für dieses Gebäude übernommen. Für die Feststellung der Einkünfte aus diesem Haus ist das Finanzamt Frankfurt zuständig.

Feststellung der Besteuerungsgrundlagen durch Grundlagenbescheide

Steuern werden in der Regel durch Steuerbescheide festgesetzt, z. B. durch den Einkommen- oder den Körperschaftsteuerbescheid. Von den allgemeinen Steuerbescheiden unterscheiden sich die so genannten Grundlagenbescheide, weil in ihnen nicht die Steuer, sondern die Besteuerungsgrundlagen festgestellt werden. Typische Grundlagenbescheide sind:

- Gewerbesteuermessbescheid (Grundlage für den Gewerbesteuerbescheid)
- Grundsteuermessbescheid (Grundlage für den Grundsteuerbescheid)
- Feststellungsbescheid für die Einkünfte aus Land- und Forstwirtschaft, Gewerbebetrieb, selbstständiger Tätigkeit oder Vermietung und Verpachtung, wenn an den Einkünften mehrere Personen beteiligt sind
- Feststellungsbescheid für die Einkünfte aus Gewerbebetrieb und aus selbstständiger Tätigkeit, wenn Wohnsitz- und Betriebsfinanzamt voneinander abweichen.

Beispiel 1
Gewerbesteuermessbescheid

Max Berger und Andreas Kühn führen eine Gaststätte in Frankfurt. Sie reichen ihre Gewerbesteuererklärung beim Finanzamt Frankfurt ein und erhalten von dort einen Gewerbesteuermessbescheid. Dieser ist Grundlage für die Stadt Frankfurt, die Gewerbesteuer zu erheben. Die Stadt Frankfurt erlässt auf Grundlage des Gewerbesteuermessbescheides einen Gewerbesteuerbescheid.

Beispiel 2
Grundsteuermessbescheid

Beate Vogel besitzt in Obertshausen ein Einfamilienhaus. Von dem Finanzamt Offenbach wird für dieses Haus ein Grundsteuermessbescheid erlassen, der dann für die Stadt Obertshausen die Grundlage bildet, den Grundsteuerbescheid zu erstellen.

> Max Berger und Andreas Kühn sind Besitzer einer Gaststätte in Frankfurt. Das Unternehmen wird in Form einer OHG geführt. Für diesen Gewerbebetrieb werden die Steuererklärungen beim Betriebsfinanzamt Frankfurt eingereicht. Der Gewinn wird vom Finanzamt Frankfurt festgestellt und die jeweiligen Gewinnanteile werden den Wohnsitzfinanzämtern von Max Berger und Andreas Kühn in Form eines Feststellungsbescheides mitgeteilt. Dieser Feststellungsbescheid ist Grundlage für die Berücksichtigung der Einkünfte aus Gewerbebetrieb in den jeweiligen Einkommensteuerbescheiden der Beteiligten.

Beispiel 3
Feststellungsbescheid für die Einkünfte aus Gewerbebetrieb

> Der Rechtsanwalt Matthias Stegemann hat seine Kanzlei (erste Tätigkeitsstätte) in Frankfurt und wohnt in Mainz. Das Finanzamt Frankfurt ist für die Bearbeitung der betrieblichen Steuererklärungen zuständig. Der Gewinn aus der Kanzlei wird in Frankfurt in Form eines Feststellungsbescheides erhoben. Der wiederum ist Grundlagenbescheid für das Finanzamt Mainz zur Berücksichtigung der Einkünfte aus selbstständiger Tätigkeit im Einkommensteuerbescheid von Herrn Stegemann.

Beispiel 4
Feststellungsbescheid für die Einkünfte aus selbstständiger Tätigkeit

Bestandskraft des Steuerbescheides und Vorbehalt der Nachprüfung

Ein Steuerbescheid wird einen Monat nach Bekanntgabe bestandskräftig, sofern innerhalb dieses Zeitraumes kein Einspruch eingelegt wird. Nach dieser Frist sind Änderungen nur noch in besonderen Fällen möglich. Steuerbescheide können ohne abgeschlossene Prüfung des Steuerfalls unter dem Vorbehalt der Nachprüfung erlassen werden (§ 164 AO). Der Vorbehaltsbescheid ergeht aufgrund der Angaben des Steuerpflichtigen und hat alle Wirkungen des normalen Steuerbescheides, d. h.

- die Steuer ist gemäß Leistungsgebot zu entrichten und
- die Steuerschuld kann vollstreckt werden.

Erlässt die Finanzbehörde einen Steuerbescheid unter Vorbehalt der Nachprüfung, muss sie dies nicht begründen. Solange der Vorbehalt wirksam ist, **kann** die gesamte Steuerfestsetzung jederzeit aufgehoben und geändert werden - sowohl durch die Finanzbehörde als auch auf Antrag des Steuerpflichtigen. Der Vorbehalt **muss** hingegen aufgehoben werden, wenn eine Außenprüfung die Angaben des Steuerpflichtigen bestätigt. Nach Ablauf der Vorbehaltsfrist (Festsetzungsfrist) ist eine Aufhebung oder Änderung des Steuerbescheides nicht mehr zulässig (§ 169 AO). Die Steuerfestsetzung kann gemäß § 165 Abs. 1 AO vorläufig erfolgen. Es ist heute Praxis, dass bestimmte Inhalte eines Steuerbescheides für vorläufig erklärt werden. Grund hierfür sind zahlreiche anhängige Verfahren, von denen viele Steuerpflichtige betroffen sind, in denen z. B. eine Ungewissheit über Besteuerungsgrundlagen geklärt werden soll. Der Steuerbescheid bleibt hinsichtlich der darin aufgeführten Punkte so lange vorläufig, bis die Ungewissheit beseitigt ist.

```
Die Festsetzung der Einkommensteuer ist gem. § 165 Abs. 1 Satz 2 Nr. 3 AO
vorläufig hinsichtlich
 - der Nichtabziehbarkeit von Beiträgen zur Rentenversicherung als
   vorweggenommene Werbungskosten bei den Einkünften im Sinne des
   § 22 Nr.1 Satz 3 Buchstabe a EStG
 - der Nichtabziehbarkeit von Steuerberatungskosten als Sonderausgaben
   (Aufhebung des § 10 Abs. 1 Nr. 6 EStG durch das Gesetz zum Einstieg
   in ein steuerliches Sofortprogramm vom 22. Dezember 2005, BGBl. I S. 3682)
 - der Höhe des Grundfreibetrages (§ 32a Abs. 1 Satz 2 Nr. 1 EStG)

Die Festsetzung des Solidaritätszuschlags ist gem. § 165 Abs. 1 Satz 2 Nr. 3 AO
vorläufig hinsichtlich
 - der Verfassungsmäßigkeit des Solidaritätszuschlagsgesetzes 1995
```

Abb.: Auszug aus einem Einkommensteuerbescheid

Schätzung von Besteuerungsgrundlagen

Die Steuerfestsetzung kann auch auf Grundlage einer Schätzung der Besteuerungsgrundlagen erfolgen (§ 162 AO), wenn diese nicht ermittelt oder berechnet werden können. Der Steuerbescheid (Schätzungsbescheid) ergeht i. d. R. unter dem Vorbehalt der Nachprüfung.

Die Finanzverwaltung ist zu einer Schätzung der Besteuerungsgrundlagen verpflichtet, wenn der Steuerpflichtige z. B.

- keine Steuererklärung abgibt,
- nur unvollständige Angaben macht,
- seine Mitwirkungspflichten gemäß § 90 Abs. 2 AO verletzt,
- Bücher oder Aufzeichnungen nicht vorlegen kann oder diese
- nicht sachlich richtig gemäß § 158 AO sind.

Zu einer Schätzung kann es auch kommen, wenn andere Personen, z. B. ausländische nahestehende Personen, ihre Auskunftspflichten nach § 93 Abs. 1 AO nicht erfüllen.

Beispiel 4
Schätzung

> Der Gastwirt Benno Meier gibt weder eine Erklärung für die Einkommensteuer noch für Gewerbe- oder Umsatzsteuer ab. Das Finanzamt hat hier das Recht zur Schätzung. Dies bedeutet:
>
> - Das Amt schätzt einen Umsatz, erlässt einen Umsatzsteuerbescheid und der Gastwirt schuldet hierauf die Umsatzsteuer.
> - Der Gewinn aus Gewerbebetrieb wird ebenfalls geschätzt. Das Finanzamt erlässt einen Einkommensteuerbescheid und der Gastwirt schuldet hierauf die Einkommensteuer.
> - Der geschätzte Gewinn wird der Gemeinde über den Gewerbesteuermessbescheid bekannt gegeben, die Gemeinde erstellt hierauf den Gewerbesteuerbescheid und der Gastwirt schuldet die Gewerbesteuer.
>
> Bei der Schätzung nach § 162 Abs. 1 AO hat das Finanzamt dabei alle Umstände zu berücksichtigen, die für die Schätzung von Bedeutung sind.

2.4.2 Festsetzungsfristen

Eine Steuer kann nur in einem bestimmten Zeitraum festgesetzt, abgeändert oder aufgehoben werden. Ist diese Festsetzungsfrist abgelaufen, ist eine Steuerfestsetzung oder Steueränderung nicht mehr zulässig (§ 169 Abs. 1 AO). Mit Ablauf der Festsetzungsfrist erlöschen auch die beiderseitigen Ansprüche aus dem Steuerschuldverhältnis (§ 47 AO).

Die Festsetzungsfristen betragen:

- 1 Jahr   für Verbrauchsteuern und Verbrauchsteuervergütungen
- 4 Jahre   für Steuern und Steuervergütungen (ohne Zölle)
- 5 Jahre   sofern Steuern leichtfertig verkürzt wurden
- 10 Jahre sofern Steuern hinterzogen wurden

Die Festsetzungsfrist beginnt i. d. R. mit Ablauf des Kalenderjahres, in dem die Steuerschuld entstanden ist. Ist eine Steuererklärung oder Steueranmeldung einzureichen, so beginnt die Festsetzungsfrist mit Ablauf des Kalenderjahres, in dem die Steuererklärung oder Steueranmeldung eingereicht wurde (§ 170 Abs. 1 AO).

> **Beispiel 1**
> Festsetzungsfrist
>
> Hans Böhm gibt seine Einkommensteuererklärung für 2016 im Kalenderjahr 2017 ab. Die Veranlagung erfolgt in 2017.
>
> Die Festsetzungsfrist beginnt mit Ablauf des 31.12.2017 und endet nach vier Jahren mit Ablauf des 31.12.2021.

> **Abwandlung zu Beispiel 1**
> Festsetzungsfrist
>
> Hans Böhm gibt seine Einkommensteuererklärung für 2015 aufgrund einer Fristverlängerung im Kalenderjahr 2017 ab. Die Veranlagung erfolgt in 2017.
>
> Die Festsetzungsfrist beginnt mit Ablauf des 31.12.2017 und endet nach vier Jahren mit Ablauf des 31.12.2021.

Anlaufhemmung und Ablaufhemmung

Der Anlauf der Festsetzungsfrist kann durch ergänzende Vorschriften der Abgabenordnung hinausgezögert werden - man spricht dann von einer **Anlaufhemmung**. Die Festsetzungsfrist beginnt in dem Fall nicht mit dem Ablauf des Kalenderjahres, in dem die Steuer entstanden ist, sondern zu einem späteren Zeitpunkt.

Für bestimmte Steuern beginnt die Festsetzungsfrist erst mit Ablauf des Kalenderjahres, in dem die Steuererklärung oder -anmeldung bzw. der Antrag gestellt werden (§ 170 AO). Dies gilt für solche Steuern oder Steuervergütungen, die auf Grundlage einer Steuererklärung, Steueranmeldung, einer Anzeige oder eines Antrages festgesetzt werden. Wird keine wirksame Steuererklärung eingereicht, beginnt die Festsetzung spätestens mit Ablauf des dritten Kalenderjahres, das auf das Kalenderjahr folgt, in dem die Steuerschuld entstanden ist.

Anlaufhemmung

> **Beispiel**
> Anlaufhemmung
>
> Andreas Baumann ist geschieden und zahlt monatlich einen festgelegten Unterhalt. Er setzt die Unterhaltszahlungen in seiner Einkommensteuererklärung 2015 als Sonderausgaben an. Die Einkommensteuererklärung wird in 2016 abgegeben. Da die Zustimmung von Frau Baumann bezüglich der Versteuerung der Unterhaltszahlungen noch fehlt, werden diese nicht bei der Veranlagung berücksichtigt.
>
> Die Festsetzungsfrist beginnt mit Ablauf des 31.12.2016 und endet nach vier Jahren mit Ablauf des 31.12.2020 (§170 Abs. 2 Satz 1 Nr. 1 EStG).
>
> Anfang 2017 gibt Frau Baumann die Zustimmung und der Steuerbescheid für 2015 wird entsprechend nach § 175 Abs. 1 Satz 1 Nr. 2 AO geändert. Hier entsteht ebenfalls eine Anlaufhemmung, da gemäß § 175 Abs. 1 Satz 2 AO die Festsetzungsfrist mit Ablauf des Kalenderjahres, in dem das Ereignis eintritt, beginnt.
>
> Die neue Festsetzungsfrist beginnt mit Ablauf des 31.12.2017 und endet nach vier Jahren mit Ablauf des 31.12.2021.

Ablaufhemmung

Der Ablauf der Festsetzungsfrist kann durch bestimmte Tatbestände ebenfalls hinausgezögert werden; die Rede ist dann von einer **Ablaufhemmung**. Die Ablaufhemmung kann nach § 171 AO u. a. dadurch hervorgerufen werden, dass

- ein Antrag auf Änderung gestellt wird,
- ein Rechtsbehelf eingelegt wird,
- eine Außenprüfung beginnt oder auf Antrag hinausgeschoben wird,
- eine Fahndungsprüfung beginnt oder
- ein Insolvenzverfahren angemeldet wird.

Bei einer Ablaufhemmung endet die Festsetzungsfrist nicht mit dem Ablauf, sondern im Laufe eines Kalenderjahres.

Beispiel Ablaufhemmung

> Die Klaus Schlicht GmbH hat die Körperschaftsteuererklärung für das Jahr 2011 im Kalenderjahr 2012 beim Finanzamt eingereicht. Die Veranlagung erfolgt in 2012.
> Die Festsetzungsfrist beginnt mit Ablauf des 31.12.2012 und endet nach vier Jahren mit Ablauf des 31.12.2016.
> Im Oktober 2016 erhält die Klaus Schlicht GmbH eine Prüfungsanordnung für die Jahre 2011, 2012 und 2013. Die Prüfung des Finanzamtes wird im Februar 2017 abgeschlossen. Durch die Außenprüfung ergibt sich eine Steuernachforderung. Der neue Steuerbescheid wird am 08.04.2017 bekannt gegeben und wird am 09.05.2017 bestandskräftig.
> Die Festsetzungsfrist für die Körperschaftsteuer 2011 läuft am 09.05.2017 ab.

2.5 Rechtsbehelfe im Besteuerungsverfahren

Mit dem Rechtsbehelfsverfahren wird der Rechtsschutz des Steuerpflichtigen gewährleistet. Das heißt, Entscheidungen von Finanzbehörden werden auf ihre Rechtmäßigkeit überprüft und ggf. angefochten. Dies kann über zwei Wege erfolgen:

- ein außergerichtliches Rechtsbehelfsverfahren (außergerichtliches Vorverfahren) nach der Abgabenordnung (AO) und
- ein gerichtliches Rechtsbehelfsverfahren (Gerichtsverfahren) nach der Finanzgerichtsordnung (FGO).

2.5.1 Außergerichtliche Rechtsbehelfe

Einspruch

In der Abgabenordnung ist als außergerichtliches Rechtsbehelfsverfahren der Einspruch vorgesehen (§ 347 AO). Über diesen Einspruch entscheidet die Finanzbehörde, die den Verwaltungsakt erlassen hat, in eigener Zuständigkeit.

Bedingungen für einen Einspruch

Für einen Einspruch sind folgende Bedingungen einzuhalten:

- **Wahrung der Einspruchsfrist**
  Ein Einspruch muss grundsätzlich einen Monat nach Bekanntgabe des Verwaltungsaktes (§ 355 AO) eingelegt werden. Ist bei schriftlichen Verwaltungsakten eine schriftliche Rechtsbehelfsbelehrung unterblieben, beträgt die Einspruchsfrist ein Jahr nach Bekanntgabe des Verwaltungsaktes (§ 356 AO). Die Einspruchsfrist ist eine gesetzliche Frist, die durch die Finanzbehörde nicht verlängert werden kann. Hat sie der Einspruchsführer ohne Verschulden versäumt, kann Wiedereinsetzung in den vorigen Stand beantragt und gewährt werden (§ 110 Abs. 1 AO).

- **Schriftliche Form**
  Es genügt, wenn aus dem Schriftstück hervorgeht, wer den Einspruch eingelegt hat; eine unrichtige Bezeichnung schadet dabei nicht. Ferner soll der Einspruch enthalten, welcher Verwaltungsakt angefochten wird (§ 357 AO). Der Einspruch kann auch elektronisch übermittelt werden, wobei eine elektronische Signatur nicht erforderlich ist (AEAO zu § 357).

- **Begründeter Einspruch**
  Der Einspruch muss nicht nur zulässig sein, sondern auch begründet. Zur Begründung des Einspruchs in der Sache sind durch den Einspruchsführer die Tatsachen und Beweismittel zu nennen, die aus seiner Sicht bei der Entscheidung über den Einspruch gewürdigt werden sollten.

- **Berechtigte Person**
  Grundsätzlich darf nur derjenige einen Einspruch einlegen, der durch den jeweiligen Verwaltungsakt betroffen (beschwert) ist (§ 350 AO). Bei einer Nullfestsetzung (Steuerschuld beträgt 0,00 €) besteht grundsätzlich kein Beschwerdegrund (AEAO zu § 350).

- **Zuständige Behörde**
  Der Einspruch ist bei der Behörde einzulegen, deren Verwaltungsakt angefochten wird. Wird der Einspruch an eine anderweitige oder nicht zuständige Behörde übermittelt, so ist das unschädlich, solange diese Behörde den Einspruch innerhalb der Frist an die zuständige Behörde weiterleitet (§ 357 Abs. 2 AO).

Einsprüche können gegen folgende Verwaltungsakte eingelegt werden: *anerkannte Einsprüche*

- Steuerbescheide
- Steuervergütungsbescheide
- Steueranmeldungen
- Feststellungsbescheide
- Steuermessbescheide
- Festsetzung von Säumniszuschlägen, Verspätungs- und Zwangsgeldern
- Ablehnung von Stundungs- und Erlassanträgen

Dagegen ist ein Einspruch nach § 348 AO nicht gestattet gegen: *nicht gestattete Einsprüche*

- Einspruchsentscheidungen (§ 367 AO)
- Nichtentscheidung über einen Einspruch
- Verwaltungsakte oberster Finanzbehörden
- Entscheidungen des Zulassungsausschusses
- Entscheidungen des Prüfungsausschusses der Oberfinanzdirektion in Angelegenheiten des Steuerberatungsgesetzes

Durch den Einspruch wird der Vollzug des angefochtenen Verwaltungsaktes grundsätzlich nicht gehemmt, insbesondere die Steuererhebung nicht aufgehalten (§ 361 Abs. 1 AO). Um aber zu verhindern, dass der Verwaltungsakt fortgeführt wird, sollte mit dem Einlegen des Einspruchs beantragt werden, dass der Vollzug ausgesetzt wird (§ 361 Abs. 2 AO). *Aussetzung des Vollzugs*

Beispiel
Aussetzung des Vollzugs

> Der Steuerpflichtige Frank Winter erhält einen Einkommensteuerbescheid über eine Nachzahlung in Höhe von 5.000,00 €, die innerhalb von vier Wochen fällig ist.
>
> Der Steuerbescheid ist nicht rechtmäßig, da das Finanzamt beim Gewinn aus Gewerbebetrieb nicht die tatsächlichen 59.000,00 €, sondern 89.000,00 € angesetzt hat. Hätte es die 59.000,00 € berücksichtigt, wäre eine Erstattung zustande gekommen.
>
> Nun legt Herr Winter einen Einspruch ein, weiß aber nicht, wann das Finanzamt diesen Einspruch bearbeitet. Um die Steuer von 5.000,00 € nicht zahlen zu müssen – denn diese ist aufgrund einer fehlerhaften Veranlagung unberechtigt – beantragt er gleichzeitig mit dem Einspruch die Aussetzung der Vollziehung. Dies bedeutet, dass die 5.000,00 € vom Finanzamt nicht verlangt werden, solange kein neuer Bescheid ergeht.

Allerdings hat der Aussetzungsantrag nur dann Aussicht auf Erfolg, wenn es mit der im Einspruch angeführten Begründung gelingt, bei der Finanzbehörde ernsthafte Bedenken gegen die Rechtmäßigkeit des Verwaltungsaktes zu erwecken. Die Finanzbehörde hat bei der Entscheidung über den Einspruch den Sachverhalt in vollem Umfang erneut zu prüfen. Der Verwaltungsakt kann zum Vorteil des Steuerpflichtigen oder zu seinem Nachteil geändert werden (§ 367 Abs. 2 AO).

Ablehnung des Einspruchs

Beabsichtigt die Finanzbehörde, den angefochtenen Verwaltungsakt zu Ungunsten des Betroffenen zu ändern, hat sie unter Angaben von Gründen auf die Möglichkeit einer verschlimmernden Entscheidung hinzuweisen und ihm rechtliches Gehör zu gewähren. Wird der Einspruch letztlich abgelehnt, so hat eine schriftliche Einspruchsentscheidung unter Angabe der Ablehnungsgründe an den Einspruchsführer zu ergehen. Dieser hat dann die Möglichkeit, gegen die Einspruchsentscheidung einen gerichtlichen Rechtsbehelf einzulegen.

2.5.2 Gerichtliche Rechtsbehelfe

Ist das außergerichtliche Rechtsbehelfsverfahren aus Sicht des Steuerpflichtigen ganz oder teilweise erfolglos geblieben, kann der Finanzrechtsweg beschritten werden.

Gemäß §§ 40 ff. FGO ist eine Klageerhebung gegen die Einspruchsentscheidung der Finanzbehörde beim zuständigen Finanzgericht (FG) möglich. Zuständig ist nach § 38 FGO das Finanzgericht, in dessen Bezirk die beklagte Behörde ihren Sitz hat. Die Klagefrist beträgt einen Monat nach Bekanntgabe der Entscheidung über den außergerichtlichen Rechtsbehelf (§ 47 Abs. 1 FGO). Die Klage ist schriftlich oder zur Niederschrift zu erheben (§ 64 Abs. 1 FGO).

Über die Klage wird durch das Urteil des Finanzgerichts entschieden (§ 95 FGO). Dagegen können die Beteiligten Revision beim Bundesfinanzhof (BFH) einlegen. In einem Steuerprozess unterliegt der Kläger keinem Vertretungszwang, d. h. er kann sich selbst vertreten oder gemäß § 62 FGO durch einen Bevollmächtigten oder Beistand vertreten werden.

Das gerichtliche Rechtsbehelfsverfahren ist grundsätzlich kostenpflichtig (§§ 135 und 143 FGO). Mit dem Urteil hat das Gericht auch eine Kostenentscheidung zu treffen.

Wissenskontrollfragen

Die Lösungen finden Sie online unter www.edumedia.de/verlag/loesungen.

1) Wer wird nach den Bestimmungen des § 33 Abs. 1 AO zum Steuerpflichtigen?

Zum Steuerpflichtigen wird, der: eine Steuer schuldet, für eine Steuer haftet, eine Steuer für RE eines Dritten einzubehalten u. abzuführen hat, eine Steuererklärung abzugeben hat, Sicherheit zu leisten hat, Bücher u. Aufzeichnungen zu führen hat, andere durch die Steuergesetze auferlegte Verpflichtungen zu erfüllen hat.

2) Nennen Sie den Unterschied zwischen einer Steuererklärung und einer Steueranmeldung. Geben Sie in beiden Fällen jeweils ein Beispiel an.

Wenn der Steuerpflichtige eine Steuererklärung einreicht (Einkommen-, Körper-, Gewerbesteuer), erfolgt durch das FA eine Veranlagung u. entsprechende Steuerfestsetzung. Reicht der Steuerpflichtige eine Steueranmeldung beim FA ein (USt-Erklärung: USt-Voranmeldung; Lohnsteueranmeldung; Kapitalertragssteueranmeld.), berechnet der Steuerpflichtige seine Steuerschuld selbst.

3) Was versteht man unter einer „Rechtsmittelbelehrung im Steuerbescheid"?

Mit der Rechtsmittelbelehrung im Steuerbescheid wird der Steuerpflichtige darüber informiert, welche Einspruchsmöglichkeit gegen den Bescheid zulässig ist und innerhalb welcher Frist und bei welcher Behörde er diesen Einspruch einlegen kann.

4) Was versteht man unter einem Grundlagenbescheid und von wem wird dieser erlassen? Beantworten Sie die Frage am Beispiel der Gewerbesteuer.

Grundlagenbescheide werden vom FA erlassen u. bilden die Besteuerungsgrundlage z.B.: zur Steuererhebung durch Städte oder Gemeinden. So bildet der Gewerbesteuermessbescheid die Grundlage f. den Gewerbesteuerbescheid, der durch die Stadt oder Gemeinde erlassen wird.

5) Ein Steuerpflichtiger erhält einen Einkommensteuerbescheid, der seiner Ansicht nach nicht in Ordnung ist. Was kann er tun? Nennen Sie unter anderem die Rechtsquelle.

Der Steuerpflichtige kann einen Einspruch einlegen (§347 AO). Dieser Einspruch muss innerhalb eines Monats nach Bekanntgabe eingelegt werden (§355 AO); er hat schriftlich (auch in elektronischer Form, z.B.: per Mail) zu erfolgen oder muss zur Niederschrift erklärt werden (§357 AO).

6) Zu welchen Maßnahmen kann das Finanzamt greifen, wenn ein Steuerpflichtiger seiner Verpflichtung zur Abgabe von Steuererklärungen, nicht nachkommt?

Das FA wird nach erfolglosen Mahnungen zuerst mit einer Zwangsgeldfestsetzung drohen und anschließend das Zwangsgeld festsetzen (§329 AO). Wenn dies immer noch nicht zum Erfolg führt, kann die Steuer im Rahmen einer Schätzung der Besteuerungsgrundlagen festgesetzt werden (§162 AO). Des Weiteren kann das FA Verspätungszuschläge festsetzen (§152 AO).

Praxisübungen

Die Lösungen finden Sie online unter www.edumedia.de/verlag/loesungen.

1) Geben Sie an, welches Finanzamt für die Abgabe der Steuererklärung in den folgenden Beispielen zuständig ist. Begründen Sie Ihre Entscheidung und benennen Sie die jeweilige Rechtsquelle.

   a) Michael Bauer ist Besitzer einer Schokoladenfabrik in Bonn und wohnt mit seiner Familie in Köln. Bei welchem Finanzamt reicht er die folgenden Erklärungen ein?
   - die Einkommensteuererklärung
   - die Gewerbesteuererklärung
   - die Umsatzsteuererklärung

   ESt bei FA Köln, da Wohnsitz des Steuerpflichtigen (Wohnsitz-FA §19 Abs 1 AO)
   GewSt u. USt bei FA Bonn, da Sitz der Firma und davon ausgegangen wird, dass von dort die Geschäfte des Unternehmens betrieben werden. (§21 Abs 1 + §22 (1) AO) (Betriebs-FA)

   b) Sabine Weiß wohnt in Köln, ist Inhaberin einer Boutique für Damenmoden und besitzt zwei Ferienwohnungen auf der Insel Sylt. Die Vermietung der Ferienwohnungen steuert sie von zu Hause aus über das Internet.

   Bei welchem Finanzamt reicht sie die Einkommensteuer-, die Gewerbesteuer und die Umsatzsteuererklärung ein?

   ESt FA Köln (Wohn-FA)
   USt/GewSt FA Köln zuständig, weil Betriebs-FA
   USt Die auf die Ferienwohnungen entfallende USt wird gemeinsam mit den Umsätzen aus der Boutique beim FA Köln gemeldet.

   c) Die Rechtsanwälte Peter Wolff und Felix Stein haben ihre Kanzlei in Frankfurt. Peter Wolff wohnt in Bad Homburg und Felix Stein wohnt in Hanau.

   Welche Finanzämter sind für die Besteuerung zuständig?

   ESt. von PW FA Bad Homburg u. von FS FA Hanau.
   Feststellungserklärung und USt bei FA Frankfurt §18(1)3
   Das FA Frankfurt erlässt einen Feststellungsbescheid, der als Grundlagenbescheid für die ESt. gilt.

Praxis: Das Besteuerungsverfahren

2) Damit ein Steuerbescheid wirksam werden kann, muss er dem Steuerpflichtigen bekannt gegeben werden. Nennen Sie hierzu die Rechtsquelle und geben Sie bei den folgenden Beispielen an, an welchem Tag der Steuerbescheid als bekannt gegeben gilt. Angegeben ist jeweils das Datum des Poststempels; die Zustellung erfolgt als einfacher Brief.

Das Finanzamt gibt einen Einkommensteuerbescheid zur Post ...

a) am Dienstag, den 07.01.   + 3 Tage   § 122 Abs. 2 AO

Freitag, 10.01. (3 Tage)

b) am Mittwoch, den 08.01.

Montag 13.01 (dritter Tag fällt auf Sa, nächster Werktag)

c) am Dienstag, den 24.04. (Dienstag vor Ostern)

Mittwoch 02.05 (dritter Tag Karfreitag, Mo = Ostermontag, Di = 1. Mai)

2 Praxis: Das Besteuerungsverfahren

3) Frau Rosalinde Becker kommt am 01.09. von einer längeren Amerikareise zurück. Während ihres Urlaubs hat das Finanzamt den Steuerbescheid für das vergangene Jahr erlassen. Dieser wurde durch das Finanzamt am 27.07. zur Post gegeben (einfacher Brief). Frau Becker stellt fest, dass mit dem Bescheid aus Ihrer Sicht etwas nicht in Ordnung ist und möchte Rechtsmittel dagegen einlegen.

Geben Sie bei allen Antworten die rechtliche Rechtsgrundlage mit an.

	Juli					August				
Montag		5	12	19	26		2	9	16	23	30
Dienstag		6	13	20	27		3	10	17	24	31
Mittwoch		7	14	21	28		4	11	18	25	
Donnerstag	1	8	15	22	29		5	12	19	26	
Freitag	2	9	16	23	30		6	13	20	27	
Samstag	3	10	17	24	31		7	14	21	28	
Sonntag	4	11	18	25		1	8	15	22	29	

	September					Oktober				
Montag		6	13	20	27		4	11	18	25	
Dienstag		7	14	21	28		5	12	19	26	
Mittwoch	1	8	15	22	29		6	13	20	27	
Donnerstag	2	9	16	23	30		7	14	21	28	
Freitag	3	10	17	24		1	8	15	22	29	
Samstag	4	11	18	25		2	9	16	23	30	
Sonntag	5	12	19	26		3	10	17	24	31	

a) Wann erfolgte die Bekanntgabe des Steuerbescheides?

Fr 30.07. §122 Abs. 2 AO
(in Deutschland auf einfachem Postweg + 3 Tage)

b) Wann genau läuft die Rechtsmittelfrist gegen den Einkommensteuerbescheid ab? Stellen Sie die Fristberechnung dar. Abs. 1

30. August um 24:00 § 355 AO   Verwaltungsaktes
30 Tage nach Bekanntgabe des Steuerbescheides

c) Sollte die Rechtsmittelfrist gemäß b) abgelaufen sein, prüfen Sie bitte, ob es trotzdem eine Möglichkeit für Rosalinde Becker gibt, einen Einspruch einzulegen. Begründen Sie Ihre Entscheidung.

Die Rechtsmittelfrist ist am 31.08. abgelaufen. Zu prüfen wäre die Wiedereinsetzung in den vorherigen Stand gem. §110 AO. Diese ist möglich, wenn der Stpfl. ohne eigenes Verschulden an Einhaltung einer gesetzlichen Frist gehindert war. Eine Fristversäumnis durch einen langen Urlaub stellt eigenes Verschulden dar, daher ist die Wiedereinsetzung nicht zu gewähren.

4) Walter Meier hat sich beim Skifahren beide Arme gebrochen und kann daher seine fällige Einkommensteuererklärung nicht persönlich unterschreiben.

Welche Möglichkeiten hat er, seine Einkommensteuererklärung beim Finanzamt einzureichen?

Walter Maier könnte aufgrund seines körperlichen Zustands jemanden beauftragen, die Steuererklärung für ihn auszufüllen u. zu unterschreiben (§150 131 AO). Das FA könnte die Unterschrift nachverlangen, wenn der Hinderungsgrund nicht mehr existiert (§150 Abs. 3 Satz 2 AO). Das Gleiche gilt, wenn die Steuererkl. über ELSTER verarbeitet, aber nicht authentifiziert übertragen wird.

Ist Walter Maier bereits über ELSTER registriert, könnte er die ESt mit einer vertrauten Person bearbeiten u. authentifiziert übertragen. Dann wäre eine Unterschrift nicht mehr erforderlich.

3

Die Umsatzsteuer im Unternehmen

Dieses Kapitel stellt die Behandlung der Umsatzsteuer im Unternehmen vor. Ausgehend vom Steuertatbestand und den beteiligten Akteuren wird auf die Ermittlung der Bemessungsgrundlage, die betriebliche Abwicklung sowie auf Besonderheiten für Kleinunternehmer eingegangen.

Inhalt

- Steuertatbestand und Akteure der Umsatzsteuer
- Feststellung des Steuertatbestandes
- Ermittlung der Bemessungsgrundlage und des Vorsteuerabzugs
- Sätze der Umsatzsteuer
- Betriebliche Abwicklung der Umsatzsteuer

3.1 Steuertatbestand und Akteure der Umsatzsteuer

Wer ist steuerpflichtig?

Die Umsatzsteuer, umgangssprachlich Mehrwertsteuer genannt, wird von einem Unternehmer gefordert, der mit durchgeführten Lieferungen oder sonstigen Leistungen Umsätze erwirtschaftet. Der Unternehmer ist also Steuerschuldner (§ 13a Abs. 1 Nr. 1 UStG).

Was wird besteuert?

Die Umsatzsteuer wird auf wirtschaftliche Verkehrsvorgänge erhoben, d. h. steuerbare Umsätze aus Waren- und Dienstleistungen. Deshalb zählt die Umsatzsteuer zu den Verkehrsteuern; in ihrer Wirkung ist sie allerdings eine Verbrauchsteuer[1]. Die steuerbaren Umsätze beziehen sich einerseits auf Lieferungen und sonstige Leistungen, die im Inland ausgeführt werden und andererseits auf die Einfuhr von Gegenständen aus Drittländern sowie auf innergemeintschaftlichen Erwerb gegen Entgelt. Der Tatbestand wird in Kapitel 3.2 ausführlich dargestellt.

Wer zahlt die Steuer?

Die Umsatzsteuer stellt eine Verbindlichkeit des Unternehmers gegenüber dem Finanzamt dar. Obwohl der Unternehmer die Umsatzsteuer an das Finanzamt abführt, wird er durch sie nicht belastet, da er sie auf den Kunden (Leistungsempfänger) abwälzen und diesem ausgewiesen in Rechnung stellen kann. Der Kunde fungiert hier also als Steuerträger. Die Umsatzsteuer wird daher als so genannter **durchlaufender Posten** behandelt. Da Steuerschuldner und Steuerträger nicht identisch sind, wird die Umsatzsteuer den indirekten Steuern zugeordnet.

Beispiel
Steuerschuldner und Steuerträger

> Verkauft ein Autohändler einen Pkw im Nettowert von 30.000,00 €, schuldet er auf diesen Umsatz 19 % Umsatzsteuer. Der Autohändler stellt seinem Kunden Folgendes in Rechnung:
>
> | | |
> |---|---:|
> | Nettowert | 30.000,00 € |
> | zzgl. 19 % USt | 5.700,00 € |
> | **= Bruttowert = Rechnungsbetrag** | **35.700,00 €** |
>
> Die 19-prozentige Umsatzsteuer wird vom Autohändler an das Finanzamt abgeführt. Er wird durch diese Zahlung aber nicht belastet, da er die Umsatzsteuer neben dem Nettowert von seinem Kunden vereinnahmt.
>
> **Hinweis**: Die Umsatzsteuer, die der Unternehmensberater an den Autohändler bezahlt, bekommt dieser vom Finanzamt erstattet. Diese Umsatzsteuer nennt man Vorsteuer. Auf dieses Thema wird im Kapitel 3.3.3 eingegangen.

Rechtsgrundlagen zur Umsatzsteuer

Alle relevanten Steuervorschriften sind in den folgenden Gesetzestexten zu finden:

- Umsatzsteuergesetz (UStG)
- Umsatzsteuer-Durchführungsverordnung (UStDV)
- Umsatzsteueranwendungserlass (UStAE)

---

1 zur Kategorisierung von Steuern siehe Kapitel 1.3

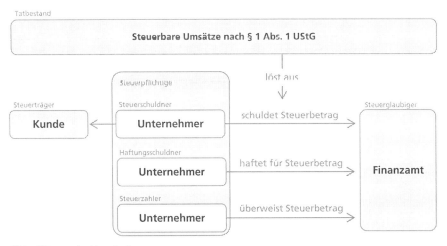

Abb.: Akteure der Umsatzsteuer

3.2 Feststellung des Steuertatbestandes

Um den Tatbestand der Umsatzsteuer genauer zu erfassen, werden im Folgenden der Unternehmer als Steuerschuldner sowie die verschiedenen steuerbaren Umsätze näher beschrieben. Es wird insbesondere auf die Begriffe der Lieferungen und sonstigen Leistungen eingegangen.

3.2.1 Der Unternehmer im Umsatzsteuerrecht

Unternehmer im Sinne des § 2 Abs. 1 UStG ist jeder, der eine gewerbliche oder berufliche Tätigkeit selbstständig ausübt. **Gewerblich** oder **beruflich** ist jede nachhaltige Tätigkeit zur Erzielung von Einnahmen, auch wenn die Gewinnabsicht fehlt. Dabei ist nicht nur die Tätigkeit im Rahmen eines Gewerbebetriebes oder einer selbstständigen Tätigkeit (wie z. B. eines Steuerberaters oder Arztes) zu sehen. Hierunter fällt auch die Vermietung von Wohneigentum.

Eine **selbstständige** Tätigkeit liegt vor, wenn diese auf eigene Rechnung und auf eigene Verantwortung ausgeübt wird. Dagegen ist jemand nicht selbstständig tätig, wenn er im Unternehmen eines Auftraggebers so eingegliedert ist, dass er dessen Weisungen Folge zu leisten hat.

Selbstständigkeit des Unternehmers

> Theobald Ahrendt ist Lehrer und unterrichtet an der kaufmännischen Berufsschule. Er ist angestellter Lehrer.
> Aufgrund des Anstellungsverhältnisses kann Theobald Ahrendt kein Unternehmer im Sinne des UStG sein.

Beispiel 1
Selbstständigkeit Tätigkeit

> Theobald Ahrendt ist Lehrer und unterrichtet an der kaufmännischen Berufsschule. Diesem Beschäftigungsverhältnis liegt ein Anstellungsvertrag zugrunde.
> Nebenberuflich arbeitet er für die Volkshochschule. Er gibt Kurse in Steuerrecht und Buchführung. Mit der Volkshochschule hat er keinen Anstellungsvertrag geschlossen; er unterrichtet dort als selbstständiger Dozent.
> Bezogen auf die selbstständige Dozententätigkeit ist Herr Ahrendt Unternehmer im Sinne des UStG.

Beispiel 2
Selbstständigkeit Tätigkeit

3 Basis: Feststellung des Steuertatbestandes

nachhaltige Tätigkeiten

Eine gewerbliche oder berufliche Tätigkeit wird **nachhaltig** ausgeübt, wenn der Unternehmer damit langfristig Entgelte erzielen möchte (Abschn. 2.3 Abs. 5 UStAE). Ob eine Nachhaltigkeit vorliegt, richtet sich im Einzelfall nach dem Gesamtbild der Verhältnisse. Als Kriterien für eine nachhaltige Tätigkeit dienen z. B.:

- mehrjährige Tätigkeiten
- planmäßiges Handeln
- die Erzielung mehrerer Umsätze
- Beteiligungen am Marktgeschehen (u. a. Werbemaßnahmen)
- Unterhalten eines Geschäftslokals

Eine selbstständige, nachhaltige und berufliche Tätigkeit kann z. B. gegeben sein, wenn jemand regelmäßig über Ebay oder auf Flohmärkten Verkäufe tätigt.

der Unternehmer im UStG

Der umsatzsteuerrechtliche Unternehmerbegriff ist weiter gefasst als der betriebswirtschaftliche. Vom betriebswirtschaftlichen Standpunkt aus kann der Unternehmer nur eine natürliche Person sein; umsatzsteuerrechtlich werden dem Unternehmerbegriff hingegen auch juristische Personen und Personenvereinigungen zugeordnet:

- **natürliche Personen**
  z. B. Einzelhändler, Handwerker, Freiberufler wie Rechtsanwälte und Steuerberater, Hauseigentümer

- **juristische Personen**
  z. B. AG (Aktiengesellschaft), GmbH (Gesellschaft mit beschränkter Haftung), Genossenschaften, eingetragene Vereine, Stiftungen

- **Personenvereinigungen**
  z. B. OHG (offene Handelsgesellschaft), KG (Kommanditgesellschaft), GbR (Gesellschaft bürgerlichen Rechts)

Ein Unternehmer, mehrere Betriebe

Das Unternehmen umfasst die gesamte gewerbliche und berufliche Tätigkeit des Unternehmers (§ 2 Abs. 1 Satz 2 UStG). Hieraus ist abzuleiten, dass ein Unternehmer zwar mehrere Betriebe besitzen kann, aber trotzdem nur **eine** Unternehmereigenschaft.

Beispiel 1
mehrere Unternehmer, mehrere Betriebe

> Peter Huber besitzt ein Tierfachgeschäft, seine Ehefrau Inge eine Buchhandlung. Sowohl Peter als auch Inge Huber sind in ihrer Eigenschaft als Einzelhändler umsatzsteuerliche Unternehmer - jeder Ehegatte getrennt für sich.

Beispiel 2
ein Unternehmer, mehrere Betriebe

> Peter Huber besitzt gleichzeitig ein Tierfachgeschäft und eine Buchhandlung. In diesem Fall liegt nur eine umsatzsteuerliche Unternehmereigenschaft vor.

Beispiel 3
mehrere Unternehmer, mehrere Betriebe

> Peter Huber ist alleiniger Besitzer eines Tierfachgeschäftes. Die Eheleute Peter und Inge Huber führen außerdem in Form einer GbR eine Buchhandlung. In diesem Fall liegen zwei Unternehmereigenschaften vor:
>
> - Unternehmer 1 ist Peter Huber in seiner Eigenschaft als Tierfachhändler.
> - Unternehmer 2 ist die Personengesellschaft Peter und Inge Huber als Besitzer der Buchhandlung.

Der Unternehmer als Steuerschuldner

Grundsätzlich gilt ein Unternehmer gemäß § 13a Abs. 1 Nr. 1 bis 4 UStG als Steuerschuldner, wenn er:

§ 13a UStG

- eine Lieferung und sonstige Leistung im Rahmen seines Unternehmens im Inland gegen Entgelt im Rahmen seines Unternehmens ausführt (§ 13a Abs. 1 Nr. 1 UStG)
- Waren aus dem Gemeinschaftsgebiet im Inland gegen Entgelt erwirbt (§ 13a Abs. 1 Nr. 2 UStG)
- als Abnehmer fungiert, der eine innergemeinschaftliche Lieferung steuerfrei entgegennimmt und die Steuerbefreiung mit falschen Angaben herbeigeführt hat (§ 13a Abs. 1 Nr. 3 UStG)
- eine Rechnung mit einem Steuerbetrag ausweist, obwohl er dazu nicht berechtigt ist (§ 13a Abs. 1 Nr. 4 UStG); der Fall tritt z. B. ein, wenn ein Unternehmer eine Rechnung ausstellt, ohne eine Ware ausgeliefert zu haben oder, wenn er nach der Kleinunternehmerregelung agiert (siehe Kapitel 3.4.2)

Die Umkehr der Steuerschuldnerschaft

Abweichend von den genannten Regelfällen wird in § 13b UStG nicht der leistende Unternehmer als Steuerschuldner genannt, sondern der Leistungsempfänger. Dieser Umstand wird als Umkehr der Steuerschuldnerschaft bzw. Reverse-Charge-Verfahren bezeichnet. Ein Leistungsempfänger hat die Steuer für folgende Umsätze zu tragen:

§ 13b UStG

- Werklieferungen[1] und sonstige Leistungen, die von einem Unternehmen mit Sitz im Ausland stammen (§ 13b Abs. 2 Nr. 1 UStG)

> Der EDV-Berater Thomas Beck betreibt sein Unternehmen in Ravensburg. Er lässt das Dach seines Bürogebäudes von einem in der Schweiz ansässigen Dachdecker reparieren. Steuerschuldner ist der EDV-Berater Thomas Beck.

Beispiel
§ 13b Abs. 2 Nr. 1 UStG

- Lieferungen von sicherungsübereigneten Gegenständen, die der Schuldner dem Gläubiger außerhalb des Insolvenzverfahrens übergibt (§ 13b Abs. 2 Nr. 2 UStG)
- Umsätze, die unter das Grunderwerbsteuergesetz (GrEStG) fallen (§ 13b Abs. 2 Nr. 3 UStG)
- Werklieferungen und sonstige Leistungen, die dazu dienen, Bauwerke herzustellen, zu reparieren, zu ändern oder zu beseitigen; davon ausgenommen sind Planung und Überwachung der Bauwerke, sofern der Leistungsempfänger solche Dienstleistungen erbringt (§ 13b Abs. 2 Nr. 4 UStG)

> Ein Schreiner baut im Auftrag eines Bauunternehmens Fenster und Türen in einem Neubau ein. Steuerschuldner ist das Bauunternehmen. *Leistungsempfänger*

Beispiel
§ 13b Abs. 2 Nr. 4 UStG

- Lieferungen von Gas, Elektrizität, Wärme oder Kälte von einem Unternehmen mit Sitz im Ausland unter Berücksichtigung der Rahmenbedingungen von § 3g UStG (§ 13b Abs. 2 Nr. 5 UStG)

---

1 Werklieferungen sind Produkte, die ein Unternehmen herstellt und dabei mindestens einen selbst beschafften Hauptstoff verarbeitet.

- „Übertragung von Berechtigungen nach § 3 Nummer 3 des Treibhausgas-Emissionshandelsgesetzes, Emissionsreduktionseinheiten nach § 2 Nummer 20 des Projekt-Mechanismen-Gesetzes und zertifizierten Emissionsreduktionen nach § 2 Nummer 21 des Projekt-Mechanismen-Gesetzes" [§ 13b Abs. 2 Nr. 6 UStG]
- Lieferungen von Industrieschrott, Altmetallen und sonstigen Abfallstoffen an einen Unternehmer (§ 13b Abs. 2 Nr. 7 UStG)

Beispiel § 13b Abs. 2 Nr. 7 UStG

Der Werkzeugfabrikant Kramer verkauft Metallabfälle aus Eisen und Stahl an einen Schrotthändler. Steuerschuldner ist der Schrotthändler.

- Reinigen von Gebäuden und Gebäudeteilen für einen Unternehmer, der selbst derartige Leistungen erbringt (§ 13b Abs. 2 Nr. 8 UStG)

Beispiel § 13b Abs. 2 Nr. 8 UStG

Das Reinigungsunternehmen Putzteufel GmbH wird mit der fristgerechten Abarbeitung seiner Aufträge nicht fertig. Deshalb beauftragt die Putzteufel GmbH den Subunternehmer Herrn Ludwig, die Fensterreinigung eines Hochhauses zu übernehmen. Steuerschuldner aus diesem Auftrag ist die Putzteufel GmbH.

- Lieferungen von Gold und Goldplattierungen (§ 13b Abs. 2 Nr. 9 UStG)

Beispiel § 13b Abs. 2 Nr. 9 UStG

Der Juwelier Engel nimmt Gold von privaten Anbietern entgegen. Aus diesem Ankauf verkauft er 500g an eine Goldverarbeitungsfirma zur Weiterverarbeitung. Das verkaufte Gold entspricht den Mindestbedingungen des Goldfeingehaltes des UStG. Steuerschuldner ist die Goldverarbeitungsfirma.

- Lieferungen von Mobilfunkgeräten, Tablet-Computern und Spielekonsolen sowie von integrierten Schaltkreisen, sofern die Summe der für sie in Rechnung zu stellenden Entgelte mindestens 5.000,00 € beträgt; nachträgliche Minderungen des Entgelts bleiben unberücksichtigt (§ 13b Abs. 2 Nr. 10 UStG)

Beispiel § 13b Abs. 2 Nr. 10 UStG

Martin Fink, Besitzer eines Telefonladens, erhält von seinem Lieferanten eine Lieferung von Mobilfunkgeräten im Wert von 5.500,00 €. Steuerschuldner ist Martin Funk, da bei dieser Lieferung die Grenze von 5.000,00 € überschritten wird.

- Lieferungen von edlen und unedlen Metallen, sofern die Summe der für sie in Rechnung zu stellenden Entgelte mindestens 5.000,00 € beträgt; nachträgliche Minderungen des Entgelts bleiben unberücksichtigt (§ 13b Abs. 2 Nr. 11 UStG)

Beispiel § 13b Abs. 2 Nr. 11 UStG

Die Stahlveredlungs-GmbH erhält von ihrem Lieferanten eine Lieferung von vorgewalzten Eisenbarren im Wert von 6.000,00 €. Steuerschuldner ist der Leistungsempfänger, da bei der Lieferung die Grenze von 5.000,00 € überschritten wird.

3.2.2 Steuerbare Umsätze

Wie bereits erklärt, wird die Umsatzsteuer auf so genannte steuerbare Umsätze erhoben, die in § 1 Abs. 1 UStG definiert werden. Dabei werden vier Arten des steuerbaren Umsatzes unterschieden:

- Lieferung — § 1 Abs. 1 Nr. 1 UStG
- Sonstige Leistung — § 1 Abs. 1 Nr. 1 UStG
- Einfuhr aus Drittländern — § 1 Abs. 1 Nr. 4 UStG
- Innergemeinschaftlicher Erwerb — § 1 Abs. 1 Nr. 5 UStG

Bei Umsätzen aus Lieferungen und sonstigen Leistungen gemäß § 1 Abs. 1 Nr. 1 UStG werden steuerpflichtige von steuerfreien unterschieden. Nur steuerbare Umsätze, die auch steuerpflichtig sind, werden mit einer Steuer belegt. Steuerfreie Umsätze werden in Kapitel 3.2.4 gesondert behandelt.

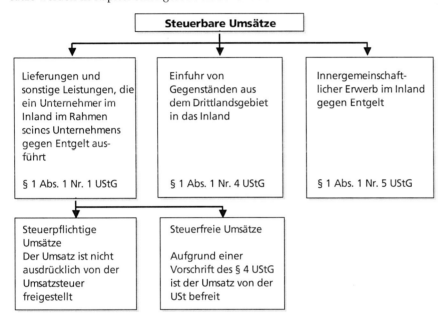

Abb.: steuerbare Umsätze

Umsätze im Rahmen einer Geschäftsveräußerung an einen anderen Unternehmer unterliegen nicht der Umsatzsteuer, wenn der Erwerber das Unternehmen fortführt, also an die Stelle des Veräußerers tritt (§ 1 Abs. 1a UStG). — § 1 Abs. 1a UStG

Geltungsbereich der Umsatzsteuer

In den Gesetzesgrundlagen ist der Geltungsbereich für die steuerbaren Umsätze genau definiert. Dabei unterscheidet der Gesetzgeber die Begriffe Inland, Gemeinschaftsgebiet und Drittland bzw. Drittlandsgebiet.

Unter dem Begriff **Inland** wird gemäß § 1 Abs. 2 UStG die Bundesrepublik Deutschland mit Ausnahme folgender Gebiete verstanden: — Inland

- Büsingen
- die Insel Helgoland
- Freizonen des Kontrolltyps I (Freihäfen: Bremerhaven, Cuxhaven)
- Gewässer und Watten zwischen der Hoheitsgrenze und der jeweiligen Strandlinie (zwölf Seemeilen)
- deutsche Schiffe und Luftfahrzeuge in Gebieten, die zu keinem Zollgebiet gehören

3 Basis: Feststellung des Steuertatbestandes

Wird ein Umsatz im Inland ausgeführt, ist es für die Besteuerung unerheblich, ob der Unternehmer deutscher Staatsbürger ist, seinen Wohnsitz oder Sitz im Inland hat, im Inland eine Betriebsstätte unterhält, die Rechnung ausstellt oder die Zahlung empfängt (§ 1 Abs. 2 Satz 3 UStG).

Gemeinschaftsgebiet

Zum **Gemeinschaftsgebiet** zählen das Inland wie oben beschrieben sowie das so genannte übrige Gemeinschaftsgebiet, bestehend aus den gemeinschaftsrechtlichen Inlandsgebieten der anderen EU-Mitgliedstaaten[1].

```
                   Gemeinschaftsgebiet
                   § 1 Abs. 2a Satz 1 UStG
                   /                    \
    Inland                              übriges Gemeinschaftsgebiet
    § 1 Abs. 2 Satz 1 UStG              Abschn. 1.10 Abs. 1 UStAE

    Gebiet der BRD außer:               alle weiteren EU-Staaten
    - Büsingen                          (unionsrechtliche
    - Insel Helgoland                   Inlandsgebiete)
    - Freihäfen (Kontrolltyp I)
    - Gewässer und Watten
    - dt. Schiffe und Luftfahrzeuge
      in Gebieten außerhalb des
      Zollgebietes
```

Abb.: Gemeinschaftsgebiet

Drittland

Das **Drittland** umfasst gemäß § 1 Abs. 2a Satz 3 UStG die Gebiete, die nicht zum Gemeinschaftsgebiet gehören, u. a. Andorra, Gibraltar und Vatikan, einschließlich der vom Inland ausgenommenen Gebiete (Büsingen, die Insel Helgoland, usw.).

Ausland

Der Begriff Ausland wird als Sammelbegriff verwendet, um ein Drittland sowie das Gemeinschaftsgebiet zu beschreiben.

3.2.3 Lieferungen und sonstige Leistungen

Leistungen

Da Lieferungen und sonstige Leistungen insbesondere in § 1 Abs. 1 Nr. 1 UStG zentrale Begriffe zur Erläuterung der steuerbaren Umsätze sind, soll hier genauer auf sie eingegangen werden. Zunächst ist festzuhalten, dass beide eine Leistung des Unternehmens darstellen. Während bei Lieferungen Gegenstände an Kunden zugestellt werden, bestehen sonstige Leistungen im Tun, Dulden oder Unterlassen eines Zustandes.

---

[1] vgl. § 1 Abs. 2a UStG sowie Abschnitt 1.10 Abs. 1 UStAE für die Auflistung der übrigen Gemeinschaftsstaaten

Basis: Feststellung des Steuertatbestandes

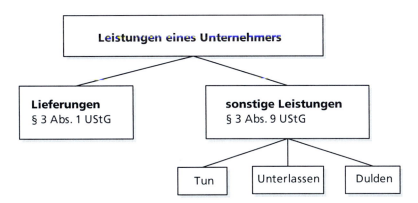

Abb.: Lieferungen und sonstige Leistungen

Wie bereits in der Abbildung Steuerbare Umsätze (Seite 53) dargestellt, gelten Lieferungen und sonstige Leistungen als steuerbare Umsätze, wenn ein Unternehmer sie u. a. „im Rahmen seines Unternehmens" ausführt (§ 1 Abs. 1 Nr. 1 UStG). Unter diesen Begriff fallen alle Lieferungen und sonstigen Leistungen, die sich aus der gewerblichen und beruflichen Tätigkeit ergeben. Zur Unternehmertätigkeit gehören nicht nur die Grundgeschäfte, die den eigentlichen Gegenstand der geschäftlichen Betätigung bilden, sondern auch die Hilfsgeschäfte, d. h. alle Tätigkeiten, die erforderlich sind, um die Hauptbeschäftigung ausüben zu können; dabei kommt es nicht auf die Nachhaltigkeit der Hilfstätigkeiten an. Davon abzugrenzen sind Vorgänge, die in den Privatbereich des Unternehmers fallen.

im Rahmen eines Unternehmens

> Die Haupttätigkeit des Einzelunternehmers Peter Huber ist der Verkauf von Tieren sowie entsprechenden Zubehörartikeln. Im Betriebsvermögen hält er einen Pkw. Wird dieser Pkw verkauft, ist dies ein Hilfsgeschäft, da es mit der eigentlichen Unternehmenstätigkeit nichts zu tun hat. Der Verkauf des Pkw erfolgt im Rahmen des Unternehmens.

Beispiel 1
im Rahmen des Unternehmens

> Peter Huber hat sich zuhause ein Aquarium eingerichtet. Da das Aquarium nicht mehr seinen Vorstellungen entspricht, verkauft er es.
>
> Die Veräußerung des Aquariums erfolgt nicht im Rahmen des Unternehmens und stellt somit einen nicht steuerbaren Umsatz dar.

Beispiel 2
nicht im Rahmen des Unternehmens

Bei der Prüfung der steuerbaren Umsätze müssen neben den Leistungen auch die Gegenleistungen berücksichtigt werden – diese werden auch als Entgelt zusammengefasst. Gegenleistungen sind deshalb relevant, weil sie den Vorgang des Leistungsaustausches genauso bedingen wie die Leistungen selbst - fehlt das Entgelt, liegt kein Leistungsaustausch vor und somit auch kein steuerbarer Umsatz. Es gibt hier nur eine Ausnahme: Die unentgeltlichen Wertabgaben (siehe Seite 57).

Gegenleistungen sind auch Entgelt

Entgelt kann vorliegen in Form von:

- Geld
- Lieferung gegen Lieferung (Tausch)
- Lieferung gegen sonstige Leistung (tauschähnlicher Umsatz)

Beispiele
Formen des Entgeltes

Entgelt in Form von Geld

Die Bäckerei Schindler liefert an das Hotel Sommer 1000 Brötchen und stellt 107,00 € brutto (inkl. 7 % USt) in Rechnung. Das Hotel Sommer zahlt die Rechnung in bar.

Entgelt in Form eines Tausches

Die Bäckerei Schindler liefert an die Metzgerei Kalb 1000 Brötchen und stellt 107,00 € brutto (inkl. 7 % USt) in Rechnung. Die Metzgerei liefert an die Bäckerei verschiedene aufgeschnittene Wurstsorten und stellt ebenfalls 107,00 € brutto (inkl. 7 % USt) in Rechnung.

Die Bäckerei Schindler versteuert ein Entgelt in Höhe von 100,00 € netto für die Lieferung der Brötchen und die Metzgerei Kalb versteuert ein Entgelt in Höhe von 100,00 € netto für den Verkauf der Wurst.

Entgelt in Form eines tauschähnlichen Umsatzes

Die Bäckerei Schindler liefert an das Hotel Sommer 1000 Brötchen und stellt 107,00 € brutto (inkl. 7 % USt) in Rechnung.

Die Brezelmaschine muss gewartet werden, was zwei Tage dauert. Zu Lasten der Bäckerei übernachtet ein Monteur im Hotel Sommer. Die Übernachtung kostet 107,00 € brutto (inkl. 7 % USt).

Die Bäckerei Schindler versteuert ein Entgelt in Höhe von 100,00 € für die Lieferung der Brötchen und das Hotel Sommer versteuert ein Entgelt in Höhe von 100,00 € für die Übernachtung.

Lieferungen eines Unternehmers

Verschaffung der Verfügungsmacht

Lieferungen im Sinne des Umsatzgesetzes sind Leistungen, durch die ein Unternehmer einen Kunden befähigt, im eigenen Namen über den Gegenstand der Lieferung zu verfügen. Man spricht daher auch von der **Verschaffung der Verfügungsmacht**. Eine Lieferung setzt immer voraus, dass mindestens zwei Parteien beteiligt sind; ein Dritter kann in diesem Prozess von beiden Seiten hinzugezogen werden. So kann der Unternehmer jemanden beauftragen, die Lieferung für ihn durchzuführen; ebenso kann der Kunde einen Dritten beauftragen, die Lieferung für ihn entgegenzunehmen.

Abb.: Akteure bei Lieferungen

Grundlage der Lieferung ist in der Regel ein Verpflichtungsgeschäft, z. B. ein Kaufvertrag. Besteuert wird jedoch das Erfüllungsgeschäft, d. h. die tatsächlich durchgeführte Leistung.

Beispiel
Erfüllungsgeschäft

Peter Huber bestellt am 01. September einen Kleintransporter für seinen Fachtierhandel. Der Kaufvertrag wird am 01. September geschlossen (= Verpflichtungsgeschäft). Geliefert wird der Kleintransporter am 21. Oktober. Die Lieferung löst den steuerbaren Vorgang zum Lieferdatum aus (= Erfüllungsgeschäft).

Die Gegenstände, die von einem Unternehmen ausgeliefert werden, sind im Sinne des § 3 Abs. 1 UStG im Abschn. 3.1 UStAE geregelt. Darunter fallen:

- körperliche Gegenstände (= Sachen gemäß § 90 BGB), Tiere gemäß § 90a BGB
- Sachgesamtheiten, z. B. mehrere zusammengefasste selbstständige Gegenstände wie etwa ein sechsteiliges Kaffeeservice
- Wirtschaftsgüter, die wie körperliche Sachen behandelt werden, z. B. Elektrizität, Wärme und Wasserkraft

Gegenstände einer Lieferung

Keine Gegenstände in diesem Sinne sind dagegen Rechte, die im Rahmen einer Lieferung übertragen werden; diese werden den sonstigen Leistungen zugerechnet (siehe Kapitel "Sonstige Leistungen eines Unternehmens" ab Seite 61).

Im Rahmen der Lieferungen werden auch Sachverhalte berücksichtigt, die nicht im eigentlichen Sinne Lieferungen sind; d. h. es werden keine Gegenstände gegen ein Entgelt an Dritte übergeben. Es handelt sich um die so genannten **unentgeltlichen Wertabgaben**. Diese liegen vor, wenn ein Unternehmer seinem Betrieb Gegenstände für betriebsfremde Zwecke (z. B. zur privaten Verwendung) entnimmt. Ein betriebsfremder Zweck ist ebenfalls gegeben, wenn Gegenstände z. B. an Vereine verschenkt werden; Ausnahmen gelten hier für Geschenke von geringem Wert oder Warenmuster. Die unentgeltliche Zuwendung des Unternehmers an sein Personal für dessen privaten Bedarf stellt dann eine unentgeltliche Wertabgabe dar, wenn es sich nicht um eine Aufmerksamkeit handelt. Von einer Aufmerksamkeit spricht man bei Geschenken aus persönlichem Anlass, die im Bruttowert 60,00 € nicht übersteigen.

unentgeltliche Wertabgaben für Lieferungen

Eine unentgeltliche Wertabgabe ist allerdings nur dann einer Lieferung gleichzustellen, wenn der entnommene Gegenstand im Zeitpunkt des Erwerbs zum vollen oder teilweisen Vorsteuerabzug[1] berechtigt hat (§ 3 Abs. 1b UStG).

Tatbestand erfüllt

Der Weinhändler Pfeiffer entnimmt für private Zwecke eine Kiste Wein. Dies ist ein steuerbarer Vorgang, da es sich um eine Entnahme für außerbetriebliche Zwecke handelt.

Tatbestand nicht erfüllt

Der Weinhändler Pfeiffer schenkt seinen Kunden zum Probieren verschiedene Weinsorten aus. Dies ist kein steuerbarer Vorgang, da das betriebliche Interesse (Werbung) überwiegt. Es fehlt der Tatbestand außerhalb des Unternehmens.

Beispiel 1
Entnahme für externe Zwecke

Tatbestand erfüllt

Der Fahrradhändler Bergmann schenkt seiner Angestellten zum Geburtstag ein Fahrrad im Wert von 300,00 €. Da er es dem Betrieb entnimmt, liegt ein steuerbarer Vorgang vor.

Tatbestand nicht erfüllt

Der Fahrradhändler Bergmann schenkt seiner Angestellten zum Geburtstag eine Fahrradtasche im Wert von 30,00 €. Es handelt sich hierbei um eine Aufmerksamkeit (bis 60,00 € brutto) und es liegt kein steuerbarer Vorgang vor (Hinweise zu den Aufmerksamkeiten sind in Abschn. 1.8 UStAE zu finden).

Beispiel 2
Sachzuwendung an Personal

---

[1] zum Vorsteuerabzug siehe Kapitel 3.3.3

Beispiel 3
andere unentgeltliche
Zuwendungen

Tatbestand erfüllt

Der Fahrradhändler Bergmann übergibt dem gemeinnützigen Kindergarten anlässlich eines Sommerfestes ein Fahrrad im Wert von 300,00 €. Es handelt sich hier um eine Sachspende, die einen steuerbaren Vorgang auslöst.

Tatbestand nicht erfüllt

Der Fahrradhändler Bergmann übergibt dem gemeinnützigen Kindergarten anlässlich eines Sommerfestes einen Fahrradhelm im Wert von 30,00 €. Es handelt sich hier um eine Sachspende, die keinen steuerbaren Vorgang auslöst, da der Wert des Geschenks als geringfügig einzustufen ist (Wertgrenze: 35,00 €; Hinweise zu den Lieferungen gleichgestellter Wertabgaben sind in Abschn. 3.3 UStAE zu finden).

Besonderheit Werklieferung

Zu den Lieferungen zählen auch so genannte **Werklieferungen**, die zwar anders definiert, aber umsatzsteuerrechtlich gleich behandelt werden (§ 3 Abs. 4 UStG). Eine Werklieferung liegt vor, wenn ein Unternehmer einen Gegenstand be- oder verarbeitet und dabei Stoffe verwendet, die er selbst aufbringt. Bei Reparaturleistungen kann unter Umständen von einer Werklieferung ausgegangen werden: Dies ist der Fall, wenn der Entgeltanteil des zur Reparatur verwendeten Materials mehr als 50 % des Gesamtentgeltes beträgt, das für die Reparatur berechnet wird (Abschn. 3.8 Abs. 6 UStAE).

Beispiel
Werklieferung

Der selbstständige Schneidermeister Böck schneidert für seine Kundin ein Hochzeitskleid. Sämtliche zur Herstellung benötigten Gegenstände besorgt Schneidermeister Böck selbst, sowohl Stoffe als auch Zutaten wie Knöpfe, Reißverschluss, usw.

Es handelt sich hierbei um eine Werklieferung.

Unterscheidung nach Art der Lieferung

Für die Bewertung des Steuertatbestandes ist es notwendig, den Ort der Lieferungen zu kennen. Bei Warenbewegungen unterscheidet das UStG zwischen einer Beförderungslieferung, einer Versendungslieferung und einer Abholung (§ 3 Abs. 6 UStG). In allen drei Fällen ist der Ort der Leistung dort, wo die Beförderung beginnt: grundsätzlich beim liefernden Unternehmer.

Abb.: Lieferung innerhalb Deutschlands

Basis: Feststellung des Steuertatbestandes 3

Die Kroko Lederwaren GmbH (= Lieferer) in Frankfurt verkauft Waren an ihren Kunden (= Abnehmer) in Köln. Die Ware wird von der Kroko Lederwaren GmbH mit eigenem Lkw nach Köln transportiert.
Gemäß § 3 Abs. 6 UStG ist der Ort der Leistung in Frankfurt, da hier die Beförderung beginnt.

Beispiel Beförderung

Die Kroko Lederwaren GmbH in Frankfurt verkauft Waren an ihren Kunden in Köln. Die Ware wird von der Kroko Lederwaren GmbH in Frankfurt einem Spediteur (= selbstständiger Beauftragter) übergeben, der die Ware zum Kunden nach Köln transportiert.
Gemäß § 3 Abs. 6 UStG ist der Ort der Leistung in Frankfurt, da dort die Ware an den Spediteur übergeben wird.

Beispiel Versendung

Die Kroko Lederwaren GmbH in Frankfurt verkauft Waren an ihren Kunden in Köln. Die Ware wird von dem Kunden mit eigenem Lkw in Frankfurt abgeholt.
Gemäß § 3 Abs. 6 UStG ist der Ort der Leistung ebenfalls in Frankfurt, da hier die Beförderung durch den Abnehmer beginnt.

Beispiel Abholung

Lieferung aus Drittländern (Einfuhr)

Erfolgt eine **Lieferung aus dem Drittland ins Inland** (Einfuhr gemäß § 1 Abs. 1 Nr. 4 UStG) wird ein steuerbarer Vorgang ausgelöst und die deutsche Umsatzsteuer in Form der Einfuhrumsatzsteuer (EUSt) durch die Zollbehörde erhoben. Einfuhr bedeutet, dass die Ware in den zoll- und steuerrechtlich freien Verkehr überführt wird. Hintergrund der Umsatzbesteuerung ist, dass die Waren, die aus dem Drittland kommen, die gleichen umsatzsteuerlichen Wettbewerbsbedingungen erfüllen sollen, wie die Waren, die im Inland erworben werden.

Bei einer Einfuhr findet § 3 Abs. 8 UStG Anwendung. Danach wird der Ort der Lieferung ins Inland verlagert, sofern der Lieferer als Schuldner der Einfuhrumsatzsteuer agiert. Aus Sicht des Erwerbers erfolgt die Lieferung verzollt und versteuert. Es besteht aber auch die Möglichkeit, dass die Lieferung durch den Lieferer unverzollt und unversteuert erfolgt, dann gehen die Zollgebühren und die Einfuhrumsatzsteuer auf den Erwerber über.

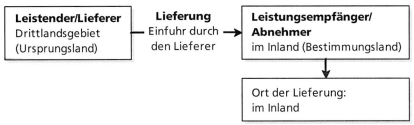

Abb.: Lieferung aus dem Drittland

Steuerschuldner bei einer Einfuhr kann sowohl der Lieferer als auch der Erwerber sein. Es kommt darauf an, unter welchen Bedingungen die Lieferung erfolgt:

- Lieferbedingung: verzollt und versteuert → Einfuhr zu Lasten des Lieferers
- Lieferbedingung: unverzollt und unversteuert → Einfuhr zu Lasten des Erwerbers

Steuerschuldner bei Einfuhr

3 Basis: Feststellung des Steuertatbestandes

Beispiel 1
Lieferung verzollt und versteuert aus dem Drittland

Der Schweizer Uhrenfabrikant Eggli hat 100 Standuhren an seinen Kunden Willi Dietz in Freiburg verkauft. Eggli befördert die Uhren gemäß Kaufvertrag verzollt und versteuert mit eigenem Lkw nach Freiburg; er tätigt damit eine Einfuhr im Sinne des § 1 Abs. 1 Nr. 4 UStG.
Gemäß § 3 Abs. 8 UStG liegt der Ort der Lieferung im Inland. Der Uhrenfabrikant ist Schuldner der Einfuhrumsatzsteuer und der Zollgebühren.

Abwandlung zu Beispiel 1
Lieferung unverzollt und unversteuert aus dem Drittland

Im Kaufvertrag zwischen Eggli und Dietz wurde vereinbart, dass die Lieferung „unverzollt und unversteuert" erfolgt. Somit wäre Willi Dietz Steuerschuldner der Einfuhrumsatzsteuer und der Zollgebühren.

Beispiel 2
Lieferung aus dem Drittland

Der Malermeister Gehring aus Offenbach bestellt in China verschiedene Tapeten mit der Lieferbedingung „unverzollt und unversteuert". Diese kommen per Flugzeug am Frankfurter Flughafen an und werden dort verzollt. Es liegt eine Einfuhr im Sinne des § 1 Abs. 1 Nr. 4 UStG vor. Da die Lieferung seitens des Lieferanten unverzollt und unversteuert erfolgt, geht die Einfuhr zu Lasten des Erwerbers. Malermeister Gehring wäre Steuerschuldner der Einfuhrumsatzsteuer und der Zollgebühren.

Beispiel 3
Lieferung aus dem Drittland

Die Kroko Lederwaren GmbH aus Frankfurt hat 5.000 Taschen in Hongkong geordert, Lieferbedingung: unverzollt und unversteuert. Die Taschen werden auf dem Seeweg nach Bremerhaven gebracht und kommen – da sie unverzollt und unversteuert sind – ins Zolllager.
3.000 Taschen sind für Frankfurt bestimmt, 2.000 Taschen werden von Bremerhaven (Zolllager) direkt zum Kunden nach Norwegen weiter transportiert.

Die Einfuhr der 3.000 Taschen in den zoll- und steuerrechtlichen freien Verkehr stellt einen steuerbaren Umsatz gemäß § 1 Abs. 1 Nr. 4 UStG dar. Da die Lieferung seitens des Lieferanten unverzollt und unversteuert erfolgt, hat die Kroko Lederwaren GmbH Zollgebühren und Einfuhrumsatzsteuer zu tragen. Für die 2.000 Taschen, die nach Norwegen ausgeliefert werden, gelten die norwegischen Umsatzsteuer-Bestimmungen.

Ort beim innergemeinschaftlichen Erwerb

Die Ortsbestimmung bei **innergemeinschaftlichen Erwerben**[1] im Sinne des § 1 Abs. 1 Nr. 5 UStG ist im § 3d UStG geregelt. Dieser besagt, dass grundsätzlich der Ort des innergemeinschaftlichen Erwerbes dort ist, wo sich der Gegenstand am Ende der Beförderung oder Versendung befindet.

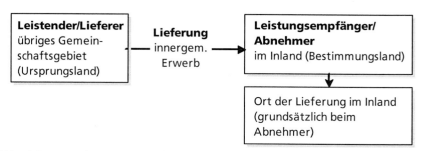

Abb.: Lieferung aus innergemeinschaftlichem Erwerb

---

[1] zum innergemeinschaftlichen Erwerb siehe Kapitel 3.2.5

> Der Weinhändler Pfeiffer aus Frankfurt erwirbt beim französischen Champagnerhersteller Baril 500 Flaschen Champagner. Mit Auftragserteilung übermittelt Weinhändler Pfeiffer seine deutsche Umsatzsteuer-Identifikationsnummer. Champagnerhersteller Baril versendet den Champagner per Spediteur nach Deutschland.
>
> Es handelt sich hier um einen innergemeinschaftlichen Erwerb im Sinne des § 1 Abs. 1 Nr. 5 UStG, steuerbar in Deutschland. Der Ort der Lieferung befindet sich gemäß § 3d Satz 1 UStG am Endpunkt der Beförderung, also in Frankfurt.

Beispiel Lieferung = innergem. Erwerb

Hinweis: In diesen Kontext gehören auch Begriffe wie Reihengeschäfte, innergemeinschaftliche Dreiecksgeschäfte und Lieferungen an „bestimmte" Abnehmer, auf die im Rahmen dieses Werkes nicht eingegangen werden kann.

Sonstige Leistungen eines Unternehmens

Sonstige Leistungen sind gemäß § 3 Abs. 9 UStG Leistungen eines Unternehmens, die nicht in Form von Lieferungen erbracht werden. Sie können auch in einem Unterlassen oder im Dulden einer Handlung oder eines Zustands bestehen.

Abb.: sonstige Leistungen

Die Abgrenzung zwischen einer Lieferung und einer sonstigen Leistung ist nicht immer einfach zu klären. Im Abschn. 3.5 UStAE wird auf die Abgrenzung zwischen Lieferungen und sonstigen Leistungen eingegangen, wie die folgenden Beispiele zeigen sollen:

Abgrenzung Lieferung - sonst. Leistung

> **Lieferung**:
> ■ Der Verkauf von Standard-Software und Updates auf Datenträgern.
> ■ Der Verkauf einer Pizza an einen Kunden, der sie außer Haus isst.
>
> **Sonstige Leistung**:
> ■ Die Übertragung von Standard-Software auf elektronischem Weg, z. B. per Internet.
> ■ Der Verkauf von nicht standardisierter Software, die vom leistenden Unternehmen speziell nach den Anforderungen des Anwenders erstellt wird.
> ■ Der Verkauf von Pizza zum Verzehr im Restaurant.

Beispiele Lieferung vs. sonstige Leistung

3 Basis: Feststellung des Steuertatbestandes

unentgeltliche Wertabgaben als sonstige Leistungen

Neben den unentgeltlichen Wertabgaben in Form von Lieferungen gibt es die unentgeltlichen Wertabgaben in Form von sonstigen Leistungen (§ 3 Abs. 9a UStG). Diese liegen zum einen vor, wenn ein Unternehmer einen Gegenstand aus seinem Betrieb für externe Zwecke verwendet - sofern die Anschaffung dieses Gegenstandes vorher zum Vorsteuerabzug berechtigt hat. Zum anderen liegt eine unentgeltliche Wertabgabe vor, wenn eine sonstige Leistung für Zwecke außerhalb des Unternehmens unentgeltlich erbracht wird.

Beispiel 1
Nutzung betrieblicher Gegenstände

> Der Elektrohändler Heinze führt seinen Kunden diverse Elektrogeräte als Kaufanreiz vor, u. a. auch eine Kettensäge. Über das Wochenende überlässt er seinem Angestellten die Säge, damit dieser sein Brennholz für den Winter zuschneiden kann. Diese Überlassung stellt eine unentgeltliche Wertabgabe und folglich einen steuerbaren Umsatz dar.

Beispiel 2
andere unentgeltliche sonstige Leistungen

> Malermeister Gehring lässt seine Angestellten während der Geschäftszeit seine privaten Räume streichen. Es handelt sich hier um eine unentgeltliche Wertabgabe und somit um einen steuerbaren Vorgang.

Besonderheit Werkleistung

Wie auch bei den Lieferungen werden innerhalb der sonstigen Leistungen so genannte Werkleistungen unterschieden. Diese liegen vor, wenn ein Unternehmer die Be- oder Verarbeitung eines Gegenstandes übernommen hat und dazu keine Hauptstoffe verwendet, sondern lediglich Zutaten, die er selbst beschafft. Hier gilt analog zu den Werklieferungen: umsatzsteuerrechtlich wird die Werkleistung wie eine sonstige Leistung behandelt.

Beispiel
Werkleistung

> Der selbstständige Schneidermeister Böck fertigt für eine Kundin ein Hochzeitskleid an. Den Stoff stellt die Kundin zur Verfügung. Schneidermeister Böck verarbeitet lediglich selbst beschaffte Zutaten wie Futter, Knöpfe, Reißverschluss, usw. Es handelt sich hierbei um eine Werkleistung.

Ortsbestimmung bei sonstigen Leistungen

Eine sonstige Leistung wird vornehmlich an dem Ort ausgeführt, wo der Unternehmer sein Unternehmen betreibt (§ 3a Abs. 1 UStG). Für die genaue Ortsbestimmung einer sonstigen Leistung sind Grundregeln und Spezialvorschriften anzuwenden, wobei die Spezialvorschriften stets Vorrang vor den Grundregeln haben.

sonstige Leistungen aus dem Ausland

Um die Leistungen, die im Zusammenhang mit dem Ausland stehen, zu bestimmen, sollten folgende Fragen bedacht werden (auf diese wird nachfolgend näher eingegangen)[1]:

1. An wen wurde die Leistung ausgeführt?
2. Wo ist die Leistung zu versteuern?
3. Wer hat die Leistung zu versteuern und wie?

---

1 vgl. auch BMF-Schreiben vom 04.09.2009 sowie §§ 3a, 3b und 3e UStG

1. An wen wurde die Leistung ausgeführt?

Die Beurteilung, wie und wo eine Leistung zu versteuern ist, die mit dem Ausland in Verbindung steht, hängt u. a. auch davon ab, wer beteiligt ist. Man unterscheidet zwischen folgenden Unternehmer-Arten:

- **Unternehmer**
  Als Unternehmer gilt, wer als Leistungsempfänger eine gültige Umsatzsteuer-Identifikationsnummer (USt-IdNr.)[1] besitzt oder alternativ - im Falle eines Empfängers aus dem Drittland - eine gültige Unternehmerbescheinigung (z. B. eine, die für das Vorsteuervergütungsverfahren gilt oder ein übersetzter Handelsregisterauszug, der vom Ansässigkeitsstaat akzeptiert wird). Dass eine Leistung gegenüber einem Unternehmer erbracht wurde, ist anzunehmen, wenn:
  - der im Gemeinschaftsgebiet ansässige Leistungsempfänger gegenüber dem Leistungserbringer bei Auftragserteilung eine gültige USt-IdNr. angibt
  - der im Drittlandsgebiet ansässige Leistungsempfänger dem Leistungserbringer bei Auftragserteilung eine Unternehmerbescheinigung vorlegt
  - die Dienstleistung, die gegenüber dem im Drittlandsgebiet ansässigen Leistungsempfänger erbracht wird, unter die Katalogleistungen des § 3a Abs. 4 Satz 2 UStG fällt

- **Quasi-Unternehmer mit USt-IdNr.**
  Ein Unternehmer kann außerdem eine juristische Person des öffentlichen oder privaten Rechts sein, die eine gültige USt-IdNr. besitzt. Diese wird als Quasi-Unternehmer bezeichnet, wie z. B. Vereine, Städte oder Gemeinden.

- **Nicht-Unternehmer**
  Nicht-Unternehmer sind nicht wirtschaftlich tätige juristische Personen,
  - denen keine USt-IdNr. erteilt wurde oder
  - die zwar eine USt-IdNr. ausweisen, aber eine Leistung für den nicht unternehmerischen Bereich beziehen.

Um die USt-IdNr. verwenden zu können, wird ein positives Tun des Leistungsempfängers vorausgesetzt. Dies bedeutet, dass bei Vertragsabschluss darauf hingewiesen werden muss, dass die USt-IdNr. für die Leistung verwendet werden soll. Damit ein späterer Nachweis vorhanden ist, sollte dies möglichst schriftlich erfolgen. Eine im Briefkopf oder in einem Schreiben formularmäßig eingedruckte USt-IdNr. reicht nicht aus, um die Unternehmereigenschaft und den unternehmerischen Bezug der zu erbringenden Leistung zu dokumentieren.

Der Leistende hat hinsichtlich der ihm vorgelegten USt-IdNr. eine Prüfpflicht vor jedem Umsatz, die sich nicht nur auf das Vorhandensein der USt-IdNr. bezieht. Der Leistende sollte sich die Gültigkeit der ihm vorgelegten USt-IdNr. eines anderen Mitgliedsstaates sowie den Namen und die Anschrift des Unternehmens, dem diese Nummer erteilt wurde, durch das Bundeszentralamt für Steuern bestätigen lassen.

Verwendung der USt-IdNr.

---

[1] Die USt-IdNr. muss jeder Unternehmer im Gemeinschaftsgebiet beantragen, wenn er Geschäfte mit Unternehmern in anderen EU-Ländern tätigen will (in Deutschland wird die Nummer vom Bundeszentralamt für Steuern vergeben). Die deutsche USt-IdNr. hat elf Stellen: Das Länderkürzel DE und neun Ziffern.

2. Wo ist die Dienstleistung zu versteuern?

Liegt der Ort einer Dienstleistung im Inland, ist diese Leistung auch im Inland steuerbar und ggf. steuerpflichtig. Wenn sich der Ort einer Dienstleistung hingegen im Ausland befindet, ist zu klären, ob die Umkehr der Steuerschuld (= Reverse-Charge-Verfahren, siehe Seite 51) anzuwenden ist bzw. welche umsatzsteuerlichen Pflichten im Ausland zu erfüllen sind. Dazu sind Kenntnisse über die nationalen Umsatzsteuervorschriften des einzelnen Landes erforderlich. Der Ort von grenzüberschreitenden Dienstleistungen kann anhand des folgenden Prüfschemas ermittelt werden (die einzelnen Positionen des Schemas werden anschließend erläutert).

Prüfschema: Ort der Dienstleistung im Ausland

I. Sonderregelungen für alle Leistungsempfänger (B2B und B2C)
B2B = business to business = Unternehmer zu Unternehmer
B2C = business to customer = Unternehmer zu Nicht-Unternehmer

1. Grundstücksleistungen (§ 3a Abs. 3 Nr. 1 UStG)
2. kurzfristige Vermietung von Beförderungsmitteln (§ 3a Abs. 3 Nr. 2 und Abs. 6 Nr. 1 UStG)
3. Restaurant- und Verpflegungsdienstleistungen (§ 3a Abs. 3 Nr. 3 Buchst. b; § 3e Abs. 1 UStG)
4. Personenbeförderungen (§ 3b Abs. 1 UStG)

II. Wenn Sonderregelungen unter I. nicht greifen, erfolgt die Unterscheidung nach dem Leistungsempfänger:

↓ ↓

III. Unternehmer und Quasi-Unternehmer für unternehmerische Zwecke (B2B)

III. Nicht-Unternehmer (B2C)

↓ ↓

IV. Einräumung der Eintrittsberechtigung (seit 2011) = Veranstaltungsort (§ 3a Abs. 3 Nr. 5 UStG)

IV. vorrangig geltende Sonderregelungen

1. Langfr. Vermietung von Beförderungsmitteln (§ 3a Abs. 3 Nr. 2 Satz 3 und 4 UStG)
2. Veranstaltungsleistungen (§ 3a Abs. 3 Nr. 3 Buchst. a UStG)
3. Arbeiten an bewegl. körperl. Gegenständen (§ 3a Abs. 3 Nr. 3 Buchst. c UStG)
4. Vermittlungsleistungen (§ 3a Abs. 3 Nr. 4 UStG)
5. Katalogleistungen an Leistungsempfänger im Drittland (§ 3a Abs. 4 UStG)
6. Drittlandsunternehmerleistungen wie:
   a) Internetleistungen (§ 3a Abs. 5 UStG)
   b) Telekommunikations-, Rundfunk- und andere Dienstleistungen (§ 3a Abs. 6 Nr. 3 UStG)
   c) einzelne Katalogleistungen an jur. Personen des öff. Rechts als Nicht-Unternehmer (§ 3a Abs. 6 Nr. 2 UStG)
7. Güterbeförderungen und selbstständige Nebenleistungen (§ 3b Abs. 1 Satz 3; § 3b Abs. 2 und 3 UStG)

↓ ↓

V. Auffangvorschrift B2B:
Leistungsort = Empfängerort
(§ 3a Abs. 2 UStG)

Nettorechnung ist zwingend erforderlich, wenn Leistungsempfänger in EU ansässig ist, gilt auch für Veranstaltungsleistungen (Messe- und Ausstellungen)

Wenn die Sonderregelungen unter IV nicht greifen:

V. Auffangvorschrift B2C:
Leistungsort = Sitz des Leistenden
(§ 3a Abs. 1 UStG)

Quelle: nach fas Fachakademie für die Fortbildung der steuer- und rechtsberatenden Berufe

Bei der Ortsbestimmung von grenzüberschreitenden Dienstleistungen sind an erster Stelle die Sonderregelungen auf Anwendbarkeit zu prüfen, die für alle Leistungsempfänger vorrangig gelten.

Erläuterungen zu Teil I: Sonderregelungen für B2B und B2C

I. Sonderregelungen für alle Leistungsempfänger (B2B und B2C)
1. Grundstücksleistungen
2. kurzfristige Vermietung von Beförderungsmitteln
3. Restaurant- und Verpflegungsdienstleistungen
4. Personenbeförderungen

I. 1. Grundstücksleistungen (§ 3a Abs. 3 Nr. 1 UStG)

Ort der Dienstleistung = Lage des Grundstücks (Belegenheitsort)

Eine sonstige Leistung im Zusammenhang mit einem Grundstück wird dort ausgeführt, wo das Grundstück liegt. Als sonstige Leistungen im Zusammenhang mit einem Grundstück sind insbesondere anzusehen:

- sonstige Leistungen der in § 4 Nr. 12 UStG bezeichneten Art,
- sonstige Leistungen im Zusammenhang mit der Veräußerung oder dem Erwerb von Grundstücken,
- sonstige Leistungen, die der Erschließung von Grundstücken oder der Vorbereitung, Koordinierung oder Ausführung von Bauleistungen dienen.

> Der Unternehmer Horn aus Saarbrücken beauftragt einen Heizungsbauer aus Saarbrücken, die Heizungsanlage in seinem Gebäude in Luxemburg zu warten. Da es sich um eine Dienstleistung handelt, die in Zusammenhang mit einem Grundstück in Luxemburg steht, ist der Ort der Leistung gemäß Belegenheitsort-Prinzip in Luxemburg.

Beispiel
Grundstücksleistung

I. 2. Kurzfristige Vermietung von Beförderungsmitteln (§ 3a Abs. 3 Nr. 2 und Abs. 6 Nr. 1 UStG)

Ort der Dienstleistung = Übergabeort an Leistungsempfänger

Die kurzfristige Vermietung eines Beförderungsmittels wird an dem Ort ausgeführt, an dem es dem Empfänger tatsächlich zur Verfügung gestellt wird. Als kurzfristig gilt eine Vermietung über einen ununterbrochenen Zeitraum

§ 3a Abs. 3 Nr. 2 UStG

- von maximal 90 Tagen bei Wasserfahrzeugen bzw.
- von maximal 30 Tagen bei anderen Beförderungsmitteln.

Für die Vermietung von Beförderungsmitteln im Zusammenhang mit im Drittland ansässigen Unternehmen gelten Sonderregeln, auf die hier nicht eingegangen wird.

> Das Ingenieurbüro Drive aus England mietet für 3 Wochen einen Pkw für einen Arbeitnehmer bei der Vermietungsfirma Mobil aus Frankfurt. Der Pkw wird in Frankfurt übergeben und für Baustellenbesuche in Europa eingesetzt. Der Leistungsort ist im Inland (Übergabeort: Frankfurt), da es sich hier um eine kurzfristige Vermietung von Beförderungsmitteln handelt.

Beispiel 1
kurzfristige Vermietung von Beförderungsmitteln

Abwandlung zu Beispiel 1
Vermietung von Beförderungsmitteln

> Das Ingenieurbüro Drive, ansässig in England, mietet für drei Monate einen Pkw für einen Arbeitnehmer bei der Vermietungsfirma Mobil aus Frankfurt. Der Pkw wird in Frankfurt übergeben und für Baustellenbesuche in Europa eingesetzt. Der Leistungsort ist England, da es sich in diesem Fall nicht um eine kurzfristige Vermietung handelt. Der Leistungsort bestimmt sich nach der Grundregel des § 3a Abs. 2 Satz 1 UStG.

I. 3. Restaurant- und Verpflegungsdienstleistungen
(Restaurationsleistungen gem. § 3a Abs. 3 Nr. 3 Buchst. b; § 3e Abs. 1 UStG)

Ort der Dienstleistung = Tätigkeitsort des Leistenden

§ 3a Abs. 3 Nr. 3 Buchst. b UStG

Die sonstige Leistung der Abgabe von Speisen und Getränken zum Verzehr an Ort und Stelle (= Restaurationsleistung) wird dort ausgeführt, wo sie vom Unternehmer tatsächlich erbracht wird. Dies gilt jedoch nicht, wenn die Abgabe an Bord eines Schiffes, in einem Luftfahrzeug oder in einer Eisenbahn während einer Beförderung innerhalb des Gemeinschaftsgebietes erfolgt.

Ort der Dienstleistung = Abgangsort (Hin- bzw. Rückfahrt)

§ 3e Abs. 1 UStG

Wird ein Gegenstand an Bord eines Schiffes, in einem Luftfahrzeug oder in einer Eisenbahn während einer Fahrt innerhalb des Gemeinschaftsgebiets geliefert, gilt der Abgangsort des jeweiligen Beförderungsmittels im Gemeinschaftsgebiet als Ort der Lieferung oder der sonstigen Leistung.

Beispiel
Restaurant- und Verpflegungsleistungen

> Der Unternehmer Paule steigt in Frankfurt in ein Flugzeug und verzehrt auf dem Flug nach Mailand diverse Snacks. Der Leistungsort für die Restaurationsleistungen an Bord ist im Inland, da die Beförderung im Inland beginnt.

I. 4. Personenbeförderungen (§ 3b Abs. 1 UStG)

Ort der Dienstleistung = Bestimmung nach dem Streckenprinzip

Eine Beförderungsleistung wird dort ausgeführt, wo die Beförderung bewirkt wird. Erstreckt sich eine Beförderung nicht nur auf das Inland, fällt nur der Teil der Leistung unter dieses Gesetz, der im Inland ausgeführt wird. Die Bundesregierung kann mit Zustimmung des Bundesrates durch Rechtsverordnung zur Vereinfachung des Besteuerungsverfahrens bestimmen, dass bei Beförderungen, die sich auf das In- und das Ausland erstrecken (grenzüberschreitende Beförderungen), ...

- kurze inländische Beförderungsstrecken als ausländische und kurze ausländische Beförderungsstrecken als inländische angesehen werden und
- Beförderungen über kurze Beförderungsstrecken in den in § 1 Abs. 3 bezeichneten Gebieten nicht wie Umsätze im Inland behandelt werden.

III. Unternehmer und Quasi-Unternehmer für unternehmerische Zwecke (B2B) ↓ **V. Auffangvorschrift B2B:** Leistungsort = Empfängerort (§ 3a Abs. 2 UStG)	Erläuterung zu Teil III und V: Leistungsempfänger ist Unternehmer (B2B)

Unter der Voraussetzung, dass der Leistungsempfänger ein Unternehmer oder ein Quasi-Unternehmer ist und die Sonderregelungen nicht zum Einsatz kommen, bestimmt sich der Empfängerort (Sitz bzw. Betriebsstätte des Leistungsempfängers) nach dem Ort der Leistung.

Eine sonstige Leistung, die an einen anderen Unternehmer für sein Unternehmen ausgeführt wird, wird - vorbehaltlich der Absätze 3 bis 7 und der §§ 3b, 3e und 3f UStG - an dem Ort ausgeführt, an dem der Empfänger sein Unternehmen betreibt. Wird die sonstige Leistung an eine anderweitige Betriebsstätte des Unternehmers ausgeführt, ist stattdessen der Ort der Betriebsstätte maßgebend.

§ 3a Abs. 2 UStG

> Das Buchführungsbüro Kling aus Frankfurt erstellt die Buchführungs- und Lohnarbeiten für das dänische Unternehmen Olsen. Der Leistungsort ist dort, wo der Leistungsempfänger seinen Sitz hat: Dänemark.

Beispiel
B2B

Entsprechend dem Prüfschema bestimmt sich der Ort der grenzüberschreitenden Dienstleistung bei B2C vorrangig nach den Sonderregelungen. Greift keine der Sonderregelungen, bestimmt sich der Ort nach der Auffangvorschrift.

Erläuterung zu Teil III und IV:
Leistungsempfänger ist Nicht-Unternehmer (B2C)

III. Nicht-Unternehmer (B2C)
↓
IV. vorrangig geltende Sonderregelungen
1. Langfr. Vermietung von Beförderungsmitteln
2. Veranstaltungsleistungen
3. Arbeiten an bewegl. körperl. Gegenständen
4. Vermittlungsleistungen
5. Katalogleistungen an Leistungsempfänger im Drittland
6. Drittlandsunternehmerleistungen wie:
   a) Internetleistungen
   b) Telekommunikations-, Rundfunk- und andere Dienstleistungen
   c) einzelne Katalogleistungen an jur. Personen des öff. Rechts als Nicht-Unternehmer
7. Güterbeförderungen und selbstständige Nebenleistungen

IV. 1. Langfristige Vermietung von Beförderungsmitteln
(§ 3a Abs. 3 Nr. 2 UStG)

Ort der Dienstleistung = Wohnsitz des Leistungsempfängers

IV. 2. Veranstaltungsleistungen (§ 3a Abs. 3 Nr. 3 Buchst. a UStG)

Ort der Dienstleistung = Bestimmung nach dem Tätigkeitsprinzip

IV. 3. Arbeiten an beweglichen körperlichen Gegenständen
(§ 3a Abs. 3 Nr. 3 Buchst. c UStG)

Ort der Dienstleistung = Bestimmung nach dem Tätigkeitsprinzip

IV. 4. Vermittlungsleistungen (§ 3a Abs. 3 Nr. 4 UStG)
Ort der Dienstleistung = Ort des vermittelten Umsatzes

IV. 5. Katalogleistungen an Leistungsempfänger im Drittland (§ 3a Abs. 4 UStG)
Ort der Dienstleistung = Wohnsitz des Leistungsempfängers

IV. 6. Drittlandsunternehmer erbringt:
  a) Internetleistungen (§ 3a Abs. 5 UStG)
  Ort der Dienstleistung = Wohnsitz in EU, wenn Leistungsempfänger in EU

  b) Telekommunikations-, Rundfunk- und Fernsehdienstleistungen
  (§ 3a Abs. 6 Nr. 3 UStG)
  Ort der Dienstleistung = im Inland, wenn im Inland genutzt

  c) einzelne Katalogleistungen an juristische Personen des öffentlichen Rechts
  als Nicht-Unternehmer (§ 3a Abs. 6 Nr. 2 UStG)
  Ort der Dienstleistung = im Inland, wenn im Inland genutzt

IV. 7. Güterbeförderungen und selbstständige Nebenleistungen
(§ 3b Abs. 1 Satz 3, § 3b Abs. 2 und 3 UStG)

  a) innergemeinschaftliche Güterbeförderung
  Ort der Dienstleistung = Bestimmung nach Beginn der Beförderung

  b) grenzüberschreitende Güterbeförderung
  Ort der Dienstleistung = Bestimmung nach dem Streckenprinzip

  c) Beladen, Entladen, Umschlagen - selbstständige Nebenleistung
  Ort der Dienstleistung = Bestimmung nach dem Tätigkeitsortprinzip

Erläuterung zu Teil III und V: Leistungsempfänger ist Nicht-Unternehmer (B2C)

III. Nicht-Unternehmer (B2C)
↓
Wenn die Sonderregelungen unter IV nicht greifen: **V. Auffangvorschrift B2C:**   **Leistungsort = Sitz des Leistenden**   (§ 3a Abs. 1 UStG)

§ 3a Abs. 1 UStG

Ist der Leistungsempfänger ein Nicht-Unternehmer, ist der Sitzort des Leistenden maßgebend: Eine sonstige Leistung wird – vorbehaltlich der Absätze 2 bis 7 und der §§ 3b, 3e und 3f UStG – an dem Ort ausgeführt, an dem der Unternehmer sein Unternehmen betreibt. Wird die sonstige Leistung von einer Betriebsstätte ausgeführt, gilt die Betriebsstätte als Ort der sonstigen Leistung.

Beispiel B2C

Das Frankfurter Reiseunternehmen Travelio erbringt eine Reiseleistung an die französische Privatperson Francois. Der Leistungsort ist dort, wo der leistende Unternehmer seinen Sitz hat: im Inland.

3. Wer hat die Dienstleistung zu versteuern und wie?

In der Regel hat der leistende Unternehmer die Leistung zu versteuern. Eine Ausnahme gilt, wenn die Umkehr der Steuerschuldnerschaft (= Reverse-Charge-Verfahren) greift. Ist der Leistende der Steuerschuldner, weil eine Umkehr der Steuerschuld nicht möglich ist, muss sich der leistende Unternehmer in dem jeweiligen Mitgliedsstaat registrieren lassen und die Steuer selbst erklären und abführen.

Das Reverse-Charge-Verfahren ist zwingend anzuwenden bei B2B-Umsätzen im gesamten Gemeinschaftsgebiet, bei denen sich der Ort der Dienstleistung aufgrund der Grundregel nach dem Sitzort des Leistungsempfängers (Empfängerortprinzip) bestimmt. Aber auch darüber hinaus kommt dieses Verfahren unter Umständen zur Anwendung. Deshalb ist es für den inländischen Unternehmer wichtig zu wissen, ob und ggf. inwieweit seine im Ausland erbrachten Leistungen von der Umkehr der Steuerschuldnerschaft in anderen EU-Mitgliedsstaaten erfasst werden.

Anwendung Reverse-Charge-Verfahren

Ist das Reverse-Charge-Verfahren **nicht zwingend vorgeschrieben**, wie z. B. bei

- grundstücksbezogenen Dienstleistungen,
- Veranstaltungsleistungen,
- Restaurationsleistungen oder
- kurzfristigen Fahrzeugvermietungen,

muss sich der Unternehmer darüber informieren, ob der jeweilige Staat, in dem die Leistung ausgeübt wurde, das Reverse-Charge-Verfahren zulässt oder nicht.

Rechnet ein Unternehmer bei einer auslandsbezogenen Dienstleistung gegenüber dem ausländischen Auftraggeber ohne Umsatzsteuer ab, so ist er zur Ausstellung einer Rechnung mit einer Angabe zu Steuerschuldnerschaft des Leistungsempfängers verpflichtet:

- Steuerschuld verlagert, Leistungsempfänger ist Steuerschuldner
- VAT reversed
- reversechargesystem
- La TVA est due par le client

Beispiel: Ort der sonstigen Leistung

> Der Veranstalter Ole Thomä organisiert die Messe „MUSIK" in Offenbach. Neben dem Anmieten der Messehallen organisiert Herr Thoma die Beschallung, den Garderoben- und Bestuhlungsdienst, die Bewachung, die Reinigung, Dolmetscherdienste und vieles mehr.
>
> Die Firma Cello aus Madrid mietet einen Standplatz auf dieser Messe und stellt ihre Musikinstrumente aus. Bei Auftragserteilung gibt die Firma Cello ihre spanische USt-IdNr. an.
>
> Da die Firma Cello Unternehmer ist und im Rahmen des Unternehmens an der Messe teilnimmt, gilt die Umkehr der Steuerschuldnerschaft. Leistungsort ist Madrid; Steuerschuldner ist die Firma Cello.

3.2.4 Steuerfreie Umsätze

Wie bereits in Kapitel 3.2.2 erläutert, werden steuerbare Umsätze aus steuerpflichtigen und steuerfreien Lieferungen und sonstigen Leistungen (Ausgangsumsätze) unterschieden. Für welche Leistungen die Steuerbefreiungen gelten, regelt § 4 UStG.

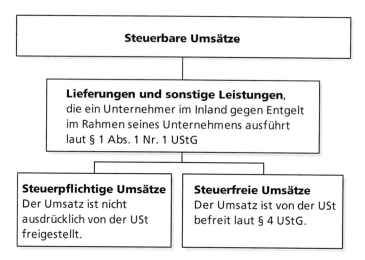

Abb.: steuerfreie Umsätze

Der Regelfall ist, dass ein Unternehmer, der steuerpflichtige Umsätze tätigt, im Gegenzug einen **Vorsteuerabzug** vornimmt. Dies bedeutet, dass ein Unternehmer bei der Berechnung seiner geschuldeten Umsatzsteuer die Vorsteuer in Abzug bringen kann, d. h. die Umsatzsteuer, die ihm von anderen Unternehmen in Rechnung gestellt wurde. Er schmälert damit den Summenbetrag der in seinen Ausgangsrechnungen ausgewiesenen Umsatzsteuer (siehe Kapitel 3.3.3).

Liegen bei einem Unternehmer steuerfreie Umsätze vor, ist der Vorsteuerabzug auf die Eingangsumsätze teils möglich und teils verboten. Aus diesem Grund lassen sich die Steuerbefreiungen in drei Gruppen einteilen:

- Steuerfreie Umsätze **mit** der Berechtigung des Vorsteuerabzugs aus Eingangsleistungen (§ 4 Nr. 1 bis 7 UStG); die Vorsteuer ist in voller Höhe abzugsfähig.
- Steuerfreie Umsätze **ohne** Berechtigung des Vorsteuerabzugs aus Eingangsleistungen (§ 4 Nr. 8 bis 28 UStG); die Vorsteuer ist nicht abzugsfähig.
- Steuerfreie Umsätze mit **Optionsrecht** (§ 4 Nr. 9a, 12a, 19a UStG); wird auf die Steuerbefreiung verzichtet, ist ein Vorsteuerabzug auf die Eingangsleistungen möglich.

Steuerfreie Umsätze mit Vorsteuerabzug

Zu den steuerfreien Umsätzen mit Vorsteuerabzug gehören die Exportumsätze, z. B.

- Ausfuhrlieferungen (§ 6 UStG),
- innergemeinschaftliche Lieferungen (§ 6a UStG),
- Umsätze für die Seeschifffahrt und Luftfahrt (§ 8 UStG),
- grenzüberschreitende Beförderungen von Gegenständen und die Beförderung im internationalen Eisenbahnfrachtverkehr sowie
- Lieferungen von Gold an Zentralbanken.

Die gesetzgeberseitige Gewährung des Vorsteuerabzugs bei diesen steuerfreien Umsätzen hat eine völlige Entlastung von der inländischen Umsatzsteuer zur Folge.

Bei den Ausfuhrlieferungen und den innergemeinschaftlichen Lieferungen ist für die Steuerbefreiung u. a. Voraussetzung, dass der leistende Unternehmer nachweist, dass die Ware im Drittlandsgebiet angekommen ist (Ausfuhrnachweise). Für innergemeinschaftliche Lieferungen ab dem 01.01.2014 benötigt der Unternehmer neben dem Doppel der Rechnung zwingend auch die Gelangensbestätigung, d. h. die Bestätigung des Abnehmers, dass der Gegenstand der Lieferung tatsächlich in das übrige Gemeinschaftsgebiet gelangt ist. Einzelheiten für Ausfuhrlieferungen sind in den §§ 8 ff. UStDV geregelt; bei den erforderlichen Beleg- und Buchnachweisen bei innergemeinschaftlichen Lieferungen ist § 17a UStDV zu beachten.

Beispiel 1
Ausfuhrlieferung

Der in Frankfurt ansässige Elektrogroßhändler Heinze verkauft zehn Klimageräte nach Bern. Die Ware wird durch einen von Herrn Heinze beauftragten Spediteur in die Schweiz ausgeliefert.

Über den Spediteur erhält Unternehmer Heinze die erforderlichen Ausfuhrpapiere (Zollpapiere) und kann somit die Lieferung umsatzsteuerfrei behandeln.

Beispiel 2
innergemeinschaftliche Lieferung

Der in Frankfurt ansässige Elektrohändler Heinze verkauft zehn Klimageräte nach Wien. Auftraggeber ist die Firma Holzverarbeitung Rust aus Wien, die bei Auftragserteilung ihre USt-IdNr. angibt. Die Ware wird durch einen von Unternehmer Heinze beauftragten Spediteur nach Österreich ausgeliefert.

Über den Spediteur erhält Unternehmer Heinze die erforderlichen Ausfuhrpapiere und kann somit die Lieferung umsatzsteuerfrei behandeln.

Steuerfreie Umsätze ohne Vorsteuerabzug

Steuerfreie Umsätze ohne Vorsteuerabzug sind z. B. Umsätze

- der Ärzte, Zahnärzte, anderer Heilberufe, Krankenhäuser, Pflege- und Altenheime
- mit gültigen amtlichen Wertzeichen,
- aus Beteiligungen als stiller Gesellschafter,
- die dem Rennwett- und Lotteriegesetz unterliegen sowie
- im Bereich sozialer und kultureller Aufgaben.

Beispiel
Steuerbefreiungen ohne Vorsteuerabzug

Dr. Jung unterhält in Frankfurt eine Praxis für Allgemeinmedizin. Im Rahmen seiner Arzttätigkeit liegen umsatzsteuerfreie Umsätze vor.

Neben seiner Praxistätigkeit schreibt Dr. Jung sportmedizinische Gutachten und bei Bedarf auch für Krankenkassen. Da die Gutachten nichts mit der „heilenden Tätigkeit" zu tun haben, liegen in diesem Fall umsatzsteuerpflichtige Umsätze vor.

Steuerfreie Umsätze mit Optionsrecht

Bei den steuerfreien Umsätzen mit Optionsrecht kann auf eine Steuerbefreiung verzichtet werden, wenn der Umsatz an einen anderen Unternehmer für dessen Unternehmen ausgeführt wird (§ 9 UStG). Diese Möglichkeit wird Unternehmern eingeräumt, um Nachteilen entgegenzuwirken, die aus der Steuerbefreiung hervorgehen, wie z. B. der Verlust des Vorsteuerabzugs[1]. Ein Optionsrecht besteht u. a. für Umsätze

- im Geld- und Kapitalverkehr,
- die unter das Grunderwerbsteuergesetz (§ 4 Nr. 9a UStG) fallen,
- aus der Vermietung und Verpachtung von Grundstücken (§ 4 Nr. 12a UStG) und
- blinder Menschen unter bestimmten Bedingungen (§ 4 Nr. 19a UStG).

Einschränkungen bei Steuerbefreiungen

Bei der Vermietung oder Verpachtung von Grundstücken und bei der Bestellung und Übertragung von Erbbaurechten ist der Verzicht auf Steuerbefreiung nur zulässig, wenn der Leistungsempfänger das Grundstück ausschließlich für Umsätze verwendet, die den Vorsteuerabzug nicht ausschließen (§ 9 Abs. 2 UStG). Nicht steuerbefreit sind (§ 4 Nr. 12 Satz 2 UStG):

- die Vermietung von Wohn- und Schlafräumen, die ein Unternehmer zur kurzfristigen Beherbergung von Fremden bereithält,
- die Vermietung von Plätzen für das Abstellen von Fahrzeugen,
- die kurzfristige Vermietung auf Campingplätzen und
- die Vermietung und Verpachtung von Maschinen und sonstigen Vorrichtungen aller Art, die zu einer Betriebsanlage gehören, auch wenn sie wesentlicher Bestandteil eines Grundstücks sind.

Beispiel
Steuerbefreiungen mit Optionsrecht

> Die Eheleute Schwarz besitzen in Frankfurt ein Mehrfamilienhaus mit vier Parteien. Die Vermietung erfolgt im Einzelnen an:
>
> Erdgeschoss: Apotheker
> 1. Obergeschoss: Arzt
> 2. Obergeschoss: Rechtsanwalt
> 3. Obergeschoss: Privatperson
>
> Nach § 4 Nr. 12a UStG ist die Vermietung von der Umsatzsteuer befreit. Die Eheleute Schwarz haben die Möglichkeit der Option bei der Vermietung an den Apotheker und an den Rechtsanwalt, da diese ausschließlich umsatzsteuerpflichtige Erlöse erzielen.

---

1 das Thema Vorsteuerabzug wird in Kapitel 3.3.3 behandelt

3.2.5 Der innergemeinschaftliche Erwerb

Bei einem innergemeinschaftlichen Erwerb handelt es sich um die Einfuhr von Waren aus dem übrigen Gemeinschaftsgebiet in das Inland. Ein innergemeinschaftlicher Erwerb liegt gemäß § 1a Abs. 1 UStG i. V. m. § 3d UStG vor, wenn

§ 3d UStG

- ein Gegenstand aus dem Gebiet eines Mitgliedstaates in das Gebiet eines anderen Mitgliedstaates gelangt,
- der Erwerber Unternehmer ist und den Gegenstand für sein Unternehmen erwirbt,
- der Lieferer Unternehmer ist, der im Rahmen seines Unternehmens gegen Entgelt liefert und kein Kleinunternehmer ist.

Gemäß § 1 Abs. 1 Nr. 5 UStG stellt dieser Erwerb einen steuerbaren Umsatz dar; die Lieferung ist im Bestimmungsland umsatzsteuerpflichtig. Steuerschuldner ist der Erwerber, der die sogenannte Erwerbsteuer schuldet. Die Steuerschuld entsteht bei Ausstellung der Rechnung durch den liefernden Unternehmer, spätestens aber mit Ablauf des Kalendermonats, der auf den Erwerb folgt (§ 13 Abs. 1 Nr. 6 UStG).

Es ergeben sich nun die Fragen, wie der Erwerber einerseits wissen kann, dass der ausländische Lieferer ein Unternehmer ist bzw. wie der Lieferer andererseits wissen kann, dass der Abnehmer ein Unternehmer ist und den Gegenstand für sein Unternehmen erwirbt.

Nachweis der Unternehmereigenschaft

Um dies zu klären, muss zum einen ein entsprechender Hinweis auf der Rechnung hinterlegt werden. Zum anderen ist ein Nachweis durch die USt-IdNr. nötig, die den Unternehmer eindeutig identifizierbar macht (siehe Seite 63). Ein deutscher Unternehmer kann grundsätzlich davon ausgehen, dass er die Waren bei einem ausländischen Unternehmer erworben hat, wenn dieser in der Rechnung seine USt-IdNr. angibt, diese ohne Umsatzsteuer erstellt und darauf hinweist, dass es sich um eine steuerfreie innergemeinschaftliche Lieferung handelt. Als Hinweis dafür, dass der Erwerber selbst Unternehmer ist und die Ware für sein Unternehmen erwirbt, wird der deutsche Unternehmer seine USt-IdNr. bei Auftragserteilung angeben.

> Die Frankfurter Kroko Lederwaren GmbH bestellt unter Angabe ihrer USt-IdNr. zwölf Designerkoffer bei der Firma Suitcase ltd. in Großbritannien. Die Firma Suitcase ltd. liefert die Koffer und erstellt eine Rechnung, die beinhaltet:
> - die deutsche USt-IdNr. der Firma Kroko Lederwaren GmbH
> - die englische USt-IdNr. der Firma Suitcase ltd.
> - den Hinweis, dass es sich um eine steuerfreie innergemeinschaftliche Lieferung handelt
>
> Es handelt sich hier gemäß § 1 Abs. 1 Nr. 5 UStG i. V. m. § 1a Abs. 1 UStG um eine innergemeinschaftliche Lieferung, die in Deutschland steuerbar ist.
>
> **Hinweis:** Diese Lieferung wird in Großbritannien steuerfrei behandelt.

Beispiel innergemeinschaftlicher Erwerb

3.3 Ermittlung der Bemessungsgrundlage und des Vorsteuerabzugs

In diesem Kapitel wird einerseits auf die Bemessungsgrundlage der Umsatzsteuer und in diesem Zusammenhang auf den Unterschied zwischen Umsatz- und Vorsteuer eingegangen. Darüber hinaus wird erklärt, wie der Vorsteuerabzug ermittelt wird.

3.3.1 Bemessungsgrundlage der Umsatzsteuer

Bemessungsgrundlage = Nettoumsatz

Die Umsatzsteuer ist so konzipiert, dass der Unternehmer nur den „Mehrwert" versteuert, also den Differenzbetrag zwischen dem Nettoeinkaufspreis (= Einkaufspreis ohne Berücksichtigung der Umsatzsteuer) und dem Nettoverkaufspreis.

Ein Unternehmer stellt seinen Kunden die Umsatzsteuer gesondert in Rechnung (Ausgangsrechnung) und vereinnahmt diese zusätzlich zu dem kalkulierten Verkaufspreis. Ihm wiederum wird von den Lieferanten Umsatzsteuer in Rechnung gestellt (= Vorsteuer aus Eingangsrechnung). Der Unternehmer schuldet gegenüber dem Finanzamt die auf seine Umsätze entfallende Umsatzsteuer, kann im Gegenzug aber die Vorsteuer in Abzug bringen. Steuergegenstand ist nur der eigene Umsatz; Bemessungsgrundlage ist der Nettoumsatz, d. h. der Wert ohne Umsatzsteuer.

Zahllast

Die Differenz zwischen Umsatz- und Vorsteuer bezeichnet man als Zahllast; diese schuldet der Unternehmer dem Finanzamt. Ist die Vorsteuer höher als die Umsatzsteuer, spricht man von einem Vorsteuerüberhang, was zu einer entsprechenden Steuererstattung führt. Zugrunde liegt folgende Formel:

$$\text{geschuldete Umsatzsteuer} - \text{abziehbare Vorsteuer} = \text{Zahllast (oder Vorsteuerüberhang)}$$

Die geschuldete Umsatzsteuer und die abziehbare Vorsteuer können in mehrere Positionen zerlegt werden. In der nachstehenden detaillierteren Formel werden diese aufgestellt und die zugehörigen Rechtsgrundlagen ausgewiesen.

	Geschuldete USt aus Leistungen, die ein Unternehmer im Inland gg. Entgelt im Rahmen seines Unternehmens ausführt	§ 1 Abs. 1 Nr. 1 UStG
+	innergemeinschaftlicher Erwerb im Inland gegen Entgelt	§ 1 Abs. 5 UStG
+	USt auf innergem. Lieferungen, sofern die Voraussetzungen des § 6a UStG nicht erfüllt sind	§ 6a Abs. 4 Satz 2 UStG
+	USt aufgrund eines unrichtigen / unberechtigten Steuerausweises	§ 14 c UStG
+	USt aus der Änderung einer Bemessungsgrundlage	§ 17 Abs. 1 Satz 6 UStG
-	Vorsteuer	§ 15 UStG
-/+	evtl. zu berichtigende Vorsteuerbeträge	§ 15a UStG
=	**Zahllast oder Vorsteuerüberhang**	

> Beispiel
> Ermittlung der
> Umsatzsteuer-Zahllast

In einer Fabrik wird ein Schrank hergestellt. Dieser Schrank wird für 2.000,00 € an einen Großhändler verkauft. Der Großhändler verkauft diesen Schrank an einen Einzelhändler für 3.500,00 € weiter. Der Einzelhändler verkauft diesen Schrank für 6.000,00 € an eine Privatperson (Endverbraucher).

	Rechnung		USt beim Verkauf	- VSt beim Einkauf	= Zahllast
Fabrik	Verkauf Nettowert + 19 % USt = Rechnungsbetrag	2.000,00 € 380,00 € 2.380,00 €	380,00 €		380,00 €
Groß-händler	Verkauf Nettowert + 19 % USt = Rechnungsbetrag	3.500,00 € 665,00 € 4.165,00 €	665,00 €		
	Einkauf Nettowert + 19 % USt = Rechnungsbetrag	2.000,00 € 380,00 € 2.380,00 €		380,00 €	285,00 €
Einzel-händler	Verkauf Nettowert + 19 % USt = Rechnungsbetrag	6.000,00 € 1.140,00 € 7.140,00 €	1.140,00 €		
	Einkauf Nettowert + 19 % USt = Rechnungsbetrag	3.500,00 € 665,00 € 4.165,00 €		665,00 €	475,00 €
Endver-braucher	Einkauf Nettowert + 19 % USt = Rechnungsbetrag	6.000,00 € 1.140,00 € 7.140,00 €			
		Summe:	2.185,00 €	- 1.045,00 €	1.140,00 €

3.3.2 Bemessungsgrundlage für Leistungen, innergemeinschaftliche Erwerbe und Einfuhr

Die Bemessungsgrundlage für Lieferungen, sonstige Leistungen und den innergemeinschaftlichen Erwerb ist in § 10 UStG und für die Einfuhr in § 11 UStG geregelt. Der Umsatz wird nach dem Entgelt bemessen. Gemäß § 10 Abs. 1 UStG gehört zum Entgelt alles, was der Abnehmer abzüglich der Umsatzsteuer für die Leistung aufbringt. Es zählt ebenfalls dazu, was ein Dritter dem Unternehmer für die Leistung gewährt. Beim innergemeinschaftlichen Erwerb sind auch Verbrauchsteuern, die vom Erwerber geschuldet oder entrichtet werden, in die Bemessungsgrundlage einzubeziehen. Bei der Einfuhr wird der Umsatz nach dem Wert des eingeführten Gegenstands (Zollwert gemäß der jeweiligen Vorschriften) bemessen.

> §§ 10 und 11 UStG

> Beispiel 1
> Bemessungsgrundlage
> für Leistungen

Der Computerunternehmer Beer verkauft einen PC an das Hotel Sommer. Dafür berechnet er 1.000,00 € und für Aufbau und Installation vor Ort stellt er 250,00 € in Rechnung; für die An- und Abfahrt berechnet er separat 50,00 €.

Bemessungsgrundlage für die Umsatzsteuer ist ein Entgelt in Höhe von 1.300,00 €. Unternehmer Beer wird die hierauf geschuldete Umsatzsteuer mit 19 % (= 247,00 €) separat ausweisen und insgesamt einen Bruttowert von 1.547,00 € in Rechnung stellen.

Beispiel 2
Bemessungsgrundlage für Leistungen

Der Fahrradhändler Bergmann erstellt am Abend seinen Kassenbericht. Er hat an diesem Tag aus dem Verkauf von Fahrrädern und Zubehörartikeln insgesamt 4.979,90 € (inkl. USt) vereinnahmt. Das Entgelt beträgt 4.184,79 €.

Ermittlung des Entgeltes:

4.979,90 € = 119 % (Bruttowert)
4.184,79 € = 100 % (Nettowert)
  795,11 € = 19 % (geschuldete Umsatzsteuer)

kein Entgelt

Nicht zum Entgelt gehören die durchlaufenden Posten, d. h. Beträge, die der Unternehmer im Namen und auf Rechnung eines anderen vereinnahmt oder verausgabt. Ebenfalls gehören u. a. Fälligkeitszinsen, Mahngebühren oder Kosten für Mahnbescheide nicht zum Entgelt, da diese Schadensersatzcharakter haben (Abschn. 10.1 Abs. 3 Satz 8 UStAE).

Beispiel
keine Bestandteile der Bemessungsgrundlage für Leistungen

Der Rechtsanwalt Alfred Haas zahlt für seinen Klienten bei der Gerichtskasse einen Prozesskostenvorschuss von 300,00 €. Nach Ende des Prozesses stellt er sein Honorar mit 1.850,00 € zuzüglich der verausgabten Gerichtskosten von 300,00 € in Rechnung.

Die Bemessungsgrundlage zur Ermittlung der Umsatzsteuer ist das Entgelt mit 1.850,00 €. Die Gerichtskosten unterliegen als durchlaufender Posten nicht der Umsatzsteuer, da diese nicht zum Entgelt gehören.

Bemessungsgrundlage bei unentgeltlichen Wertabgaben

An dieser Stelle soll kurz auf einige Besonderheiten eingegangen werden, die sich bei der Ermittlung der Bemessungsgrundlage für unentgeltliche Lieferungen und sonstige Leistungen ergeben.

Übersicht: unentgeltliche Wertabgaben

unentgeltliche Lieferungen	unentgeltliche sonstige Leistungen
Entnahme von Gegenständen § 3 Abs. 1b Satz 1 Nr. 1 UStG	**private Nutzung betrieblicher Gegenstände** § 3 Abs. 9a Nr. 1 UStG
Sachzuwendungen an das Personal § 3 Abs. 1b Satz 1 Nr. 2 UStG	**andere unentgeltliche Leistungen** § 3 Abs. 9a Nr. 2 UStG
andere unentgeltliche Zuwendungen § 3 Abs. 1b Satz 1 Nr. 3 UStG	

Entnahme von Gegenständen

Für die **Entnahme von Gegenständen** ist zunächst zu prüfen, ob bei ihrer Anschaffung oder Herstellung durch das Unternehmen Vorsteuer in Abzug gebracht wurde. Wenn keine Vorsteuer in Abzug gebracht wurde, fällt bei der Entnahme der Gegenstände in der Regel auch keine Umsatzsteuer an. Für den Fall, dass Vorsteuer in Abzug gebracht wurde, liegt bei der Entnahme ein umsatzsteuerrechtlicher Tatbestand vor. In diesem Fall unterscheidet § 10 Abs. 4 Nr. 1 UStG nach angeschafften und selbst hergestellten Gegenständen:

- bei **angeschafften Gegenständen** wird als Bemessungsgrundlage der Einkaufspreis zuzüglich der Nebenkosten zum Zeitpunkt des Umsatzes herangezogen (Wiederbeschaffungskosten)

- bei **selbst hergestellten Gegenständen** gelten als Bemessungsgrundlage zum Zeitpunkt des Umsatzes die Selbstkosten; der Zeitpunkt des Umsatzes ist der Zeitpunkt der Entnahme

> **Beispiel**
> Bemessungsgrundlage Privatentnahme v. Gegenständen
>
> Der Fahrradhändler Bergmann hat Anfang Januar eine Lieferung von Fahrrädern mit einem Einkaufswert von 500,00 € je Fahrrad erhalten.
>
> a) Ende Januar entnimmt Fahrradhändler Bergmann ein Fahrrad für eigene Zwecke. Bemessungsgrundlage für die Entnahme ist der Einkaufpreis von 500,00 €, da die Entnahme kurz nach der Anschaffung erfolgt.
>
> b) Der Unternehmer Bergmann entnimmt das Fahrrad im März; die Wiederbeschaffungskosten des Fahrrades liegen bei 560,00 €. Bemessungsgrundlage für die Entnahme sind in diesem Fall die 560,00 €.

Pauschbeträge

Jeder Unternehmer hat die Entnahme von Gegenstanden zu dokumentieren und entsprechend zu buchen. Aus Vereinfachungsgründen hat der Gesetzgeber für verschiedene Gewerbezweige Pauschbeträge für die Entnahme von Gegenständen festgelegt[1]. Diese sind entsprechend der Anzahl der Personen in der Familie hochzurechnen. Für Kinder bis zum vollendeten zweiten Lebensjahr ist kein Pauschbetrag und für Kinder bis zum vollendeten 12. Lebensjahr ist die Hälfte des jeweiligen Pauschbetrages zu berücksichtigen.

Verwendung betriebl. Gegenstände

Bei der **Verwendung von betrieblichen Gegenständen** zur privaten Nutzung ist insbesondere der Pkw zu erwähnen. Wird ein Fahrzeug zu mehr als 10 % betrieblich genutzt, kann das Fahrzeug dem Betriebsvermögen zugeordnet werden. Dies hat den Vorteil, dass sowohl die Anschaffung als auch sämtliche Kosten als betrieblich veranlasst gebucht und die Vorsteuer entsprechend in Abzug gebracht werden können. Um den privat genutzten Anteil des Pkw zu bestimmen, kann ein Unternehmer z. B. die 1 %-Regelung anwenden. Dabei ist die Bemessungsgrundlage der Umsatzsteuer der Bruttolistenpreis des Fahrzeuges zum Zeitpunkt der Erstzulassung, ohne Berücksichtigung dessen, was der Unternehmer tatsächlich für das Fahrzeug aufgewendet hat. Für die nicht mit Vorsteuer belasteten Kosten kann der Unternehmer einen pauschalen Abschlag von 20 % berücksichtigen[2].

> **Beispiel**
> Bemessungsgrundlage am Beispiel Pkw
>
> Der Bäckermeister Schindler hat seinen Pkw dem Betriebsvermögen zugeordnet. Der private Anteil soll monatlich anhand der 1 %-Regelung berücksichtigt werden.
>
> | | |
> |---|---:|
> | Bruttolistenpreis zum Zeitpunkt der Erstzulassung | 30.196,00 € |
> | abgerundet auf volle 100,00 € | 30.100,00 € |
> | davon 1 % monatlich = | 301,00 € |
> | - Abschlag 20 % für nicht vorsteuerbelastete Kosten | 60,20 € |
> | = **Bemessungsgrundlage für Umsatzsteuer** | **240,80 €** |
>
> Die Umsatzsteuer beträgt 19 % auf 240,80 € = 45,75 €.

andere unentgeltl. Leistungen

Erhalten Arbeitnehmer im Rahmen ihres Arbeitsverhältnisses freie Verpflegung, freie Unterkunft oder freie Wohnung, führt auch dies zu einem umsatzsteuerrechtlichen Sachverhalt. Bemessungsgrundlage sind hier die in der Sozialversicherungsentgeltverordnung (SvEV) festgelegten Werte. Gewährt ein Unternehmer Unterkunft und Wohnung, kann dafür unter den Voraussetzungen des § 4 Nr. 12 Satz 1 Buchst. a UStG Steuerfreiheit in Betracht kommen. Gewährt er die Verpflegung seiner Arbeitnehmer, unterliegt dies dem allgemeinen Steuersatz.

---

1 Die aktuell gültigen Pauschbeträge sind über die Website www.bundesfinanzministerium.de einzusehen.
2 Genauere Ausführungen zur betrieblichen Behandlung von Pkw siehe Kapitel 4.4.6.

Beispiel
Bemessungsgrundlage am Beispiel Sachbezug

> Der Kellner der Pizzeria La Piazetta erhält jeweils ein freies Abendessen. Dies ist mit einem Sachbezugswert von monatlich 88,00 € zu berücksichtigen.
>
> Bruttowert = 119 %   88,00 €
> = **Bemessungsgrundlage für Umsatzsteuer: Nettowert = 100 %**   73,95 €
> Die Umsatzsteuer beträgt 19 % = 14,05 €.

Änderung der Bemessungsgrundlage

§ 17 Abs. 1 UStG

Ändert sich die Bemessungsgrundlage für einen steuerpflichtigen Umsatz nachträglich, müssen die geschuldete Umsatzsteuer sowie der ggf. in Anspruch genommene Vorsteuerabzug entsprechend berichtigt werden (§ 17 Abs. 1 UStG). Die Änderungen sind in dem Besteuerungszeitraum zu berücksichtigen, für den die Berichtigung vorgenommen wurde.

Typische Änderungen der Bemessungsgrundlage entstehen z. B. durch den Abzug von Skonto, durch Nachlässe oder durch gewährte Rabatte. Aber auch ausgefallene Forderungen führen zu einer Berichtigung.

Beispiel
Änderung der Bemessungsgrundlage

> Der Elektrohändler August Heinze fakturiert am 28. Januar eine Ausgangsrechnung an den Malerbetrieb Fechner in Höhe von 1.190,00 € brutto. Bei Zahlung bis zum 05. Februar gewährt er ein Skonto in Höhe von 3 %. Beide Unternehmen geben ihre Umsatzsteuermeldungen monatlich ab und versteuern nach vereinbarten Entgelten.
>
> August Heinze führt für den Monat Januar aus dem o. g. Umsatz eine Umsatzsteuer in Höhe von 190,00 € an das Finanzamt ab. Durch den Skontoabzug im Februar ändert sich die ursprüngliche Bemessungsgrundlage und die Umsatzsteuer reduziert sich um 5,70 €. Diese 5,70 € macht August Heinze in der Meldung für Februar als Umsatzsteuerguthaben gegenüber dem Finanzamt geltend.
>
> Der Malerbetrieb Fechner hat aus dem Ausgangssachverhalt für Januar einen Vorsteueranspruch in Höhe von 190,00 €. Mit Abzug des Skontos im Februar hat er die Vorsteuer zu berichtigen. Dies führt mit der Meldung für Februar zu einer Rückzahlung an das Finanzamt in Höhe von 5,70 €.

3.3.3 Der Vorsteuerabzug

Wie in Kapitel 3.3.1 näher erläutert, wird die Umsatzsteuer, die einem Unternehmer von einem anderen Unternehmer in Rechnung gestellt wird, als Vorsteuer bezeichnet. Ein Unternehmer erhält diese Vorsteuer vom Finanzamt erstattet bzw. kann sie mit seiner geschuldeten Umsatzsteuer verrechnen.

Zum Vorsteuerabzug sind ausschließlich Unternehmer im Sinne der §§ 2 und 2a UStG sind im Rahmen ihrer unternehmerischen Tätigkeit berechtigt (Abschn. 15.1 Abs. 1 UStAE). Voraussetzung für den Vorsteuerabzug ist u. a., dass der Leistungsempfänger Lieferungen oder sonstige Leistungen für sein Unternehmen bezieht und zur Ausführung von Umsätzen verwendet, die den Vorsteuerabzug nicht ausschließen (siehe Seite 71). Wird ein Gegenstand zu weniger als 10 % betrieblich genutzt, gilt die Lieferung als nicht für das Unternehmen ausgeführt.

Abziehbare Vorsteuerbeträge

Gemäß § 15 Abs. 1 Nr. 1 bis 5 UStG sind u. a. folgende Steuerbeträge als Vorsteuer abziehbar:

1. die gesetzlich geschuldete **Steuer für Lieferungen und sonstige Leistungen**, die für einen Unternehmer von einem anderen Unternehmer ausgeführt wurden
2. die **Einfuhrumsatzsteuer**, die für Gegenstände entrichtet wurde, die für ein Unternehmen nach § 1 Abs. 1 Nr. 4 UStG eingeführt wurden
3. die **Steuer für den innergemeinschaftlichen Erwerb** von Gegenständen für ein Unternehmen
4. die **Steuer für Leistungen gemäß § 13b Abs. 1 und 2 UStG**, die für ein Unternehmen ausgeführt wurden

Im Folgenden werden diese als Vorsteuer abziehbaren Steuern einzeln aufgeführt und anhand von Beispielen verdeutlicht.

Um die Steuern für Lieferungen und Leistungen abziehen zu können, muss dem Unternehmer eine Rechnung vorliegen, die gemäß §§ 14 und 14a UStG erstellt wurde (siehe Kapitel 3.5.1). Im Falle einer Anzahlung kann bereits vor der abschließenden Ausführung des Umsatzes die Vorsteuer in Abzug gebracht werden, vorausgesetzt, es liegt eine ordnungsgemäß ausgestellte Rechnung vor und die Anzahlung ist erfolgt. Ist die Vorsteuer in einer Rechnung zu hoch ausgewiesen, darf der Unternehmer nur den im Bruttobetrag enthaltenen korrekten Steuerbetrag berücksichtigen.

zu Nr. 1

> Der Elektrohändler Heinze verkauft ein Klimagerät zum Preis von 1.000,00 € an die Pizzeria La Piazetta. Er stellt die Rechnung wie folgt aus:
>
> Bruttobetrag: 1.000,00 € inkl. 19 % USt (= 190,00 €)
> Nettobetrag: 810,00 €
>
> Der Elektrohändler Heinze hat die Umsatzsteuer zu hoch ausgewiesen und schuldet diese gegenüber dem Finanzamt. Die Pizzeria La Piazetta kann aus diesem Einkauf nur eine Vorsteuer in Höhe von 159,66 € (= 19 % x (Bruttowert 1.000,00 € / 1,19)) geltend machen (= gesetzlich geschuldete Steuer).

Beispiel 1
abziehbare VSt-Beträge
§ 15 Abs. 1 Nr. 1 UStG

Beispiel 2
abziehbare VSt-Beträge
§ 15 Abs. 1 Nr. 1 UStG

> Der Besitzer des Eiscafés Capri bestellt im Januar eine neue Eismaschine für netto 3.000,00 €. Mitte Januar erhält er eine (ordnungsgemäße) Anzahlungsrechnung über 1.000,00 € zzgl. 19 % USt (190,00 €) = 1.190,00 €. Anfang Februar wird die Rechnung bezahlt, die Maschine wird im März geliefert.
>
> Mit Bezahlung der Anzahlungsrechnung im Februar besteht die Möglichkeit des Vorsteuerabzugs.

zu Nr. 2

Die geschuldete Einfuhrumsatzsteuer kann abgezogen werden, wenn ein zollamtlicher Beleg (= Abgabenbescheid) oder ein vom zuständigen Zollamt bescheinigter Ersatzbeleg vorliegt. Bei Einfuhren, die über das IT-Verfahren ATLAS abgewickelt werden, kann der Nachweis über die Entrichtung der Einfuhrabgaben mit einem Beleg über die Zahlung der Einfuhrumsatzsteuer entweder an die Zollbehörde oder einen Beauftragten (z. B. einen Spediteur) geführt werden (Abschn. 15.11 Abs. 1 Nr. 2 UStAE). Der Nachweis kann elektronisch oder bei Bedarf auch durch einen Ausdruck des elektronisch übermittelten Bescheides eingesandt werden.

zu Nr. 3

Die Steuer, die der Leistungsempfänger auf den innergemeinschaftlichen Erwerb schuldet, kann er als Vorsteuer abziehen, wenn der gelieferte Gegenstand für das Unternehmen bestimmt ist und der Unternehmer die Lieferung zur Ausführung von Umsätzen verwendet, die den Vorsteuerabzug nicht ausschließen. Eine Rechnung im Sinne des § 14 UStG muss dazu nicht zwingend vorliegen.

Beispiel 1
abziehbare VSt-Beträge
§ 15 Abs. 1 Nr. 3 UStG

> Die Pizzeria La Piazetta kauft in Italien einen Pizzabackofen. Dieser wird per Spedition angeliefert; alle Formvorschriften sind erfüllt.
>
> Auf diesen innergemeinschaftlichen Erwerb wird die deutsche Umsatzsteuer in Höhe von 19 % des Netto-Anschaffungspreises geschuldet. Gleichzeitig kann die geschuldete Umsatzsteuer als Vorsteuer in Abzug gebracht werden.

Beispiel 2
abziehbare VSt-Beträge
§ 15 Abs. 1 Nr. 3 UStG

> Der Facharzt Dr. Otto bestellt in England ein Röntgengerät für 10.000,00 €. Auf diesen innergemeinschaftlichen Erwerb wird die deutsche Umsatzsteuer in Höhe von 19 % geschuldet. Die geschuldete Umsatzsteuer kann nicht als Vorsteuer in Abzug gebracht werden, da der Arzt Umsätze erzielt, die den Vorsteuerabzug ausschließen.

zu Nr. 4

Die Steuer, die der Empfänger für Leistungen im Sinne des § 13b Abs. 2 UStG schuldet, kann er unter den gleichen Voraussetzungen als Vorsteuer abziehen, wie sie zum Vorsteuerabzug gemäß § 15 Abs. 1 Nr. 3 UStG (siehe oben) vorgegeben sind.

Beispiel
abziehbare VSt-Beträge
§ 15 Abs. 1 Nr. 4 UStG

> Der Elektrohändler Heinze verkauft verschiedene Elektroartikel über das Internet. Er hat über eine Suchmaschine mit Sitz in Irland entsprechende Anzeigen geschaltet. Monatlich erhält er eine Rechnung für die Anzeigen über 500,00 €.
>
> Es handelt sich um eine in Deutschland steuerpflichtige sonstige Leistung eines im übrigen Gemeinschaftsgebiet ansässigen Unternehmers. Heinze schuldet wegen der Umkehr der Steuerschuldnerschaft auf die Leistung die deutsche USt. Die kann er gleichzeitig als Vorsteuer geltend machen, da er keine Umsätze erzielt, die den Vorsteuerabzug ausschließen (der Verkauf von Elektroartikeln ist USt-pflichtig und daher kein Umsatz, der den VSt-Abzug ausschließt).

Nicht abziehbare Vorsteuerbeträge

Für Betriebsausgaben, die nicht gewinnmindernd berücksichtigt werden dürfen, ist der Vorsteuerabzug ausgeschlossen. Dies betrifft gemäß § 4 Abs. 5 Nr. 1 bis 4, 7, Abs. 7 oder § 12 Abs. 1 EStG:

- **Aufwendungen für Geschenke** an Personen, die keine Arbeitnehmer des Steuerpflichtigen sind, sofern die Anschaffungs- oder Herstellungskosten der Gegenstände, die dem Empfänger im Wirtschaftsjahr zugewendet werden, insgesamt 35,00 € übersteigen
- **Bewirtungskosten**, die wegen ihrer unangemessenen Höhe vom Betriebsausgabenabzug ausgeschlossen sind
- **Aufwendungen für die Lebensführung**, welche die wirtschaftliche oder gesellschaftliche Stellung des Steuerpflichtigen mit sich bringt, auch wenn sie zur Förderung des Berufs oder der Tätigkeit des Steuerpflichtigen erfolgen
- **Aufwendungen gemäß § 4 Abs. 7 EStG**, die einzeln und von den sonstigen Betriebsausgaben getrennt aufzuzeichnen sind, die der Steuerpflichtige aber nicht gesondert aufgezeichnet hat (z. B. Bewirtungskosten, Geschenke, Aufwendungen für ein häusliches Arbeitszimmer sowie die Kosten der Ausstattung)

> Der Malermeister Fechner schenkt einer Kundin zum Geburtstag einen Blumenstrauß im Wert von 30,00 €. Die in den 30,00 € enthaltene Umsatzsteuer ist als Vorsteuer abzugsfähig.

Beispiel 1
Abziehbare VSt

> Der Malermeister Fechner schenkt einer Kundin zum Geburtstag einen Blumenstrauß im Wert von 50,00 €. Die in den 50,00 € enthaltene Umsatzsteuer ist nicht als Vorsteuer abzugsfähig, da der Aufwand aufgrund seiner Höhe eine nicht abzugsfähige Betriebsausgabe darstellt.

Abwandlung zu Beispiel 1
Nicht abziehbare VSt

Ausschluss vom Vorsteuerabzug

Vom Vorsteuerabzug ausgeschlossen ist die Steuer für Lieferungen und sonstige Leistungen gemäß § 15 Abs. 2 UStG, die der Unternehmer für die Ausführung von Umsätzen bezieht, die nach § 4 UStG von der Umsatzsteuer befreit sind (siehe Kapitel 3.2.4). Ausnahmen zu dieser Regelung werden in § 15 Abs. 3 UStG vorgegeben. Demnach gibt es abzugsfähige Vorsteuerbeträge aus Eingangsleistungen, die in Zusammenhang mit steuerfreien Ausgangsumsätzen stehen, wie z. B. in § 4 Nr. 1 bis 7 UStG geregelt sind (z. B. Ausfuhrlieferungen und innergemeinschaftliche Lieferungen).

> Der Elektrohändler August Heinze exportiert zehn Klimageräte für insgesamt 10.000,00 € an einen italienischen Unternehmer (= Gemeinschaftsgebiet). Die Formvorschriften gelten als erfüllt. Die innergemeinschaftliche Lieferung ist nach § 4 Abs. 1b UStG i. V. m. § 6a UStG von der Umsatzsteuer befreit.
> Die Klimageräte erwarb August Heinze bei einer deutschen Firma für insgesamt 8.000,00 € zzgl. 19 % USt (1.520,00 €) = 9.520,00 €. Er erhielt eine ordnungsgemäße Rechnung.
> Die Vorsteuer kann August Heinze gemäß § 15 Abs. 1 UStG i. V. m. § 15 Abs. 3 Nr. 1a gegenüber dem Finanzamt in Abzug bringen.

Beispiel
kein Ausschluss vom VSt-Abzug

VSt-Abzug auf steuerfreie Umsätze mit Optionsmöglichkeit

Eine weitere Ausnahme in Bezug auf die Abzugsfähigkeit der Vorsteuer ist gegeben, wenn für Ausgangsumsätze nach § 9 UStG optiert wurde (siehe Kapitel "Steuerfreie Umsätze mit Optionsrecht" auf Seite 72). Wurde auf die Steuerbefreiung verzichtet, führt dies zur wahlweisen Möglichkeit des Vorsteuerabzugs.

Beispiel
VSt-Abzug: steuerfreie Umsätze (Optionsmöglichkeit)

> Die Eheleute Schwarz besitzen in Frankfurt ein Mehrfamilienhaus mit vier Parteien. Im Erdgeschoss wurde an einen Apotheker vermietet. Die Mieteinnahmen sind nach § 4 Nr. 12 a UStG von der Umsatzsteuer befreit, jedoch haben die Eheleute Schwarz nach § 9 Abs. 1 UStG auf die Steuerbefreiung verzichtet (optiert) und den Mietvertrag mit 19 % Umsatzsteuer ausgestellt.
>
> Die Eheleute Schwarz lassen den Fußboden in der Apotheke erneuern und erhalten eine Rechnung über 2.000,00 € zzgl. 19 % USt (380,00 €) = 2.380,00 €.
>
> Die Vorsteuer in Höhe von 380,00 € kann aufgrund der Option gegenüber dem Finanzamt geltend gemacht werden.

Aufzuteilende Vorsteuern

Eine Aufteilung in abzugsfähige und nicht abzugsfähige Vorsteuern muss vom Unternehmer vorgenommen werden, wenn er Umsätze ausführt, die ihn sowohl zum Abzug der Vorsteuer berechtigen (= Abzugsumsätze), als auch Umsätze, bei denen der Vorsteuerabzug ausgeschlossen ist (= Ausschlussumsätze). Vorrangig hat die Vorsteueraufteilung durch direkte Zuordnung zu erfolgen.

Beispiel
aufzuteilende Vorsteuer

> Der Handelsvertreter Michael Schulte ist in der Finanzbranche tätig. Die Provisionen daraus sind nach § 4 Nr. 11 UStG von der Umsatzsteuer befreit. Zusätzlich arbeitet Michael Schulte als Vertreter für die Lederwarenbranche. Für die Provisionen daraus greift keine Steuerbefreiung, die Provisionen unterliegen mit 19 % der Umsatzsteuer. Michael Schulte lässt Briefbögen drucken und erhält folgende Rechnung:
>
> | | |
> |---|---:|
> | 5000 Blatt Briefbögen mit dem Aufdruck „Michael Schulte - Handelsvertreter in Finanzen" | 300,00 € |
> | 5000 Blatt Briefbögen mit dem Aufdruck „Michael Schulte - Handelsvertreter für Lederwaren" | 300,00 € |
> | | 600,00 € |
> | zzgl. 19 % USt | 114,00 € |
> | **Rechnungsbetrag** | **714,00 €** |
>
> Michael Schulte kann die Vorsteuer, die auf den Druck der Briefbögen für die Handelsvertretertätigkeit in der Lederwarenbranche entfällt, in Höhe von 57,00 € geltend machen. Für die 57,00 €, die auf den Druck der Briefbögen für die Handelsvertretertätigkeit der Finanzbranche entfallen, ist der Vorsteuerabzug nach § 15 Abs. 2 UStG ausgeschlossen.

nicht direkt zuordenbare VSt

Nicht immer ist es möglich, die Vorsteuer wie im vorgenannten Beispiel direkt zuzuordnen. Für die Aufteilung der nicht direkt zuordenbaren Vorsteuerbeträge gibt es drei Möglichkeiten, die in § 15 Abs. 4 UStG und ergänzend in Abschn. 15.17 UStAE geregelt sind:

- **Aufteilung nach wirtschaftlicher Zuordnung (§ 15 Abs. 4 Satz 1 UStG)**
  Die wirtschaftliche Zuordnung kann mit Hilfe von Aufteilungsschlüsseln erfolgen, die sich aus Unterlagen der Kostenrechnung oder aufgrund technischer Grundeigenschaften ergeben (z. B. Aufteilung in Verhältnis von m^2, m^3, usw.).

Basis: Ermittlung der Bemessungsgrundlage und des Vorsteuerabzugs

> **Beispiel**
> Aufteilung nach wirtschaftl. Zuordnung

Die Eheleute Schwarz besitzen in Frankfurt ein Mehrfamilienhaus mit vier Parteien. Die Vermietung erfolgt für die Etagen im Einzelnen an:

EG	Apotheker (optiert)	300 m²	42,86 %
2. OG	Rechtsanwalt (optiert)	150 m²	21,43 %
			= 64,29 % Abzugsumsätze
1. OG	Arzt	150 m²	21,43 %
3. OG	Privatperson	100 m²	14,28 %
			= 35,71 % Ausschlussumsätze
gesamt		700 m²	=100,00 %

Die Eheleute Schwarz lassen das Dach reparieren und erhalten eine Rechnung über 5.000,00 € zzgl. 19 % USt (= 950,00 €) = 5.950,00 €.

Da das Mehrfamilienhaus zu 64,29 % umsatzsteuerpflichtig vermietet ist, kann die Vorsteuer aus der Dachreparatur zu 64,29 % = 610,76 € in Abzug gebracht werden.

- **Aufteilung nach sachgerechter Schätzung (§ 15 Abs. 4 Satz 2 UStG)**
  Im Einzelfall lässt das UStG die Aufteilung der Vorsteuer im Verhältnis einer sachgerechten Schätzung zu.

> **Beispiel**
> Aufteilung nach Schätzung

Die Eheleute Schwarz haben einen Hausverwalter mit der Betreuung des Objekts in Frankfurt beauftragt. Der Hausverwalter berechnet monatlich 200,00 € zzgl. 19 % USt (38,00 €) = 238,00 €. Aufgrund von Stundennachweisen wird deutlich, dass die Betreuung der Apotheke und der Rechtsanwaltskanzlei zeitaufwendiger ist, als die Betreuung der Arztpraxis und der privat vermieteten Wohnung. Der Zeitaufwand wird im Verhältnis 75 % / 25 % geschätzt.

Die Vorsteuer aus der Verwaltertätigkeit kann zu 75 % (= 28,50 €) in Abzug gebracht werden.

- **Aufteilung im Verhältnis der Umsätze (§ 15 Abs. 4 Satz 3 UStG)**
  Eine Aufteilung der Vorsteuerbeträge im Verhältnis der Umsätze ist nur möglich, wenn keine andere wirtschaftliche Zuordnung möglich ist.

> **Beispiel**
> Aufteilung im Verhältnis der Umsätze

Der Handelsvertreter Michael Schulte hat die nachstehenden Umsätze erwirtschaftet:

- steuerfreie Provisionen:
  40.000,00 € = 40 % = Ausschlussumsätze

- steuerpflichtige Provisionen:
  60.000,00 € = 60 % = Abzugsumsätze

Michael Schulte besitzt einen Firmenwagen, den er für seine gesamte Tätigkeit einsetzt, führt aber kein Fahrtenbuch. Auf die Kfz-Kosten sind 2.300,00 € Vorsteuer angefallen. Da keine wirtschaftliche Zuordnung möglich ist, kann Michael Schulte seine Vorsteuer auf die Kfz-Kosten nach dem Verhältnis der Umsätze aufteilen. Dies bedeutet, dass er 60 % von 2.300,00 € = 1.380,00 € in Abzug bringen kann.

3.4 Sätze der Umsatzsteuer

Steuerbare Umsätze sind nach unterschiedlichen Steuersätzen zu bewerten. Es werden hier der Regelsteuersatz auf der einen Seite und der ermäßigte Steuersatz auf der anderen Seite betrachtet. Im Folgenden wird aufgeführt, welcher Steuersatz für welche Umsätze angewendet werden muss. Darüber hinaus wird näher auf besondere Optionen für Kleinunternehmer eingegangen.

3.4.1 Steuersätze

Die Steuersätze definieren das Verhältnis des Steuerbetrages zur Bemessungsgrundlage. Das Umsatzsteuergesetz definiert zwei Steuersätze:

- allgemeiner Steuersatz (= Regelsteuersatz) von 19 % (bis 31.12.2006: 16 %)
- ermäßigter Steuersatz von 7 %[1].

Jeder Unternehmer hat zu prüfen, welchem Steuersatz seine Umsätze unterliegen. Die Leistungen, die dem ermäßigten Steuersatz unterliegen, sind in § 12 Abs. 2 UStG i. V. m. der Anlage 2 zum UStG besonders genannt. Greift keine Ermäßigung, gilt automatisch der Regelsteuersatz.

Anwendung des ermäßigten Steuersatzes

Der **ermäßigte** Steuersatz gilt z. B. für die Lieferung, die Einfuhr und den innergemeinschaftlichen Erwerb folgender Gegenstände:

- Lebensmittel (Grundnahrungsmittel)
- Druckereierzeugnisse (z. B. Bücher, Zeitungen - mit Ausnahme von z. B. Erzeugnissen, für die Beschränkungen nach dem Jugendschutzgesetz gelten)
- lebende Tiere (mit Ausnahmen, z. B. Fische)
- lebende Pflanzen, frisch geschnittene Blumen
- Rollstühle, Körperersatzstücke, orthopädische Apparate
- Hörbücher

Der ermäßigte Steuersatz gilt außerdem für bestimmte sonstige Leistungen:

- Tier- und Pflanzenzucht,
- Zahntechnik,
- Betrieb von Schwimm- und Heilbädern,
- Personenbeförderung innerhalb von Gemeinden und im Nahverkehr (im Umkreis von 50 km)
- Vermietung von Wohn- und Schlafräumen, die ein Unternehmer zur kurzfristigen Beherbergung von Fremden bereithält.

---

1 Der Gesetzgeber hat zur Vereinfachung des Besteuerungsverfahrens für bestimmte kleine Unternehmen und für land- und forstwirtschaftliche Betriebe zugelassen, die Vorsteuer nach Durchschnittssätzen zu berücksichtigen. Dies ist in den §§ 23 ff. UStG geregelt, auf die hier aber nicht näher eingegangen werden soll.

3.4.2 Steuerliche Optionen bei Kleinunternehmern

Für Kleinunternehmer gelten bei der betrieblichen Abwicklung der Umsatzsteuer eine gesonderte Bestimmungen. Gemäß § 19 UStG wird die Umsatzsteuer für Umsätze im Sinne des § 1 Abs. 1 Nr. 1 UStG nicht erhoben, wenn der Nullbesteuerungsumsatz im vorangegangenen Kalenderjahr 17.500,00 € nicht überstiegen hat und im laufenden Kalenderjahr 50.000,00 € voraussichtlich nicht übersteigen wird. Als Nullbesteuerungsumsatz bezeichnet man den Gesamtumsatz zuzüglich der Umsatzsteuer, solange dieser unter den genannten Grenzbeträgen bleibt - dabei werden keine Umsätze aus dem Verkauf von Anlagegegenständen berücksichtigt. Hat der Unternehmer seine Tätigkeit nur in einem Teil des Kalenderjahres ausgeübt, so ist der tatsächliche Gesamtumsatz in einen Jahresgesamtumsatz umzurechnen. Im ersten Jahr der Unternehmerschaft gelten die 17.500,00 € als Grenze, nicht die 50.000,00 €. Der **Gesamtumsatz** errechnet sich gemäß § 19 Abs. 3 UStG wie folgt:

Nullbesteuerungsumsatz

steuerbare Lieferungen und sonstige Leistungen gemäß § 1 Abs. 1 UStG	
abzüglich:	
steuerfreie Umsätze	§ 4 Nr. 8i UStG
	§ 4 Nr. 9b UStG
	§ 4 Nr. 11-28 UStG
steuerfreie Hilfsumsätze*	§ 4 Nr. 8a-h UStG
	§ 4 Nr. 9a UStG
	§ 4 Nr. 10 UStG
= **Gesamtumsatz**	nach § 19 Abs. 3 UStG

* Hilfsumsätze liegen bei solchen Leistungen vor, die sich auf Grund der Haupttätigkeit des Unternehmens ergeben, z. B. die Veräußerung von nicht mehr benötigten Gegenständen des Anlagevermögens.

Die für die Beurteilung der Kleinunternehmerschaft zugrunde liegenden Umsätze richten sich nach den vereinnahmten Bruttoentgelten. Die tatsächlich getätigten Einnahmen sind für jedes Kalenderjahr neu zu überprüfen. Sollte es sich im Nachhinein herausstellen, dass die Grenze von 50.000,00 € überschritten wurde, bleibt es trotzdem bei der Nullbesteuerung für dieses Kalenderjahr. Bei Anwendung der Kleinunternehmerregelung wird der Unternehmer wie ein Privatmann behandelt. Dies bedeutet, dass er keine Umsatzsteuer an das Finanzamt zu entrichten hat, selbst wenn er Umsätze im Sinne des § 1 Abs. 1 Nr. 1 UStG tätigt. Allerdings darf er keine Umsatzsteuer in seinen Rechnungen ausweisen und er ist vom Vorsteuerabzug ausgeschlossen. Auf den Rechnungen hat er einen Hinweis zu geben, dass er Kleinunternehmer nach § 19 UStG ist.

Behandlung wie eine Privatperson und Ausschluss vom Vorsteuerabzug

Beispiel
Kleinunternehmerregelung

Jahr 2015

Bettina Bauer, gelernte Schneidermeisterin, eröffnet im April 2015 einen Änderungsservice. Sie rechnet mit einem monatlichen Bruttoumsatz von 850,00 €. Der hochgerechnete Jahresgesamtumsatz gemäß § 19 Abs. 3 Satz 3 UStG beträgt 10.200,00 €. In dem Formular zur steuerlichen Erfassung kreuzt Bettina Bauer an, dass sie die Kleinunternehmerregelung anwenden will.
Die tatsächlichen Umsätze belaufen sich letztendlich auf 16.500,00 €; damit bleibt die Anwendung der Kleinunternehmerregelung rechtmäßig.

Jahr 2016

Da die Umsätze im Jahr 2015 unter 17.500,00 € lagen und Bettina Bauer in 2016 sicher ist, dass Sie auch die zweite Grenze (Umsatz im laufenden Jahr von 50.000,00 €) nicht übersteigen wird, wendet sie auch in 2016 die Kleinunternehmerregelung an.
Nach Ablauf des Jahres stellt sie fest, dass ihre tatsächlichen Umsätze 17.550,00 € betragen haben. Die Anwendung der Kleinunternehmerregelung im Jahr 2016 war rechtmäßig.

Jahr 2017

Da die Umsätze im Jahr 2016 die Grenze von 17.500,00 € überschritten haben, kann in 2017 die Kleinunternehmerregelung nicht mehr angewandt werden. Bettina Bauer hat ab 2017 Umsatzsteuer auszuweisen, zu vereinnahmen und an das Finanzamt abzuführen.

Verzicht auf die Kleinunternehmerregelung

Gemäß § 19 Abs. 2 UStG kann ein Unternehmer auf die Kleinunternehmerregelung verzichten und die Regelbesteuerung wählen. Dadurch erklärt der Unternehmer, dass er eine Umsatzsteuervoranmeldung und -erklärung abgeben wird. Dabei werden in der Umsatzsteuererklärung keine Angaben zur Besteuerung der Kleinunternehmer gemacht (in de UStE für 2017 die Zeilen 33 und 34) und dafür die steuerpflichtigen Umsätze und die abziehbaren Vorsteuerbeträge erklärt. Mit Übergang zur Regelbesteuerung ist der Unternehmer für insgesamt fünf Jahre daran gebunden; im Jahr der Verzichtserklärung und in den vier nachfolgenden Jahren unterliegt er nicht mehr der Nullbesteuerung. Erst nach Ablauf dieser fünf Jahre kann er den Verzicht aufheben.

Der Verzicht auf die Befreiung kann sinnvoll sein, z. B. wenn die Unternehmensgründung hohe Anfangsinvestitionen mit sich bringt, die eine hohe Verauslagung von Umsatzsteuerbeträgen erfordern. Mit Anwendung der Kleinunternehmerregelung wäre eine Erstattung dieser Umsatzsteuer (= Vorsteuer) nicht möglich. Ein Verzicht auf die Kleinunternehmerregelung ist auch überlegenswert, wenn der Unternehmer überwiegend oder ausschließlich für umsatzsteuerpflichtige Unternehmen arbeitet, da die Umsatzsteuer in diesem Fall bei zeitnahem Vorsteuerabzug lediglich einen der Posten darstellt.

3.5 Betriebliche Abwicklung der Umsatzsteuer

Bei keiner anderen Steuer treten Formvorschriften so sehr in den Vordergrund wie bei der Umsatzsteuer. In diesem Bereich muss der Unternehmer besonders viele Formulare des Finanzamtes ausfüllen, bevor er eine von ihm ermittelte Umsatzsteuer-Zahllast überweisen oder mit einer Erstattung rechnen kann. Im Folgenden wird insbesondere auf die Handhabung von Rechnungen eingegangen sowie auf die Umsatzsteuervoranmeldung und -erklärung, die Dauerfristverlängerung und die zusammenfassende Meldung.

3.5.1 Das Ausstellen von Rechnungen

Eine Rechnung ist eine Urkunde, in der ein Unternehmer bzw. ein von ihm beauftragter Dritter eine Lieferung oder sonstige Leistung gegenüber einem Abnehmer abrechnet. Dabei spielt es keine Rolle, wie dieses Dokument im allgemeinen Geschäftsverkehr genannt wird (z. B. Rechnung, Kaufvertrag, Mietvertrag). Rechnungen können nach ihrer Erstellung auf Papier gedruckt und verschickt oder – vorbehaltlich der Zustimmung des Empfängers – elektronisch, z. B. im PDF-Format übermittelt werden. Nach den Vorschriften des § 14 UStG müssen bei einer Rechnung gewährleistet sein:

- die **Echtheit der Rechnungsherkunft**, d. h. die Identität des Rechnungsausstellers
- die **Unversehrtheit des Inhalts**, d. h. während der Übermittlung der Rechnung darf der Inhalt nicht verändert worden sein
- die **Lesbarkeit der Rechnung**, d. h. sie wurde in einer für das menschliche Auge lesbaren Form erstellt

Rechnungen im Sinne des Umsatzsteuergesetzes

Führt ein Unternehmer Lieferungen oder sonstige Leistungen gegenüber anderen Unternehmen oder gegenüber einer juristischen Person aus, ist er verpflichtet, innerhalb von sechs Monaten nach Ausführung eine Rechnung zu stellen. Ist der Leistungsempfänger eine Privatperson, ist der Unternehmer zur Rechnungsstellung berechtigt. Dieser Logik folgend gibt es keine Frist zur Rechnungsstellung gegenüber Privatpersonen. Führt ein Unternehmer eine steuerpflichtige Werklieferung oder sonstige Leistung allerdings im Zusammenhang mit einem Grundstück aus (Sonderfall), besteht die Verpflichtung, innerhalb von ebenfalls sechs Monaten nach Ausführung der Leistung eine Rechnung zu stellen – ungeachtet der Tatsache, ob es sich beim Empfänger der Leistung um einen Unternehmer oder eine Privatperson handelt.

Frist zur Rechnungsstellung

Die sechsmonatige Frist zur Erstellung einer Rechnung hat keine Auswirkung auf die Umsatzsteuerschuld. Prinzipiell schuldet der Unternehmer, der die Umsätze nach vereinbarten Entgelten versteuert, die Umsatzsteuer zum Zeitpunkt der ausgeführten Lieferung oder sonstigen Leistung.

Die Rechnung muss in der Regel folgende **Angaben** enthalten (Ausnahmen siehe Kapitel "Besonderheiten bei Rechnungen" auf Seite 89):

Pflichtangaben in der Rechnung

- den vollständigen Namen und die vollständige Anschrift des leistenden Unternehmers ❶ und des Leistungsempfängers ❷
- die Steuernummer oder die Umsatzsteuer-Identifikationsnummer des leistenden Unternehmers ❸
- das Ausstellungsdatum ❹

- die Rechnungsnummer ❺, d. h. eine fortlaufende Nummer mit einer oder mehreren Zahlenreihen, die zur Identifizierung der Rechnung vom Rechnungsaussteller einmalig vergeben wird
- die Menge und Art (handelsübliche Bezeichnung) der gelieferten Gegenstände bzw. den Umfang und die Art der sonstigen Leistung ❻
- den Zeitpunkt der Lieferung oder sonstigen Leistung ❼; vereinnahmt der Unternehmer das Entgelt oder einen Teil des Entgelts für eine noch nicht ausgeführte Lieferung oder sonstige Leistung, ist der Zeitpunkt der Vereinnahmung anzugeben, sofern dieser feststeht und nicht mit dem Ausstellungsdatum der Rechnung übereinstimmt
- das nach Steuersätzen und einzelnen Steuerbefreiungen aufgeschlüsselte Entgelt für die Lieferung oder sonstige Leistung sowie jede im Voraus vereinbarte Minderung des Entgelts, sofern sie nicht bereits im Entgelt berücksichtigt ist ❽
- den anzuwendenden Steuersatz sowie den auf das Entgelt entfallenden Steuerbetrag oder im Fall einer Steuerbefreiung einen Hinweis darauf, dass für die Lieferung oder sonstige Leistung eine Steuerbefreiung gilt ❾ und
- in den Fällen des § 14b Abs. 1 Satz 5 UStG einen Hinweis auf die Aufbewahrungspflicht des Leistungsempfängers ❿

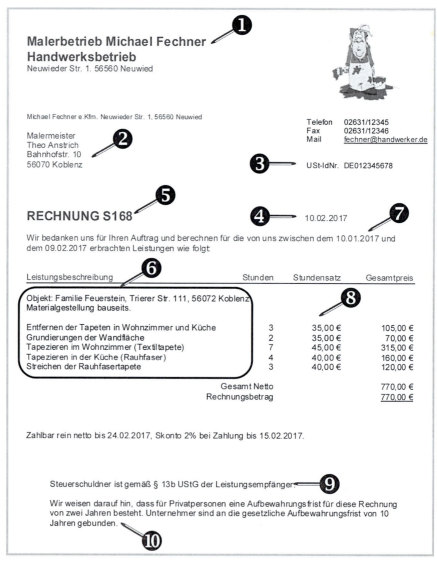

Abb.: Pflichtangaben in einer Rechnung

Als Rechnung gilt auch eine **Gutschrift**, mit der ein Unternehmer eine steuerpflichtige Lieferung oder sonstige Leistung abrechnet, die an ihn ausgeführt wird. Voraussetzung ist, dass dies vorher vereinbart wurde, der Abrechnungsbeleg den Begriff „Gutschrift" enthält und der Empfänger der Gutschrift dem ihm übermittelten Dokument nicht widerspricht. Eine solche Gutschrift ist nicht zu verwechseln mit einer Gutschrift aufgrund einer Mängelrüge oder Rücksendung von Waren.

Gutschriften

> Der Handelsvertreter Michael Schulte erhält von der Leder GmbH eine Provision in Höhe von 1.000,00 €. Die Leder GmbH stellt eine Gutschrift in Höhe von 1.000,00 € zzgl. 19 % USt (190,00 €) = 1.190,00 € aus. In der Gutschrift wird die Steuernummer von Michael Schulte angegeben.
> Die Besonderheit in diesem Fall: Nicht Michael Schulte stellt eine Rechnung an die Leder GmbH aus, sondern umgekehrt: die Leder GmbH erstellt eine Gutschrift an Michael Schulte.

Beispiel Gutschrift

Die Gutschrift muss die gleichen Angaben beinhalten wie eine Rechnung; zu beachten ist, dass die Steuernummer oder die USt-IdNr. des leistenden Unternehmers (vereinnahmende Person) ausgewiesen sein muss. Die Gutschrift verliert die Wirkung einer Rechnung, wenn der Empfänger dem in ihr enthaltenen Steuerausweis widerspricht. Wird allerdings auf einer kaufmännischen Gutschrift der Begriff „Gutschrift" verwendet, muss aus dem Inhalt des Dokumentes zweifelsfrei erkennbar sein, dass es sich um eine Berichtigung einer vorangegangenen Rechnung handelt. In diesem Falle ist die Bezeichnung „Gutschrift" umsatzsteuerrechtlich unbedenklich.

Besonderheiten bei Rechnungen

§ 14 UStG deckt nicht alle Fälle ab, die bei einer Rechnung zu beachten sind. Für Kleinbetragsrechnungen und Fahrausweise gelten z. B. besondere Vorschriften, die in der Umsatzsteuer-Durchführungsverordnung (UStDV) aufgeführt sind. Im Folgenden wird auf die §§ 31 bis 34 UStDV näher eingegangen.

S.1400

Kleinbetragsrechnung

Kleinbetragsrechnungen sind Rechnungen, deren Bruttorechnungsbetrag 250,00 € nicht übersteigt. Bei dieser Art von Rechnungen gibt es einige Erleichterungen, d. h. eine Kleinbetragsrechnung muss nicht alle Angaben wie eine übliche Rechnung enthalten, sondern lediglich diese:

§ 33 UStDV

- den vollständigen Namen und die vollständige Anschrift des leistenden Unternehmers
- das Ausstellungsdatum
- Menge und Art der gelieferten Gegenstände bzw. Umfang und Art der sonstigen Leistung

verpflichtende Bestandteile einer Kleinbetragsrechnung

- das Entgelt und den darauf entfallenden Steuerbetrag für die Lieferung oder sonstige Leistung in einer Summe sowie den anzuwendenden Steuersatz oder im Fall einer Steuerbefreiung einen Hinweis darauf, dass für die Lieferung oder sonstige Leistung eine Steuerbefreiung gilt

> Baumarkt Hammer, Schlossergasse 111, 56070 Koblenz   10.01.2017
>
> 1 Hammer Marke Schlaggut   39,00 €
> 1 Akkuschrauber Marke Bruch   110,00 €
> Gesamt   149,00 €
>
> In den oben genannten Beträgen ist die USt mit 19 % enthalten.

Abb.: Pflichtangaben in einer Kleinbetragsechnung (Beispiel)

Fahrausweise als Rechnung

verpflichtende Bestandteile eines Fahrausweises § 34 UStDV

Fahrausweise, die für die Beförderung von Personen ausgegeben werden, müssen folgende Angaben enthalten:

- den vollständigen Namen und die vollständige Anschrift des Unternehmers, der die Beförderungsleistung ausführt
- das Entgelt und den darauf entfallenden Steuerbetrag in einer Summe
- den Steuersatz, wenn die Beförderungsleistung nicht dem ermäßigten Steuersatz unterliegt und
- das Ausstellungsdatum

ermäßigter Steuersatz für Fahrausweise

Der ermäßigte Steuersatz gilt für die Beförderung von Personen im Schienenbahnverkehr (Ausnahme: Bergbahnen), im Verkehr mit Oberleitungsomnibussen, im genehmigten Linienverkehr, im Kraftdroschkenverkehr und im genehmigten Linienverkehr mit Schiffen sowie für die Beförderungen im Fährverkehr innerhalb einer Gemeinde oder bei Beförderungsstrecken unter 50 Kilometern.

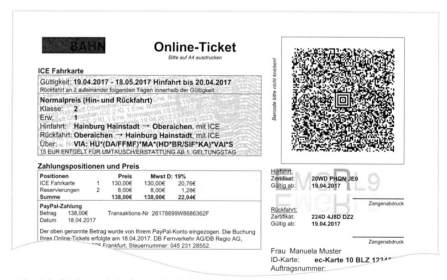

Abb.: Bahnfahrkarte als Rechnung (Beispiel)

Erleichterungen in der Rechnungsstellung

§ 31 UStDV

Gemäß Anforderungen des UStG genügt es, wenn sich aufgrund der in der Rechnung aufgenommenen Bezeichnung der Name und die Anschrift des leistenden Unternehmers sowie des Leistungsempfängers eindeutig feststellen lassen. In Bezug auf die Menge und die handelsübliche Bezeichnung des Gegenstandes der Lieferung können Abkürzungen, Buchstaben, Zahlen oder Symbole verwendet werden, wenn ihre Bedeutung in der Rechnung oder in anderen Unterlagen eindeutig festgelegt ist. Die erforderlichen anderen Unterlagen müssen sowohl beim Aussteller als auch beim Empfänger der Rechnung vorhanden sein. Als Zeitpunkt der Lieferung oder sonstigen Leistung kann der Kalendermonat angegeben werden, in dem die Leistung ausgeführt wird.

Aufbewahrung von Rechnungen

Jeder Unternehmer ist verpflichtet, eine Kopie der Rechnung, die er selbst oder in seinem Namen ein Dritter ausgestellt hat, sowie alle Rechnungen, die er erhalten hat, zehn Jahre lang aufzubewahren. Des Weiteren regelt § 14b UStG, dass die Rechnungen für den gesamten Zeitraum lesbar sein müssen. Dies spricht u. a. die Aufbewahrung von Thermobelegen an. Der Unternehmer sollte jeden Thermobeleg fotokopieren und die Fotokopie mit dem Original zusammen aufbewahren.

§ 14b UStG

Besondere Aufmerksamkeit bedarf die Aufbewahrung elektronischer Rechnungen:

Aufbewahrung elektronischer Rechnungen

- Es ist nicht ausreichend, wenn elektronische Rechnungen und Belege ausgedruckt und in Papierform aufbewahrt werden.
- Elektronische Rechnungen sind zwingend in dem Format zu archivieren, in dem sie eingegangen sind; dies bezieht die Mail mit Rechnungsanhang ein.
- Die Archivierung hat auf einem Datenträger zu erfolgen, der eine Änderung nicht mehr zulässt.
- Die Aufbewahrungsfrist beginnt mit dem Schluss des Kalenderjahres, in dem die Rechnung ausgestellt worden ist.

Führt der Unternehmer eine steuerpflichtige Werklieferung oder sonstige Leistung im Zusammenhang mit einem Grundstück aus, muss er den Rechnungsempfänger, sofern dies eine Privatperson ist, darauf hinweisen, dass dieser die Rechnung zwei Jahre aufzubewahren hat. Ist der Rechnungsempfänger selbst ein Unternehmer und erhält die Leistung für sein Unternehmen, ist ein entsprechender Hinweis nicht erforderlich, da er die Rechnung zehn Jahre lang aufbewahren muss.

Rechnung bei Grundstücken

Fehlerhafte Rechnungen

Wenn eine Rechnung nicht den Vorschriften des Umsatzsteuergesetzes entspricht, hat dies nicht nur Auswirkungen auf den Vorsteuerabzug, sondern auch auf die geschuldete Umsatzsteuer.

Zu hoch ausgewiesene Umsatzsteuer

Hat der Unternehmer in einer Rechnung für eine Lieferung oder sonstige Leistung einen höheren Steuerbetrag ausgewiesen als er nach dem Gesetz für den Umsatz schuldet, dann schuldet er auch den Mehrbetrag. Ein zu hoher Steuerausweis liegt auch vor, wenn in Kleinbetragsrechnungen oder in Fahrausweisen ein zu hoher Steuersatz oder fälschlich eine Tarifentfernung von mehr als 50 Kilometern angegeben ist. Diese Regelung ist auch auf Gutschriften anzuwenden, soweit der Gutschriftempfänger einem zu hohen Steuerbetrag nicht widerspricht.

Es ist möglich, eine Rechnung mit überhöhtem Steuerausweis zu korrigieren, sofern der Unternehmer die Berichtigung des Steuerbetrages gegenüber dem Rechnungsempfänger schriftlich erklärt.

schriftliche Erklärung

Beispiele
zu hoch ausgewiesene
USt-Beträge

- **Rechen- oder Schreibfehler**
  Ein Unternehmer berechnet für eine Lieferung einen Bruttobetrag von 1.000,00 € und gibt an: Nettobetrag 810,00 €, enthaltene USt: 190,00 €.

- **Falscher, höherer Steuersatz**
  Ein Unternehmer gibt in einer Kleinbetragsrechnung für den Verkauf einer Fachzeitschrift den Steuersatz nicht mit 7 % sondern mit 19 % an.

- **Mehrere Rechnungen für dieselbe Leistung**
  Der Malermeister stellt eine Rechnung für das Streichen der Heizkörper und eine weitere über das Tapezieren der Wohnung aus; die zweite Rechnung beinhaltet nochmals den Betrag für das Streichen der Heizkörper.

- **Vereinnahmte Abschlagsrechnungen werden nicht von einer Endrechnung abgesetzt**
  Wegen eines Wasserrohrbruchs werden alle Rohre im Haus ausgetauscht. Bei Vertragsabschluss wird vereinbart, dass zwecks Materialbeschaffung eine Abschlagszahlung geleistet werden soll. Der Installateur erstellt die Abschlagsrechnung in Höhe von 5.000,00 € zzgl. 19 % USt i. H. v. 950,00 €. Die Endrechnung erstellt er i. H. v. 12.000,00 € zzgl. 19 % USt i. H. v. 2.280,00 €, ohne den Betrag der bezahlten Abschlagsrechnung abzuziehen.

Unberechtigt ausgewiesene Umsatzsteuer

Wer in einer Rechnung einen Steuerbetrag ausweist, obwohl er zum gesonderten Ausweis der Steuer nicht berechtigt ist, schuldet den ausgewiesenen Betrag.

Berichtigung bei sachlicher Härte

Im Gegensatz zum erhöhten Steuerausweis kann eine Rechnung mit unberechtigtem Steuerausweis grundsätzlich nur in Ausnahmefällen berichtigt werden (sachliche Härte). Eine sachliche Härte ist z. B. anzunehmen, wenn der Rechnungssteller glaubhaft machen kann, dass er irrtümlich ...

- einen falschen Leistungsempfänger angegeben hat (z. B. erteilt ein Lieferant die Rechnung auf Namen des Ehemannes, der im Unternehmen seiner Frau mitarbeitet, obwohl das Unternehmen der Käufer war) oder

- eine unrichtige Leistungsbezeichnung angegeben hat (z. B. wird eine Büromaschine aufgeführt, obwohl tatsächlich ein Fernsehgerät geliefert worden ist).

Beispiele
unberechtigt
ausgewiesene USt-Beträge

- Der Kleinunternehmer weist Umsatzsteuer in seiner Rechnung aus.
- Der Unternehmer erteilt eine Rechnung mit gesondertem Steuerausweis für eine Lieferung, die er nicht im Rahmen seines Unternehmens ausgeführt hat (Verkauf eines privaten Gegenstandes).
- Eine Privatperson weist in einer Quittung über den verkauften Pkw die Umsatzsteuer aus.

3.5.2 Der Besteuerungszeitraum

§ 16 Abs. 1, Abs. 2 und Abs. 3 UStG

Der Besteuerungszeitraum für die Umsatzsteuer ist das Kalenderjahr. Hat der Unternehmer seine gewerbliche oder berufliche Tätigkeit lediglich in einem Teil des Kalenderjahres ausgeübt, so ist dieser maßgebend.

Selbstveranlagungsprinzip

Für die Umsatzsteuer gilt das Selbstveranlagungsprinzip. Dies bedeutet, dass der Unternehmer durch Abgabe von Umsatzsteuervoranmeldungen seine Umsätze, die geschuldete Umsatzsteuer und die abzugsfähige Vorsteuer dem Finanzamt meldet und die resultierende Zahllast entsprechend bezahlt. Nach Ablauf des Kalenderjahres hat der Unternehmer eine Umsatzsteuererklärung zu erstellen, mit der er dem Finanzamt dann die Werte für das abgelaufene Kalenderjahr mitteilt.

Zu welchem Zeitpunkt die Umsatzsteuerschuld gegenüber dem Gesetzgeber entsteht und ob ein Umsatz samt Umsatzsteuer in einen bestimmten Besteuerungszeitraum fällt (z. B. den aktuellen), ist abhängig von der Besteuerungsart. Das Umsatzsteuergesetz unterscheidet hier zwischen

- Soll-Besteuerung (= Besteuerung nach **vereinbarten** Entgelten) und
- Ist-Besteuerung (= Besteuerung nach **vereinnahmten** Entgelten).

Soll-Besteuerung

Bei der Soll-Besteuerung, die als Regelbesteuerungsart angewandt wird, entsteht die Umsatzsteuerschuld mit Ausführung der Leistung. Dies ist bei Lieferungen der Zeitpunkt, zu dem die Verfügungsmacht übertragen wird[1]. Bei sonstigen Leistungen entsteht die Steuerschuld, wenn die sonstige Leistung vollständig ausgeführt wurde.

§ 13 Abs. 1 Nr. 1a UStG
Besteuerung zum Leistungszeitpunkt

> **Beispiel**
> Soll-Besteuerung
>
> Der Fahrradhändler Bergmann versteuert seine Umsätze nach vereinbarten Entgelten. Im Januar verkauft er ein Fahrrad an Luise Scheideck für 595,00 €. Frau Scheideck bezahlt diese Rechnung erst im März.
>
> Fahrradhändler Bergmann schuldet aus diesem Verkauf die Umsatzsteuer in Höhe von 95,00 € zum Zeitpunkt des Verkaufes im Januar, unabhängig davon, wann die Zahlung geleistet wird.

Für Teilleistungen gelten dieselben Bestimmungen zur Entstehung der Steuerschuld wie bei Leistungen, die sofort vollständig ausgeführt werden. Eine Teilleistung liegt vor, wenn die Leistung von vornherein aufgegliedert und das Entgelt für jede Teilleistung gesondert vereinbart wird.

Steuerschuld bei Teilleistungen

> **Beispiel**
> Soll-Besteuerung bei Teilleistungen
>
> Die Eheleute Schwarz haben die Räume im Erdgeschoss ihres Mehrfamilienhauses an den Apotheker Pille vermietet. Die Vermietung stellt im Sinne des Umsatzsteuergesetzes eine sonstige Leistung dar. Im Mietvertrag werden monatliche Mietzahlungen vereinbart. Die monatliche Mietzahlung stellt eine Teilzahlung dar.

Werden auf Leistungen Entgelte vereinnahmt, bevor sie vollständig ausgeführt sind, entsteht die Steuerschuld, wenn die Abschlags- oder Teilzahlungen vereinnahmt werden. Dies ist ein Sonderfall der Sollbesteuerung – die Mindest-Ist-Besteuerung.

Mindest-Ist-Besteuerung

> **Beispiel**
> Mindest-Ist-Besteuerung
>
> Die Lederwarenfabrik Kroko GmbH erhält einen Auftrag zur Herstellung von 100 exklusiven Ledertaschen. Da es sich um einen Neukunden handelt, erstellt die Firma Kroko GmbH bei Auftragserteilung im Januar eine Abschlagsrechnung in Höhe von 10.000,00 € zzgl. 19 % USt (1.900,00 €) = 11.900,00 €. Diese Abschlagsrechnung wird vom Neukunden im Februar bezahlt.
>
> Die Umsatzsteuerschuld in Höhe von 1.900,00 € entsteht bei der Kroko GmbH mit Eingang der Zahlung im Februar.

---

1   zur Verschaffung der Verfügungsmacht siehe Kapitel "Lieferungen eines Unternehmers" auf Seite 56

Ist-Besteuerung

§ 13 Abs. 1 Nr. 1b UStG
i. V. m. § 20 UStG

Der Unternehmer, dessen Gesamtumsatz im Vorjahr nicht mehr als 500.000,00 € betragen hat oder der Freiberufler ist, kann seine Umsätze auf Antrag der Ist-Besteuerung unterwerfen. Dabei entsteht die Umsatzsteuerschuld zu dem Zeitpunkt, in dem das Entgelt vereinnahmt wird. Der Zeitpunkt, an dem die Leistung ausgeführt bzw. die Rechnung gestellt wurde, spielt hier keine Rolle.

Beispiel
Ist-Besteuerung

> Der Fahrradhändler Bergmann versteuert seine Umsätze nach vereinnahmten Entgelten. Im Januar verkauft er ein Fahrrad an Luise Scheideck für 595,00 €. Frau Scheideck bezahlt diese Rechnung erst im März.
>
> Der Händler Bergmann schuldet die Umsatzsteuer mit Geldeingang im März.

Hinweis: Die Unterscheidung zwischen Soll- und Ist-Besteuerung bezieht sich lediglich auf die geschuldete Umsatzsteuer. Bei der Vorsteuer gibt es diese Unterscheidung nicht.

3.5.3 Besteuerungsverfahren innerhalb und am Ende des Kalenderjahres

§ 18 Abs. 1-2a, und
Abs. 3-4 UStG

Wie bereits im vorherigen Kapitel erwähnt, ist der Unternehmer verpflichtet, seine Umsätze, die geschuldete Umsatzsteuer und die abzugsfähige Vorsteuer dem Finanzamt mitzuteilen. Dies geschieht über entsprechende Steuerformulare, die im elektronischen Verfahren (= ELSTER-Verfahren[1]) an das Finanzamt zu übermitteln sind. Die sich aus den Voranmeldungen oder der Jahreserklärung ergebende Umsatzsteuer-Zahllast (siehe Kapitel 3.3.1) ist an das Finanzamt zu zahlen. Sind die Vorsteuern im Berechnungszeitraum höher als die eigene Umsatzsteuerschuld, wird der überschüssige Betrag vom Finanzamt erstattet oder mit fälligen Steuern verrechnet.

Nach Übertragung der Umsatzsteuervoranmeldung oder der Umsatzsteuererklärung erhält der Unternehmer ein Übertragungsprotokoll. Dieses ist nach § 170 AO für zehn Jahre aufzubewahren.

Umsatzsteuervoranmeldung

Mit der Umsatzsteuervoranmeldung (UStVA) meldet der Unternehmer sämtliche Umsätze aus Lieferungen und sonstigen Leistungen voraus (sowohl steuerpflichtige als auch -freie), die geschuldete Umsatzsteuer sowie die Vorsteuern. Der Meldezeitraum wird zu Beginn des Jahres auf monatlich oder vierteljährlich festgelegt (siehe Seite 96). Sollten in einem Meldezeitraum weder Umsätze noch Vorsteuer angefallen sein, hat der Unternehmer eine „Nullmeldung" zu übermitteln.

---

1 ELSTER steht für **El**ektronische **Steuererklärung**

Basis: Betriebliche Abwicklung der Umsatzsteuer

Sabine Blume, Inhaberin eines Fachgeschäftes für Bürobedarf und Bücher, hat im Januar Umsätze erzielt, die in der UStVA wie folgt in die Zeilen und Kennziffern (KZ) einzutragen sind:

Beispiel
USt-Voranmeldung

Umsatz	Netto	Zeile / KZ	USt	Zeile / KZ
Verkäufe Inland 19 %	10.000,00 €	26 / 81	1.900,00 €	26 / -
Verkäufe Inland 7 %	2.000,00 €	27 / 86	140,00 €	27 / -
Verkäufe Drittland	1.200,00 €	23 / 43	0,00 €	- / -
Verkäufe EU an Unternehmer	1.500,00 €	20 / 41	0,00 €	- / -
Verkäufe EU an Privatpersonen	1.000,00 €	26 / 81	190,00 €	26 / 0
Innergem. Erwerbe 19 %	3.000,00 €	33 / 89	570,00 €	33 / -
Innergem. Erwerbe 7 %	300,00 €	34 / 93	21,00 €	34 / -
Leistungen eines in der EU ansässigen Unternehmens (z. B. Werbeanzeigen)	500,00 €	48 / 46	95,00 €	48 / 47
Abziehbare Vorsteuern			1.860,00 €	56 / 66
VSt aus innergem. Erwerben 19 %			570,00 €	57 / 61
VSt aus innergem. Erwerben 7 %			21,00 €	57 / 61
VSt aus Leistungen eines in der EU ansässigen Unternehmens (z. B. Werbeanzeigen)			95,00 €	59 / 67
Zahllast			370,00 €	63, 66 + 68 / 83

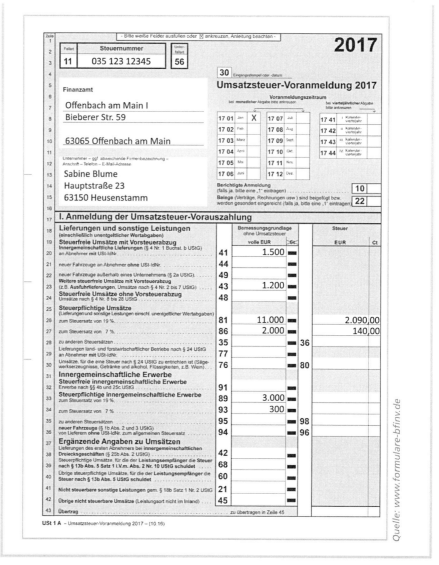

Voranmeldungszeitraum

Die UStVA ist binnen zehn Tagen nach Ablauf des Voranmeldungszeitraums elektronisch an das Finanzamt zu übermitteln. Wird die Voranmeldung verspätet übermittelt, setzt das Finanzamt Verspätungszuschläge fest. Wird die in der Voranmeldung ausgewiesene Zahllast nicht bis zum Ablauf des Fälligkeitstages bezahlt, werden dem Unternehmer Säumniszuschläge berechnet.

Die Abgabe der Umsatzsteuervoranmeldung an das Finanzamt richtet sich gemäß § 18 UStG nach der Vorjahreszahllast. Wurde das Unternehmen neu gegründet, ist die UStVA in den ersten beiden Kalenderjahren monatlich abzugeben. Folgende Tabelle stellt die geltenden Voranmeldungszeiträume für bestimmte Beträge der Vorjahreszahllast dar:

Vorjahreszahllast	Voranmeldungszeitraum
unter 1.000,00 €	Befreiung von der Abgabeverpflichtung auf Antrag oder von Amts wegen
1.000,00 € bis 7.500,00 €	Kalendervierteljahr
über 7.500,00 €	Kalendermonat
Überschuss im Vorjahr über 7.500,00 € (= Vorsteuerüberhang)	Kalendervierteljahr oder auf Antrag Kalendermonat
Neugründungen	Kalendermonat (im Jahr der Neugründung und im Folgejahr)

Dauerfristverlängerung

Wie eben erwähnt, ist die Umsatzsteuervoranmeldung binnen zehn Tagen nach Ablauf des Voranmeldezeitraums an das Finanzamt zu übermitteln. Diese Frist stellt für viele Unternehmen ein zeitliches Problem dar, weil mit Abgabe der UStVA die Buchführung für den Meldezeitraum komplett abgeschlossen sein muss.

§§ 46 bis 48 UStDV

Das Finanzamt hat dem Unternehmer die Fristen für die Abgabe der Voranmeldungen und für die Entrichtung der Vorauszahlungen um einen Monat zu verlängern, wenn der Unternehmer einen entsprechenden Antrag stellt und eine Sondervorauszahlung leistet. Das Finanzamt kann den Antrag auf Dauerfristverlängerung nach § 46 Satz 2 UStDV ablehnen, sobald eine Gefährdung des Steueraufkommens erkennbar ist (siehe Seite 98, Abschnitt "Ablehnung der Fristverlängerung").

Der Antrag auf Dauerfristverlängerung erfolgt elektronisch im ELSTER-Verfahren, vergleichbar mit der UStVA. Die Fristverlängerung ist bis zu dem Zeitpunkt zu beantragen, zu dem die Voranmeldung abzugeben ist, für welche die Fristverlängerung erstmals gelten soll.

> Ein Unternehmer gibt seine Voranmeldungen monatlich ab. Die UStVA für Januar wäre also zum 10. Februar zu übermitteln. Möchte der Unternehmer eine Fristverlängerung bekommen, muss er bis zum 10. Februar den Antrag auf Dauerfristverlängerung stellen; danach ist die Voranmeldung für den Januar erst zum 10. März zu übertragen und zu bezahlen, für den Februar erst zum 10. April, usw.

Beispiel 1
Dauerfristverlängerung
UStVA monatlich

> Ein Unternehmer gibt seine Voranmeldungen vierteljährlich ab. Die UStVA für das erste Quartal wäre zum 10. April abzugeben. Möchte der Unternehmer eine Fristverlängerung bekommen, muss er bis zum 10. April den Antrag auf Dauerfristverlängerung stellen; danach ist die UStVA für das erste Quartal erst zum 10. Mai zu übertragen, für das zweite Quartal erst zum 10. August, usw.

Beispiel 2
Dauerfristverlängerung
UStVA vierteljährlich

Mit dem Antrag auf Dauerfristverlängerung hat der Unternehmer, der seine UStVA monatlich abgibt, eine Sondervorauszahlung in Höhe von 1/11 der Vorjahreszahllast zu entrichten. Diese Sondervorauszahlung wird mit der Voranmeldung für den Monat Dezember verrechnet und jedes Jahr neu ermittelt.

Sondervorauszahlung

Bei Unternehmern, die ihre Voranmeldungen vierteljährlich abgeben, verzichtet der Gesetzgeber auf die Erhebung einer Sondervorauszahlung.

> Sabine Blume hat in 2016 unter Berücksichtigung einer Dauerfristverlängerung folgende Umsatzsteuervoranmeldungen abgegeben:
>
> | | |
> |---|---|
> | 1. Quartal 2016 | 3.220,00 € |
> | 2. Quartal 2016 | 4.190,00 € |
> | 3. Quartal 2016 | - 1.100,00 € |
> | 4. Quartal 2016 | 2.900,00 € |
> | = Summe | 9.210,00 € |
>
> Da die abgeführte Zahllast in 2016 mehr als 7.500,00 € betragen hat, muss Sabine Blume in 2017 ihre Voranmeldungen monatlich abgeben und für die Dauerfristverlängerung eine Sondervorauszahlung leisten. Die beträgt 1/11 von 9.210,00 € = 837,00 €.

Beispiel
Sondervorauszahlung
UStVA

Hat ein Unternehmer seine gewerbliche oder berufliche Tätigkeit nur in einem Teil des Kalenderjahres ausgeübt, z. B. bei Neugründung eines Unternehmens, so ist die Sondervorauszahlung zu schätzen. Basis ist die zu erwartende Umsatzsteuerzahllast für die steuerlich relevanten Monate des laufenden Jahres, hochgerechnet auf zwölf Monate eines vollen Kalenderjahres.

Beispiel
Sondervorauszahlung
UStVA - Schätzung

> Der Handelsvertreter Dieter Seidel hat im Mai ein Gewerbe angemeldet. Aufgrund der Unternehmensneugründung hat er seine UStVA monatlich abzugeben. Er rechnet mit einer durchschnittlichen monatlichen Zahllast von 750,00 €.
>
> Die Sondervorauszahlung ist wie folgt zu berechnen:
>
> monatliche Zahllast 750,00 € x 12 Monate =   9.000,00 €
> davon 1/11 =   818,18 €

Ablehnung der Fristverlängerung

Das Finanzamt kann den Antrag auf Dauerfristverlängerung ablehnen oder eine bereits gewährte Fristverlängerung widerrufen, wenn der Steueranspruch gefährdet erscheint. Dies ist z. B. der Fall, wenn ein Unternehmer seine Voranmeldungen nicht fristgerecht einreicht oder die Umsatzsteuer nicht fristgerecht bezahlt.

Zusammenfassende Meldung

§ 18a UStG

Ein Unternehmer im Sinne des § 2 UStG, der „innergemeinschaftliche Warenlieferungen oder Lieferungen im Sinne des § 25b Absatz 2 ausführt", muss eine Zusammenfassende Meldung (ZM) auf elektronischem Weg an das Bundeszentralamt für Steuern übermitteln (§ 18a Abs. 1 UStG). Darin erklärt er, welchen Unternehmen er seine Leistung zu welchem Entgelt verkauft hat. Dabei sind seine Umsatzsteuer-Identifikationsnummer anzugeben sowie eine Auflistung aller Leistungsempfänger inkl. ihrer USt-IdNr. und der Umsätze, die jeweils an sie ausgeführt wurden. Zu den anzugebenden Leistungen gehören:

- innergemeinschaftliche Warenlieferungen (§ 6a Abs. 1 und 2 UStG)
- innergemeinschaftliche Dreiecksgeschäfte (§ 25b Abs. 2 UStG)
- im übrigen Gemeinschaftsgebiet steuerpflichtige sonstige Leistungen, für die der in einem anderen Mitgliedstaat ansässige Leistungsempfänger die Steuer dort schuldet (§ 3a Abs. 2 UStG)

Abb.: Zusammenfassende Meldung

Die Zusammenfassende Meldung ist jeweils bis zum 25. Tag nach Ablauf des Meldezeitraums zu übertragen. Der Meldezeitraum ist der Kalendermonat oder das Quartal. Die Abgabe einer vierteljährlichen Meldung ist nur möglich, wenn weder für das laufende Kalendervierteljahr noch für eines der vier vorangegangenen Kalendervierteljahre der innergemeinschaftliche Umsatz nicht mehr als 50.000,00 € beträgt. Übersteigt die Summe der Bemessungsgrundlage für innergemeinschaftliche Leistungen im Laufe des Kalendervierteljahres diesen Betrag, hat der Unternehmer bis zum 25. des Folgemonats für diesen und die in diesem Kalendervierteljahr bereits abgelaufenen Monate jeweils eine Zusammenfassende Meldung zu übermitteln. Ist der Unternehmer von der Abgabe monatlicher Umsatzsteuervoranmeldungen befreit, kann er die Zusammenfassende Meldung jährlich übermitteln.

Abgabefrist für die Zusammenfassende Meldung

Beispiel
Zusammenfassende
Meldung

> Ein Unternehmer, der bisher seine Zusammenfassenden Meldungen vierteljährlich abgegeben hat, stellt seine Umsätze für das erste Quartal zusammen:
>
> | | |
> |---|---:|
> | für Januar | 10.000,00 € |
> | für Februar | 7.000,00 € |
> | für März | 12.500,00 € |
> | **= Summe** | **29.500,00 €** |
>
> Er übermittelt bis zum 25. April eine vierteljährliche ZM an das Bundeszentralamt für Steuern.
>
> Die Umsätze im zweiten Quartal entwickeln sich wie folgt:
>
> | | |
> |---|---:|
> | für April | 28.000,00 € |
> | für Mai | 27.000,00 € |
> | für Juni | 19.800,00 € |
>
> Im Mai wird bereits die Grenze von 50.000,00 € überschritten, deshalb hat der Unternehmer zum 25. Juni die Zusammenfassende Meldung für den Monat April und den Monat Mai zu übermitteln. Anschließend ist er zur monatlichen Abgabe der ZM verpflichtet.

Fehlerhafte ZM

Das Bundeszentralamt für Steuern überprüft die in den übermittelten ZM angegebenen Umsätze und USt-IDNr. Liegen Abweichungen gegenüber den eingereichten UStVA vor oder sind Umsatzsteuer-Identifikationsnummern nicht registriert, wird der Unternehmer angeschrieben und um Klärung gebeten. Liegt – aus welchem Grund auch immer – keine aktuelle Umsatzsteuer-Identifikationsnummer vor, kann der ausgeführte Umsatz im Inland nicht als steuerfrei behandelt werden.

Umsatzsteuererklärung

§ 18 Abs. 3 UStG

Gemäß § 18 Abs. 3 UStG haben im Inland ansässige Unternehmer ihre Umsatzsteuererklärung nach Ablauf des Kalenderjahres auf dem amtlich vorgeschriebenen Vordruck an das Betriebsfinanzamt zu übermitteln – der Unternehmer wird aufgrund der selbst zu berechnenden Umsatzsteuer veranlagt. Erfolgt die Übermittlung nicht authentifiziert, ist das Übertragungsprotokoll zu unterschreiben und dem Finanzamt in Papierform nachzureichen. Auch Nicht-Unternehmer sind bei unberechtigt ausgewiesener Steuer erklärungspflichtig.

Bei der Umsatzsteuer gibt es die Besonderheit, dass jeder Steuerpflichtige nur eine Umsatzsteuererklärung erstellt, unabhängig davon, wie viele Betriebe er führt.

Beispiel
USt-Erklärung
bei mehreren Betrieben

> Hans Böhm ist Besitzer eines Mehrfamilienhauses in Frankfurt, das er vermietet, und erfolgreicher Unternehmer. Er besitzt ein internationales Restaurant in Frankfurt, eine kleine Pension in Freiburg und betreibt eine Pizzeria in Mainz.
>
> Da er in Frankfurt wohnt, führt er seine Geschäfte überwiegend von dort aus, ist aber regelmäßig ein- bis zweimal pro Woche in Mainz und einmal im Monat in Freiburg, um nach dem Rechten zu sehen.
>
> Für die Umsatzsteuer aus allen Bereichen ist das Finanzamt Frankfurt zuständig, da Hans Böhm von dort seine Geschäfte führt. Er kumuliert die Umsatzsteuer aus allen Unternehmungen und übermittelt die Umsatzsteuervoranmeldung sowie die Jahreserklärung an das Finanzamt Frankfurt.

Die Umsatzsteuererklärung für das laufende Jahr wird jährlich bis zum 31.5. des Folgejahres beim Finanzamt eingereicht - eine Verlängerung der Frist kann unter Angabe von Gründen beantragt werden. Steuerberatern wird regelmäßig eine Fristverlängerung bis 31.12. des Folgejahres gewährt.

Abgabefristen und Abgabeform

Berechnet der Unternehmer in der Erklärung die zu entrichtende Steuer abweichend von der Summe der Vorauszahlungen (Vorauszahlungssoll), so ist ein Unterschiedsbetrag zu Gunsten des Finanzamts (Abschlusszahlung) einen Monat nach Eingang der Steueranmeldung fällig (§ 18 Abs. 4 Satz 1 UStG). Fällt der Unterschiedsbetrag zu Gunsten des Unternehmers aus, wird dieser vom Finanzamt erstattet. Setzt das Finanzamt die zu entrichtende Steuer oder den Überschuss abweichend von der Steueranmeldung fest, erhält der Unternehmer eine entsprechende Mitteilung. Führt die Mitteilung über die Abweichung zu einer Nachzahlung, ist diese innerhalb von einem Monat nach Bekanntgabe des Steuerbescheids fällig. Die Fälligkeit rückständiger Vorauszahlungen wird durch die Abgabe der Umsatzsteuererklärung nicht aufgehoben.

Das Bundesministerium für Finanzen stellt zur Anmeldung der Umsatzsteuer folgende Vordrucke bereit:

Vordrucke

- **Umsatzsteuererklärung** (Vordruck USt 2 A)
  Der Vordruck umfasst allgemeine Angaben zum Unternehmen, zu den Bemessungsgrundlagen der steuerpflichtigen Leistungen und unentgeltlichen Wertabgaben inkl. der geschuldeten Umsatzsteuer, zu abziehbaren Vorsteuern sowie eventuell durchzuführenden Vorsteuerberichtigungen. Anhand der Umsatzsteuern, Vorsteuern und der bereits über die UStVA entrichteten Beiträge wird eine Abschlusszahlung oder ein Erstattungsanspruch ermittelt. Kleinunternehmer müssen die Umsatzsteuererklärung auch ausfüllen (in Zeile 24 und 25 sind die Umsätze des laufenden Jahres und des Vorjahres einzutragen). Zum Ausfüllen der Steuererklärung wird eine Anleitung vom Ministerium bereitgestellt.

- **Anlage UR zur Umsatzsteuererklärung**
  Hier werden u. a. die steuerpflichtigen innergemeinschaftlichen Erwerbe und sonstigen Leistungen aufgenommen, sowie die steuerfreien Leistungen und nicht steuerbaren Leistungen.

- **Anlage UN**
  Diese ist von Unternehmern abzugeben, die im Ausland ansässig sind (außerhalb des Geltungsbereichs des deutschen UStG), wenn sie bestimmte Beförderungs- und Versendungsumsätze aus dem übrigen Gemeinschaftsgebiet an Endverbraucher ausführen.

Hinweis: Bevor die Umsatzsteuererklärung übermittelt wird, ist der Unternehmer verpflichtet, im Rahmen seiner Buchführung eine Umsatzsteuerverprobung durchzuführen. Hierbei kontrolliert er die gebuchten Umsätze sowie die darauf gebuchte Umsatzsteuer. Liegen Differenzen vor, sind diese zu suchen und zu korrigieren.

Beispiel
USt-Erklärung

Sabine Blume hat die Umsatzsteuererklärung für das Jahr 2016 zu erstellen. Folgende Werte sind entsprechend einzutragen (auf den folgenden Seiten werden die ausgefüllten Formulare abgebildet):

Umsatz	Erklärung	Netto	Zeile / KZ	USt	Zeile / KZ
Verkäufe Inland 19 %	USt 2 A	100.000,00 €	38 / 177	19.000,00 €	38 + 92 / -
Verkäufe Inland 7 %	USt 2 A	20.000,00 €	41 / 275	1.400,00 €	41 + 92 / -
Verkäufe Drittland	Anlage UR	13.000,00 €	37	0,00 €	- / -
Verkäufe EU an Unternehmer	Anlage UR	11.500,00 €	33 / 741	0,00 €	- / -
Verkäufe EU an Privatpersonen	USt 2 A	11.000,00 €	38 / 177	2.090,00 €	38 + 92 / -
Innergem. Erwerbe 19 %	Anlage UR USt 2 A	30.000,00 €	9 / 781	5.700,00 €	9 / - 93 / -
Innergem. Erwerbe 7 %	Anlage UR USt 2 A	3.000,00 €	10 / 793	210,00 €	10 / - 93 / -
Leistungen eines in der EU ansässigen Unternehmens (z. B. Werbeanzeigen)	Anlage UR USt 2 A	5.000,00 €	22 / 846	950,00 €	22 / 847 95 / -
Mieteinnahmen aus der Vermietung eines Mehrfamilienhauses	Anlage UR	24.000,00 €	43 / 286	0,00 €	- / -
Warenentnahme für private Zwecke 19 %	USt 2 A	600,00 €	39 / 178	114,00 €	39 + 92 / -
Privater Anteil Pkw 19 %	USt 2 A	3.600,00 €	40 / 179	684,00 €	40 + 92 / -
Abziehbare Vorsteuern	USt 2 A			11.860,00 €	62 / 320 und 99 / -
Einfuhrumsatzsteuer	USt 2 A			990,00 €	64 / 762 + 99 / -
Vorsteuer aus innergem. Erwerben 19 %	USt 2 A			5.700,00 €	63 / 761 + 99 / -
Vorsteuer aus innergem. Erwerben 7 %	USt 2 A			210,00 €	63 / 761 + 99 / -
Vorsteuer aus Leistungen eines in der EU ansässigen Unternehmens (z. B. Werbeanzeigen)	USt 2 A			950,00 €	66 / 467 + 99 / -
Zahllast aus abgegebenen Voranmeldungen	USt 2 A			10.120,00 €	108 / -

3 Basis: Betriebliche Abwicklung der Umsatzsteuer

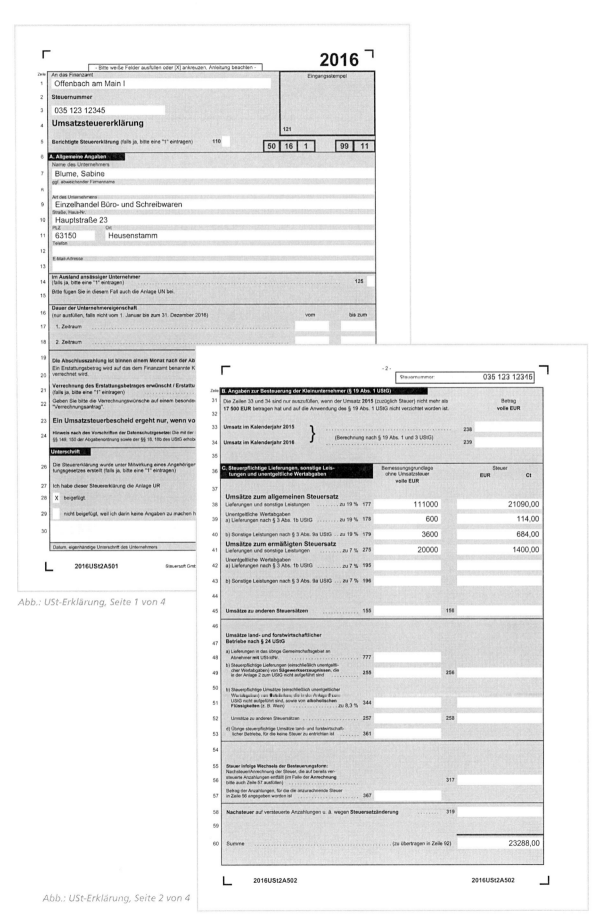

Abb.: USt-Erklärung, Seite 1 von 4

Abb.: USt-Erklärung, Seite 2 von 4

3 Basis: Betriebliche Abwicklung der Umsatzsteuer

Seite 3 von 4:

Steuernummer: 035 123 12345

Zeile	D. Abziehbare Vorsteuerbeträge (ohne die Berichtigung nach § 15a UStG)		Steuer EUR	Ct
61				
62	Vorsteuerbeträge aus Rechnungen von anderen Unternehmern (§ 15 Abs. 1 Satz 1 Nr. 1 UStG)	320	11860,00	
63	Vorsteuerbeträge aus innergemeinschaftlichen Erwerben von Gegenständen (§ 15 Abs. 1 Satz 1 Nr. 3 UStG)	761	5910,00	
64	Entstandene Einfuhrumsatzsteuer (§ 15 Abs. 1 Satz 1 Nr. 2 UStG)	762	990,00	
65	Vorsteuerabzug für die Steuer, die der Abnehmer als Auslagerer nach § 13a Abs. 1 Nr. 6 UStG schuldet (§ 15 Abs. 1 Satz 1 Nr. 5 UStG)	466		
66	Vorsteuerbeträge aus Leistungen im Sinne des § 13b UStG (§ 15 Abs. 1 Satz 1 Nr. 4 UStG)	467	950,00	
67	Vorsteuerbeträge, die nach den allgemeinen Durchschnittssätzen berechnet sind (§ 23 UStG)	333		
68	Vorsteuerbeträge nach dem Durchschnittssatz für bestimmte Körperschaften, Personenvereinigungen und Vermögensmassen (§ 23a UStG)	334		
69	Vorsteuerabzug für innergemeinschaftliche Lieferungen **neuer Fahrzeuge** außerhalb eines Unternehmens (§ 2a UStG) sowie von Kleinunternehmern i. S. d. § 19 Abs. 1 UStG (§ 15 Abs. 4a UStG)	759		
70	Vorsteuerbeträge aus innergemeinschaftlichen Dreiecksgeschäften (§ 25b Abs. 5 UStG)	760		
71	Summe ... (zu übertragen in Zeile 99)		19710,00	

E. Berichtigung des Vorsteuerabzugs (§ 15a UStG)

Abb.: USt-Erklärung, Seite 3 von 4

Seite 4 von 4:

Steuernummer: 035 123 12345

Zeile	F. Berechnung der zu entrichtenden Umsatzsteuer		Steuer EUR	Ct
92	Umsatzsteuer auf steuerpflichtige Lieferungen, sonstige Leistungen und unentgeltliche Wertabgaben (aus Zeile 60)		23288,00	
93	Umsatzsteuer auf innergemeinschaftliche Erwerbe (aus Zeile 13 der Anlage UR)		5910,00	
94	Umsatzsteuer, die vom letzten Abnehmer im innergemeinschaftlichen Dreiecksgeschäft geschuldet wird (§ 25b Abs. 2 UStG) (aus Zeile 20 der Anlage UR)			
95	Umsatzsteuer, die vom Leistungsempfänger nach § 13b UStG geschuldet wird (aus Zeile 27 der Anlage UR)		950,00	
96	Umsatzsteuer, die vom Auslagerer oder Lagerhalter geschuldet wird (§ 13a Abs. 1 Nr. 6 UStG) (aus Zeile 30 der Anlage UR)			
97	Vorsteuerbeträge, die auf Grund des § 15a UStG zurückzuzahlen sind (aus Zeile 89)			
98	Zwischensumme		30148,00	
99	**Abziehbare Vorsteuerbeträge** (aus Zeile 71)		19710,00	
100	Vorsteuerbeträge, die auf Grund des § 15a UStG nachträglich abziehbar sind (aus Zeile 89)			
101	Verbleibender Betrag		10438,00	
102	In Rechnungen unrichtig oder unberechtigt ausgewiesene Steuerbeträge (§ 14c UStG) sowie Steuerbeträge, die nach § 6a Abs. 4 Satz 2 UStG geschuldet werden	318		
103	Steuerbeträge, die nach § 17 Abs. 1 Satz 6 UStG geschuldet werden	331		
104	Steuer-, Vorsteuer- und Kürzungsbeträge, die auf frühere Besteuerungszeiträume entfallen (nur für Kleinunternehmer, die § 19 Abs. 1 UStG anwenden)	391		
105	**Umsatzsteuer-Überschuss** - bitte dem Betrag ein Minuszeichen voranstellen		10438,00	
106	Anrechenbare Beträge (aus Zeile 22 der Anlage UN)			
107	**Verbleibende Umsatzsteuer / Verbleibender Überschuss** - bitte dem Betrag ein Minuszeichen voranstellen (bitte in jedem Fall ausfüllen)	816	10438,00	
108	Vorauszahlungssoll 2016 (einschließlich Sondervorauszahlung)		10120,00	
109	**Noch an die Finanzkasse zu entrichten** - Abschlusszahlung - / Erstattungsanspruch - bitte dem Betrag ein Minuszeichen voranstellen - (bitte in jedem Fall ausfüllen)	820	318,00	

Bearbeitungshinweis

1. Die aufgeführten Daten sind mit Hilfe des geprüften und genehmigten Programms sowie ggf. unter Berücksichtigung der gespeicherten Daten maschinell zu verarbeiten.
2. Die weitere Bearbeitung richtet sich nach den Ergebnissen der maschinellen Verarbeitung.

Kontrollzahl und/oder Datenerfassungsvermerk

Abb.: USt-Erklärung, Seite 4 von 4

Basis: Betriebliche Abwicklung der Umsatzsteuer

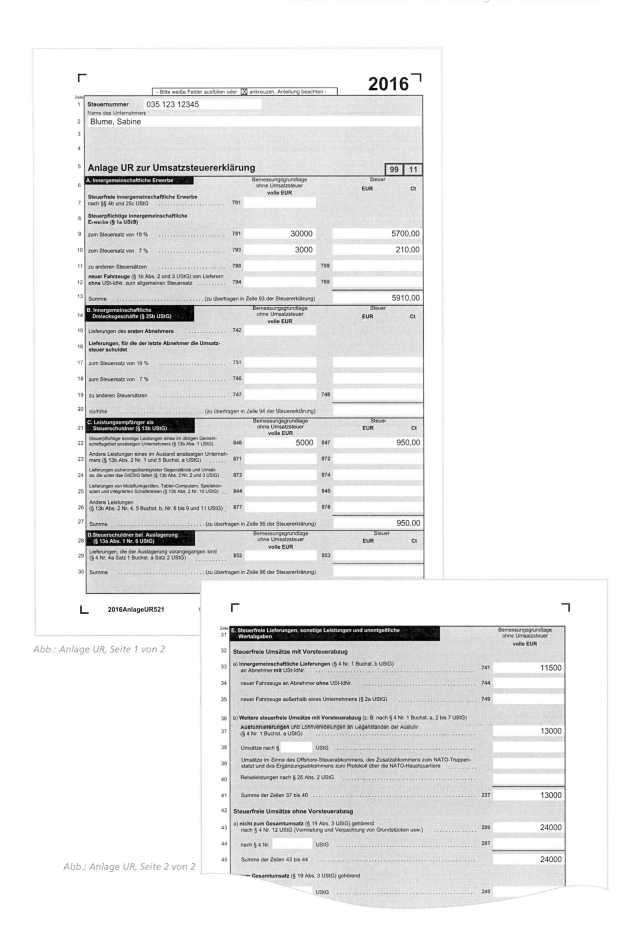

Abb.: Anlage UR, Seite 1 von 2

Abb.: Anlage UR, Seite 2 von 2

Wissenskontrollfragen

Die Lösungen finden Sie online unter www.edumedia.de/verlag/loesungen.

1) Wann liegt eine Unternehmereigenschaft im Sinne des UStG vor?

Gemäß § 2 Abs. 1 UStG ist Unternehmer, wer eine berufliche oder selbstständige Tätigkeit ausübt. Gewerblich oder selbstständig ist jede nachhaltige Tätigkeit zur Erzielung von Einnahmen, auch wenn die Gewinnabsicht nicht gegeben ist.

2) Was sind steuerbare Umsätze im Sinne des UStG?

Steuerbare Umsätze sind gemäß:
§ 1 Abs. 1 Nr. 1 Lieferungen u. sonst. Leistungen, die ein U im Inland gegen Entgelt im Rahmen seines Unternehmens ausführt.
§ 1 Abs. 1 Nr. 4 Einfuhr von Gegenständen aus Drittländern
§ 1 Abs. 1 Nr. 5 Innergemeinschaftlicher Erwerb

3) Definieren Sie kurz den Begriff „Drittland".

Als Drittlandgebiet im Sinne des UStG gilt das Gebiet, welches nicht Gemeinschaftsgebiet ist. (§ 1 Abs. 2a Satz 3)

4) Ergänzen Sie den Text:
Eine umsatzsteuerliche Leistung knüpft nicht an das __Verpflichtungs__ geschäft an, sondern an das __Erfüllungs__ geschäft.

5) Nennen Sie die Tatbestandsmerkmale des § 1 Abs. 1 Satz 5 UStG. (Innergem. Erwerb)

liegt gemäß § 1a Abs. 1 vor, wenn
- ein Gegenstand aus dem Gebiet eines Mitgliedstaates in das Gebiet eines anderen Mitgliedstaates gelangt
- der Erwerber Unternehmer ist u. der Gegenstand für sein Unternehmen erwirbt
- der Lieferer Unternehmer ist, der im Rahmen seines Unternehmens gegen Entgelt liefert u. kein Klein-U ist.

6) Im § 4 UStG sind verschiedene Steuerbefreiungen geregelt. Dabei unterscheidet man zwischen Steuerbefreiungen mit der Möglichkeit des Vorsteuerabzugs und Steuerbefreiungen ohne die Möglichkeit des Vorsteuerabzugs.
Was bedeutet dies?

Sind Umsätze gemäß § 4 Nr. 1-7 UStG von der USt befreit, so wird der Vorsteuerabzug aus Eingangsumsätzen nicht eingeschränkt. Die VSt ist in voller Höhe abzugsfähig. Sind Umsätze gemäß § 4 Nr. 8-28 UStG von der USt befreit, so führt dies bei den Eingangsumsätzen zum Vorsteuerausschluss, d.h. die VSt ist nicht abzugsfähig.

ps: Die Umsatzsteuer im Unternehmen **3**

Praxisübungen

Die Lösungen finden Sie online unter www.edumedia.de/verlag/loesungen.

Hinweis: Bei allen Lösungen ist prinzipiell die Rechtsquelle zu benennen!
Erforderliche Beleg- und Buchnachweise gelten bei allen Aufgaben als erfüllt.

1) Die Kroko GmbH mit Sitz in Hamburg liefert verschiedene selbst hergestellte Reisekoffer nach Bremen. Der Kaufvertrag wurde am 26. Januar geschlossen, die Lieferung erfolgte am 10. Februar durch die Kroko GmbH. Der Kaufpreis wurde vom Kunden am 03. März bezahlt.

    Handelt es sich um eine Lieferung oder sonstige Leistung? Wann ist der Leistungszeitpunkt?

    Es handelt sich um eine Lieferung u. der Leistungszeitpunkt ist der 10. Februar gemäß §3 Abs. 1 UStG

2) Der Fahrradhändler Alex Bergmann aus Frankfurt schenkt seiner Frau zum Geburtstag ein Fahrrad aus seinem Betrieb, das im Einkauf 750,00 € gekostet hat.

    Handelt es sich hier um einen steuerbaren Vorgang? Gehen Sie davon aus, dass bei Anschaffung des Fahrrades noch nicht feststand, dass dieses entnommen werden soll.

    Bei der Privatentnahme handelt es sich um einen steuerbaren und steuerpflichtigen Vorgang gem. §3 Abs. 1 UStG, denn die Entnahme des Fahrrads durch den Fahrradhändler aus seinem Unternehmen für Zwecke, die außerhalb des Unternehmens liegen, ist lt. §3 Abs. 1b Nr. 1 einer Lieferung gegen Entgelt gleichgestellt.

3) Wie wäre der Sachverhalt aus Aufgabe 2) zu lösen, wenn der Fahrradhändler Bergmann das Fahrrad gleich bei der Lieferung entnommen hätte?

    Dann läge kein steuerbarer u. steuerpflichtiger Vorgang gem. §1 Abs. 1 1 vor, d.h. die Anschaffung erfolgt nicht im Rahmen des Unternehmens und damit darf kein Vorsteuerabzug erfolgen.

4) Bestimmen Sie bei den folgenden Beispielen den Ort der Leistung.

    a) Der Fliesenhändler Simon mit Sitz in Frankfurt verkauft an seinen Kunden in Offenbach Terracotta-Fliesen für 2.999,00 € brutto. Die Fliesen werden von Simon mit eigenem Lkw ausgeliefert.

    Leistungsort Offenbach. Fliesenhändler führt seine Lieferung im Sinne §3 Abs 1 UStG aus, es handelt sich um eine Beförderungslieferung. Im Fall einer Beförderung durch den Lieferer gilt die Lieferung als dort ausgeführt, wo die Beförderung an den [Abnehmer beginnt] (§3 Abs 6 UStG)

    b) Der Fliesenhändler Simon mit Sitz in Frankfurt verkauft an ein Sanitärgeschäft in Mainz Wandfliesen für 12.225,00 € brutto. Die Auslieferung erfolgt mit einem Spediteur, der von dem Sanitärgeschäft aus Mainz beauftragt wird.

    Der Fliesenhändler führt eine Lieferung im Sinne §3 (1) aus, es handelt sich um eine Versendungslieferung durch einen vom Abnehmer beauftragten Dritten, gilt die Lieferung als dort ausgeführt, wo die Übergabe an den Spediteur erfolgt (§3 (6) UStG) hier Frankfurt

107

3 Praxis: Die Umsatzsteuer im Unternehmen

c) Der Fliesenhändler Simon bestellt bei seinem Lieferanten Touri in Basel (Schweiz) Terrassenplatten im Wert von 15.000,00 €. Touri transportiert die Fliesen mit eigenem Lkw nach Frankfurt. Er lässt die Gegenstände zum freien Verkehr abfertigen und entrichtet somit die Einfuhrumsatzsteuer (Lieferkonditionen: verzollt und versteuert).

Die Firma Touri aus der Schweiz führt eine Beförderungslieferung im Sinne §3(6) aus. Im Fall der Versendung durch einen Dritten ist der Ort FFM. Die BoL ist im Inland §3 Abs 8 UStG, da die Fliesen bei der Beförderung an Abnehmer aus dem Drittland (Schweiz) ins Inland gelangen und die Firma Touri als Lieferer die Einfuhrabgaben entrichtet. (Zoll- und Einfuhrumsatzst.)

d) Der selbstständige Schreinermeister Wenzel aus München benötigt eine neue Tischsäge. Im April fährt er nach Basel (Schweiz), erwirbt dort die Tischsäge für umgerechnet 1.200,00 € und transportiert sie anschließend nach München.

Es handelt sich um eine Einfuhr eines Gegenstandes aus dem Drittland (Schweiz) in das Inland, somit liegt ein steuerbarer Umsatz gem. §1(1)4 vor. Der Ort der Einfuhr liegt im Inland und ist somit steuerpflichtig. Schreinermeister Wenzel hat die Einfuhrabgaben zu tragen (Zoll- u. Einfuhrumsatzsteuer). Die entrichtete Einfuhrumsatzsteuer kann er als Vorsteuer geltend machen (§15 (1) 1 UStG).

e) Wie wäre der Vorgang aus Aufgabe d) zu bewerten, wenn Schreinermeister Wenzel die Tischsäge in Salzburg (Österreich) gekauft hätte?

Es handelt sich um einen innergem. Erwerb, da der Gegenstand aus einem anderen Gemeinschaftsgebiet (Österreich) in das Inland gelangt. Somit liegt ein steuerbarer Umsatz gem. §1 (1) 5 UStG i.V.m. §1a (1) vor. Der Ort des innergem. Erwerbs liegt im Inland. (§3d S.1 UStG)

5) Steffi Munkel ist Inhaberin eines Hotels in München. Ferner besitzt sie eine Boutique in Berlin und ein Mehrfamilienhaus in Frankfurt, in dem sie acht Wohnungen vermietet.

Wie viele Umsatzsteuererklärungen hat Steffi Munkel abzugeben?

Das Unternehmen umfasst ihre gesamte gewerbliche und berufliche Tätigkeit (§2(1)S.2). Hieraus ist abzuleiten, dass Steffi Munkel zwar mehrere Betriebe besitzt, aber trotzdem nur eine Unternehmereigenschaft vorliegt. Sie hat nur eine Umsatzsteuererklärung abzugeben, in der alle ihre Umsätze, die Umsatzsteuer u. Vorsteuer zusammengerechnet werden.

6) Die selbstständige Architektin Sabine Both, wohnhaft in Berlin, erzielt Einkünfte aus ihrer Architektentätigkeit und aus der Vermietung eines Mehrfamilienhauses in Flensburg. Sie verkauft ihr gebrauchtes Segelboot an einen Steuerberater in Hamburg.

Wie sind die Vorgänge aus umsatzsteuerlicher Sicht zu würdigen?

Die erzielten Umsätze sind steuerbar gemäß §1(1)1 UStG. Die Mieteinkünfte aus der Vermietung des Mehrfamilienhauses sind gem. §4 Nr.12a UStG steuerfrei. Hier hätte Sabine Both die Möglichkeit gem. §9 UStG zu optieren, sofern eine Vermietung an einen Unternehmer erfolgt, der ausschließlich steuerpflichtige Umsätze erzielt. Die Veräußerung des Segelbootes erfolgt außerhalb ihres Unternehmens und ist daher ein nicht steuerbarer Umsatz. (§1(1)1 UStG)

7) Der Augenarzt Dr. Süß überreicht seinem Kunden Hans Taube anlässlich seines 50. Geburtstags ein Buchpräsent. Dieses hat er bei einem Buchhändler in Berlin zum Preis von 37,00 € inkl. 7 % USt erworben.

Beurteilen Sie den Vorgang hinsichtlich des Vorsteuerabzuges. Gehen Sie in Ihrer Begründung auch auf die Unternehmereigenschaft und die Ausgangsumsätze ein.

Der Augenarzt Dr. Süß ist Unternehmer im Sinne des §2 UStG. Er erbringt im Rahmen seines Unternehmens Umsätze, die gemäß §1(1)1 UStG steuerbar, aber gemäß §4 Nr. 14a UStG von der Umsatzsteuer befreit sind. Eine Option gemäß §9 UStG ist nicht möglich. Ein Vorsteuerabzug ist nicht möglich, da Dr. Süß ausschließlich steuerfreie Umsätze ausführt. (§15 (2) 1 UStG)

Praxis: Die Umsatzsteuer im Unternehmen

8) Peter Huber, Besitzer eines Tierfachgeschäftes, schenkt seinem Kunden Theobald Müller anlässlich seines 50. Geburtstags ein Fachbuch, das im Einkauf 40,00 € netto zzgl. 7 % USt (2,80 €) = 42,80 € gekostet hat.

Beurteilen Sie den Vorgang hinsichtlich des Vorsteuerabzuges. Gehen Sie in Ihrer Begründung auch auf die Unternehmereigenschaft und die Ausgangsumsätze ein.

Peter Huber ist Unternehmer im Sinne §2 UStG. Er erbringt im Rahmen seines Unternehmens Umsätze, die gem. §1(1) UStG steuerbar sind. Eine Steuerbefreiung gem. §4 UStG greift nicht, somit erbringt er steuerpflichtige Umsätze. Normalerweise könnte er aus dem Geschenk die VSt. buchen. Da das Geschenk jedoch die Grenze von 35,- übersteigt (§4(5)1 EStG) handelt es sich ertragsteuerlich um eine nicht abzugsfähige BA. Daran angeknüpft ist gem. §15(1a) USt die USt. nicht abzugsfähig.

9) Hubert Albers ist selbstständiger Schreinermeister. Er unterliegt der Regelbesteuerung, versteuert seine Umsätze nach vereinbarten Entgelten und übermittelt seine Voranmeldungen monatlich. Er verkauft am 28. Januar eine Schreibtischkombination an seinen Steuerberater und stellt dafür 3.000,00 € zzgl. 19 % USt (570,00 €) = 3.570,00 € in Rechnung. Der Steuerberater bezahlt diese Rechnung unter Abzug von 3 % Skonto (=107,10 €) am 07. Februar.

Wie hoch ist die Bemessungsgrundlage und in welcher Höhe schuldet Hubert Albers die Umsatzsteuer gegenüber dem Finanzamt?
In welcher Voranmeldung spiegelt sich dieser Vorgang wider? Bitte begründen Sie Ihre Antwort.

Siehe Lösung

10) Der Fliesenhändler Anton Simon mit Sitz in Frankfurt verkauft dem Unternehmer Wenzel mit Sitz in Freiburg (Deutschland) eine Palette Küchenfliesen für insgesamt 3.600,00 €. Vereinbarungsgemäß transportiert Anton Simon die Fliesen mit eigenem Fahrzeug von Frankfurt zur Privatadresse von Unternehmer Wenzel nach Basel (Schweiz).

Ist die Lieferung des Anton Simon steuerpflichtig oder steuerfrei?

Die Lieferung von Anton Simon ist gem. §1 (1) Nr. 1 UStG steuerbar; der Lieferort ist Frankfurt, da die Lieferung dort beginnt (§3 Abs. 6 UStG). Die Lieferung ist gem. §4 (1) b) UStG i.V.m. §6a (1) UStG steuerfrei, da die Fliesen aus dem Inland in das übrige Gemeinschaftsgebiet (Frankreich) befördert wurden, der Abnehmer Unternehmer ist, mit seiner USt-IdNr. aufgetreten ist u. die Fliesen f. sein Unternehmen erworben wurden.

11) Wie ist der Sachverhalt aus Aufgabe 10) zu würdigen, wenn der Abnehmer die Fliesen für sein Hotel in Straßburg (Frankreich) bestellt und Anton Simon sie dorthin geliefert hätte? Der Abnehmer tritt mit seiner französischen USt-IdNr. auf.

Die Lieferung von Anton Simon ist gem. §1(1) 1 UStG steuerbar u. gem. §4 (1) a) UStG i.V.m. §6 (1) S.1 1 UStG steuerfrei. Es handelt sich um eine ~~Beförderungs~~ Ausfuhrlieferung, da Anton Simon (Lieferer) die Gegenstände ins Drittland (Schweiz) befördert hat.

12) Der Malermeister Fechner hat den Auftrag erhalten, ein Mehrfamilienhaus zu streichen. Der Fertigstellungstermin ist sehr knapp gehalten. Aus diesem Grund beschäftigt er zur Unterstützung den Subunternehmer Emil Gehring.

Nach Beendigung des Auftrags will Emil Gehring seine Rechnung schreiben und fragt seinen Steuerberater, ob hier etwas Besonderes zu beachten ist. Welche Antwort wird ihm sein Berater geben?

Hier greift die Umkehr der Steuerschuldnerschaft im Sinne des §13b Abs. 2 Nr. 4 UStG. Emil Gehring stellt eine Nettorechnung an Malermeister Fechner mit dem Hinweis auf die Umkehr der Steuerschuldnerschaft aus. Malermeister Fechner schuldet auf die Leistung die USt, die er gleichzeitig als Vorsteuer geltend machen kann.

Die Einkommensteuer auf Gewinneinkünfte

In diesem Kapitel wird auf die Besonderheiten der Einkommensteuer eingegangen. Es werden verschiedene Formen der Bemessungsgrundlage, der Gewinnermittlung und der Steuerpflicht erläutert. Darüber hinaus wird die betriebliche Erfassung auf entsprechenden Steuerformularen dargestellt.

Hinweis: Aufgrund der Maßgeblichkeit der Handelsbilanz für die Steuerbilanz ist es Voraussetzung für das Verständnis dieses Kapitels, Bilanzierungskenntnisse nach HGB mitzubringen.

Inhalt

- Steuertatbestand und Akteure der Einkommensteuer
- Feststellung des Steuertatbestandes
- Ermittlung der Bemessungsgrundlage I: Gewinnermittlung
- Ermittlung der Bemessungsgrundlage II: Bewertung des Betriebsvermögens
- Ermittlung der Bemessungsgrundlage III: Betriebseinnahmen und -ausgaben
- Ermittlung der Bemessungsgrundlage IV: Berechnung der Abschreibungen
- Ermittlung der Bemessungsgrundlage V: Investitionsabzugsbetrag
- Ermittlung der Bemessungsgrundlage VI: Steuerbilanz
- Steuersätze zur Einkommensteuer
- Betriebliche Abwicklung der Einkommensteuer

4 Basis: Steuertatbestand und Akteure der Einkommensteuer

4.1 Steuertatbestand und Akteure der Einkommensteuer

Wer ist steuerpflichtig?

Die Einkommensteuer ist eine direkte (Personen-)Steuer, die gemäß § 1 EStG auf das Einkommen natürlicher Personen erhoben wird. Natürliche Personen sind alle lebenden Menschen. Die persönliche Steuerpflicht beginnt mit Vollendung der Geburt und endet mit dem Tod. Sie knüpft unmittelbar, d. h. direkt, an die Leistungsfähigkeit des Steuerschuldners an.

Was wird besteuert?

Der Einkommensteuer unterliegen sämtliche persönliche Einkünfte eines Steuerpflichtigen, die aus seiner Erwerbstätigkeit hervorgehen. Die in diesem Buch dargestellten Einkünfte aus Gewerbebetrieb und aus selbstständiger Tätigkeit sind nur ein Teil dessen. Neben den positiven – und ggf. auch negativen – Einkünften werden steuerliche Freibeträge und private Versicherungen (bedingt abzugsfähig) ertragsmindernd berücksichtigt.

Wer zahlt die Steuer?

Die Einkommensteuer wird teilweise direkt vom Steuerschuldner und teilweise über Dritte eingezogen. So kann die Einkommensteuer in Form der Lohnsteuer über den Arbeitnehmer eingezogen werden oder über die Kapitalertragsteuer, die das Kreditinstitut abführt.

Rechtsgrundlagen zur Einkommensteuer

Als Rechtsgrundlagen zur Einkommensbesteuerung dienen folgende Gesetzestexte:

- Einkommensteuergesetz (EStG)
- Einkommensteuer-Durchführungsverordnung (EStDV)
- Einkommensteuer-Richtlinie (EStR)
- Einkommensteuer-Hinweise (EStH)

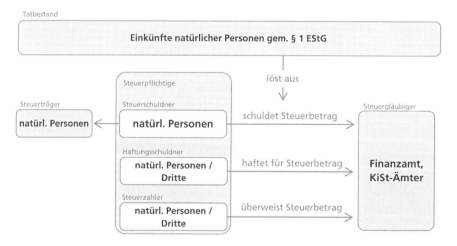

Abb.: Akteure der Einkommensteuer

4.2 Feststellung des Steuertatbestandes

Um den Tatbestand der Einkommensteuer festzustellen, werden zunächst die Steuerpflichtigen genauer betrachtet. Sie können sowohl beschränkt als auch unbeschränkt pflichtig sein. Weiterhin werden die verschiedenen Einkunftsarten aufgeführt, auf die eine Steuer erhoben werden kann.

4.2.1 Beschränkt und unbeschränkt Steuerpflichtige

Natürliche Personen, die als steuerpflichtig gelten, werden gemäß § 1 EStG in zwei Kategorien eingeordnet. Zum einen können diese Personen **unbeschränkt** steuerpflichtig sein. Dies ist der Fall, wenn sie ihren Wohnsitz oder gewöhnlichen Aufenthalt mit ihrem Welteinkommen (das im In- und Ausland erzielt wird) im Inland haben. Zu dieser Kategorie zählen ebenfalls deutsche Staatsangehörige, die zwar im Ausland wohnen, aber in einem Arbeitsverhältnis zu einer juristischen Person des öffentlichen Rechts im Inland stehen (§ 1 Abs. 2 EStG).

§ 1 EStG

Zum anderen werden **beschränkt** Steuerpflichtige aufgeführt, die zwar über inländische Einkünfte verfügen, aber nicht über einen ständigen Wohnsitz im Inland. Um eine Mehrfachbesteuerung derselben Erträge möglichst zu vermeiden, werden Doppelbesteuerungsabkommen mit anderen Staaten geschlossen.

> Ulrich Winkler ist deutscher Staatsbürger und beim Außenministerium in Berlin beschäftigt. Er arbeitet seit Jahren an der Deutschen Botschaft in New York und hat somit weder seinen Wohnsitz noch seinen gewöhnlichen Aufenthalt in Deutschland. Sein Gehalt bezieht er aus der öffentlichen Kasse seines Arbeitgebers in Berlin; weitere Einkünfte hat er nicht.
>
> Ulrich Winkler ist gemäß § 1 Abs. 2 EStG in Deutschland unbeschränkt einkommensteuerpflichtig. Da er in den USA keine inländischen Einkünfte bezieht, ist er dort nicht einkommensteuerpflichtig.

Beispiel unbeschränkt Steuerpflichtige § 1 Abs. 2

4.2.2 Einkunftsarten

Unabhängig von der Erhebungsart unterliegen der Einkommensteuer gemäß § 2 Abs. 1 EStG sieben Einkunftsarten. Um sie ermitteln zu können, werden sie nach zwei Kriterien unterschieden: Entweder werden Einkünfte nach dem Gewinn erhoben (Gewinneinkunftsarten) oder nach dem Überschuss der Einnahmen über die Werbungskosten (Überschusseinkunftsarten):

sieben Einkunftsarten der Einkommensteuer, § 2 Abs. 1 EStG

Einkunftsarten (§ 2 EStG)	geregelt in	Beispiele
Gewinneinkünfte		
Einkünfte aus Land- und Forstwirtschaft	§ 13 EStG	Einkünfte aus Gartenbau, Wein-, Obst- und Gemüseanbau, Fischzucht, Imkerei und Wanderschäferei
Einkünfte aus Gewerbebetrieb	§ 15 EStG	Einkünfte aus gewerblichen Einzelunternehmen oder Gewinnanteile aus Personengesellschaften
Einkünfte aus selbstständiger Arbeit	§ 18 EStG	▪ Einkünfte aus freiberuflicher Tätigkeit, z. B. als Arzt, Rechtsanwalt, Ingenieure, Steuerberater oder ▪ Einkünfte aus sonstiger selbstständiger Tätigkeit, z. B. Vergütungen für Testamentsvollstreckung, für Vermögensverwaltung oder für die Tätigkeit als Aufsichtsratsmitglied

Einkunftsarten (§ 2 EStG) Überschusseinkünfte	geregelt in	Beispiele
Einkünfte aus nichtselbstständiger Arbeit	§ 19 EStG	Gehälter, Löhne, Provisionen, Gratifikationen, Tantiemen oder andere Bezüge und Vorteile, die für die Beschäftigung im öffentlichen oder privaten Dienst gewährt werden
Einkünfte aus Kapitalvermögen	§ 20 EStG	Zinserträge, Dividenden, Gewinn aus Veräußerungen von Anteilen an Kapitalgesellschaften
Einkünfte aus Vermietung und Verpachtung	§ 21 EStG	Einkünfte aus der Vermietung von unbeweglichem Vermögen wie Grundstücken, Gebäuden oder Gebäudeteilen
Sonstige Einkünfte	§ 22 EStG	Einkünfte aus wiederkehrenden Bezügen (z. B. aus Renten), sowie Einkünfte aus Unterhaltsleistungen, die beim Unterhaltsgeber als Sonderausgaben abzugsfähig sind

Unterordnungsregel zu bestimmen Einkunftsarten

Grundsätzlich haben alle Einkunftsarten gleichrangigen Charakter, für einige besteht jedoch eine Unterordnungsregel, z. B.:

- Einkünfte aus Geldvermögen sind nur dann der Einkunftsart aus Kapitalvermögen zuzurechnen, wenn diese Einkünfte nicht im Rahmen einer Gewinneinkunftsart oder aus Vermietung und Verpachtung erzielt werden.
- Einkünfte aus Vermietung und Verpachtung sowie sonstige Einkünfte sind den Einkünften aus nichtselbstständiger Arbeit oder den Gewinneinkunftsarten zuzurechnen, wenn sie im Rahmen der jeweiligen Einkunftsart erzielt wurden.
- Die Einkünfte aus Vermietung und Verpachtung, Kapitalvermögen und sonstigen Einkünften haben gegenüber den Gewinneinkunftsarten einen untergeordneten Charakter.

Exkurs: Verluste innerhalb der Einkunftsarten

Zur Ermittlung der steuerbaren Einkünfte werden die einzelnen Arten addiert und ergeben den Gesamtbetrag. Liegen bei einer Einkunftsart negative Einnahmen, also Verluste vor, können diese mit den positiven Einnahmen verrechnet werden. Verluste innerhalb einer Einkunftsart sind stets zu verrechnen.

Beispiel zu verrechnende Einkünfte

Hans Böhm erstellt seine Einkommensteuererklärung. Folgende Einkünfte liegen vor:

Einkünfte aus Gewerbebetrieb:
   Gewinn aus Restaurant in Frankfurt   78.300,00 €
   Verlust aus Pizzeria in Mainz   - 16.900,00 €   61.400,00 €

Einkünfte aus Kapitalvermögen:
   Überschuss aus Zinsgutschriften   2.500,00 €

Einkünfte aus Vermietung und Verpachtung: (V+V)
   Überschuss aus Hausvermietung Mainz   18.000,00 €
   Zuschuss zur Hausvermietung Frankfurt   - 23.400,00 €   - 5.400,00 €
= **Gesamtbetrag der Einkünfte**   **58.500,00 €**

Ergibt sich aus der Aufrechnung der Einkünfte aus Land- und Forstwirtschaft, Gewerbebetrieb, selbstständiger Tätigkeit und aus Vermietung und Verpachtung ein Verlust, kann dieser wahlweise auf zwei Jahre zurück- oder so lange vorgetragen werden, bis er aufgebraucht ist. Negative Einkünfte aus nichtselbstständiger Arbeit und aus Kapitalvermögen können ~~nur mit gleichartigen~~ positiven ~~Einkünften verrechnet werden.~~

Beispiel vorzutragende Verluste

> Der Steuerfachangestellte Peter Ulrich beschließt, ein Jurastudium zu absolvieren. Damit er sich ganz seinem Studium widmen kann, nimmt er sich eine berufliche Auszeit. Das kann er sich erlauben, da er erhebliche Einkünfte aus der Vermietung eines Mehrfamilienhauses hat. Die Aufwendungen für sein Jurastudium setzt er in seiner Einkommensteuererklärung bei Einkünften aus nichtselbstständiger Tätigkeit als Werbungskosten einkommensmindernd und damit als Verluste in dieser Einkunftsart im betreffenden Veranlagungszeitraum an.
>
> Diese Verluste aus nichtselbstständiger Tätigkeit lassen sich nicht mit anderen positiven Einkünften, z. B. aus Vermietung und Verpachtung, saldieren. Die Verluste werden so lange vorgetragen, bis positive Einkünfte aus nichtselbstständiger Tätigkeit vorliegen und die Verluste verrechnet werden können.

4.3 Ermittlung der Bemessungsgrundlage I: Gewinnermittlung

Hinweis: In den folgenden Kapiteln wird ausschließlich auf die Einkünfte aus Gewerbebetrieb und selbstständiger Tätigkeit eingegangen.

Bei Gewinneinkünften, Einkünften aus Gewerbebetrieb und aus selbstständiger Tätigkeit unterscheidet das Einkommensteuergesetz zwei Methoden zur Gewinnermittlung: den Betriebsvermögensvergleich (= Bilanz) und die Einnahmen-Überschussrechnung (EÜR). Der Betriebsvermögensvergleich wird entweder nach § 4 Abs. 1 EStG oder nach § 5 EStG angewendet. Für wen und wie welche Gewinnermittlungsart angewendet wird, stellt die nachstehende Tabelle dar.

Gewinnermittlung durch		
Betriebsvermögensvergleich		**EÜR**
§ 4 Abs. 1 EStG	§ 5 EStG	§ 4 Abs. 3 EStG
selbstständig Tätige, die freiwillig Bücher führen	Gewerbetreibende, die nach Handels- oder Steuerrecht zur Buchführung verpflichtet sind oder freiwillig Bücher führen	1. Gewerbetreibende, die nicht zur Buchführung verpflichtet sind und freiwillig keine Bücher führen 2. selbstständig Tätige, die freiwillig keine Bücher führen
Gewinnermittlung erfolgt nach einkommensteuerrechtlichen Bewertungsvorschriften	Gewinnermittlung erfolgt nach handels- und einkommensteuerrechtlichen Bewertungsvorschriften	Gewinnermittlung erfolgt nach den Vorgaben des Einkommensteuergesetzes

4.3.1 Buchführungspflicht als Voraussetzung zur Gewinnermittlung durch Betriebsvermögensvergleich

Die Gewinnermittlung durch Bilanz bzw. Betriebsvermögensvergleich ist – wie bereits in der obigen Tabelle genannt – für Gewerbetreibende zu erstellen, die nach Handels- oder Steuerrecht Bücher führen müssen. Beide Formen der Buchführungspflicht sollen hier zunächst näher betrachtet werden, bevor auf die Gewinnermittlung selbst eingegangen wird.

Buchführungspflicht nach Handelsrecht

Nach Handelsrecht sind alle Kaufleute verpflichtet, Bücher nach den Grundsätzen ordnungsmäßiger Buchführung zu führen (§ 238 HGB). Einzelkaufleute, die an den Abschlussstichtagen von zwei aufeinander folgenden Geschäftsjahren nicht mehr als 600.000,00 € Umsatzerlöse **und** 60.000 € Jahresüberschuss aufweisen, sind von der Pflicht zur Buchführung befreit. (§ 241a HGB). Im Falle einer Neugründung tritt nach dem ersten Abschlussstichtag bei Einzelkaufleuten die Buchführungspflicht nur ein, wenn die beiden genannten Grenzen am Abschlussstichtag überschritten wurden.

Buchführungspflicht nach Steuerrecht

Gewerbetreibende sind nach Steuerrecht buchführungspflichtig, wenn sie zum einen aufgrund der Vorgaben des HGB als Kaufleute eingestuft werden. Zum anderen setzt die Buchführungspflicht (gemäß § 141 AO) ein, wenn der Umsatz mehr als 600.000,00 € **oder** der Gewinn mehr als 60.000,00 € im Kalenderjahr beträgt und sie vom Finanzamt zum Führen von Büchern verpflichtet wurden.

Beispiel keine Buchführungspflicht

> Der Raumausstatter Theo Lang e.K. hat zum 01.01.2017 ein Gewerbe angemeldet. Bis zum 31.12.2017 hat er einen Umsatz in Höhe von 120.000,00 € und einen Gewinn in Höhe von 45.000,00 € erwirtschaftet.
>
> Da Theo Lang die Grenzen des § 241a HGB nicht überschritten hat, ist er nach HGB nicht buchführungspflichtig. Auch die Grenzen des § 141 AO sind nicht überschritten, somit besteht auch nach Steuerrecht keine Buchführungsverpflichtung.

Beispiel Buchführungspflicht

> Der Raumausstatter Theo Lang hat bis zum 31.12.2017 einen Umsatz in Höhe von 120.000,00 € und einen Gewinn in Höhe von 65.000,00 € erwirtschaftet.
>
> Da Theo Lang eine der Grenzen des § 241a HGB (Gewinngrenze) überschritten hat, ist er nach HGB buchführungspflichtig. Daher ist er auch nach Steuerrecht buchführungspflichtig (§ 140 AO).

Unterscheidung von Umsatz und Gewinn

In den vorgenannten Beispielen ist immer von „Umsatz" und „Gewinn" die Rede. Dies ist eine vereinfachte Darstellung. In der Praxis muss zwischen Umsatz und Gewinn nach Handels- und nach Steuerrecht unterschieden werden.

Umsatz und Gewinn gemäß Handelsrecht

Die handelsrechtliche Grundlage für den Umsatz bietet der § 275 HGB - hier sind die unter Abs. 2 Nr. 1 bzw. Abs. 3 Nr. 1 ausgewiesenen Umsatzerlöse entscheidend. Der nach Handelsrecht herangezogene Gewinn ist der Gewinn aus der Handelsbilanz.

Umsatz und Gewinn gemäß Steuerrecht

Die steuerrechtliche Grundlage für den Umsatz ist in der Abgabenordnung unter § 141 Abs. 1 Nr. 1 AO geregelt. Demnach werden alle Umsätze als Bemessungsgrundlage herangezogen (auch die aus steuerfreien Leistungen); ausgenommen sind Umsätze nach § 4 Nr. 8 bis 10 UStG (z. B. Umsätze aus Geschäften mit Wertpapieren, Versicherungen oder Umsätze des Grunderwerbsteuergesetzes). Als maßgeblicher Gewinn gilt der Steuerbilanzgewinn.

Eine Abweichung zwischen dem Umsatz nach Handels- und Steuerrecht kann z. B. bei Erlösen aus Verkäufen aus dem Anlagevermögen vorliegen. Handelsrechtlich werden diese unter den „Sonstigen betrieblichen Erträgen" ausgewiesen und werden somit nicht in die Umsatzgrenze eingerechnet; steuerrechtlich stellen sie allerdings Umsätze dar. Bei der Gewinnbetrachtung ist z. B. die Gewerbesteuer von Bedeutung: Handelrechtlich schmälert sie den Gewinn, steuerrechtlich nicht.

Ist ein Gewerbetreibender zur Gewinnermittlung nach § 5 EStG verpflichtet, führt aber keine Bücher, kann der Gesetzgeber im Einzelfall den Gewinn schätzen (§ 162 AO; R 4.1 Abs. 2 Satz 3 EStR). Dies gilt auch, wenn für einen gewerblichen Betrieb freiwillig Bücher geführt und Abschlüsse erstellt werden, die Buchführung aber nicht ordnungsgemäß ist.

Gewinnermittlung durch Schätzung

4.3.2 Gewinnermittlung durch Betriebsvermögensvergleich

Betriebsvermögensvergleiche bzw. Bilanzen werden im Zuge der Jahresabschlussarbeiten erstellt. Dazu wird zunächst das Betriebsvermögen (= Eigenkapital) ermittelt, das den Unterschiedsbetrag zwischen dem Vermögen und den Schulden darstellt. Im Folgenden wird beschrieben, welche Formen des Betriebsvermögens unterschieden werden und wie der Gewinn jeweils für Selbstständige und Gewerbetreibende zu ermitteln ist.

Die Gewinnermittlung durch Betriebsvermögensvergleich erfolgt auf der Grundlage einer doppelten Buchführung, d. h. die Geschäftsvorgänge werden zweimal erfasst - sowohl im Bereich der Bestandskonten als auch der Erfolgskonten. Bei der einfachen Buchführung wird nur im Erfolgskontenbereich gebucht.

Das Betriebsvermögen

Das Betriebsvermögen ist die Grundlage für die Bilanz. Deshalb ist zunächst zu beurteilen, welche Wirtschaftsgüter dem Betriebsvermögen zuzuordnen sind. Zum Betriebsvermögen gehören sämtliche Wirtschaftsgüter, die aus einer betrieblichen Veranlassung heraus entweder angeschafft, hergestellt oder eingelegt wurden. Zwischen den einzelnen Wirtschaftsgütern und dem Betrieb muss ein objektiver Zusammenhang bestehen. Dabei wird zwischen **notwendigem** und **gewillkürtem** Betriebsvermögen sowie dem notwendigen **Privatvermögen** unterschieden:

	Betriebsvermögen		Privatvermögen
	Notwendiges Betriebsvermögen (R 4.2 Abs. 1 Satz 1 EStR)	Gewillkürtes Betriebsvermögen (R 4.2 Abs. 1 Satz 6 EStR)	Notwendiges Privatvermögen (R 4.2 Abs. 1 Satz 5 EStR)
Wirtschaftsgut	Wirtschaftsgüter, die ausschließlich und unmittelbar für eigenbetriebliche Zwecke genutzt werden oder dazu bestimmt sind	Wirtschaftsgüter, die in einem objektiven Zusammenhang mit dem Betrieb stehen und ihn zu fördern bestimmt und geeignet sind	Wirtschaftsgüter, die ausschließlich und unmittelbar für private Zwecke genutzt werden oder dazu bestimmt sind
Nutzungsgrad	Betriebliche Nutzung zu mehr als 50 %	Betriebliche Nutzung von mindestens 10 % bis zu 50 %	Private Nutzung über 90 %
Zuordnung	Pflichtzuordnung zum Betriebsvermögen	Wahlzuordnung, ob Betriebs- oder Privatvermögen	Pflichtzuordnung zum Privatvermögen

Eigenbetrieblich genutzte Wirtschaftsgüter sind auch dann Betriebsvermögen, wenn Sie nicht in der Buchführung aktiviert wurden. Sollten Wirtschaftsgüter, die ausschließlich und unmittelbar für private Zwecke genutzt werden, in der Bilanz ausgewiesen sein, gehören sie trotzdem zum Privatvermögen. Sollen Wirtschaftsgüter hingegen dem gewillkürten Betriebsvermögen zugeordnet werden, muss dies der Steuerpflichtige deutlich zum Ausdruck bringen und das Wirtschaftsgut in der Bilanz ausweisen; Anlagegegenstände sind ins Anlageverzeichnis aufzunehmen. Empfehlenswert ist es, eine schriftliche Mitteilung über den Zeitpunkt des Erwerbs an das Finanzamt zu schicken (insbesondere, wenn es sich um einen Pkw handelt). Auch bei Steuerpflichtigen, die ihren Gewinn mit Einnahmen-Überschussrechnung ermitteln, gilt die unmissverständliche, zeitnah erstellte Aufzeichnung, wenn sie Wirtschaftsgüter dem gewillkürten Betriebsvermögen zuordnen möchten.

Aufwendungen und Erträge, die in Zusammenhang mit Wirtschaftsgütern des Betriebsvermögens stehen, haben Auswirkung auf den betrieblichen Gewinn; dies ist bei Wirtschaftsgütern des Privatvermögens nicht der Fall. Das heißt, dass Aufwendungen, die z. B. für einen Pkw anfallen, wie Kfz-Steuer, -versicherung, Kraftstoff oder Reparaturen, nur als Betriebsausgabe berücksichtigt werden können, wenn der Pkw dem Betriebs- und nicht dem Privatvermögen zugeordnet ist.

Beispiel notwendiges Betriebsvermögen

> Der Malermeister Fechner hat einen Bus erworben. Der Laderaum wurde durch den Ausbau der Hintersitze vergrößert und es wurden spezielle Vorrichtungen für die Werkzeuge eingebaut. Das Fahrzeug wird ausschließlich für betriebliche Zwecke eingesetzt und daher dem notwendigen Betriebsvermögen zugeordnet.

Beispiel gewillkürtes Betriebsvermögen

> Der Augenarzt Dr. Süß hat seine Wohnung und Praxis im gleichen Gebäude. Neben seiner Tätigkeit in der Praxis ist er zusätzlich dreimal wöchentlich in dem 10 km entfernten Krankenhaus als Augenarzt tätig. Aufgrund seiner Aufzeichnungen weist er nach, dass er den Pkw zu 40 % betrieblich und zu 60 % privat nutzt.
>
> Dr. Süß hat die Wahl, den Pkw dem Privatvermögen oder dem gewillkürten Betriebsvermögen zuzuordnen.

Beispiel notwendiges Privatvermögen

> Der Zahnarzt Dr. Jentsch hat seine Wohnung und Praxis im gleichen Gebäude. Er erwirbt einen Pkw, den er betrieblich und privat nutzt. Um eine Zuordnung zum Betriebsvermögen vorzunehmen, muss Dr. Jentsch nachweisen, dass er das Fahrzeug mindestens zu 10 % betrieblich nutzt.

Grundstücke und Grundstücksteile

Prinzipiell gehört ein Wirtschaftsgut entweder zum Betriebsvermögen oder zum Privatvermögen. Eine Ausnahme ist bei Grundstücken oder Grundstücksteilen gegeben – diese sind je nach Nutzung aufzuteilen. Eigenbetrieblich genutzte Grundstücke oder Grundstücksteile müssen dem Betriebsvermögen nicht zugeordnet werden, wenn ihr Wert nicht mehr als ein Fünftel des gemeinen Werts des gesamten Grundstücks und nicht mehr als 20.500,00 € beträgt (§ 8 EStDV).

Hinweis: Die Zuordnung der Wirtschaftsgüter zum Betriebsvermögen gilt für beide Arten der Gewinnermittlung (EÜR und Bilanz). Allerdings sind aufgrund des fehlenden Betriebsvermögensvergleichs bei der Gewinnermittlung durch EÜR bestimmte Verzeichnisse nach § 4 Abs. 3 EStG zu führen.

Verbindlichkeiten sind dem Betriebsvermögen zuzuordnen, wenn sie durch den Betrieb veranlasst sind. Wird z. B. ein Darlehen aufgenommen, um den Überziehungsrahmen des Geschäftskontos zu reduzieren, handelt es sich um ein Darlehen, das dem Betriebsvermögen zuzuordnen ist. Vorsicht ist allerdings geboten, wenn die Überziehung des Geschäftskontos aufgrund von Privatentnahmen erfolgt.

Sind Verbindlichkeiten in Zusammenhang mit dem Erwerb eines Gegenstandes entstanden, der dem Betriebsvermögen zugeführt wurde (= Anlagegegenstand), gehören sie ebenfalls zum Betriebsvermögen. Dies ist z. B. der Fall, wenn eine Maschine fremdfinanziert wurde. Wird ein fremdfinanziertes Anlagegut ins Privatvermögen übernommen, wird das mit der Anschaffung begründete Darlehen zu einer privaten Schuld. Umgekehrt wird mit der Einlage eines fremdfinanzierten Privatgutes eine aufgenommene private Schuld zu einer betrieblichen (R 4.2 Abs. 15 EStR).

Verbindlichkeiten im Betriebsvermögen

Beispiel
Verbindlichkeiten im Betriebsvermögen

> Der Buchhalter August Kiesewetter hat zum 01.05.2017 ein Gewerbe angemeldet. Zu Beginn seiner Selbstständigkeit legt er den in 2016 angeschafften, fremdfinanzierten Pkw ins Betriebsvermögen ein.
>
> Da der Pkw dem Betriebsvermögen zugeordnet wird, ist auch das Darlehen dem Betriebsvermögen zuzuordnen.

Gewinnermittlung nach § 4 Abs. 1 EStG

Selbstständig Tätige, die freiwillig Bücher führen und Abschlüsse erstellen, haben bei der Bewertung des Betriebsvermögens die steuerrechtlichen, nicht aber die handelsrechtlichen Bilanzierungs- und Bewertungsvorschriften zu beachten.

Gemäß § 4 Abs. 1 Satz 1 EStG wird die Differenz der beiden Betriebsvermögen am Ende des aktuellen und am Ende des vorangegangenen Wirtschaftsjahres herangezogen, um den Gewinn zu ermitteln. Diesem Betrag werden Entnahmen wie Bargeld, Waren, Erzeugnisse, Nutzungen und Leistungen hinzugerechnet; Einlagen wie Bareinzahlungen und sonstige Wirtschaftsgüter werden abgezogen[1]. Die im EStG vorgegebene Gewinndefinition stellt sich in einer Formel wie folgt dar:

Gewinnbegriff gemäß § 4 Abs. 1 Satz 1 EStG

```
    Betriebsvermögen am Ende des Wirtschaftsjahres (WJ)
  - Betriebsvermögen am Ende des vorangegangenen WJ
  + Entnahmen
  - Einlagen
  = Gewinn
```

---

[1] zu Entnahmen und Einlagen siehe Kapitel 4.4.6

Beispiel
Bilanz nach § 4 Abs. 1 EStG

> Der Malermeister Fechner ermittelt seinen Gewinn durch Betriebsvermögensvergleich. Sein Betriebsvermögen beträgt zum Ende des Wirtschaftsjahres am 31.12.2016 50.000,00 €; zum Ende des vorangegangenen Wirtschaftsjahres am 31.12.2015 betrug das Betriebsvermögen 43.000,00 €. Während des Jahres hat er monatlich eine Entnahme in Höhe von 3.000,00 € getätigt. In 2016 hatte Herr Fechner Liquiditätsprobleme, weshalb er aus einer Erbschaft 20.000,00 € als Finanzspritze in seinen Betrieb eingelegt hat.
>
> Der in der Aufgabenstellung dargelegte Sachverhalt wird in der Bilanz wie folgt dargestellt:
>
> | Aktiva | | Bilanz 31.12.2016 | | Passiva |
> |---|---|---|---|---|
> | **Vermögen** | | **Eigenkapital** | | |
> | Anlagevermögen | 30.000,00 € | Stand 01.01.2016 | 43.000,00 € | |
> | Umlaufvermögen | 46.000,00 € | Privatentnahmen | - 36.000,00 € | |
> | | | Privateinlagen | + 20.000,00 € | |
> | | | Gewinn | + 23.000,00 € | 50.000,00 € |
> | | | Fremdkapital | | 26.000,00 € |
> | | 76.000,00 € | | | 76.000,00 € |
>
> Unter Anwendung der Gewinndefinition des § 4 Abs. 1 Satz 1 EStG ergibt sich folgende Berechnung:
>
> | | | |
> |---|---|---|
> | Betriebsvermögen am 31.12.2016 | 50.000,00 € | |
> | - Betriebsvermögen am 31.12.2015 | 43.000,00 € | 7.000,00 € |
> | + Privatentnahmen (12 Monate x 3.000,00 €) | 36.000,00 € | |
> | - Privateinlagen (Erbschaft) | 20.000,00 € | 16.000,00 € |
> | = Gewinn | | 23.000,00 € |

Gewinnermittlung nach § 5 EStG

Gewerbetreibende, die verpflichtet sind, Bücher zu führen und Abschlüsse zu erstellen oder dies freiwillig tun, haben sowohl die handelsrechtlichen als auch die steuerrechtlichen Bilanzierungs- und Bewertungsvorschriften zu beachten.

Grundsatz der Maßgeblichkeit

Die Steuerbilanz wird gemäß § 5 Abs. 1 Satz 1 EStG von der Handelsbilanz abgeleitet (**Grundsatz der Maßgeblichkeit**). In der Steuerbilanz können allerdings Abweichungen zur Handelsbilanz auftreten, wenn steuerrechtliche Wahlrechte umgesetzt werden oder steuerliche Verbote greifen.

handelsrechtliche vs. steuerrechtliche Vorgaben

Vereinfachend lässt sich das Verhältnis der steuerrechtlichen zu den handelsrechtlichen Vorgaben wie folgt beschreiben:

- Für Bilanzansatz, -bewertung und -gliederung gelten handelsrechtliche Vorschriften gemäß des Maßgeblichkeitsprinzips grundsätzlich auch für die Steuerbilanz. Dieser Grundsatz wird durch die steuerlichen Ansatz- und Bewertungsvorbehalte durchbrochen (§ 5 Abs. 1a bis 4b, Abs. 6, §§ 6, 6a und 7 EStG).

- Gewährt das Handelsrecht Wahlrechte, so sind in der Steuerbilanz ggf. zu beachtende steuerrechtliche Vorgaben vorrangig, falls diese die handelsrechtlichen Wahlrechte beschränken.

- Gewährt das Handelsrecht Wahlrechte und existieren keine steuerrechtlich einschränkende Vorschriften, ist auch in der Steuerbilanz die Entscheidung anzuerkennen, die für die Handelsbilanz getroffen wurde.

> **Beispiel**
> Abweichung von Handels- und Steuerrecht
>
> Die Stahl GmbH hat zur Herstellung eines Präzisionswerkzeuges eine Software entwickelt, die sie mittlerweile auch in der Herstellerbranche vermarktet. Gemäß § 248 Abs. 2 HGB kann für selbst geschaffene immaterielle Vermögensgegenstände des Anlagevermögens ein Aktivposten in der Bilanz aufgenommen werden. Die Aktivierung selbst geschaffener immaterieller Wirtschaftsgüter ist gemäß § 5 Abs. 2 EStG hingegen ausgeschlossen.
>
> Entscheidet sich die Stahl GmbH zur handelsrechtlichen Aktivierung der selbst geschaffenen Software, führt dies zu einer Abweichung zwischen Handels- und Steuerbilanz.

4.3.3 Gewinnermittlung durch Einnahmen-Überschussrechnung (EÜR)

Gewinne können anhand einer Einnahmen-Überschussrechnung zum einen von Gewerbetreibenden ermittelt werden, die nicht aufgrund gesetzlicher Vorschriften verpflichtet sind, Bücher zu führen und regelmäßig Abschlüsse zu erstellen und dies auch nicht freiwillig tun. Zum anderen können selbstständig Tätige die EÜR nutzen, wenn sie nicht auf freiwilliger Basis Bücher führen und Abschlüsse erstellen (§ 4 Abs. 3 EStG).

§ 4 Abs. 3 EStG

Bei der EÜR werden die Betriebseinnahmen und -ausgaben gegenübergestellt[1]. Überwiegen die Einnahmen gegenüber den Ausgaben, liegt ein Gewinn vor; anderen Falls handelt es sich um einen Verlust.

Für die Erstellung einer Einnahmen-Überschussrechnung genügen vereinfachte Aufzeichnungen; das Erstellen einer doppelten Buchführung ist nicht erforderlich, aber möglich.

Zeitpunkt der Berücksichtigung von Gewinnen

Bei der Einnahmen-Überschussrechnung gilt das Zu- und Abflussprinzip, wonach Betriebseinnahmen in dem Wirtschaftsjahr zu berücksichtigen sind, in dem sie dem Steuerpflichtigen zugeflossen sind (= Zuflussprinzip). Zu diesem Zeitpunkt sind auch Anzahlungen und Abschlagszahlungen zu erfassen. Ausgaben sind für das Kalenderjahr abzusetzen, in dem sie geleistet wurden (= Abflussprinzip).

§ 11 EStG

Von diesem Prinzip sind wiederkehrende Einnahmen und Ausgaben gemäß H 11 EStH ausgenommen. Sie werden unabhängig vom Geldfluss dem Jahr zugeordnet, zu dem sie wirtschaftlich gehören, wenn die Einnahmen innerhalb von zehn Tagen vor oder nach dem 31.12. erfolgen. Dies gilt auch für Betriebsausgaben.

10-Tages-Regelung

> **Beispiele**
> 10-Tages-Regel am Beispiel von Mieteinnahmen
>
> **Beispiel 1:**
>
> Die Miete für Dezember 2016 wird erst am 03.01.2017 vereinnahmt. Die Mieteinnahme ist in der EÜR für das Kalenderjahr 2016 zu berücksichtigen.
>
> **Beispiel 2:**
>
> Die Miete für Dezember 2016 wird erst am 12.01.2017 vereinnahmt. Die Mieteinnahme ist in der EÜR für das Kalenderjahr 2017 zu berücksichtigen.

---

1 Betriebseinnahmen und -ausgaben werden in Kapitel 4.5 näher betrachtet

Beispiele
10-Tages-Regel am Beispiel von Betriebsausgaben

Beispiel 1:

Die Betriebshaftpflichtversicherung wird in monatlichen Raten bezahlt. Die Rate für Januar 2017 wird am 29.12.2016 vom Bankkonto abgebucht. Die Versicherungsrate wird in der EÜR für das Kalenderjahr 2017 als Betriebsausgabe berücksichtigt.

Beispiel 2:

Die Zahlung erfolgt bereits am 12.12.2016. Dann wird die Versicherungsrate in der EÜR für das Kalenderjahr 2016 als Betriebsausgabe berücksichtigt.

Das Zu- und Abflussprinzip wird bei Anschaffungen im Bereich des Anlagevermögens[1] nicht angewandt. Hier kommt es auf die Lieferung des Wirtschaftsgutes und nicht auf die Zahlung an.

Beispiel
Zeitpunkt der Aktivierung eines Anlagegutes

Der Augenarzt Dr. Süß hat im Dezember ein neues Diagnosegerät für 5.000,00 € erworben. Das Gerät wird im Dezember 2016 geliefert, aber erst am 20.01.2017 bezahlt.

Das Diagnosegerät wird bereits im Dezember in den Anlagebereich aufgenommen und abgeschrieben.

Betriebseinnahmen und -ausgaben in der EÜR

Vergleicht man EÜR und Betriebsvermögensvergleich miteinander, sind keine wesentlichen Unterschiede ersichtlich, abgesehen vom Zeitpunkt der Wirksamkeit[2]:

Unterschiede bei	EÜR	Bilanz
Ausgangsrechnungen ■ Verkauf von Waren	Einnahme zum Zeitpunkt, wenn Kunde bezahlt	Ertrag zum Zeitpunkt, wenn Verfügungsmacht verschafft
Ausgangsrechnungen ■ Dienstleistung	Einnahme zum Zeitpunkt, wenn Kunde bezahlt	Ertrag zum Zeitpunkt, wenn Leistung erfolgt
erhaltene Anzahlungen	Einnahme zum Zeitpunkt des Geldflusses	Geldfluss hat keine Auswirkung auf den Gewinn; ggf. Berücksichtigung bei Bewertung von teilfertigen Leistungen
Eingangsrechnung für Waren	Ausgabe zum Zeitpunkt, wenn Rechnung bezahlt	Aufwand zum Zeitpunkt, wenn Ware verkauft (Wareneinsatz)
Eingangsrechnung für sonstige Betriebsausgaben	Ausgabe zum Zeitpunkt, wenn Rechnung bezahlt	Aufwand, wenn Lieferung oder Leistung erfolgt
geleistete Anzahlungen	Ausgabe zum Zeitpunkt des Geldflusses	keine Auswirkung auf den Gewinn
Umsatzsteuer	Umsatzsteuer = Betriebseinnahme, Vorsteuer = Betriebsausgabe; das Gleiche gilt für die Zahlungen ans Finanzamt bzw. für Erstattungen	Umsatzsteuer, Vorsteuer sowie Zahlungen/Erstattungen sind als durchlaufende Posten neutral zu behandeln
jahresübergreifende Abgrenzungen	für wiederkehrende Einnahmen und Ausgaben ist die 10-Tages-Regelung zu beachten, Rückstellungen gibt es nicht	generelle Zuordnung, d. h. Erträge und Aufwendungen sind in dem Jahr zu berücksichtigen, in dem sie wirtschaftlich begründet sind

---

1   mehr zum Thema Anlagevermögen siehe Kapitel 4.4.2
2   siehe Kapitel 4.5 Betriebseinnahmen und -ausgaben sowie unentgeltliche Wertabgaben

Das Formular zur EÜR

Wird der Gewinn durch EÜR ermittelt, muss der Steuerpflichtige eine Gewinnermittlung auf dem amtlich vorgeschriebenen Vordruck ans Finanzamt übermitteln (§ 60 Abs. 4 EStDV). Darauf kann verzichtet werden, wenn die Betriebseinnahmen unter der Grenze von 17.500,00 € liegen. In diesem Fall kann dem Finanzamt eine formlose Gewinnermittlung eingereicht werden.[1]

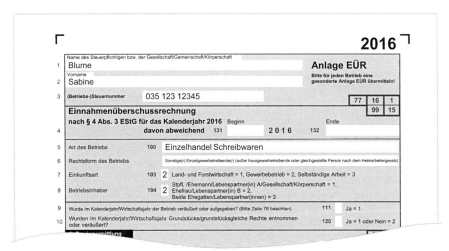

Abb.: Anlage EÜR (Quelle: http://www.bundesfinanzministerium.de)

4.3.4 Wechsel der Gewinnermittlungsart

Einzelkaufleute werden von den Buchführungs- und Bilanzierungsvorschriften des Handelsgesetzbuches befreit (§ 241a HGB), wenn sie

- im Jahr der Gründung oder
- in zwei aufeinanderfolgenden Geschäftsjahren

höchstens einen Gewinn von 60.000,00 € und einen Umsatz von 600.000,00 € ausweisen.

Dies gilt selbst für Einzelkaufleute, die sich freiwillig im Handelsregister haben eintragen lassen. Diese Erleichterung regt viele Kaufleute zu der Überlegung an, einen Wechsel der Gewinnermittlungsart vorzunehmen. Da es sich hierbei allerdings um eine handelsrechtliche Regelung handelt, sind die Auswirkungen auf die steuerrechtliche Buchführungspflicht zu prüfen, denn: Entfällt die handelsrechtliche Buchführungs- und Bilanzierungspflicht, findet § 140 AO keine Anwendung mehr.

Hat der Gewerbetreibende die Grenzen des § 141 AO überschritten, d. h. der Gewinn beträgt mehr als 60.000 € oder der Umsatz mehr als 600.000,00 €, so ist der Unternehmer – unabhängig von den Vorschriften des HGB – allein schon aus steuerlicher Sicht buchführungs- und bilanzierungspflichtig. Hat der Unternehmer bisher eine EÜR beim Finanzamt eingereicht und die Grenzen des § 141 AO überschritten, muss er nicht eigenständig zur Bilanz übergehen. Die Buchführungs- und Bilanzierungspflicht tritt erst nach der schriftlichen Aufforderung des Finanzamtes und frühestens mit Beginn des Wirtschaftsjahres ein, das auf den Zeitpunkt der Aufforderung folgt.

---

[1] ausführliche Informationen zur EÜR finden Sie im Lehrbuch „Einnahmen-Überschussrechnung" von Doris Carius (Verlag EduMedia, ISBN: 978-386718-598-1)

Der Übergang von der EÜR zur Bilanz

Beim Übergang von der Gewinnermittlung mit Einnahmen-Überschussrechnung zur Ermittlung durch eine Bilanz muss gewährleistet sein, dass Einnahmen und Ausgaben bzw. Erträge und Aufwendungen weder doppelt angesetzt noch unberücksichtigt bleiben. Der Übergang macht eine Gewinnberichtigung erforderlich; es ist ein Übergangsgewinn (Saldo aus Zu- und Abrechnungen) zu ermitteln. Zur Vermeidung von Härten (= hohe Steuerbelastungen) kann der Steuerpflichtige beantragen, dass der Übergangsgewinn gleichmäßig verteilt wird - entweder auf das Jahr des Übergangs und das folgende Jahr oder auf das Jahr des Übergangs und die folgenden beiden Jahre. Wird der Betrieb vor Ablauf des Verteilungszeitraums veräußert oder aufgegeben, erhöhen die noch nicht berücksichtigten Beträge den laufenden Gewinn des letzten Wirtschaftsjahres (R 4.6 EStR).

Wechselt ein Unternehmer freiwillig von der EÜR zur Bilanz und beantragt die Verteilung des Übergangsgewinns auf drei Jahre, kann er nicht ohne besonderen Grund nach einem oder zwei Jahren wieder zur EÜR wechseln. Es gibt an dieser Stelle zwar keine gesetzliche Regelung, aber der BFH besteht auf einer zeitlichen Bindung, zumindest während des beantragten Verteilungszeitraumes für den Übergangsgewinn.

Beispiel
Übergangsgewinn
EÜR zu Bilanz

Frau Ulrike Schleder führt seit Jahren einen Souvenir-Laden und hat bisher ihre Gewinne mittels EÜR ermittelt. Da sie in 2016 die Gewinngrenze des § 141 AO überschritten hat, wurde sie am 28.02.2017 vom Finanzamt aufgefordert, den Gewinn ab dem 01.01.2018 durch Betriebsvermögensvergleich zu ermitteln. Für das Jahr 2016 reicht Ulrike Schleder eine EÜR beim Finanzamt ein, in der alle in 2016 vereinnahmten und verausgabten Beträge berücksichtigt sind.

Aufgrund des Übergangs zur Bilanz muss Frau Schleder zum 01.01.2017 eine Eröffnungsbilanz erstellen und anschließend den Übergangsgewinn berechnen. Sie stellt folgende Werte zusammen:

Eröffnungsbilanz 01.01.2018			
Anlagevermögen		**Eigenkapital**	35.916,00 €
BGA	13.195,00 €		
Pkw	12.000,00 €	**Verbindlichkeiten**	
Umlaufvermögen		Verbindlichkeiten aLL	3.477,60 €
Warenbestand	15.130,80 €	Umsatzsteuer IV/16	1.333,20 €
Forderungen aLL	3.250,00 €	Bank	2.999,00 €
Kasse	150,00 €		
	43.725,80 €		43.725,80 €

Berechnung des Übergangsgewinns:

Bilanzpositionen	Bilanzwert	Übergangsgewinn
BGA	13.195,00 €	0,00 €
Pkw	12.000,00 €	0,00 €
Warenbestand	15.130,80 €	Hinzurechnung: 15.130,80 €
Forderungen aLL	3.250,00 €	Hinzurechnung: 3.250,00 €
Kassenbestand	150,00 €	0,00 €
Bankverbindlichkeit	2.999,00 €	0,00 €
Verbindlichkeiten aLL	3.477,60 €	Kürzung: 3.477,60 €
Umsatzsteuer IV/2016	1.333,20 €	Kürzung: 1.333,20 €
Eigenkapital	35.916,00 €	0,00 €
Übergangsgewinn		**13.570,00 €**

Da der Übergang von EÜR zu Bilanz am 01.01.2017 erfolgte, wird der Übergangsgewinn in der Einkommen- und Gewerbesteuererklärung 2017 berücksichtigt. Alternativ kann Frau Schleder den Übergangsgewinn verteilen: zur Hälfte in 2017 und 2018 oder jeweils zu einem Drittel in den Jahren 2017, 2018 und 2019.

Der Übergang von der Bilanz zur EÜR

Sofern der Gewerbetreibende die Voraussetzungen erfüllt und vom Betriebsvermögensvergleich zur Einnahmen-Überschussrechnung wechselt, ist genauso wie im umgekehrten Fall ein Übergangsgewinn zu ermitteln.

Beispiel
Übergangsgewinn
Bilanz zu EÜR

Ulrike Schleder führt seit Jahren einen Souvenir-Laden und war bisher bilanzierungspflichtig. In den Jahren 2015 und 2016 unterschreitet sie die Buchführungsgrenzen und möchte daher ab 2017 eine EÜR beim Finanzamt einreichen.

Schlussbilanz 31.12.2016

Anlagevermögen		Eigenkapital	35.916,00 €
BGA	13.195,00 €		
Pkw	12.000,00 €	**Verbindlichkeiten**	
Umlaufvermögen		Verbindlichkeiten aLL	3.477,60 €
Warenbestand	15.130,80 €	Umsatzsteuer IV/16	+ 1.333,20 €
Forderungen aLL	3.250,00 €	Bank	2.999,00 €
Kasse	150,00 €		
	43.725,80 €		43.725,80 €

Bilanzpositionen	Bilanzwert	Übergangsgewinn
BGA	13.195,00 €	0,00 €
Pkw	12.000,00 €	0,00 €
Warenbestand	15.130,80 €	Kürzung: 15.130,80 €
Forderungen aLL	3.250,00 €	Kürzung: 3.250,00 €
Kassenbestand	150,00 €	0,00 €
Bankverbindlichkeit	2.999,00 €	0,00 €
Verbindlichkeiten aLL	3.477,60 €	Hinzurechnung: 3.477,60 €
Umsatzsteuer IV/2016	+ 1.333,20 €	0,00 €
Eigenkapital	35.916,00 €	0,00 €
Übergangsverlust		**- 14.903,20 €**

Hier wird deutlich, dass sich beim Wechsel der Gewinnermittlungsart auch ein Übergangsverlust ergeben kann.

4.3.5 Gewinnermittlungszeitraum

§ 4a Abs. 1 EStG

Bei Gewerbetreibenden, die im Handelsregister eingetragen sind, ist der Gewinn nach dem Wirtschaftsjahr zu ermitteln (§ 4a Abs. 1 EStG). Dies ist der Zeitraum, für den Firmen regelmäßig Abschlüsse erstellen - also in der Regel das Kalenderjahr. Die Umstellung des Wirtschaftsjahres auf einen vom Kalenderjahr abweichenden Zeitraum ist steuerlich nur wirksam, wenn sie im Einvernehmen mit dem Finanzamt vorgenommen wird. Liegt ein solches vor, gilt der Gewinn des Wirtschaftsjahres als in dem Kalenderjahr bezogen, in dem das Wirtschaftsjahr endet.

Beispiel
Gewinnermittlungszeitraum

> Das Wirtschaftsjahr des Hotelbesitzers Westheim läuft vom 1. Mai bis 30. April des Folgejahres. Der Gewinn aus dem Wirtschaftsjahr 01.05.2015-30.04.2016 wird bei der Einkommensteuer-Veranlagung 2016 und der Gewinn aus dem Wirtschaftsjahr 01.05.2016-30.04.2017 bei der Veranlagung 2017 berücksichtigt.

Bei anderen Gewerbetreibenden und selbstständig Tätigen ist für die Gewinnermittlung das Kalenderjahr maßgebend.

4.4 Ermittlung der Bemessungsgrundlage II: Bewertung des Betriebsvermögens

Zum Betriebsvermögen gehören sämtliche Wirtschaftsgüter, die aus einer betrieblichen Veranlassung heraus angeschafft, hergestellt oder vom Unternehmer eingelegt wurden. Das Betriebsvermögen umfasst das Anlage- und Umlaufvermögen, aber auch die Schulden, die das Vermögen entsprechend mindern. Vereinfacht dargestellt kann man sagen, dass der Wert des Betriebsvermögens mit dem in der Bilanz ausgewiesenen Eigenkapital zu vergleichen ist.

4.4.1 Grundlagen für die Bewertung

Basierend auf dem Maßgeblichkeitsgrundsatz sind die allgemeinen Bewertungsgrundsätze nach § 252 Abs. 1 HGB auch für die Steuerbilanz gültig. Es handelt sich dabei um:

- **Grundsatz der Bilanzidentität**
  Die Wertansätze in der Eröffnungsbilanz des Geschäftsjahres müssen mit denen der Schlussbilanz des vorhergehenden Geschäftsjahres übereinstimmen.
- **Grundsatz der Fortführung der Unternehmenstätigkeit**
  Bei der Bewertung ist von der Fortführung der Unternehmenstätigkeit auszugehen, sofern dem nicht tatsächliche oder rechtliche Gegebenheiten entgegenstehen.
- **Grundsatz der Einzelbewertung**
  Die Vermögensgegenstände und Schulden sind zum Abschlussstichtag einzeln zu bewerten.
- **Grundsatz der Vorsicht**
  Es ist „vorsichtig" zu bewerten, d. h. es sind namentlich alle vorhersehbaren Risiken und Verluste, die bis zum Abschlussstichtag entstanden sein könnten, zu berücksichtigen, selbst wenn diese erst zwischen dem Abschlussstichtag und dem Tag der Aufstellung des Jahresabschlusses bekannt geworden sind; Gewinne sind nur zu berücksichtigen, wenn sie am Abschlussstichtag realisiert wurden.

- **Grundsatz der periodengerechten Abgrenzung**
 Aufwendungen und Erträge des Geschäftsjahres sind unabhängig von den Zeitpunkten der tatsächlichen Zahlungen im Jahresabschluss zu berücksichtigen.
- **Grundsatz der Stetigkeit von Bewertungsmethoden**
 Die auf den vorhergehenden Jahresabschluss angewandten Bewertungsmethoden sind beizubehalten.

Über die Maßgaben des HGB hinaus sind für die Bewertung des Betriebsvermögens von Gewerbetreibenden im Rahmen der Steuerbilanz auch die §§ 5 bis 7k EStG zu beachten.

4.4.2 Bewertung des Anlagevermögens

Zum Anlagevermögen gehören die Vermögensgegenstände, die dazu bestimmt sind, dem Betrieb dauerhaft zu dienen (§ 247 Abs. 2 HGB). Ausschlaggebend für die Zuordnung eines Gegenstandes zum Anlagevermögen ist seine Zweckbestimmung am jeweiligen Bilanzstichtag. So gehört eine im Betrieb selbst hergestellte Maschine zum Anlagevermögen, wenn sie dem Produktionsprozess dient. Für die Bewertung des Anlagevermögens unterscheidet das Handelsrecht zudem gemäß § 253 Abs. 3 HGB zwischen Vermögensgegenständen, deren Nutzung zeitlich

Anlagevermögen nach Handelsrecht

- **begrenzt** oder
- **unbegrenzt** ist.

Die steuerrechtliche Differenzierung erfolgt gemäß § 6 Abs. 1 Nr. 1 u. 2 EStG in abnutzbare und nicht abnutzbare Wirtschaftsgüter des Anlagevermögens (siehe unten).

Die Definition der Anlagegüter ist auch für die Steuerbilanz maßgebend (R 6.1 Abs. 1 EStR). Gemäß der Gliederungsvorschrift des HGB und den Hinweisen der EStR lassen sich Finanzanlagen, Sachanlagen und immaterielle Wirtschaftsgüter des Anlagevermögens wie folgt unterscheiden:

Anlagevermögen nach Steuerrecht

Anlagevermögen			
Immat. Wirtschaftsgüter	**Sachanlagen**		**Finanzanlagen**
§ 6 Abs. 1 Nr. 1 EStG	§ 6 Abs. 1 Nr. 1 EStG	§ 6 Abs. 1 Nr. 2 EStG	§ 6 Abs. 1 Nr. 2 EStG
z. B. entgeltlich erworbene - Konzessionen - Lizenzen - Patente - Software - Firmenwert	z. B. - Gebäude - technische Anlagen - Maschinen - Betriebs- und Geschäftsausstattung	z. B. - unbebaute Grundstücke - Anteil am Grund und Boden bebauter Grundstücke	z. B. - Anteile an verbundenen Unternehmen - Beteiligungen - Wertpapiere - Ausleihungen

Abnutzbare und nicht abnutzbare Anlagegüter

Zum abnutzbaren Anlagevermögen gehören immaterielle Vermögensgegenstände und bewegliche sowie unbewegliche Sachanlagen, deren Nutzung zeitlich begrenzt ist (vgl. R 7.1 EStR). Die Abnutzung dieses Anlagevermögens kann sowohl durch technische als auch durch wirtschaftliche Abnutzung bedingt sein. Eine technische Abnutzung liegt bei jeder Minderung der Gebrauchsfähigkeit durch Verschleiß infolge der Nutzung oder natürlicher Einflüsse vor. Die wirtschaftliche Abnutzung entsteht vor allem durch Veralterung oder sonstige objektiv feststellbare Wertminderung eines Wirtschaftsgutes.

abnutzbare Anlagegüter

Technisch bedingte Abnutzung	Wirtschaftlich bedingte Abnutzung
■ Gebrauchsverschleiß durch Nutzung ■ natürlicher Verschleiß durch Witterung, Rostfraß ■ Schadensfälle durch höhere Gewalt	■ Rechtsablauf durch Verträge ■ Entwertung durch Abbruch ■ Nachfrageänderung ■ technischer Fortschritt

nicht abnutzbare Anlagegüter

Zum nicht abnutzbaren Anlagevermögen zählen z. B. Grund und Boden sowie Grundstücke ohne aufstehende Gebäude und Finanzanlagen. Betrieblich genutzte Grundstücke sind regelmäßig Anlagevermögen, im Falle des gewerblichen Grundstückshandels zählen sie zum Umlaufvermögen.

Bewertungsmaßstäbe für Anlagegüter

Für die Bewertung der einzelnen Wirtschaftsgüter, die als Betriebsvermögen anzusetzen sind, gelten folgende Bewertungsmaßstäbe (§ 6 Abs. 1 Nr. 1 EStG):

- die Anschaffungs- oder Herstellungskosten[1] (kurz AK oder HK) oder der an deren Stelle tretende Wert
- die fortgeführten Anschaffungs- oder Herstellungskosten (abzüglich der Abschreibungen) sowie ggf. Abzüge gemäß § 6b EStG; sie sind identisch mit den in der Bilanz ausgewiesenen Restbuchwerten
- der Teilwert

Auf die Anschaffungs- und Herstellungskosten sowie auf den Teilwert wird im Folgenden näher eingegangen.

Anschaffungskosten

Zu den **Anschaffungskosten** gehören sowohl handels- als auch steuerrechtlich alle Aufwendungen, die nötig sind, um ein Wirtschaftgut zu erwerben und in Betrieb zu nehmen. So genannte Anschaffungskostenminderungen wie Rabatte oder Boni sind von den Anschaffungskosten abzusetzen. Soweit die Umsatzsteuer nach § 15 UStG nicht abziehbar ist, gehört auch diese zu den Anschaffungskosten (§ 9b EStG). Werden Subventionen oder Zuschüsse für Wirtschaftsgüter gewährt, die dem Anlagevermögen zugeführt werden, können diese entweder an den Anschaffungskosten gekürzt oder als Einnahmen gebucht werden. Nicht zu den Anschaffungskosten gehören Geldbeschaffungskosten, wie z. B. die Grundschuldeintragung zur Finanzierung eines Grundstückes. Für Wirtschaftsgüter sowie Gebäude bzw. Grund und Boden werden die Anschaffungskosten wie folgt berechnet:

	AK allgemeiner Wirtschaftsgüter	AK von Gebäude / Grund und Boden
Kaufpreis	inkl. Aufwand für Sonderausstattungen	lt. Kaufvertrag
+ Anschaffungsnebenkosten	z. B. Transportkosten, Verpackungskosten, Montagekosten	z. B. Grunderwerbsteuer, Maklergebühren, Notarkosten für Kaufvertrag, Aufwendungen für die Grundbucheintragung
- Anschaffungskostenminderungen	z. B. Skonti, Rabatte, Boni, sonstige Preisnachlässe	
= Anschaffungskosten (AK)		

---

[1] gesetzliche Grundlagen: § 255 HGB; §§ 5 und 6 EStG; R 5.5 EStR, R 6.1 EStR, R 6.3 EStR

Basis: Ermittlung der Bemessungsgrundlage II: Bewertung des Betriebsvermögens

Beispiel 1
Anschaffungskosten
VSt-abzugsberechtigt

Der vorsteuerabzugsberechtigte Schlossermeister Stahl erwirbt einen Profi-Schweißapparat und erhält folgende Rechnung:

Kaufpreis	1.200,00 €
Fahrtkosten für Anlieferung	150,00 €
Lehrgang für Mitarbeiter zum Bedienen des Gerätes	200,00 €
netto	1.550,00 €
+ 19 % USt	294,50 €
Rechnungsbetrag	**1.844,50 €**

Da Schlossermeister Stahl den Rechnungsbetrag innerhalb von 8 Tagen überweist, zieht er ein Skonto in Höhe von 3% des Rechnungsbetrages.

Die Anschaffungskosten berechnen sich wie folgt:

Kaufpreis	1.200,00 €
+ Anschaffungsnebenkosten (Fahrtkosten)	150,00 €
− Anschaffungskostenminderung (Skonto)	36,00 €
= **Anschaffungskosten**	**1.314,00 €**

Da Schlossermeister Stahl vorsteuerabzugsberechtigt ist, gehört die Vorsteuer nicht zu den Anschaffungskosten. Die Kosten für den Lehrgang werden ebenfalls nicht berechnet, da das Schweißgerät ohne diesen in Betrieb genommen werden kann.

Beispiel 2
Anschaffungskosten
nicht VSt-abzugsberechtigt

Der Augenarzt Dr. Süß erwirbt ein Diagnosegerät und erhält folgende Rechnung:

Kaufpreis	6.000,00 €	
Anlieferung und Aufbau - pauschal	200,00 €	6.200,00 €
+19 % USt		1.178,00 €
= **Rechnungsbetrag**		**7.378,00 €**

Die Vorsteuer gehört zu den Anschaffungskosten, da Dr. Süß aufgrund seiner steuerfreien Umsätze nicht vorsteuerabzugsberechtigt ist.

Beispiel 3
Anschaffungskosten
Firmenwert

Der Schlossermeister Stahl erhält das Angebot, eine im Nachbarort befindliche Schlosserei aufzukaufen, da der Besitzer sich zur Ruhe setzen will. Herr Stahl übernimmt den gesamten Betrieb, den Kundenstamm, das Vermögen und die Schulden. Stahl und der bisherige Besitzer einigen sich auf einen Kaufpreis von 120.000,00 €.

Im Kaufpreis sind enthalten:

Anlagegüter	60.300,00 €
Forderungen a.L.L.	8.700,00 €
Bankguthaben	4.400,00 €
= Summe Vermögen	73.400,00 €
− Verbindlichkeiten a.L.L.	3.400,00 €
= Übernahme Vermögen / Schulden	70.000,00 €

Der im Kaufpreis enthaltene Firmenwert berechnet sich wie folgt:

Kaufpreis	120.000,00 €
− Vermögens- und Schuldpositionen	70.000,00 €
= **Firmenwert**	**50.000,00 €**

↳ abschreibbar auf 15 Jahre

Anschaffungskosten bei Gebäuden

Beim Kauf eines Gebäudes sind die Anschaffungskosten getrennt zu ermitteln - einerseits für den Grund und Boden, andererseits für den Gebäudeteil. Dieser Schritt ist notwendig, da bei der Abschreibung lediglich der Gebäudeteil berücksichtigt werden kann (zur Abschreibung von Gebäuden siehe Kapitel "Lineare Gebäudeabschreibung" Seite 151).

Beispiel Anschaffungskosten Gebäude

Der Schlossermeister Stahl erwirbt im Jahr 2017 ein Betriebsgebäude. Ihm entstehen folgende Aufwendungen:

Kaufpreis	360.000,00 €
Grunderwerbsteuer (5 % von 360.000,00 €)	18.000,00 €
Notarkosten für den Kaufvertrag und die Grundbucheintragung 6.000,00 € zzgl. 19 % USt (1.140,00 €)	7.140,00 €
Gebühren Amtsgericht für die Grundbucheintragung	260,00 €
	385.400,00 €

Der Anteil des Grund und Boden wird mit 20 % geschätzt.

Bevor Schlossermeister Stahl das Gebäude beziehen kann, sind erhebliche Renovierungsarbeiten daran erforderlich, u. a. muss das Dach erneuert werden. Er investiert dafür 120.000,00 € zzgl. 19 % USt (22.800,00 €) = 142.800,00 €.

Die Anschaffungskosten für das Betriebsgebäude berechnen sich wie folgt:

	Anteil Gebäude 80 %	Anteil Grund + Boden 20 %
Kaufpreis	288.000,00 €	72.000,00 €
+Grunderwerbsteuer	14.400,00 €	3.600,00 €
+Notarkosten netto	4.800,00 €	1.200,00 €
+Gebühren Amtsgericht für Grundbucheintragung	208,00 €	52,00 €
+Renovierungskosten netto	120.000,00 €	
=Anschaffungskosten	**427.408,00 €**	**76.852,00 €**

Herstellungskosten

Herstellungskosten fallen für Vermögensgegenstände an, die im eigenen Betrieb erstellt werden, z. B. für die Selbstnutzung bestimmte Maschinen oder Anlagen, Werkzeuge oder Gebäude. Zu den Kosten zählen alle Aufwendungen, die für die Herstellung der Wirtschaftsgüter durch den Verbrauch von Gütern und in Anspruch genommene Dienste entstehen. Steuerrechtlich ist eine Aktivierung der Herstellungskosten nur bei Sachanlagen möglich, nicht bei immateriellen Wirtschaftsgütern. Welche Aufwendungen im Einzelnen handels- bzw. steuerrechtlich zu den Herstellungskosten gerechnet werden können oder müssen, ist der folgenden Gegenüberstellung zu entnehmen[1].

Herstellungskosten	Handelsrecht	Steuerrecht
Materialeinzelkosten, direkt zurechenbare Roh-, Hilfs- und Betriebsstoffe	Pflicht	Pflicht
Fertigungseinzelkosten Fertigungslöhne inkl. aller Zuschläge und gesetzlicher und tariflicher Sozialaufwendungen, die im Rahmen der Produktion anfallen und dem Produkt direkt zuzurechnen sind	Pflicht	Pflicht
Sondereinzelkosten der Fertigung Aufwendungen, die einem Vermögensgegenstand direkt zugerechnet werden können, z. B. Lizenzgebühren, Planungs- und Entwurfskosten, Spezialwerkzeuge, Materialprüfungskosten	Pflicht	Pflicht
Notwendige Material- und Fertigungsgemeinkosten[a] Anteilige Aufwendungen, die indirekt mit der Fertigung in Verbindung stehen, z. B. Lagerhaltung, Transport und Prüfung des Fertigungsmaterials, Vorbereitung und Kontrolle der Fertigung, Kosten für Werkzeuglager, Betriebsleitung, Raumkosten, Sachversicherungen sowie Leistungen für das Lohnbüro, sofern dort Löhne und Gehälter für Arbeitnehmer abgerechnet werden, die in der Fertigung tätig sind	Pflicht	Pflicht

---

1 Basis der tabellarischen Gegenüberstellung: § 255 Abs. 2 HGB; R 6.3 EStR

Basis: Ermittlung der Bemessungsgrundlage II: Bewertung des Betriebsvermögens

Herstellungskosten	Handelsrecht	Steuerrecht
Wertverzehr des Anlagevermögens[a], soweit er der Fertigung gedient hat. Es ist grundsätzlich der Betrag anzusetzen, der bei der Bilanzierung der betroffenen Anlagegegenstände als Abschreibungsbetrag vorgesehen ist.	Pflicht	Pflicht
= handelsrechtliche Wertuntergrenze		
Verwaltungsgemeinkosten[a], z. B. Aufwendungen für Personalbüro, Geschäftsleitung, Rechnungswesen, Einkauf	Wahlrecht	Pflicht[b]
Aufwendungen für soziale Einrichtungen des Betriebs, freiwillige soziale Leistungen und betriebliche Altersversorgung[a], z. B. Jubiläumsgeschenke, Weihnachtszuwendungen, Beteiligung der Arbeitnehmer am Ergebnis, Aufwendungen für Direktversicherungen, Zuschüsse zu Pensions- und Unterstützungskassen	Wahlrecht	Pflicht[b]
= steuerrechtliche Wertuntergrenze		
Zinsen für Fremdkapital, das zur Finanzierung der Herstellung verwendet wird, soweit sie auf den Zeitraum der Herstellung entfallen.	Wahlrecht	Wahlrecht[c]
= handels- und steuerrechtliche Wertobergrenze		
Forschungs- und Vertriebskosten	Verbot	Verbot
Sonstige Finanzierungskosten, mit Ausnahme der Zinsen für Fremdkapital (siehe oben)	Verbot	Verbot

a. Diese Aufwendungen dürfen nur berücksichtigt werden, wenn sie im Zeitraum der Herstellung anfallen.
b. Nach R 6.3 Abs. 1 EStR besteht für Verwaltungsgemeinkosten, angemessene Aufwendungen für soziale Einrichtungen des Betriebes, freiwillige soziale Leistungen und die betriebliche Altersversorgung in der Steuerbilanz ein Aktivierungsgebot. Gemäß BMF-Schreiben vom 25.03.2013 (BStBl I, S. 296) kann bis zur Verifizierung des damit verbunden Erfüllungsaufwandes, spätestens aber bis zu einer Neufassung der EStR bei der Ermittlung der Herstellungskosten, nach der R 6.3 Abs. 4 EStR 2008 verfahren werden.
c. Wurden handelsrechtlich Fremdkapitalzinsen in die Herstellungskosten einbezogen, sind sie gem. § 5 Abs. 1 Satz 1 erster Halbsatz EStG auch in der steuerlichen Gewinnermittlung als Herstellungskosten zu behandeln.

Werden für die Herstellung eines Wirtschaftsgutes Subventionen oder Zuschüsse in Anspruch genommen, können diese mit den Herstellungskosten verrechnet oder als Ertrag gebucht werden.

> **Beispiel Herstellungskosten**
>
> Der Fabrikant Müller strebt für das laufende Wirtschaftsjahr einen möglichst niedrigen Gewinn an und stellt selbst eine Maschine zur Werkzeugherstellung her. Folgende Kosten fielen dafür an:
>
> Materialeinzelkosten 5.600,00 €, Materialgemeinkosten 1.200,00 €, Fertigungseinzelkosten 3.900,00 €, Fertigungsgemeinkosten 3.120,00 €, Vertriebskosten 1.200,00 €, Verwaltungskosten 2.900,00 €.
>
> Unter Berücksichtigung eines niedrigen Gewinnausweises berechnen sich die Herstellungskosten wie folgt:
>
> | | | |
> |---|---|---|
> | Materialeinzelkosten | 5.600,00 € | |
> | + Materialgemeinkosten | 1.200,00 € | |
> | = Materialkosten | | 6.800,00 € |
> | Fertigungseinzelkosten | 3.900,00 € | |
> | + Fertigungsgemeinkosten | 3.120,00 € | |
> | = Fertigungskosten | | 7.020,00 € |
> | **Herstellungskosten nach Handelsrecht** | | **13.820,00 €** |
> | + Verwaltungskosten | 2.900,00 € | |
> | **Wertuntergrenze Herstellungskosten nach Steuerrecht** | | **16.720,00 €** |

4 Basis: Ermittlung der Bemessungsgrundlage II: Bewertung des Betriebsvermögens

Teilwert

Der **Teilwert** ist der Betrag für ein einzelnes Wirtschaftsgut, den man bei Erwerb des gesamten Betriebes im Rahmen des Gesamtkaufpreises ansetzen würde; dabei ist davon auszugehen, dass der Erwerber den Betrieb fortführt. Die Ermittlung des Teilwertes in seiner Eigenschaft als Bewertungsmaßstab erfolgt nach Schätzung, weshalb man auch von einer **Teilwertvermutung** spricht. Dabei geht man davon aus, dass der Betrieb als Ganzes an einen Dritten veräußert würde. Zur Ermittlung des Teilwertes gelten folgende Teilwertvermutungen, die im Einzelfall vom Unternehmer widerlegt werden können (R.6.7, 6.8 EStR):

- Zum Zeitpunkt des Erwerbs oder der Fertigstellung eines Wirtschaftsgutes entspricht der Teilwert den Anschaffungs- oder Herstellungskosten.
- Bei nicht abnutzbaren Wirtschaftsgütern entspricht der Teilwert den Anschaffungs- oder Herstellungskosten - auch zu späteren Bewertungsstichtagen, die dem Zeitpunkt der Anschaffung oder Herstellung folgen.
- Bei abnutzbaren Anlagegütern entspricht der Teilwert zu späteren, dem Zeitpunkt der Anschaffung oder Herstellung folgenden Bewertungsstichtagen, den Anschaffungs- und Herstellungskosten, vermindert um die lineare Abschreibung.

Ändern sich die Preise, ist nicht von den Anschaffungs- und Herstellungskosten, sondern von den Wiederbeschaffungskosten auszugehen.

Beispiel Teilwert

Der Schlossermeister Stahl beabsichtigt, seinem Sohn den Betrieb zum 01.01.2018 zu übertragen. Im Rahmen der Bewertung steht an, für zwei Maschinen den Teilwert auf den 31.12.2017 zu ermitteln.

1. Maschine: Die Maschine wurde am 28.12.2017 für netto 12.000,00 € erworben. Aufgrund der Anschaffungsnähe beträgt der Teilwert 12.000,00 €.

2. Maschine: Die Maschine wurde am 27.06.2015 für 10.900,00 € netto erworben (Nutzungsdauer: 8 Jahre, lineare Abschreibung). Neben der linearen Abschreibung wurde im ersten Jahr eine Sonderabschreibung mit 20 % vorgenommen, die hier zu berücksichtigen ist. Es ergibt sich zum 31.12.2017 ein Restbuchwert in Höhe von 5.199,00 €:

Anschaffungskosten	10.900,00 €
- Sonder-AfA mit 20 %	2.180,00 €
- lineare AfA 2015 (7/12)	795,00 €
- lineare AfA 2016	1.363,00 €
- lineare AfA 2017	1.363,00 €
= **RBW zum 31.12.2017**	**5.199,00 €**

Der Teilwert beträgt unter Anwendung der Teilwertvermutung (R 6.7 EStR):

Anschaffungskosten	10.900,00 €
- lineare Abschreibung	3.521,00 €
= **Teilwert**	**7.379,00 €**

Bewertungsmaßstäbe für Finanzanlagen

Aufgrund des Maßgeblichkeitsgrundsatzes (§ 5 Abs. 1 EStG) sind die Finanzanlagen - sofern keine steuerlichen Besonderheiten zu berücksichtigen sind - mit dem handelsrechtlichen Wert zu bilanzieren. Da sie zu den nicht abnutzbaren Gegenständen zählen, sind sie mit den Anschaffungskosten zu aktivieren. Ist der Teilwert auf Grund einer voraussichtlich dauernden Wertminderung niedriger, kann dieser angesetzt werden (§ 6 Abs. 1 Nr. 2 EStG). Wurde zulässigerweise eine Teilwertabschreibung vorgenommen, muss sie im Fall einer Wertsteigerung rückgängig gemacht werden (= Wertaufholungsgebot); die Höchstgrenze liegt bei den tatsächlichen Anschaffungskosten.

Beispiel Bewertung Finanzanlagen

Die Peter und Paul Zimmermann OHG hatte ein sehr erfolgreiches Wirtschaftsjahr. Die Unternehmer beschlossen, sich an der MöbelASS GmbH zu beteiligen und erwarben Geschäftsanteile in Höhe von 20 % vom Stammkapital (Wert: 80.000,00 €). Die Beteiligung wurde mit den Anschaffungskosten in Höhe der 80.000,00 € in der Bilanz aktiviert.

4.4.3 Bewertung des Umlaufvermögens

Als Umlaufvermögen sind nur Gegenstände in der Bilanz auszuweisen, die dazu bestimmt sind, veräußert, verarbeitet oder verbraucht zu werden (R 6.1 Abs. 2EStR). Es werden also nur die Vermögensteile erfasst, die dem Geschäftsbetrieb nicht dauerhaft dienen.

Die jeweilige Zweckbestimmung eines Gegenstandes des Umlaufvermögens muss anhand objektiver Merkmale nachvollziehbar sein, wie z. B. die Art des Wirtschaftsgutes, Art und Dauer der Verwendung oder die Art des Unternehmens. So sind die Kraftfahrzeuge eines Kfz-Handels regelmäßig Umlaufvermögen, wohingegen die Vorführwagen zum Anlagevermögen zählen.

Gemäß dem Gliederungsschema der Bilanz lassen sich folgende vier Gruppen des Umlaufvermögens unterscheiden (§ 266 Abs. 2 HGB):

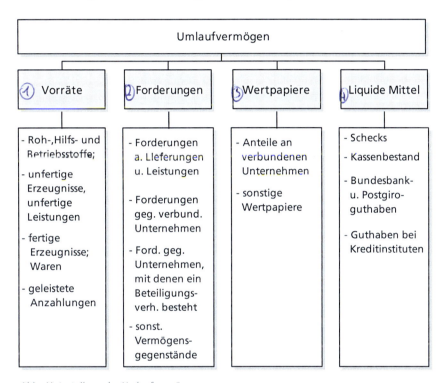

Abb.: Unterteilung des Umlaufvermögens

Ausgangspunkte für die Bewertung des Umlaufvermögens sind ebenfalls die Anschaffungs- und Herstellungskosten, die gleichzeitig die Bewertungsobergrenze gemäß § 6 Abs. 1 Nr. 2, 2a EStG bilden. Darüber hinaus gilt für die Bewertung des Umlaufvermögens das strenge Niederstwertprinzip. Danach ist handelsrechtlich der - verglichen mit den Preisen auf dem Wirtschaftsmarkt - niedrigere Wert (Börsen-, Marktpreis) anzusetzen, selbst wenn die Wertminderung nicht von Dauer ist.

Niederstwertprinzip

Dabei werden ...

- noch nicht realisierte Verluste aus Vorsichtsgründen bereits erfasst und
- noch nicht realisierte Gewinne nicht ausgewiesen.

Bei dieser ungleichen Behandlung spricht man vom Imparitätsprinzip.

Imparitätsprinzip (HR)

Steuerrechtlich darf der niedrigere Teilwert nur aufgrund einer voraussichtlich dauernden Wertminderung angesetzt werden (§ 6 Abs. 1 Nr. 2 EStG). Der niedrigere Wertansatz darf sowohl handels- als auch steuerrechtlich nicht beibehalten werden, wenn die Gründe dafür nicht mehr bestehen. Man spricht hier von einem Wertaufholungsgebot.

Wertaufholungsgebot (StR)

Bewertung von Vorräten

Auch bei der Bewertung von Vorräten bildet die Handelsbilanz die Grundlage für die Steuerbilanz. Typische Abweichungen liegen vor, wenn aufgrund einer vorübergehenden Wertminderung handelsrechtlich ein niedriger Wertansatz erfolgt, der nach Steuerrecht nicht erlaubt ist. Generell gilt für Vorräte die Einzelbewertung gemäß § 252 Abs. 1 HGB (siehe Seite 126). Steuerpflichtige, die ihren Gewinn gemäß § 5 EStG ermitteln, können - sofern es den Grundsätzen einer ordnungsgemäßen Buchführung entspricht - bei der Bewertung der im Vorratsvermögen gehaltenen gleichartigen Wirtschaftsgüter davon ausgehen, dass die zuletzt angeschafften oder hergestellten Wirtschaftsgüter zuerst verbraucht oder veräußert wurden (= LiFo-Verfahren: Last in - First out). Bewertet der Steuerpflichtige seine Vorräte in einem gegebenen Wirtschaftsjahr nach diesem LiFo-Verfahren, kann er in den folgenden Wirtschaftsjahren nur mit Zustimmung des Finanzamts davon abweichen.

In Ausnahmefällen kann neben der Einzelbewertung auch die Fest- oder Durchschnittsbewertung angewandt werden.

Festbewertung

Wirtschaftsgüter mit gleichbleibender Menge und gleichbleibendem Wert können mit einem entsprechend gebildeten Festwert in der Bilanz angesetzt werden.

Durchschnittsbewertung

Enthält das Vorratsvermögen am Bilanzstichtag so genannte vertretbare Wirtschaftsgüter, die im Verkehr nach Maß, Zahl oder Gewicht bestimmt werden, ist ihr Wert zu schätzen. Die Schätzung der Güter erfolgt, wenn ihre Anschaffungskosten wegen Schwankungen der Einstandspreise im Laufe des Wirtschaftsjahres im Einzelnen nicht mehr einwandfrei feststellbar sind. In diesen Fällen kann die Durchschnittsbewertung als Schätzungsverfahren angewandt werden (R 6.8 Abs. 3 EStR). Dazu werden Gegenstände des Umlaufvermögens in Gruppen zusammengefasst, für die jeweils ein Durchschnittswert gebildet wird.

 Bewertung von Forderungen

Grundsatz der Einzelbewertung (§ 252 Abs. 1 Nr. 3 HGB)

Aufgrund handels- und steuerrechtlicher Vorschriften sind die Forderungen zum Bilanzstichtag grundsätzlich einzeln und mit dem Nennwert zu bewerten (§ 252 Abs. 1 Nr. 3 HGB). Als Nennwert ist der Bruttorechnungsbetrag der Anschaffung zu verstehen, also der Betrag einschließlich Umsatzsteuer. Liegt der tatsächliche Wert einer Forderung unter dem Nennwert, ist der niedrigere Teilwert zu berücksichtigen; die Forderung wird im Wert berichtigt oder abgeschrieben (Abschreibungen = Wertberichtigungen). Die Wertberichtigungen können entweder einzeln oder pauschal erfolgen und sind vom Nettowert der Forderungen zu berechnen.

Die Forderungen werden hinsichtlich ihrer Bonität in einwandfreie, zweifelhafte und uneinbringliche unterteilt und bewertet (§ 253 Abs. 1 und 4 HGB, § 6 Abs. 1 Nr. 2 EStG):

Basis: Ermittlung der Bemessungsgrundlage II: Bewertung des Betriebsvermögens

Einwandfreie Forderungen	Zweifelhafte Forderungen	Uneinbringliche Forderungen
Die Werthaltigkeit dieser Forderungen kann gemindert sein, z. B. durch ■ Ausfallrisiken durch Preisschwankungen oder Nachfrageeinbrüche ■ in Abzug gebrachte Preisnachlässe wg. Mängelrügen u. Ä. ■ kalkulatorische Zinsverluste durch Überschreitung der Zahlungsziele ■ Minderung des Forderungsbestandes aufgrund von Mahn- und Prozesskosten	Es ist noch mit einem (teilweisen) Zahlungseingang zu rechnen. Mögliche Gegebenheiten: ■ keine Zahlung des Schuldners trotz wiederholter Mahnungen ■ Einspruch des Schuldners gegen den Mahnbescheid ■ Schuldner gibt einen Wechsel zu Protest ■ Eröffnung des Insolvenzverfahrens über das Vermögen des Schuldners (bei Insolvenzeröffnung gem. Abschn. 17.1 Abs. 16 UStAE ist USt in voller Höhe zu berichtigen; bei einem evtl. späteren Zahlungseingang gilt USt wieder gem. § 17 Abs. 2 Nr. 1 Satz 2 UStG)	Es ist nicht mehr mit einem Zahlungseingang zu rechnen, z. B. aufgrund von ■ Einstellung des Insolvenzverfahrens über das Vermögen des Schuldners mangels Masse ■ Geltendmachung der Einrede der Verjährung durch den Schuldner ■ Schuldner ist nicht auffindbar oder ohne verwertbares Vermögen verstorben ■ Erlass der Schulden durch den Gläubiger
Behandlung der Forderungen		
Abschreibung eines pauschalen Prozentsatzes vom Nettobetrag	Abschreibung des voraussichtlichen Forderungsausfalls	Abschreibung der Forderung in voller Höhe des Nettobetrages und Korrektur der Umsatzsteuer

Bei der **Einzelwertberichtigung** (EWB) werden zum Jahresende alle Forderungen aus Leistungen einzeln auf ihre Bonität und Einbringlichkeit überprüft. Dabei wird das **individuelle** Ausfallrisiko beim Kunden berücksichtigt, das z. B. durch Verluste bei Kursänderungen von ausländischen Forderungen oder durch die Eröffnung eines Insolvenz- oder Vergleichsverfahrens entstanden sein kann. Die EWB wird gebildet, indem der Nennwert der Forderung auf den wahrscheinlichen Wert (= beizulegender Wert) berichtigt wird. Bemessungsgrundlage für die Einzelwertberichtigung ist der Nettowert (Wert ohne Umsatzsteuer) der zweifelhaften Forderung. Eine Umsatzsteuerkorrektur erfolgt zunächst nicht; erst, wenn eine Forderung uneinbringlich geworden ist, darf die Umsatzsteuer korrigiert werden. Eine Ausnahme besteht bei der Eröffnung eines Insolvenzverfahrens (Abschn. 17.1 Abs. 16 UStAE).

Einzelwertberichtigung (EWB)

> **Beispiel Einzelwertberichtigung**
>
> Der Unternehmer Ulrich stellt bei der Einzelbewertung seiner Außenstände fest, dass er zum 31.12.2017 einen Forderungsbestand von insgesamt 159.560,00 € ausweisen muss. In diesem Forderungsbestand ist die Forderung an den Unternehmer Röder mit 11.900,00 € (netto = 10.000,00 €) enthalten.
>
> Der Unternehmer Röder hat inzwischen Insolvenz angemeldet; das Insolvenzverfahren ist noch nicht abgeschlossen. Es wird mit einer Ausfallquote von 75 % gerechnet.
>
> Der zu erwartende Ausfall beträgt 75 % von 10.000,00 € = 7.500,00 €. Es wird eine gewinnmindernde Einzelwertberichtigung in Höhe von 7.500,00 € in der Bilanz ausgewiesen.

Pauschalwertberichtigung (PWB)

Eine **Pauschalwertberichtigung** (PWB) wird angewandt, wenn ermittelt werden soll, wie hoch das **allgemeine** Ausfallrisiko für den übrigen (einwandfreien) Forderungsbestand insgesamt ist. Denn auch im Bestand ansonsten einwandfreier Forderungen kann ein allgemeines Ausfall-und Kreditrisiko enthalten sein. Dies ist durch wertbeeinflussende Umstände wie Zinsverlust bei unverzinslichen Forderungen sowie Beitreibungs- und Mahnkosten begründet. Das Ausfall- und Kreditrisiko wird in der Bilanz durch die Pauschalwertberichtigung aufgefangen. Bemessungsgrundlage für die PWB ist der Nettowert der einwandfreien Forderungen. Eine Umsatzsteuerkorrektur erfolgt nicht.

In der Regel ist eine Pauschalwertberichtigung in Höhe von 1 % vom einwandfreien Forderungsbestand möglich. Kann der Unternehmer durch eine rechnerische Ermittlung (z. B. des durchschnittlichen Forderungsausfalls der letzten drei Jahre) nachweisen, dass sein allgemeines Ausfallrisiko höher ist, kann er auch diesen höheren Wert ansetzen.

Beispiel
Pauschalwertberichtigung

Der Unternehmer Ulrich will neben der durchgeführten Einzelwertberichtigung (siehe vorheriges Beispiel) auf den einwandfreien Forderungsbestand eine Pauschalwertberichtigung in Höhe von 2 % vornehmen. Aufgrund von Aufzeichnungen kann er nachweisen, dass eine 2-prozentige PWB begründet ist.

In seinem Forderungsbestand sind steuerfreie Auslandsforderungen in Höhe von 12.000,00 € enthalten. Aus dem Vorjahr wurde eine PWB mit 1.460,00 € vorgetragen.

Berechnung:

Forderungsbestand 31.12.2017	159.560,00 €
- zweifelhafte Forderung Kunde Röder	11.900,00 €
- steuerfreie Auslandsforderungen	12.000,00 €
= inländische einwandfreie Forderungen (einschl. USt)	135.660,00 €
Inländische einwandfreie Forderungen (ohne USt)	114.000,00 €
+ ausländische einwandfreie Forderungen	12.000,00 €
= einwandfreier Forderungsbestand gesamt	126.00000 €
davon 2 % =	2.520,00 €
Vortrag aus dem Vorjahr	1.460,00 €
Anpassungsbetrag (Heraufsetzung der PWB)	1.060,00 €

Der Altbestand (Vorjahresbetrag) der pauschalen Wertberichtigung ist um 1.060,00 € aufzustocken. Diese Aufstockung wirkt sich in 2017 gewinnmindernd aus.

Hinweis: Sofern der aktuelle Bedarf niedriger ist als der vorgetragene Altbestand, muss die Differenz gewinnerhöhend ausgebucht werden.

Bewertung von Wertpapieren

Werden Anteile an verbundenen Unternehmen oder sonstige Wertpapiere nur kurzfristig im Betriebsvermögen gehalten, sind diese unter dem Umlaufvermögen auszuweisen; bei langfristigem Bestand zählen sie zum Anlagevermögen. Die Aktivierung erfolgt zu den Anschaffungskosten einschließlich eventuell angefallener Nebenkosten (z. B. Bankspesen). Die zu berücksichtigenden Bewertungsmaßstäbe sind die gleichen wie bei der Bewertung der Vorräte[1] (§ 6 Abs. 1 Nr. 2 EStG).

---

[1] siehe Seite 134

Bewertung von liquiden Mitteln

Bewertungsfragen ergeben sich bei liquiden Mitteln in der Regel dann, wenn diese in ausländischer Währung vorliegen. Steuerpflichtige, die ihren Gewinn nach § 5 EStG ermitteln, müssen die auf fremde Währung lautenden Vermögensgegenstände aufgrund des Maßgeblichkeitsgrundsatzes am Abschlussstichtag zum Devisenkassamittelkurs umrechnen (§ 256a HGB). Der Devisenkassamittelkurs ist das Mittel aus Geld- und Briefkurs. Bei einer Restlaufzeit von einem Jahr oder weniger sind § 253 Abs. 1 Satz 1 und § 252 Abs. 1 Nr. 4 Halbsatz 2 HGB nicht anzuwenden.

> Der Schlossermeister Stahl hat eine Forderung aus Lieferungen und Leistungen (fällig am 15.01. des Folgejahres) an einen Schweizer Unternehmer in Höhe von 10.000,00 CHF; diese steht unter Berücksichtigung des Kurses zum Zeitpunkt der Rechnungsstellung mit 8.090,00 € zu Buche. Zum Abschlussstichtag beträgt der Devisenkassamittelkurs 1 € = 1,2072 CHF.
>
> Unter Anwendung des Devisenkassamittelkurses ist die Forderung in Höhe von 10.000,00 CHF am Abschlussstichtag mit 8.283,63 € zu bewerten.

Beispiel: Bewertung liquider Mittel

4.4.4 Bewertung von Verbindlichkeiten

Werden Vermögensgegenstände fremdfinanziert, entstehen Verbindlichkeiten (= Fremdkapital). Diese werden auf der Passivseite der Bilanz ausgewiesen.

Die Verbindlichkeiten sind handelsrechtlich mit ihrem Erfüllungsbetrag (§ 253 Abs. 1 Satz 2 HGB) und steuerrechtlich mit den Anschaffungskosten oder ihrem höheren Teilwert anzusetzen (§ 6 Abs. 1 Nr. 3 EStG i. V. m. § 6 Abs. 1 Nr. 2 EStG); als Anschaffungskosten einer Verbindlichkeit gilt steuerrechtlich der Nennwert; dies ist der Rückzahlungsbetrag der Verbindlichkeit (H 6.10 EStH). Da nicht realisierte Gewinne nicht ausgewiesen werden dürfen, ist ein niedrigerer Teilwert ohne Bedeutung. In der Regel gibt es keine wertmäßigen Unterschiede zwischen steuer- und handelsrechtlicher Beurteilung.

Verbindlichkeiten nach HGB

> Der Schlossermeister Stahl hat für eine betriebliche Investition ein Darlehen bei der Bank in Höhe von 100.000,00 € aufgenommen (= Rückzahlungsbetrag). Die Auszahlung erfolgt mit 98 % = 98.000,00 € (= Auszahlungsbetrag), der Differenzbetrag von 2.000,00 € ist das von der Bank einbehaltene Disagio.
>
> Die Anschaffungskosten dieser Verbindlichkeit betragen sowohl handels- als auch steuerrechtlich 100.000,00 €. Das Darlehen wird mit 100.000,00 € in der Bilanz passiviert und reduziert sich durch die vereinbarten Tilgungsraten. Das Disagio wird mit 2.000,00 € als Rechnungsabgrenzungsposten in der Bilanz aktiviert und entsprechend der Laufzeit des Vertrages abgeschrieben.

Beispiel: Verbindlichkeiten

Bei der Bewertung von Verbindlichkeiten, deren Restlaufzeit am Bilanzstichtag mehr als ein Jahr beträgt, gilt steuerrechtlich ein Abzinsungsgebot (§ 6 Abs. 1 Nr. 3 Satz 1 EStG), wonach Verbindlichkeiten niedriger anzusetzen sind als der Rückzahlungsbetrag. Der Zinssatz wird dann auf 5,5 % festgesetzt, d. h. dass fiktive Zinserträge gewinnerhöhend zu berücksichtigen sind. Davon ausgenommen sind Verbindlichkeiten, die bereits verzinst sind, sowie Verbindlichkeiten, die auf einer Anzahlung oder Vorauszahlung beruhen.

Zinssatz nach § 6 Abs. 1 Nr. 3 EStG

Beispiel 1
Abzinsungsgebot

Der Schlossermeister Stahl hat ein Darlehen bei der Bank in Höhe von 100.000,00 € aufgenommen, das mit 8 % verzinst wird.

Hier kommt ein Abzinsungsgebot nicht zum Tragen, da die Bank dieses Darlehen bereits verzinst.

Abwandlung zu Beispiel 1
Abzinsungsgebot

Der Schlossermeister Stahl hat für eine betriebliche Investition von seiner Schwiegermutter ein zinsloses Darlehen in Höhe von 100.000,00 € erhalten. Das Darlehen hat zum Bilanzstichtag eine Restlaufzeit von 10 Jahren. In diesem Fall muss sich Schlossermeister Stahl mit der Thematik Abzinsung auseinandersetzen.

4.4.5 Bewertung von Rückstellungen

Rückstellungen werden für einen bereits verursachten Aufwand gebildet, dessen Bezahlung erst im Folgejahr (oder in den Folgejahren) vorgenommen wird. Sie sind vergleichbar mit Rechnungsabgrenzungen, da auch sie dazu dienen, den Gewinn periodengerecht zu ermitteln. Wie Verbindlichkeiten werden Rückstellungen ebenfalls auf der Passivseite der Bilanz ausgewiesen; sie unterscheiden sich von den Verbindlichkeiten dadurch,

- dass sie dem Grunde nach bereits verursacht sind,
- aber Höhe und Fälligkeit noch nicht genau bestimmt werden können,
- da die Rechtslage unter Umständen noch zweifelhaft ist.

Rückstellungen sind mit dem Erfüllungsbetrag anzusetzen, der „nach vernünftiger kaufmännischer Beurteilung" notwendig erscheint (§ 253 Abs. 1 Satz 2 HGB). Da eigentlich nur der Steuerpflichtige selbst in der Lage ist, die Höhe der bestehenden Risiken einzuschätzen, kommt seiner Festlegung dabei eine entscheidende Bedeutung zu. Es ist wichtig, dass er die Grundlagen seiner Schätzung so dokumentiert, dass seine Bewertung objektiv nachvollziehbar ist.

Auch bei Rückstellungen gilt zunächst die Handelsbilanz als Grundlage für die Steuerbilanz. Erst, wenn im Steuerrecht abweichende Sonderregelungen zu den Rückstellungen gegeben sind, weichen Handels- und Steuerbilanz voneinander ab:

Rückstellung für	Grundlage HGB	Sonderregelung EStG
ungewisse Verbindlichkeiten	§ 249 Abs. 1 Satz 1	keine Einschränkung, siehe R 5.7 Abs. 2 ff. EStR
drohende Verluste aus schwebenden Geschäften	§ 249 Abs. 1 Satz 1	Rückstellungsverbot, § 5 Abs. 4a EStG
unterlassene Aufwendungen für Instandhaltung, die im folgenden Geschäftsjahr innerhalb von drei Monaten nachgeholt werden	§ 249 Abs. 1 Nr. 1	keine Einschränkung, siehe R 5.7 Abs. 11 EStR
unterlassene Aufwendungen für Abraumbeseitigung, die im folgenden Geschäftsjahr nachgeholt werden	§ 249 Abs. 1 Nr. 1	keine Einschränkung, siehe R 5.7 Abs. 11 EStR
Gewährleistungen, die ohne rechtliche Verpflichtung übernommen werden	§ 249 Abs. 1 Nr. 2	Einschränkung: Die Rückstellung ist nur zulässig, wenn sich der Kaufmann der Gewährleistung aus geschäftlichen Erwägungen nicht entziehen kann; siehe R 5.7 Abs. 12 EStR.

4.4.6 Bewertung von Entnahmen und Einlagen

Eine Entnahme ist gegeben, wenn der Steuerpflichtige ein Wirtschaftsgut dem Betrieb entzieht, um es privat zu nutzen, z. B. für seinen Haushalt (§ 4 Abs. 1 Satz 2 EStG). Es wird dabei unterschieden zwischen

- **Geldentnahmen**, z. B. Barmittel,
- **Sachentnahmen** wie Waren oder Erzeugnisse und
- **Aufwands- bzw. Leistungsentnahmen**, z. B. die private Nutzung eines Betriebs-Pkw.

Ertragssteuerliche Sach- und Aufwandsentnahmen[1] sind im Rahmen der Gewinnermittlung nach Bilanz oder EÜR für Steuerpflichtige gleich zu behandeln.

Entnahmen sind nicht nur aus ertragsteuerlicher Sicht von Bedeutung, sondern auch aus umsatzsteuerrechtlicher Sicht, wie sich bei der Bewertung der Entnahmen zeigt.

Als Einlagen gelten hingegen Wirtschaftsgüter, die aus dem bisherigen Privat- ins Betriebsvermögen überführt werden. Dazu zählen z. B. Bar- oder Sacheinlagen wie Grundstücke, Maschinen, Wertpapiere, Waren oder Forderungen.

Bewertung von Entnahmen

Gemäß § 6 Abs. 1 Nr. 4 EStG erfolgt der Wertansatz grundsätzlich mit dem Teilwert zum Zeitpunkt der Entnahme. Bei **Geldentnahmen** entspricht der Teilwert dem Nennwert des Geldbetrages.

> Der Schlossermeister Stahl fährt in den Urlaub und entnimmt der Geschäftskasse dafür 2.000,00 €. Die Geldentnahme wird mit 2.000,00 € bewertet.

Sachentnahmen sind mit dem Teilwert zu bewerten, auch dann, wenn dieser über den Anschaffungs- oder Herstellungskosten liegt.

> Der Malermeister Fechner lässt von seinen Angestellten seine Wohnung streichen. Zu diesem Zweck entnimmt er seinem Betrieb Farben, die im Einkauf 420,00 € gekostet haben. Zum Zeitpunkt der Entnahme beträgt der Teilwert 480,00 €.
> Die Sachentnahme ist mit 480,00 € zu bewerten. Sofern beim Einkauf Vorsteuer in Abzug gebracht wurde, unterliegt die Sachentnahme der Umsatzsteuer (§ 3 Abs. 1b Satz 1 Nr. 1 UStG).

Für private Zwecke entnommene Nutzungen und Leistungen stellen **Aufwands- bzw. Leistungsentnahmen** dar, da für die Entnahme nicht ihr Wert als entnommen angesehen wird, sondern der durch sie verursachte Aufwand. Die Bewertung erfolgt also nicht zum Teilwert. Vielmehr sind die bereits gewinnmindernd erfolgten Betriebsausgaben (= Aufwendungen) wieder dem Betriebsergebnis hinzuzurechnen[2]. Dabei ist von den tatsächlich entstandenen Selbstkosten für die in Anspruch genommene Nutzung oder Leistung auszugehen.

---

1 gleichbedeutend mit den im Umsatzsteuerrecht geregelten unentgeltlichen Wertabgaben
2 vgl. hierzu das Urteil des BFH v. 23.01.2001

Beispiel
Aufwandsentnahme

> Der Malermeister Fechner lässt von seinem Angestellten seine Wohnung streichen. Der Geselle benötigt insgesamt 10 Stunden. Alle Personalaufwendungen zusammengerechnet kostet der Geselle den Betrieb je Stunde 19,50 €.
>
> Die Leistungsentnahme ist mit 195,00 € zu bewerten und der Umsatzsteuer zu unterwerfen (§ 3 Abs. 9a Nr. 2 UStG).

Ein typisches Beispiel für eine Aufwandsentnahme ist die private Nutzung eines betrieblich zugeordneten Pkw[1]. Dieses Thema wird hier ausführlicher dargestellt.

Die private Nutzung des betrieblichen Pkw

Ein typischer Fall für eine Aufwands- oder Leistungsentnahme ist die private Nutzung eines Pkw, der dem Betriebsvermögen zugeordnet ist. Wie solche Fälle betrieblich zu behandeln sind, wird im Folgenden näher erläutert.

Zugehörigkeit zum Betriebsvermögen

Zunächst muss die Frage geklärt werden, ob ein Pkw zum notwendigen, gewillkürten oder zum privaten Vermögen gehört. Der Steuerpflichtige muss den Umfang der betrieblichen Nutzung darlegen und glaubhaft machen, z. B. durch Aufzeichnungen in einem Fahrtenbuch oder durch formlose Aufzeichnungen der betrieblich veranlassten Fahrten über einen repräsentativen zusammenhängenden Zeitraum (in der Regel über drei Monate). Zur betrieblichen Nutzung zählen auch die Fahrten zwischen Wohnung und erster Tätigkeitsstätte sowie Familienheimfahrten.

Wenn sich aus Art und Umfang der Tätigkeit des Steuerpflichtigen bereits ergibt, dass das Fahrzeug zu mehr als 50 % betrieblich genutzt wird, kann auf einen Nachweis der betrieblich gefahrenen Kilometer verzichtet werden. Dies ist z. B. der Fall bei Taxiunternehmen, Handelsvertretern oder Handwerkern im Baugewerbe.

Beispiel 1
private Nutzung eines Pkw

> Der Rechtsanwalt Matthias Stegemann nutzt den betrieblichen Pkw auch für private Fahrten. Er ist 2017 insgesamt 26.000 km gefahren, die sich wie folgt aufteilen:
>
> | | | | |
> |---|---|---|---|
> | betriebl. Fahrten gesamt (ohne Fahrten Whg/erster Tätigkeitsstätte) | 12.480 km | 48 % | betriebliche Nutzung: 76,6 % |
> | Fahrten zwischen Wohnung und erster Tätigkeitsstätte an 186 Tagen, einfache Entfernung 20 km | 7.440 km | 28,6 % | |
> | privat veranlasste Fahrten | 6.080 km | 23,4 % | |
> | **Fahrten gesamt** | **26.000 km** | **100 %** | |
>
> Der Pkw ist dem notwendigen Betriebsvermögen zuzuordnen, da die betriebliche Nutzung mehr als 50 % beträgt.

---

[1] Steuerliche Regelungen hierzu siehe in § 6 Abs. 1 Nr. 4 Satz 2 und 3 EStG und ergänzend in § 4 Abs. 5 Satz 1 Nr. 6 EStG

Basis: Ermittlung der Bemessungsgrundlage II: Bewertung des Betriebsvermögens

> Der Rechtsanwalt Matthias Stegemann nutzt den betrieblichen Pkw auch für private Fahrten; seine Kanzlei (erste Tätigkeitsstätte) befindet sich im gleichen Gebäude wie seine Wohnung. Er ist in 2017 insgesamt 26.000 km gefahren, die sich wie folgt aufteilen:
>
> | | | |
> |---|---|---|
> | betriebl. Fahrten gesamt (ohne Fahrten Whg/erster Tätigkeitsstätte) | 12.480 km | 48 % |
> | privat veranlasste Fahrten | 13.520 km | 52 % |
> | **Fahrten gesamt** | **26.000 km** | **100 %** |
>
> Der Pkw ist dem gewillkürten Betriebsvermögen zuzuordnen, da die betriebliche Nutzung mehr als 10 %, aber nicht mehr als 50 % beträgt.

Abwandlung zu Beispiel 1 private Nutzung eines Pkw

Hält ein Unternehmer mehrere Fahrzeuge in seinem Betriebsvermögen, ist die betriebliche Zuordnung für jedes der Fahrzeuge nachzuweisen. Hat der Steuerpflichtige den Nachweis über das Maß der betrieblichen Nutzung geliefert, gilt dieser so lange, bis eine Nutzungsänderung eintritt, z. B. durch einen Umzug oder eine Veränderung im Bereich der Art oder des Umfangs der betrieblichen Tätigkeit. Erwirbt der Steuerpflichtige ein neues Fahrzeug, ist die betriebliche Nutzung erneut zu dokumentieren, da diese nicht von einem auf ein anderes Fahrzeug übertragen werden kann.

mehrere Pkw

Wird der Pkw dem Betriebsvermögen zugeordnet, werden sowohl die Anschaffung als auch die laufenden Betriebsausgaben wie Kfz-Steuer, -Versicherung oder -Reparaturen zu 100 % betrieblich erfasst. Die Berücksichtigung der privaten Nutzung erfolgt durch das Buchen einer fiktiven Einnahme, der Nutzungsentnahme. Zur Bewertung der Nutzungsentnahme ist ausschlaggebend, ob der Steuerpflichtige ein Fahrtenbuch führt oder nicht. Davon hängt ab, ob der private Nutzungsanteil nach Fahrtenbuch, 1 %-Regelung oder Schätzung ermittelt wird:

Bewertung der Pkw-Nutzung

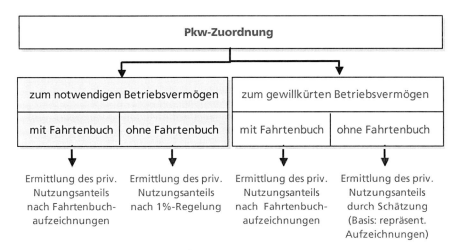

Abb.: Ermittlung des privaten Nutzungsanteils (Pkw)

Ermittlung der Nutzungsanteile nach Fahrtenbuchmethode

Der private Nutzungsanteil wird entsprechend den Aufzeichnungen im Fahrtenbuch als prozentualer Anteil an den entstandenen Kraftfahrzeugkosten ermittelt. Für die privat gefahrenen Kilometer erfolgt neben der ertragsteuerlichen Berechnung auch eine Umsatzsteuerbelastung auf die vorsteuerbelasteten Aufwendungen. Fahrten zwischen Wohnung und erster Tätigkeitsstätte sind ertragsteuerlich begrenzt abzugsfähig, nämlich mit 0,30 € je Entfernungskilometer (§ 4 Abs. 5 Nr. 6 EStG). Umsatzsteuerlich gelten diese Fahrten als uneingeschränkte Betriebsfahrten.

Beispiel Fahrtenbuchmethode

Der Rechtsanwalt Matthias Stegemann nutzt den Betriebs-Pkw auch privat. Er führt ordnungsgemäß ein Fahrtenbuch und weist nach, dass er 2017 insgesamt 26.000 km zurückgelegt hat - davon 48 % für betriebliche Fahrten, 28,6 % für Fahrten zwischen Wohnung und erster Tätigkeitsstätte (= 186 Tage x 20 km einfache Entfernung) und 23,4 % privat. Unter Berücksichtigung der in der Buchführung enthaltenen Aufwendungen berechnet sich der private Anteil wie folgt:

Gebuchte Aufwendungen	VSt-belastet	nicht VSt-belastet
Kfz-Steuer		320,00 €
Kfz-Versicherung		680,00 €
Lfd. Kfz-Betriebskosten	1.690,00 €	
Kfz-Reparaturen	2.110,00 €	
Kfz-Leasingraten (alternativ Abschreibung)	3.000,00 €	
Gesamte Kfz-Kosten	6.800,00 €	1.000,00 €
als Nutzungsentnahme für priv. Fahrten gewinnerhöhend berücksichtigen = 23,4 %	1.591,20 €	234,00 €
zzgl. 19 % Umsatzsteuer	302,33 €	0,00 €

Die Fahrten zwischen Wohnung und erster Tätigkeitsstätte sind nur begrenzt abzugsfähig: Anzahl der Fahrten x km einfache Entfernung x 0,30 €.

Berechnung:

gesamte Kfz-Kosten	7.800,00 €
davon 28,3 % für Fahrten zwischen Wohnung und erster Tätigkeitsstätte =	2.207,40 €
abzugsfähig nach § 4 Abs. 5 Nr. 6 EStG (186 Fahrten x 20 km x 0,30 €)	1.116,00 €
= nicht abzugsfähige Betriebsausgaben (gewinnerhöhend zu berücksichtigen)	1.091,40 €

Die nicht abzugsfähigen Aufwendungen für die Fahrten zwischen Wohnung und erster Tätigkeitsstätte lösen keine Umsatzsteuer aus, da sie umsatzsteuerlich zu den betrieblichen Aufwendungen (hier Fahrten) zählen.

Schätzung des privaten Nutzungsanteils

Führt der Unternehmer kein Fahrtenbuch und das Fahrzeug wird nachweislich aufgrund einer repräsentativen Aufzeichnung zu nicht mehr als 50 % betrieblich genutzt, ist der Wert der privaten Nutzungsentnahme zu schätzen. Die Berechnungen der Nutzungsentnahme und des Anteils für die Fahrten zwischen Wohnung und erster Tätigkeitsstätte sind genauso zu führen wie bei der Fahrtenbuchmethode.

Die 1 %-Regelung

Führt der Unternehmer kein Fahrtenbuch und nutzt das Fahrzeug zu mehr als 50 % betrieblich, muss er für die Berechnung der privaten Nutzungsentnahme die 1 %-Regelung zugrunde legen. Um den monatlichen Betrag zu ermitteln, wird ein Prozent des Neuwert-Bruttolistenpreises zum Zeitpunkt der Erstzulassung zuzüglich Sonderausstattungen angesetzt. Eventuell erhaltene Preisnachlässe werden nicht berücksichtigt. Bei der 1 %-Regelung werden 80 % der privaten Nutzungsentnahme der Umsatzsteuer unterworfen.

Neben der 1 %-Regelung, die den Anteil der privaten Fahrten abdeckt, stellen auch die Fahrten zwischen Wohnung und erster Tätigkeitsstätte eine Nutzungsentnahme dar. Sie werden mit 0,03 % vom Neuwert-Bruttolistenpreis x Entfernungskilometer gewinnerhöhend berücksichtigt. Dieser gewinnerhöhende Wertansatz wird durch den Abzug der gemäß EStG absetzbaren Werbungskosten für die Anzahl der Fahrten zwischen Wohnung und erster Tätigkeitsstätte gemindert (Entfernungskilometer x 0,30 € x gefahrene Tage).

> **Beispiel**
> **1 %-Regelung**
>
> Der Rechtsanwalt Matthias Stegemann nutzt den Betriebs-Pkw auch privat. Der Listenpreis ist mit 30.000,00 € anzusetzen. Er führt kein Fahrtenbuch und weist anhand einer repräsentativen Aufzeichnung nach, dass er sein Fahrzeug (inkl. Fahrten zwischen Wohnung und erster Tätigkeitsstätte mit einfacher Entfernung von 20 km) zu 76 % für betriebliche Fahrten und zu 24 % privat nutzt. Die jährliche private Nutzungsentnahme berechnet sich wie folgt:
>
> Bruttolistenpreis 30.000,00 € x 1 % x 12 Monate =   3.600,00 €
>
> Umsatzsteuer
> 3.600,00 € x 80 % = 2.880,00 €, darauf 19 % =   **547,20 €**
>
> Die Fahrten zwischen Wohnung und erster Tätigkeitsstätte sind nur begrenzt abzugsfähig: einfache Entfernung x 0,30 € (§ 4 Abs. 5 Nr. 6 EStG). Führt der Unternehmer kein Fahrtenbuch, sind monatlich 0,03 % vom Bruttolistenpreis x Entfernungskilometer gewinnerhöhend zu berücksichtigen.
>
> **Berechnung:**
>
> Bruttolistenpreis 30.000,00 € x 0,03 % = 9,00 € x 20 km =   180,00 €
> x 12 Monate =   2.160,00 €
> davon abzugsfähig: 180 Fahrten[a] x 20 km x 0,30 €   1.080,00 €
> = **nicht abzugsfähige Betriebsausgaben**   **1.080,00 €**
> (gewinnerhöhend zu berücksichtigen)
>
> *[handschriftlich: fiktive BE]*
>
> Die nicht abzugsfähigen Aufwendungen für die Fahrten zwischen Wohnung und erster Tätigkeitsstätte lösen keine Umsatzsteuer aus, da diese umsatzsteuerlich zu den betrieblichen Aufwendungen (hier Fahrten) zählen.

a. Sofern keine separaten Aufzeichnungen geführt wurden, sind die Arbeitstage mit 15 pro Monat und 180 im Jahr anzusetzen. Grundlage: R40.2 Abs. 6 LStR

Bewertung von Einlagen

Einlagen sind steuerrechtlich grundsätzlich mit dem Teilwert zum Zeitpunkt der Zuführung anzusetzen. Gemäß § 6 Abs. 1 Nr. 5 EStG gelten jedoch die Anschaffungs- bzw. Herstellungskosten als Bewertungsobergrenze, wenn das zugeführte Wirtschaftsgut

- innerhalb der letzten drei Jahre angeschafft oder hergestellt wurde,
- in Form von Anteilen an einer Kapitalgesellschaft vorliegt, an der ein Steuerpflichtiger i. S. d. § 17 Abs. 1 oder 6 EStG zu mindestens 1 % beteiligt ist oder
- ein Wirtschaftsgut im Sinne des § 20 Abs. 2 EStG ist.

§ 6 Abs. 1 Nr. 5 EStG

4 Basis: Ermittlung der Bemessungsgrundlage III: Betriebseinnahmen und -ausgaben

Beispiel Einlagen

> Der Schlossermeister Stahl hat 2016 ein Grundstück für 100.000,00 € erworben, das bisher im Privatvermögen gehalten wurde. 2017 kommt der Schlossermeister Stahl zu dem Entschluss, eine neue Werkshalle auf dem Grundstück zu errichten und legt es hierzu in das Betriebsvermögen ein. Der Teilwert des Grundstücks beträgt zum Zeitpunkt der Zuführung 120.000,00 €.
>
> Die Einlage des Grundstücks ist mit 100.000,00 € zu bewerten, da es innerhalb der letzten drei Jahre vor der Einlage angeschafft wurde und somit die Anschaffungskosten die Obergrenze für den Teilwert bilden.

Handelt es sich bei dem zugeführten Wirtschaftsgut um ein abnutzbares, gelten zum Zeitpunkt der Einlage die entsprechend angepassten Anschaffungs- oder Herstellungskosten bis zum Zeitpunkt der Einlage (§ 6 Abs. 1 Nr. 5 Satz 2 EStG).

Beispiel Pkw als Einlage

> Der Buchhalter August Kiesewetter hat zum 01.04.2016 ein Gewerbe angemeldet. Zu Beginn seiner Selbstständigkeit legt er den am 04.04.2016 für 28.584,00 € (brutto inkl. Umsatzsteuer) angeschafften Pkw ins Betriebsvermögen ein. Das Fahrzeug wird zu mehr als 50 % betrieblich genutzt, die betriebsgewöhnliche Nutzungsdauer ist mit sechs Jahren anzusetzen. Der Teilwert zum Zeitpunkt der Einlage beträgt brutto 23.900,00 €.
>
> **Berechnung:**
>
> | | |
> |---|---:|
> | Anschaffungskosten Pkw inkl. nicht abzugsfähiger VSt | 28.584,00 € |
> | Abschreibung für die Zeit von April 2016 bis April 2017 (13 Monate) | |
> | monatl. Abschreibungsbetrag = 28.584,00 € / 72 Monate = | 397,00 € |
> | x 13 Monate = (gerundet) | - 5.161,00 € |
> | fortgeführte Anschaffungskosten zum Zeitpunkt der Einlage | 23.423,00 € |
>
> Die Einlage des Pkw von Herrn Kiesewetter ist mit den fortgeführten Anschaffungskosten in Höhe von 23.423,00 € zu bewerten.

4.5 Ermittlung der Bemessungsgrundlage III: Betriebseinnahmen und -ausgaben

Die Behandlung dieses Themas ist für Steuerpflichtige, die ihren Gewinn durch Betriebsvermögensvergleich oder durch Einnahmen-Überschussrechnung ermitteln, gleichermaßen relevant.

4.5.1 Betriebseinnahmen

Definition abgeleitet aus § 8 Abs. 1 EStG

Der Begriff Betriebseinnahmen ist im Einkommensteuerrecht nicht definiert, sondern wird von der Definition der Einnahmen gemäß § 8 Abs. 1 EStG abgeleitet. Demnach sind Betriebseinnahmen alle Güter, die in Geld oder Geldeswert bestehen und dem Steuerpflichtigen im Rahmen einer der Gewinneinkünfte des EStG zufließen. Die Betriebseinnahmen sind bei Steuerpflichtigen, die den Gewinn durch Betriebsvermögensvergleich ermitteln und denjenigen, die durch Einnahmen-Überschussrechnung ermitteln, bis auf wenige Ausnahmen gleich. Es gibt hier lediglich Unterschiede beim Zeitpunkt der Abzugsfähigkeit: Für den Betriebsvermögensvergleich gilt das Zuflussprinzip, für die EÜR das Abflussprinzip (siehe Seite 121).

4 Basis: Ermittlung der Bemessungsgrundlage III: Betriebseinnahmen und -ausgaben

Zu den Betriebseinnahmen gehören z. B.

- Einnahmen aus dem Verkauf von Waren
- Einnahmen aus der Vergütung von Dienstleistungen
- Provisionseinnahmen sowie Schadensersatzleistungen
- Einnahmen aus so genannten Hilfsgeschäften wie Verkaufserlöse von Anlagegütern (z. B. Firmenwagen)
- Private Sach-, Nutzungs- und Leistungsentnahmen
- Vereinnahmte Zinsen u. Ä.

Bei Steuerpflichtigen, die ihren Gewinn durch Einnahmen-Überschussrechnung ermitteln, gehören außerdem zu den Betriebseinnahmen:

- die vereinnahmte oder vom Finanzamt erstattete Umsatzsteuer
- Vorschüsse, Teil- und Abschlagszahlungen

Keine Betriebseinnahmen hingegen sind erhaltene Darlehen oder Einlagen und Beträge, die im Namen und auf Rechnung eines Anderen eingehen.

4.5.2 Betriebsausgaben

Betriebsausgaben sind Aufwendungen, die durch den Betrieb veranlasst sind und bei der Gewinnermittlung von den Betriebseinnahmen abgezogen werden (§ 4 Abs. 4 EStG). Die Betriebsausgaben unterscheiden sich nicht für Steuerpflichtige, die ihre Gewinne nach Bilanz oder EÜR ermitteln – bis auf den Zeitpunkt der Abzugsfähigkeit. Wie bei den Betriebseinnahmen werden die Ausgaben bei der Bilanz nach dem Entstehungsprinzip und bei der EÜR nach dem Geldflussprinzip angesetzt.

§ 4 Abs. 4 EStG

Bei den Betriebsausgaben unterscheidet man zwischen:

- sofort abzugsfähigen Betriebsausgaben, wie z. B. Personalkosten, Raumkosten, Verwaltungskosten
- nicht abzugsfähigen Betriebsausgaben
- beschränkt abzugsfähigen Betriebsausgaben
- dem Erwerb von Gegenständen des Anlagevermögens (Betriebsausgaben durch die Berücksichtigung der Abschreibung)

Bei Steuerpflichtigen, die ihren Gewinn durch die EÜR ermitteln, gehören darüber hinaus zu den Betriebsausgaben:

- die Vorsteuer und die an das Finanzamt gezahlte Umsatzsteuer
- Vorschüsse, Teil- und Abschlagszahlungen.

Keine Betriebsausgaben sind hingegen Tilgungszahlungen für Darlehen. Anschaffungskosten für nicht abnutzbare Anlagegüter sind erst bei der Veräußerung zu berücksichtigen.

Nicht abzugsfähige Betriebsausgaben

Die Betriebsausgaben dieser Gruppe dürfen den Gewinn nicht mindern. Zu diesen Ausgaben zählen alle Beträge, die ein Steuerpflichtiger für seinen Haushalt und den Unterhalt seiner Familienangehörigen aufwendet. Dazu gehören auch die Kosten für die Lebensführung, die durch die wirtschaftliche oder gesellschaftliche Stellung des Steuerpflichtigen verlangt wird – selbst wenn die Kosten zur Förderung seines Berufs bzw. seiner Tätigkeit anfallen (§ 12 Abs. 1 Nr. 1 EStG).

Außerdem gelten als nicht abzugsfähige Betriebsausgaben:

- Geldbußen, Ordnungsgelder und Verwarnungsgelder, die von einer Behörde oder einem Gericht festgesetzt wurden (§ 4 Abs. 5 Nr. 8 EStG)
- Schmiergelder und Zinsen auf hinterzogene Steuern (§ 4 Abs. 5 Nr. 8a und Nr. 10 EStG; R 4.13 EStR),
- Gewerbesteuer und darauf entfallende Nebenleistungen (§ 4 Abs. 5b EStG).

Sofern die vorgenannten Aufwendungen buchmäßig erfasst sind, sind diese bei der Gewinnermittlung gewinnerhöhend zu berücksichtigen.

Beschränkt abzugsfähige Betriebsausgaben

Von den nicht abzugsfähigen Betriebsausgaben sind die beschränkt abzugsfähigen zu unterscheiden. Einige von ihnen werden hier vorgestellt. Allen ist gemeinsam, dass sie jeweils einzeln und getrennt von anderen Betriebsausgaben aufgezeichnet werden müssen (§ 4 Abs. 7 EStG). Erfolgt dies nicht, ist der Abzug ausgeschlossen.

S.473

Geschenke an Nicht-Arbeitnehmer

§ 4 Abs. 5 Nr. 1 EStG; R 4.10 und R 4.11 EStR

Aufwendungen für Geschenke an Personen, die nicht Arbeitnehmer sind, dürfen den Gewinn nicht mindern, wenn die Anschaffungskosten die Freigrenze von 35,00 € pro Empfänger und Wirtschaftsjahr übersteigen. Dazu zählen alle Kosten, die mit dem Geschenk in Zusammenhang stehen, ausgenommen Transport- und Verpackungskosten. Ist der Abzug der Vorsteuer ausgeschlossen, zählt auch sie zu den Anschaffungskosten.

Erhält ein Empfänger mehrere Geschenke in einem Wirtschaftsjahr, darf die Freigrenze von 35,00 € in Summe nicht überschritten werden. Liegt der Wert darüber, stellen die Aufwendungen in voller Höhe nicht abzugsfähige Betriebsausgaben dar. Ein Vorsteuerabzug ist bei Überschreitung der Freigrenze nicht zulässig. Das Abzugsverbot greift nicht, wenn die zugewendeten Wirtschaftsgüter beim Empfänger ausschließlich betrieblich genutzt werden.

keine Geschenke

Folgende Zuwendungen sind nicht als Geschenk einzuordnen:

- Kränze und Blumen für Beerdigungen
- Streu- bzw. Werbeartikel von geringem Wert, die an eine Vielzahl von Empfängern verteilt werden, deren Identität meist nicht bekannt ist
- Warenproben, die bei Werbevorführungen in Kaufhäusern verteilt werden
- Gutscheine für ein befristetes kostenloses oder verbilligtes Zeitschriften-Abonnement
- Preise anlässlich eines Preisausschreibens
- Sponsoring, dem eine Gegenleistung in Form von Werbung gegenübersteht

Geschenke = Einnahmen

Beim Empfänger stellen die Geschenke Einnahmen dar. Übersteigt ihr Einzelwert den Betrag von 10,00 €, sind sie vom Empfänger zu versteuern - davon ausgenommen sind Geschenke, die aufgrund eines persönlichen Anlasses erfolgen. Diese Besteuerung des Beschenkten kann umgangen werden, wenn der Unternehmer, der das Geschenk überreicht, eine pauschale Steuer in Höhe von 30 % von den Anschaffungskosten an das Finanzamt gemäß § 37b EStG abführt.

Bewirtungskosten

Bewirtungskosten sind mit 70 % gewinnmindernd zu berücksichtigen, wenn

- sie zu einem geschäftlichem Anlass verursacht werden,
- betrieblich veranlasst sind und
- ihre Höhe als angemessen anzusehen ist.

§ 4 Abs. 5 Nr. 2 EStG; R 4.10 und R 4.11 EStR

Die Bewirtungskosten werden zu 100 % in der Buchführung erfasst. Der nicht abzugsfähige Anteil in Höhe von 30 % wird außerhalb der Buchführung zum Zwecke der Steuerberechnung hinzugerechnet. Die in den Bewirtungskosten enthaltene Vorsteuer kann zu 100 % in Abzug gebracht werden - vorausgesetzt, der Steuerpflichtige ist vorsteuerabzugsberechtigt und die Belegformalitäten sind erfüllt.

Keine Bewirtung liegt vor, bei

- Gesten der Höflichkeit, die Bereitstellung von z. B. Kaffee, Tee oder Gebäck anlässlich betrieblicher Besprechungen
- Produkt- und Warenverkostungen bei Messeveranstaltungen - hier muss ein unmittelbarer Zusammenhang zwischen der Verkostung und dem Verkauf der Produkte und Waren bestehen

> Der Rechtsanwalt Matthias Stegemann lädt einen Klienten in ein Restaurant ein. Er bezahlt insgesamt 95,20 € (inkl. 19 % USt = 15,20 €). Die Aufzeichnungspflichten sind erfüllt.
>
> Der Nettowert der Bewirtung ist in 30 % nicht abzugsfähige Bewirtungskosten (= 24,00 €) und in einen abzugsfähigen Anteil von 70 % (= 56,00 €) aufzuteilen. Die Vorsteuer kann gegenüber dem Finanzamt zu 100 % (= 15,20 €) geltend gemacht werden.

Beispiel
Bewirtungskosten

Verpflegungsmehraufwendungen

Ist ein Unternehmer zu betrieblichen Zwecken auf Reisen, kann er Reisekosten geltend machen. Ertragsteuerlich können für die Verpflegung Pauschbeträge angesetzt werden, die sich an der Abwesenheit vom Betrieb orientiert. Für Auslandsreisen sind anhand einer Auslandstabelle die Pauschalen für die Verpflegungskosten zu ermitteln. Im Inland gelten folgende Beträge für eintägige Abwesenheiten:

§ 4 Abs. 5 Nr. 5 EStG

- bis 8 Stunden 0,00 €
- mehr als 8 Stunden 12,00 €

Für mehrtägige Reisen können folgende Aufwendungen abgesetzt werden:

- Anreisetag 12,00 €
- Zwischentag 24,00 €
- Abreisetag 12,00 €

Umsatzsteuerlich ist bei den Verpflegungsmehraufwendungen auf eine Besonderheit hinzuweisen: Ist der vorsteuerabzugsberechtigte Unternehmer auf Reisen, kann er aus seinen tatsächlich entstandenen Verpflegungskosten die Vorsteuer gegenüber dem Finanzamt geltend machen, sofern ordnungsgemäße Belege vorliegen. Die Regelungen im Einkommensteuer- und Umsatzsteuerrecht sind hier nicht konform.

Vorsteuer aus Verpflegungskosten

Aufwendungen für ein häusliches Arbeitszimmer

§ 4 Abs. 5 Nr. 6b EStG

Aufwendungen für ein häusliches Arbeitszimmer sowie die Kosten der Ausstattung sind nur dann in voller Höhe steuerlich abzugsfähig, wenn das Arbeitszimmer den Mittelpunkt der gesamten betrieblichen und beruflichen Betätigung bildet. Trifft dies nicht zu, ist eine Berücksichtigung des Arbeitszimmers nur dann möglich, wenn für die betriebliche Tätigkeit kein anderer Arbeitsplatz zur Verfügung steht. In diesem Fall ist die steuerliche Berücksichtigung allerdings auf einen Höchstbetrag von 1.250,00 € pro Jahr begrenzt. Es handelt sich hierbei nicht um einen Pauschbetrag, sondern um einen Steuerfreibetrag.

Beispiel 1 häusliches Arbeitszimmer

> Der selbstständige Buchhalter Kiesewetter bewohnt eine 150 m² große Wohnung, in der er sich ein Büro eingerichtet hat. Dieses Büro nutzt er für seine selbstständige Tätigkeit; einer anderen beruflichen Tätigkeit geht er nicht nach. Er betreut seine Kunden nicht vor Ort. Der anteilige Aufwand für das Arbeitszimmer beträgt für 2017 insgesamt 2.000,00 €.
>
> Es handelt sich bei diesem Büro um ein häusliches Arbeitszimmer, da dieses nicht von der Wohnung abgetrennt ist. Da dieses Arbeitszimmer den Mittelpunkt der betrieblichen Tätigkeit darstellt, sind die Kosten hierzu in voller Höhe abzugsfähig.

Abwandlung zu Beispiel 1 häusliches Arbeitszimmer

> Der selbstständige Buchhalter Kiesewetter bewohnt eine 150 m² große Wohnung, in der er sich ein Büro eingerichtet hat. Dieses Büro nutzt er für seine selbstständige Tätigkeit. Der anteilige Aufwand für das Arbeitszimmer beträgt in 2017 insgesamt 2.000,00 €. Neben der selbstständigen Tätigkeit ist er 30 Stunden pro Woche in einem Angestelltenverhältnis beschäftigt.
>
> Dieses Büro stellt ebenfalls ein häusliches Arbeitszimmer dar, da es nicht von der Wohnung getrennt ist. Dieses Arbeitszimmer bildet nicht den Mittelpunkt seiner betrieblichen und beruflichen Tätigkeit, da er sich neben seiner Selbstständigkeit in einem Angestelltenverhältnis befindet. Die Abzugsfähigkeit der Kosten für das Arbeitszimmer sind steuerlich auf 1.250,00 € pro Jahr begrenzt.

4.6 Ermittlung der Bemessungsgrundlage IV: Berechnung der Abschreibungen

Abschreibung = Absetzung für Abnutzung (AfA)

Die Abschreibung ist ein handelsrechtlicher Begriff gemäß § 253 HGB; steuerrechtlich spricht man von der Absetzung für Abnutzung, kurz AfA (§§ 7 ff. EStG). Ein Wirtschaftsgut abzuschreiben bedeutet, dass die Anschaffungs- oder Herstellungskosten nicht im Jahr der Anschaffung zu 100 % als Betriebsausgaben gewinnmindernd berücksichtigt, sondern auf einen längeren Zeitraum verteilt werden. Die Abschreibung soll die Wertminderung eines Wirtschaftsgutes widerspiegeln (siehe Kapitel "Abnutzbare und nicht abnutzbare Anlagegüter" auf Seite 127). Es wird grundlegend zwischen zwei Abschreibungsarten unterschieden - für welche Güter des Anlagevermögens sie angewandt werden, stellt die unten stehende Tabelle dar:

- **planmäßige Abschreibung**
  = Verteilen der Anschaffungs- und Herstellungskosten auf die Dauer der voraussichtlichen Nutzung, auch betriebsgewöhnliche Nutzungsdauer genannt; diese Form wird anschließend näher erläutert

4 Basis: Ermittlung der Bemessungsgrundlage IV: Berechnung der Abschreibungen

- außerplanmäßige Abschreibung bzw. Absetzung für außergewöhnliche Abnutzung (AfaA)
  = Erfassen der Wertminderung von Anlagegütern, die durch Nutzung, technischen Fortschritt, wirtschaftliche Entwertung oder durch außergewöhnliche Ereignisse verursacht wird

Anlagevermögen			
Immat. Wirtschaftsgüter	Sachanlagen		Finanzanlagen
abnutzbar, unbeweglich	abnutzbar, beweglich und unbeweglich	nicht abnutzbar, unbeweglich	nicht abnutzbar, unbeweglich
z. B. ▪ Konzessionen ▪ Lizenzen ▪ Patente ▪ Software ▪ Firmenwert	z. B. ▪ Gebäude ▪ technische Anlagen ▪ Maschinen ▪ Betriebs- und Geschäftsausstattung	z. B. ▪ unbebaute Grundstücke ▪ Anteil am Grund und Boden bebauter Grundstücke	z. B. ▪ Anteile an verbundenen Unternehmen ▪ Beteiligungen ▪ Wertpapiere ▪ Ausleihungen
Planmäßige Abschreibung			
Außerplanmäßige Abschreibung möglich			

Darüber hinaus kann die Form der Sonderabschreibung gewählt werden, die in Kapitel 4.6.2 gesondert betrachtet wird. §7g

Für die jährliche Erfolgsrechnung stellen die Abschreibungsbeträge sofort abzugsfähige Betriebsausgaben dar. Sie vermindern somit den steuerpflichtigen Gewinn und damit auch die ertragsabhängige Steuer. Abschreibungen gelten daher als wichtiges Instrument der Steuergestaltung.

4.6.1 Planmäßige Abschreibungen

Die planmäßige Abschreibung ist vorzunehmen, sobald ein Wirtschaftsgut angeschafft oder hergestellt ist - zum Zeitpunkt des Übergangs von Nutzen und Lasten gilt es als angeschafft und zum Zeitpunkt seiner Fertigstellung als hergestellt. Bemessungsgrundlage für die Abschreibung sind die Anschaffungs- und Herstellungskosten.

§ 7 Abs. 1 EStG

Die Abschreibungshöhe eines Anlagegutes ist abhängig

Abschreibungshöhe

- von dessen betriebsgewöhnlicher Nutzungsdauer und
- der gewählten Abschreibungsmethode (linear, degressiv oder nach Maßgabe der Leistung, siehe unten).

Um die betriebsgewöhnliche Nutzungsdauer einschätzen zu können, hat das Bundesfinanzministerium AfA-Tabellen veröffentlicht, die als Hilfsmittel heranzuziehen sind. Auf Grundlage dieser Vorgaben wird bei Erwerb bzw. Fertigstellung eines Anlagegutes ein Plan erstellt, der besagt wie die Anschaffungs- und Herstellungskosten des Wirtschaftsgutes auf diesen Zeitraum verteilt werden. Der Plan muss dabei dokumentieren, wie die Kosten auf die Geschäftsjahre verteilt werden, in denen der Gegenstand voraussichtlich genutzt werden kann. Diese Verteilung kennzeichnet die Abschreibung bzw. AfA und kann nach drei Methoden erfolgen:

- **lineare AfA**
  = Abschreibung in gleichbleibenden Jahresbeträgen (§ 7 Abs. 1 Satz 1 EStG);
- **degressive AfA**
  = Abschreibung in fallenden Jahresbeträgen (§ 7 Abs. 2 EStG);
  diese Abschreibung ist auf Wirtschaftsgüter, die nach dem 31.12.2010 angeschafft wurden, nicht mehr anzuwenden und wird daher hier nicht behandelt

149

- AfA nach Maßgabe der Leistung
  = leistungsbezogene Abschreibung (§ 7 Abs. 1 Satz 6 EStG);
  diese Methode wird vor allem bei starken Leistungsschwankungen innerhalb der Nutzungsdauer von beweglichen Wirtschaftsgütern angewandt und soll hier nicht weiter vertieft werden.

Anwendung der linearen Abschreibung

Die lineare Abschreibung kann sowohl bei allen beweglichen und unbeweglichen Wirtschaftsgütern des abnutzbaren Anlagevermögens als auch bei immateriellen Vermögenswerten bzw. Wirtschaftsgütern angewendet werden.

Die Anschaffungs- und Herstellungskosten werden dabei auf die betriebsgewöhnliche Nutzungsdauer verteilt, sodass sich gleiche jährliche Abschreibungsbeträge ergeben. Im Jahr der Anschaffung oder Herstellung ist monatsgenau abzuschreiben (Zeitanteiligkeit gemäß § 7 Abs. 1 Satz 4 EStG). Der jährlich gleichbleibende Betrag kann auch mit einem Prozentsatz (Abschreibungsprozentsatz) von den Anschaffungs- und Herstellungskosten ermittelt werden:

$$\text{jährl. / monatl. Abschreibungsbetrag in €*} = \frac{\text{Anschaffungs- und Herstellungskosten}}{\text{Nutzungsdauer in Jahren bzw. in Monaten}}$$

* i. d. R. werden die Abschreibungsbeträge so gerundet, dass der Restbuchwert als Betrag ohne Cent ausgewiesen wird

```
  Anschaffungs- und Herstellungskosten
- bis Abgang des Wirtschaftsgutes vorgenommene Abschreibungen
= Restbuchwert
```

$$\text{Abschreibungsprozentsatz} = \frac{100}{\text{Nutzungsdauer in Jahren}}$$

Die lineare Abschreibung läuft so lange, bis das Wirtschaftsgut abgeschrieben ist oder den Betrieb verlässt. Wird ein Wirtschaftsgut abgestoßen bevor es vollständig abgeschrieben ist, stellt der Restbuchwert eine Betriebsausgabe dar.

nachträgl. Anschaffungs-/ Herstellungskosten

Nachträgliche Anschaffungs- und Herstellungskosten werden immer den bestehenden zugerechnet. Sie sind für das Jahr ihrer Entstehung gemäß R 7.4 Abs. 9 EStR so zu berücksichtigen, als wären sie zu Beginn des Jahres aufgewendet worden (dies gilt auch für lineare Gebäudeabschreibungen).

Beispiel 1
lineare Abschreibung

Ein Unternehmer erwirbt am 20.05.2017 einen Firmenwagen zu einem Kaufpreis von 35.900,00 € inkl. Sonderausstattung. Für die Zulassung und die Kfz-Kennzeichen bezahlt er insgesamt 100,00 €. Die betriebsgewöhnliche Nutzungsdauer beträgt sechs Jahre.

Berechnung der Abschreibung:

Anschaffungskosten gesamt	36.000,00 €
Linearer AfA-Satz = 100 / 6 Jahre = 16,67 %	
Jährl. Abschreibungsbetrag = 16,67 % von 36.000,00 € =	6.000,00 €
Abschreibung für 2017 = 8 / 12 (Mai bis Dez) von 6.000,00 € =	4.000,00 €

Basis: Ermittlung der Bemessungsgrundlage IV: Berechnung der Abschreibungen

Beispiel 2
lineare Abschreibung

Ein Unternehmer erwirbt am 20.12.2016 einen Kopierer zu einem Kaufpreis von 3.000,00 €. Die betriebsgewöhnliche Nutzungsdauer beträgt fünf Jahre. Am 31.03.2017 erwirbt er zu diesem Kopierer einen Einzelblatteinzug zu einem Kaufpreis von 500,00 €.

Berechnung der Abschreibung:

Anschaffungskosten in 2016	3.000,00 €
Linearer AfA-Satz = 100 / 5 Jahre = 20 %	
Jährl. Abschreibungsbetrag = 20 % von 3.000,00 € =	600,00 €
Abschreibung für 2016 = 1 / 12 (Dez) von 600,00 € =	50,00 €
= Restbuchwert RBW zum 31.12.2016	2.950,00 €
Nachträgliche Anschaffungskosten in 2017	500,00 €
= neue Bemessungsgrundlage	3.450,00 €
Abschreibung für 2017 (Restbuchwert/Restnutzungsdauer RND)	
RBW 3.450,00 € / RND 59 Monate = 58,47 € x 12 Monate =	702,00 €
Restbuchwert zum 31.12.2017	2.748,00 €
Abschreibung für 2018 702,00 €	
Restbuchwert zum 31.12.2018	2.046,00 €
usw.	

Lineare Gebäudeabschreibung

Wie bereits in Kapitel 4.4.2 erwähnt, werden Gebäude unabhängig vom Grund und Boden behandelt. Der Grund und Boden ist ein unbewegliches, nicht abnutzbares Wirtschaftsgut, während das Gebäude als unbewegliches Wirtschaftsgut der Abnutzung unterliegt. Als Ausgangswerte für die Abschreibung werden daher die Anschaffungs- und Herstellungskosten herangezogen, die auf das Gebäude entfallen. Es gelten nachstehende AfA-Sätze:

- **§ 7 Abs. 4 Satz 1 Nr. 1 EStG**
  jährlich 3 % für Gebäude, die zu einem Betriebsvermögen gehören, keinen Wohnzwecken dienen und deren Bauantrag nach dem 31.03.1985 gestellt wurde

- **§ 7 Abs. 4 Satz 1 Nr. 2a EStG**
  jährlich 2 % für Gebäude, die nicht die Voraussetzungen aus Nr. 1 erfüllen und nach dem 31.12.1924 fertiggestellt wurden

- **§ 7 Abs. 4 Satz 1 Nr. 2b EStG**
  jährlich 2,5 % für Gebäude, die ebenfalls nicht die Voraussetzungen aus Nr. 1 erfüllen und vor dem 01.01.1925 fertiggestellt wurden

Gemäß § 7 Abs. 4 Satz 2 EStG kann die AfA nach der tatsächlichen Nutzungsdauer eines Gebäudes vorgenommen werden, wenn sie ...

- in den Fällen des Satzes 1 Nr. 1 weniger als 33 Jahre beträgt,
- in den Fällen des Satzes 1 Nr. 2a weniger als 50 Jahre beträgt oder
- in den Fällen des Satzes 1 Nr. 2b weniger als 40 Jahre beträgt.

4.6.2 Sonderabschreibungen

§ 7g EStG

Kleine und mittlere Betriebe haben die Möglichkeit, für ihre beweglichen Wirtschaftsgüter neben planmäßigen und außerplanmäßigen Abschreibungen auch Sonderabschreibungen vorzunehmen. Die Sonderabschreibung beträgt maximal 20 % der Anschaffungs- und Herstellungskosten und kann zusätzlich zur planmäßigen Abschreibung gewinnmindernd berücksichtigt werden. Die Sonderabschreibung ist eine steuerliche Abschreibung und findet in der Handelsbilanz keinen Ansatz. Entscheidet sich der Unternehmer neben der planmäßigen Abschreibung zur Sonderabschreibung, führt dies in jedem Fall zu einer Abweichung zwischen Handels- und Steuerbilanz.

Begünstigungszeitraum

Der Begünstigungszeitraum beträgt fünf Jahre. Der Unternehmer kann wählen, ob er die 20 % im ersten Jahr der Anschaffung bzw. Herstellung des Wirtschaftsgutes voll in Anspruch nimmt oder, ob er sie auf die ersten fünf Jahre verteilt. Er könnte also z. B. in den ersten vier Jahren 0 % und im fünften Jahr 20 % in Anspruch nehmen.

Bei der linearen AfA ist es von Bedeutung, ob der fünfjährige Begünstigungszeitraum über- oder unterschritten wird. Beträgt die Nutzungsdauer mehr als sechs Jahre, ändern sich im sechsten Jahr die Bemessungsgrundlage und der AfA-Satz.

Um die Sonderabschreibung in Anspruch nehmen zu können, müssen einige Voraussetzungen beim Betrieb und den Wirtschaftsgütern gegeben sein, die nachstehend genannt werden.

Berechtigte Betriebe

§ 7g Abs. 6 Nr. 1 EStG
i. V. m.
§ 7g Abs. 1 Satz 2 Nr. 1 EStG

- Bei bilanzierenden Unternehmen darf das Betriebsvermögen den Betrag von 235.000,00 € am Ende des Vorjahres nicht überstiegen haben.
- Bei Unternehmen, die eine Einnahmen-Überschussrechnung erstellen, darf der Gewinn des Vorjahres die Grenze von 100.000,00 € nicht überschritten haben.

Im Jahr der Unternehmensgründung kann aufgrund nicht vorhandener Vorjahreswerte immer eine Sonderabschreibung vorgenommen werden. Bei einem Wechsel von der EÜR zur Bilanz ist für das erste Jahr der Bilanzierung die Gewinngrenze maßgebend, da der Vorjahreswert des Betriebsvermögens noch nicht bekannt sein kann. Hat ein Unternehmer mehrere Betriebe, sind die Grenzwerte für jeden Betrieb einzeln zu prüfen.

Begünstigte Wirtschaftsgüter

§ 7g Abs. 6 Nr. 2 EStG

Begünstigte Wirtschaftsgüter sind abnutzbare bewegliche Wirtschaftsgüter des Anlagevermögens, die im Jahr der Anschaffung bzw. Herstellung und im Folgejahr in einer inländischen Betriebsstätte ausschließlich oder fast ausschließlich betrieblich genutzt werden (Umkehrschluss: private Nutzung unter 10 %).

Hinweis: Ein Firmenwagen, der einem Arbeitnehmer auch für Privatfahrten überlassen wird, ist zu 100 % betrieblich genutzt.

Berechnung der Sonderabschreibung

Bemessungsgrundlage für die Sonderabschreibung ist immer der Betrag der Anschaffungs- oder Herstellungskosten des beweglichen Wirtschaftsgutes. Bei der Sonderabschreibung gibt es, im Vergleich zur planmäßigen Abschreibung, im Jahr der Anschaffung oder Herstellung keine zeitanteilige Berücksichtigung.

Basis: Ermittlung der Bemessungsgrundlage IV: Berechnung der Abschreibungen

Unabhängig davon, in welcher Höhe die Sonderabschreibung berücksichtigt wird, werden in den ersten fünf Abschreibungsjahren auch für die lineare Abschreibung die Anschaffungs- oder Herstellungskosten als Bemessungsgrundlage herangezogen. Beträgt die Nutzungsdauer mehr als fünf Jahre, ändert sich nach Ablauf des Begünstigungszeitraumes (= sechstes Jahr nach Anschaffung) die lineare Abschreibung. Im sechsten Jahr wird der linear abschreibbare Betrag neu berechnet, indem der Restbuchwert durch die Restnutzungsdauer geteilt wird.

Beispiel 1 Sonderabschreibung

Ein Unternehmer erwirbt am 20.05.2017 einen Firmenwagen zu einem Kaufpreis von 35.900,00 € inkl. Sonderausstattung, den er nachweislich zu mehr als 90 % betrieblich nutzt. Für Zulassung und Kfz-Kennzeichen bezahlt er insgesamt 100,00 €. Die betriebsgewöhnliche Nutzungsdauer beträgt sechs Jahre.

Berechnung der Abschreibung:

Anschaffungskosten　　　　　　　　　　　　　　　　36.000,00 €

Planmäßige Abscheibung
Linearer AfA-Satz = 100 / 6 Jahre = 16,67 %
Jährlicher Abschreibungsbetrag = 16,67 % von 36.000,00 € =　　6.000,00 €
Abschreibung für 2017 = 8 / 12 (Mai bis Dez) von 6.000,00 € =　4.000,00 €

Zusätzlich: Sonderabschreibung nach § 7g EStG

maximal 20 % von 36.000,00 €　　　　　　　　　　　　7.200,00 €
(Statt den 20 % könnte im ersten Jahr auch ein anderer
Prozentsatz zwischen 0 % und 20 % gewählt werden)

Beispiel 2 Sonderabschreibung

Ein Unternehmer erwirbt am 09.09.2016 eine Maschine für 50.000,00 €. Die betriebsgewöhnliche Nutzungsdauer soll mit 10 Jahren und die Sonderabschreibung im ersten Jahr mit 20 % berücksichtigt werden.

Berechnung der Abschreibung:

Anschaffungskosten　　　　　　　　　　　　　　　　50.000,00 €

Abschreibung im 1. Jahr (2016)
- lineare Abschreibung: 10 % von 50.000,00 € = 5.000,00 €
  davon 4/12 =　　　　　　　　　　　　　　　　　　1.667,00 €
- Sonderabschreibung: 20 % von 50.000,00 € =　　　　10.000,00 €

Abschreibung im 2. bis 5. Jahr (2017-2020)
(jeweils linear, 10 % von 50.000,00 €)　　　　　　　5.000,00 € pro Jahr

Restbuchwert zum Ende des Begünstigungszeitraums
(31.12.2020) =　　　　　　　　　　　　　　　　　　18.333,00 €

Abschreibungsbetrag der linearen Abschreibung im 6. und den Folgejahren:
RBW 18.333,00 € / RND 68 Monate = 269,60 € x 12 Monate =　3.235,00 €

4.6.3 Abschreibung geringwertiger Wirtschaftsgüter

§ 6 Abs. 2 EStG; R 6.13 EStR

Mit den bisher vorgestellten Abschreibungsarten können Anschaffungs- und Herstellungskosten nur bezogen auf eine bestimmte Nutzungsdauer abgesetzt werden. Ausnahmen gelten allerdings für geringwertige Wirtschaftsgüter. Damit werden abnutzbare bewegliche Wirtschaftsgüter des Anlagevermögens bezeichnet, die selbstständig, d. h. unabhängig von anderen Gütern, nutzbar sind und deren Anschaffungs- und Herstellungskosten mehr als 150,00 € (250,00 € ab 01.01.2018), aber maximal 410,00 € (800,00 € ab 01.01.2018) bzw. 1.000,00 € betragen. Die angegebenen Beträge sind Nettobeträge, also ohne Umsatzsteuer, auch wenn die Vorsteuer gegenüber dem Finanzamt nicht geltend gemacht werden kann (§ 6 Abs. 2 Satz 1 EStG).

Zur Abschreibung der geringwertigen Wirtschaftsgüter können Unternehmer zwischen der Poolbildung (= Sammelposten) und der Sofortabschreibung wählen. Dabei muss man sich allerdings je Wirtschaftsjahr ganzheitlich für eine Regelung entscheiden.

	Poolbildung	**Sofortabschreibung**
geringwertige Wirtschaftsgüter (GWG), deren Anschaffungs-/ Herstellungskosten (AK/HK) ... ›IMMER NETTO‹	mehr als 150,00 € (250,00 € ab 01.01.2018) aber maximal 1.000,00 € betragen	mehr als 150,00 € (250,00 € ab 01.01.2018) aber maximal 410,00 € (800,00 € ab 01.01.2018) betragen
Anschaffungs- oder Herstellungskosten	Wert vermindert um den Vorsteuerbetrag unabhängig davon, ob der Steuerpflichtige vorsteuerabzugsberechtigt ist (= Nettobetrag gemäß § 6 Abs. 2 EStG) Voraussetzung: ordnungsgemäße Rechnung im Sinne des UStG liegt vor	
AK/HK sind sofort abzugsfähige Betriebsausgaben	bei AK/HK bis 150,00 € (250,00 € ab 01.01.2018)	
Anschaffungs- oder Herstellungskosten	bis 1.000,00 € GWG fließen in einen Sammelposten (= Poolbildung). Der Sammelposten wird im Jahr der Anschaffung und in den folgenden vier Jahren mit jeweils 1/5 gewinnmindernd aufgelöst, gleichgültig ob das GWG im Januar oder im Dezember angeschafft wurde. Ausscheidende Wirtschaftsgüter verändern den Sammelposten nicht.	bis 410,00 € (800,00 € ab 01.01.2018) GWG können im Jahr der Anschaffung in voller Höhe sofort abgeschrieben werden.
Aufzeichnungspflicht bei Sofortabschreibung	keine besonderen Aufzeichnungen erforderlich	GWG sind in einem besonderen Verzeichnis einzeln aufzuführen. Das Verzeichnis braucht nicht geführt zu werden, wenn die entsprechenden Angaben aus der Buchführung ersichtlich sind.

Basis: Ermittlung der Bemessungsgrundlage IV: Berechnung der Abschreibungen

Beispiel 1
Geringwertige Wirtschaftsgüter, VSt-abzugsberechtigt

Der Kaufmann Lüders erwirbt am 10.07.2017 ein Geldzählgerät zum Preis von 470,00 € zzgl. 19 % USt in Höhe von 89,30 € (= 559,30 €). Am 31.10.2017 kauft er einen Tischrechner für 160,00 € zzgl. 19 % USt in Höhe von 30,40 € (= 190,40 €). Beide Gegenstände bezahlt er bar.

■ **Lösung 1 mit Poolbildung:**

Entscheidet sich Herr Lüders für die Poolbildung, kann er in 2017 und in den folgenden vier Jahren jeweils $^1/_5$ der Anschaffungskosten gewinnmindernd berücksichtigen:

$$\frac{(470{,}00\ € + 160{,}00\ €)}{5} = 126{,}00\ €$$

Anmerkung:
Die Abschreibung in Höhe von 126,00 € jährlich läuft fünf Jahre, selbst wenn das Geldzählgerät oder der Tischrechner vor Ablauf dieser fünf Jahre veräußert oder verschrottet würde.

■ **Lösung 2 mit Sofortabschreibung:**

Entscheidet sich Herr Lüders in 2017 für die Sofortabschreibung, kann er lediglich für den Kauf des Tischrechners die Sofortabschreibung geltend machen, da dieser im Einzelwert unter 410,00 € liegt.

Die Anschaffungskosten für das Geldzählgerät sind auf die betriebsgewöhnliche Nutzungsdauer zu verteilen.
Gewinnauswirkung in 2017:

Tischrechner (Sofortabschreibung)	160,00 €
Geldzählgerät (lineare Abschreibung:	
470,00 € / 5 = 94,00 €, davon 6/12 =	47,00 €
= Summe:	207,00 €

Beispiel 2
Geringwertige Wirtschaftsgüter, nicht VSt-abzugsberechtigt

Der nicht vorsteuerabzugsberechtigte Versicherungsvertreter Schumm kauft am 17.03.2017 einen Laptop für 1.020,00 € zzgl. 19 % USt in Höhe von 193,80 € (= 1.213,80 €). Der am 19.03.2017 überwiesene Betrag berücksichtigt die Inanspruchnahme von 3 % Skonto.

Dass Herr Schumm keine Vorsteuer in Abzug bringen kann, spielt für die Einordnung des Laptop als GWG keine Rolle, es gilt immer der Nettowert.

Berechnung der Bemessungsgrundlage zur Entscheidung, ob der Laptop ein GwG ist oder nicht:

Netto-Anschaffungskosten 1.020,00 € - 3 % Skonto 30,60 € =   989,40 €

■ **Lösung:**

Entscheidet sich Herr Schumm in 2017 für die Poolbildung, kann er in 2017 und den folgenden vier Jahren jeweils ein Fünftel von 1.177,39 € (Bruttowert 1.213,80 € abzüglich 3 % = 235,48 €) gewinnmindernd berücksichtigen.

Alternativ könnte Herr Schumm den Laptop auch linear auf 3 Jahre abschreiben. Dies bedeutet für 2017 eine gewinnmindernde Berücksichtigung in Höhe von 327,05 € (1.177,39 € / 3 Jahre = 392,46, davon 10/12).

Der Abschreibungsbetrag kann im ersten Jahr so gerundet werden, dass der Restbuchwert in der Bilanz ohne Cent ausgewiesen wird.

Beispiel 3
GWG mit Anschaffungspreis unter der Berücksichtigungsgrenze

Der Rechtsanwalt Matthias Stegemann kauft am 31.10.2017 einen Tischrechner für 153,00 € zzgl. 19 % USt in Höhe von 29,07 € (= 182,07 €). Der überwiesene Betrag berücksichtigt die Inanspruchnahme von 3 % Skonto. Durch den Abzug von Skonto wird die 150,00 €-Grenze unterschritten.

■ Lösung:

Durch den Abzug von Skonto wird die 150,00 €-Grenze unterschritten, deshalb wird der Tischrechner direkt in die Betriebsausgaben gebucht.

4.7 Ermittlung der Bemessungsgrundlage V: Investitionsabzugsbetrag

Zur Förderung kleiner und mittelständischer Unternehmen hat der Gesetzgeber den Investitionsabzugsbetrag (IAB) eingeführt. Steuerpflichtige können demnach für die künftige Anschaffung bzw. Herstellung eines beweglichen Anlagegegenstandes eine Rücklage bilden, die den Gewinn mindern kann. Den IAB gibt es nur im Steuerrecht und nicht im Handelsrecht, d. h. bei Bildung und entsprechender Auflösung eines IAB sind Abweichungen zwischen Handels- und Steuerbilanz nicht zu vermeiden.

4.7.1 Bildung des Investitionsabzugsbetrages

Begünstigungszeitraum

Der Begünstigungszeitraum für den Investitionsabzugsbetrag beträgt gemäß § 7g Abs. 1 Satz 2 Nr. 2a EStG bei drei Jahren. Der Steuerpflichtige kann den IAB also dann in Anspruch nehmen, wenn er das Wirtschaftsgut voraussichtlich innerhalb der nächsten drei Jahre, die auf das Jahr des Abzugs folgen, anschafft oder herstellt. Wird das begünstigte Wirtschaftsgut, für das ein Investitionsabzugsbetrag in Anspruch genommen wurde, entgegen der ursprünglichen Investitionsabsicht nicht innerhalb des Begünstigungszeitraumes angeschafft oder hergestellt, wird der IAB im Jahr der Bildung wieder rückgängig gemacht. Das Finanzamt ändert den ursprünglichen Steuerbescheid, was zu einer entsprechenden Steuernachzahlung führt, die mit 6 % jährlich zu verzinsen ist.

Höhe des IAB

Der Investitionsabzugsbetrag darf mit maximal 40 % der geplanten Anschaffungs- bzw. Herstellungskosten (Nettowert) gebildet werden und wird außerhalb der Buchführung gewinnmindernd berücksichtigt. Die Summe der zum Abschlussstichtag ausgewiesenen Investitionsabzugsbeträge darf einen Betrag von 200.000,00 € je Betrieb nicht übersteigen.

Beispiel
Investitionsabzugsbetrag

Die Blumenhändlerin Frau Wiener erstellt ihre EÜR für das Jahr 2016 und weist einen Gewinn in Höhe von 81.690,00 € aus. Sie plant, spätestens 2018 eine neue Ladeneinrichtung mit geschätzten Anschaffungskosten von 30.000,00 € zu erwerben.

Frau Wiener kann für 2016 einen Investitionsabzugsbetrag mit (maximal) 40 % von 30.000,00 € (= 12.000,00 €) gewinnmindernd ansetzen.

Unter Berücksichtigung des IAB versteuert Frau Wiener 2016 nicht 81.690,00 €, sondern lediglich 69.690,00 €.

Um den Investitionsabzugsbetrag in Anspruch nehmen zu können, müssen folgende Voraussetzungen beim Betrieb und den Wirtschaftsgütern gegeben sein:

Berechtigte Betriebe

- Bei bilanzierenden Unternehmen darf das Betriebsvermögen zum Ende des Wirtschaftsjahres, in dem der Abzugsbetrag geltend gemacht wird, einen Betrag von 235.000,00 € nicht übersteigen. § 7g Abs. 1 Satz 2 Nr. 1 EStG
- Bei Unternehmen, die eine Einnahmen-Überschussrechnung erstellen, darf der Gewinn des laufenden Jahres ohne Berücksichtigung des IAB die Grenze von 100.000,00 € nicht übersteigen.

Begünstigte Wirtschaftsgüter

Begünstigte Wirtschaftsgüter sind abnutzbare bewegliche Wirtschaftsgüter (neu oder gebraucht) des Anlagevermögens, die im Jahr der Anschaffung bzw. Herstellung und im Folgejahr in einer inländischen Betriebsstätte ausschließlich oder fast ausschließlich betrieblich genutzt werden (Umkehrschluss: private Nutzung unter 10 %). § 7g Abs. 1 Satz 2 Nr. 2b EStG

Das begünstigte Wirtschaftsgut muss in den beim Finanzamt einzureichenden Unterlagen seiner Funktion nach benannt und die Höhe der voraussichtlichen Anschaffungs- und Herstellungskosten angegeben werden.
Für die nach dem 31.12.2015 endenden Wirtschaftsjahre ist eine Benennung der Funktion des Wirtschaftsgutes nicht mehr erforderlich. Künftige Voraussetzung für einen Investitionsabzugsbetrag ist, dass der Steuerpflichtige die Summen der Abzugsbeträge bzw. der hinzugerechneten oder rückgängig gemachten Beträge i.S.d. § 7g EStG nach amtlich vorgeschriebenen Datensätze durch Datenfernübertragung übermittelt.

4.7.2 Auflösung des Investitionsabzugsbetrages

Wird das begünstigte Wirtschaftsgut angeschafft oder hergestellt, ist der dafür in Anspruch genommene Investitionsabzugsbetrag im Anschaffungsjahr außerbilanziell gewinnerhöhend aufzulösen. Innerhalb der Steuerbilanz ist der IAB zum einen als Aufwand zu berücksichtigen und zum anderen von den Anschaffungs- und Herstellungskosten des Wirtschaftsgutes abzuziehen. Durch den Abzug wird die Bemessungsgrundlage für die Abschreibung entsprechend reduziert.

Übersteigt der aufzulösende IAB die Grenze von 40 % der Anschaffungs- und Herstellungskosten des erworbenen Wirtschaftsgutes, ist der Restbetrag spätestens nach Ablauf der Investitionsfrist rückwirkend im Jahr der Bildung gewinnerhöhend aufzulösen. Eine Ausnahme gilt, wenn innerhalb der Investitionsfrist nachträgliche Anschaffungs- und Herstellungskosten anfallen, auf die der Restbetrag angesetzt werden kann.

Basis: Ermittlung der Bemessungsgrundlage V: Investitionsabzugsbetrag

Beispiel 1
Auflösung des IAB,
Tatsächliche Anschaffungskosten = geplante Anschaffungskosten

Der Spediteur Fuchs hat 2016 für die geplante Anschaffung eines neuen Lkw einen IAB in Höhe von 40 % von 90.000,00 € (= 36.000,00 €) steuerlich gewinnmindernd berücksichtigt.

Im Januar 2017 hat er den Lkw erworben. Die betriebsgewöhnliche Nutzung des Lkw beträgt 9 Jahre; er soll linear abgeschrieben werden. Außerdem soll die Sonderabschreibung nach § 7g Abs. 5 EStG mit 20 % berücksichtigt werden.

Tatsächliche Anschaffungskosten = geplante Anschaffungskosten

Berechnung:

Anschaffungskosten Lkw	90.000,00 €
Kürzung um IAB (innerhalb der Buchführung)	- 36.000,00 €
= Bemessungsgrundlage für die AfA	54.000,00 €
Lineare AfA: 54.000,00 € / 9 Jahre =	6.000,00 €
Sonderabschreibung: 54.000,00 x 20 %	10.800,00 €
= Restbuchwert Steuerbilanz 31.12.2017	37.200,00 €
Gewinnauswirkung innerhalb der Steuerbilanz	- 52.800,00 €
Auflösung des IAB (außerbilanziell)	+ 36.000,00 €
= Gewinnauswirkung im Jahr 2017	**16.800,00 €**

Der in 2016 gewinnmindernd berücksichtigte IAB wirkt durch die Kürzung der Anschaffungskosten und die damit verbundene Abschreibungsreduzierung innerhalb der Abschreibungszeit gewinnerhöhend und führt zu einer Kompensation des Steuervorteils in 2017.

Abwandlung zu Beispiel 1
Auflösung des IAB,
Tatsächliche Anschaffungskosten > geplante Anschaffungskosten

Für dieses Beispiel werden die gleichen Angaben herangezogen wie in Beispiel 1, allerdings betragen die Anschaffungskosten hier 99.000,00 €.

Tatsächliche Anschaffungskosten > geplante Anschaffungskosten

Berechnung:

Anschaffungskosten Lkw	99.000,00 €	
Kürzung um IAB (innerhalb der Buchführung)	- 36.000,00 €	- 36.000,00 €
= Bemessungsgrundlage für die AfA	63.000,00 €	
Lineare AfA: 63.000,00 € / 9 Jahre =	7.000,00 €	- 7.000,00 €
Sonderabschreibung: 63.000,00 x 20 %	12.600,00 €	- 12.600,00 €
= Restbuchwert Steuerbilanz 31.12.2017	43.400,00 €	
Gewinnauswirkung innerhalb der Steuerbilanz		- 55.600,00 €
Auflösung des IAB (außerbilanziell)		+ 36.000,00 €
= Gewinnauswirkung im Jahr 2017		**19.600,00 €**

> Für dieses Beispiel werden die gleichen Angaben herangezogen wie in Beispiel 1, allerdings betragen die Anschaffungskosten hier 81.000,00 €.
>
> **Tatsächliche Anschaffungskosten < geplante Anschaffungskosten**
>
> Berechnung:
>
> | | | |
> |---|---:|---:|
> | Anschaffungskosten Lkw | 81.000,00 € | |
> | Kürzung um IAB (innerhalb der Buchführung) | - 32.400,00 € | - 32.400,00 € |
> | = Bemessungsgrundlage für die AfA | 48.600,00 € | |
> | Lineare AfA: 48.600,00 € / 9 Jahre = | 5.400,00 € | - 5.400,00 € |
> | Sonderabschreibung: 48.600,00 x 20 % | 9.720,00 € | - 9.720,00 € |
> | = Restbuchwert Steuerbilanz 31.12.2017 | 33.480,00 € | |
> | Gewinnauswirkung innerhalb der Steuerbilanz | | - 47.520,00 € |
> | Auflösung des IAB (außerbilanziell) | | + 32.400,00 € |
> | **= Gewinnauswirkung im Jahr 2017** | | **15.120,00 €** |
>
> Der nicht aufgelöste Teil des IAB wird im Jahr der Bildung 2016 vom Finanzamt im Steuerbescheid gewinnerhöhend aufgelöst. Dies führt dann zu einer entsprechenden Steuernachzahlung, die mit 6 % jährlich verzinst wird.

Abwandlung zu Beispiel 1 Auflösung des IAB, Tatsächliche Anschaffungskosten < geplante Anschaffungskosten

4.8 Ermittlung der Bemessungsgrundlage VI: Steuerbilanz

Für Zwecke der ertragsabhängigen Besteuerung ist eine so genannte Steuerbilanz zum Ende eines jeden Wirtschaftsjahres aufzustellen oder alternativ eine Überleitungsrechnung von der Handelsbilanz zur Steuerbilanz. Da es nach derzeitiger Rechtslage keine eigenständige Steuerbilanz gibt, muss diese unter steuerrechtlichen Vorschriften aus der Handelsbilanz abgeleitet werden (§ 60 Abs. 2 EStDV). Die Steuerbilanz dient ausschließlich der Gewinnermittlung, d. h. der Ermittlung eines möglichst zutreffenden Periodengewinns und damit als Grundlage für die Besteuerung. Im Gegensatz zur Handelsbilanz kennt die Steuerbilanz nur einen Adressaten: die Finanzverwaltung.

Wie bereits in den vorherigen Kapiteln beschrieben, bildet die Handelsbilanz prinzipiell die Grundlage für die Steuerbilanz (§ 5 Abs. 1 Satz 1 EStG). In der Praxis wird gerade von kleinen und mittelständischen Unternehmen aus praktischen und finanziellen Gründen angestrebt, eine Einheitsbilanz zu erstellen, bei der Handels- und Steuerbilanz identische Werte beinhalten. Dies ist möglich, soweit handelsrechtliche Ansatz- und Bewertungsvorschriften nicht durch steuerrechtliche durchbrochen werden. Bei der Erstellung einer Bilanz nach Steuerrecht gelten allgemeine Grundsätze wie:

Ein handelsrechtliches ...	führt im Steuerrecht zu einem ...
Aktivierungs-**Gebot**	Aktivierungs-**Gebot**
Passivierungs-**Gebot**	Passivierungs-**Gebot**
Aktivierungs-**Wahlrecht**	Aktivierungs-**Gebot**
Passivierungs-**Wahlrecht**	Passivierungs-**Verbot**

Diese Grundsätze werden allerdings an der einen oder anderen Stelle vom Steuerrecht durchbrochen.

Anhand der folgenden Beispiele werden einige abweichende Ansätze zwischen HGB und Steuerrecht dargestellt:

	Ansatz Handelsbilanz	Ansatz Steuerbilanz
Aktivierung selbstgeschaffener immaterieller Wirtschaftsgüter		
Dachdeckermeister Ziegel hat seine kaufmännischen Angestellten beauftragt, eine individuelle Software für das Unternehmen zur Angebots- und Auftragsabwicklung zu programmieren. Die Angestellten waren erfolgreich, die Software ist im Einsatz. Die Herstellungskosten für die Software betragen 5.000,00 €.	Aktivierungswahlrecht gem. § 248 Abs. 2 HGB	Aktivierungsverbot gem. § 5 Abs. 2 EStG (Abweichung vom allgemeinen Grundsatz)
Nach Einsatz der Software wertet Dachdeckermeister Ziegel seine Kundenlisten aus und ist erstaunt, wie umfangreich sie sind. Er ist der Meinung, auch hier ein immaterielles Wirtschaftsgut geschaffen zu haben.	Aktivierungsverbot gem. § 248 Abs. 2 HGB	Aktivierungsverbot gem. § 5 Abs. 2 EStG
Aktivierung eines entgeltlich erworbenen Firmenwerts		
Dachdeckermeister Ziegel arbeitet erfolgreich mit dem Gerüstverleih Steigauf zusammen. Dieser Gerüstverleih wird ihm zum Kauf angeboten. Er geht auf das Angebot ein und erwirbt das Unternehmen. Unter Berücksichtigung der erworbenen Vermögens- und Schuldgegenstände bleibt ein Firmenwert in Höhe von 30.000,00 € zu aktivieren.	Aktivierungsgebot (§ 246 Abs. 1 HGB) Abschreibung gemäß § 253 Abs. 3 Satz 1 und 2 HGB (Nutzungsdauer ist zu schätzen); dabei gelten folgende Kriterien: ■ Voraussichtliche Bestandsdauer des erworbenen Unternehmens ■ Stabilität der Branche und Abhängigkeit vom Absatz- und Beschaffungsmarkt ■ Laufzeit wichtiger Verträge Gemäß § 285 Satz 1 Nr. 13 HGB, wonach eine Abschreibung des Firmenwerts auf mehr als 5 Jahre im Anhang zu begründen ist, bedeutet das im Umkehrschluss: das HGB geht bei der Abschreibung des Firmenwerts von einer Laufzeit von 1 bis 5 Jahren aus.	Aktivierungsgebot (§ 5 Abs. 2 EStG) Abschreibung gem. § 7 Abs. 1 Satz 3 EStG (Nutzungsdauer 15 Jahre)
Rückstellung für drohende Verluste		
Dachdeckermeister Ziegel hat Waren in Übersee bestellt. Aufgrund einer starken Kursänderung droht ein Verlust in Höhe von 20.000,00 €.	Passivierungspflicht gem. § 249 Abs. 1 HGB	Passivierungsverbot gem. § 5 Abs. 4a Satz 1 EStG
Steuerliche Sonderabschreibungen		
Unternehmer Ziegel hat einen Dachdecker-Schrägaufzug erworben. Diesen möchte er im Jahr der Anschaffung höchstmöglich abschreiben.	keine Sonderabschreibung möglich, sondern: ■ planmäßige Abschreibung gem. § 253 Abs. 3 Satz 1 HGB ■ außerplanmäßige Abschreibung gem. § 253 Abs. 3 Satz 2 HGB	Sonderabschreibung gem. § 7g Abs. 5 EStG, sofern die Größenmerkmale des § 7g Abs. 6 EStG i. V. m. Abs. 1 EStG nicht überschritten sind.
Investitionsabzugsbetrag		
Unternehmer Ziegel plante die Anschaffung des Schrägaufzuges schon im Vorfeld und hatte einen Investitionsabzugsbetrag in der Steuerbilanz berücksichtigt, den es nun aufzulösen gilt (§ 7g Abs. 1 EStG).	Keine Berücksichtigung der Auflösung des IAB. Bemessungsgrundlage ist der Betrag der tatsächlichen Anschaffungskosten.	Die Ausübung des Wahlrechts nach § 7g Abs. 2 Satz 2 EStG führt zu einer Kürzung der Anschaffungskosten und somit zu einer Reduzierung des Abschreibungsbetrages gegenüber dem Handelsrecht.

4.9 Steuersätze zur Einkommensteuer

Die Einkommensteuer wird nach dem zu versteuernden Einkommen bemessen. Ohne Berücksichtigung von Besonderheiten lässt sich der Steuersatz (auch Steuertarif genannt) wie folgt vereinfacht darstellen:

Zu versteuerndes Einkommen[a] →	Steuersatz
bis zu einem Grundfreibetrag von 2016: 8.652,00 € 2017: 8.820,00 € 2018: 9.000,00 €	fällt keine Einkommensteuer an
2016: von 8.653,00 € bis 53.665,00 € 2017: von 8.821,00 € bis 54.058,00 € 2018: von 9.001,00 € bis 54.950,00 €	progressiv ansteigender Steuersatz von 14 % bis 42 %
2017: von 54.058,00 € bis 256.304,00 € 2018: von 54.950,00 € bis 260.533,00 €	Steuersatz von 42 %
ab 2017: ab 256.304,00 € ab 2018: ab 260.533,00 €	Steuersatz von 45 % _Reichensteuer_

a. Die Beträge gelten für ledige Personen; bei Verheirateten, die zusammen veranlagt werden, gilt der doppelte Betrag.

Für Steuerpflichtige, deren zu versteuerndes Einkommen 2017 mindestens 256.304,00 € (bei Ledigen) und 512.608,00 € (bei Verheirateten) beträgt, gilt für den übersteigenden Teil des steuerpflichtigen Einkommens ein Spitzensteuersatz von 45 %. Bei Gewinneinkünften sind Entlastungsbeträge oder Freibeträge zu berücksichtigen. Die Einkommensteuer, die sich nach dem Tarif ergibt, ist in der Einkommensteuer-Grundtabelle angegeben. Für Ehegatten, die zusammen zur Einkommensteuer veranlagt werden, ist das Splitting-Verfahren anzuwenden. Dabei werden die Einkommen beider Ehegatten zunächst addiert und anschließend rechnerisch halbiert. Das sich daraus ergebende halbe zu versteuernde Einkommen wird nach dem entsprechenden Einkommensteuertarif versteuert. Die sich daraus ergebende Einkommensteuer wird verdoppelt und in Höhe dieses Betrages an das Finanzamt geschuldet. In der folgenden Tabelle wird ein kurzer Überblick über die Ermittlung des zu versteuernden Einkommens gegeben, nach dem sich der jeweilige Steuersatz richtet:

Ermittlung des zu versteuernden Einkommens gemäß § 2 EStG:	
Gewinneinkünfte	
aus Land- und Forstwirtschaft	§ 13 EStG
aus Gewerbebetrieb	§ 15 EStG
aus selbstständiger Arbeit	§ 18 EStG
Überschusseinkünfte	
aus nichtselbstständiger Arbeit	§ 19 EStG
aus Kapitalvermögen	§ 20 EStG
aus Vermietung und Verpachtung	§ 21 EStG
Sonstige Einkünfte	§ 22 EStG
Summe der Einkünfte	
- Altersentlastungsbetrag	§ 24a EStG
- Entlastungsbetrag für Alleinerziehende	§ 24b EStG
- Freibetrag für Land- und Forstwirte	§ 13 Abs. 3 EStG
= **Gesamtbetrag der Einkünfte**	
- Verlustabzug (Verlustrücktrag /-vortrag)	§ 10d EStG
- Sonderausgaben	§§ 10, 10b + c EStG
- außergewöhnliche Belastungen	§§ 33 – 33c EStG
= **Einkommen**	
- Kinderfreibeträge	§ 32 Abs. 6 EStG
- Härteausgleich	§ 46 Abs. 3 EStG; § 70 EStDV
= **zu versteuerndes Einkommen**	

Solidaritätszuschlag und Kirchensteuer

Neben der Einkommensteuer schuldet der Steuerpflichtige außerdem den Solidaritätszuschlag und – sofern er einer Religionsgemeinschaft angehört – die Kirchensteuer. Bemessungsgrundlage für beide Abgaben ist die festgesetzte Einkommensteuer, unter Berücksichtigung von Freibeträgen, falls unterhaltspflichtige Kinder zu berücksichtigen sind. Die Steuerlast des Solidaritätszuschlages beträgt 5,5 % und bei der Kirchensteuer werden je nach Bundesland 8 % bzw. 9 % erhoben[1].

4.10 Betriebliche Abwicklung der Einkommensteuer

Abschließend wird darauf eingegangen, wie die Einkommensteuer in der Praxis zu handhaben ist. Dabei wird zunächst auf die notwendige Einkommensteuererklärung mit den wichtigsten Formularen eingegangen und anschließend die Vorauszahlungen der Einkommensteuer erläutert.

4.10.1 Einkommensteuererklärung

Die Einkommensteuer wird durch das Wohnsitzfinanzamt aufgrund der vom Steuerpflichtigen eingereichten Steuererklärung erhoben. Alle Steuerpflichtigen, die Gewinneinkünfte erzielen, haben die Einkommensteuererklärung für das abgelaufene Kalenderjahr über das ELSTER-Verfahren an das Finanzamt zu übermitteln (§ 25 EStG und § 56 EStDV). Wählen Ehegatten sowie Steuerpflichtige aus eingetragenen Lebenspartnerschaften eine Zusammenveranlagung, haben sie eine gemeinsame Steuererklärung abzugeben. Ausnahmen von der Steuererklärungspflicht gelten unter bestimmten Voraussetzungen für Steuerpflichtige, die lediglich Einkünfte aus Kapitalvermögen oder aus nichtselbständiger Arbeit beziehen. Auf diese Ausnahmen wird hier nicht eingegangen.

Die Einkommensteuererklärung besteht aus mehreren Formularen, u. a.:

- Mantelbogen
- Anlage Kind
- Anlage AV zum Eintragen der Vorsorgeaufwendungen (Versicherungen)
- Anlage L zum Eintragen der Einkünfte aus Land- und Forstwirtschaft
- Anlage G zum Eintragen der Einkünfte aus Gewerbebetrieb
- Anlage S zum Eintragen der Einkünfte aus selbstständiger Arbeit
- Anlage N zum Eintragen der Einkünfte aus nichtselbstständiger Arbeit
- Anlage KAP zum Eintragen der Einkünfte aus Kapitalvermögen
- Anlage V zum Eintragen der Einkünfte aus Vermietung und Verpachtung
- Anlage R zum Eintragen von Renten und anderen Leistungen

Der Steuerpflichtige füllt jeweils nur die Formulare aus bzw. überträgt die an das Finanzamt, die auf ihn zutreffen. Hier wird beispielhaft auf den Mantelbogen sowie auf die Anlagen G und S eingegangen.

Abgabezeitraum

Die Einkommensteuererklärung ist bis zum 31.5. des auf den Veranlagungszeitraum folgenden Kalenderjahres abzugeben. Wird die Erklärung von einem Steuerberater erstellt, verlängert sich die allgemeine Frist bis zum 31.12.

---

1 mehr zum Thema Soldaritätszuschlag und Kirchensteuer siehe Kapitel 5.1.2

Einkommensteuererklärung - Mantelbogen

Der Mantelbogen besteht insgesamt aus vier Seiten. Wie bei allen Steuererklärungen werden auf der ersten Seite werden die persönlichen Daten aufgenomen. Auf den folgenden drei Seiten sind Angaben zu machen über Einkünfte, Sonderausgaben wie Spenden und Mitgliedsbeiträge, Angaben zu außergewöhnlichen Belastungen (z. B. Krankheitskosten), Steuerermäßigungen und -begünstigungen sowie Sonstiges und gestellte Anträge.

Sollte die Erklärung nicht authentifiziert übertragen werden, hat sie der Steuerpflichtige – sofern er beim Finanzamt die Formulare einreicht – auf der vierten Seite persönlich zu unterschreiben. Werden die Steuererklärungen ohne Authentifizierung an das Finanzamt übermittelt, ist das Übertragungsprotokoll auszudrucken und unterschrieben an das Finanzamt zu schicken.

Die Eheleute Blume erstellen ihre Einkommensteuererklärung für das Jahr 2016. Herr Andreas Blume ist selbstständig als Rechtsanwalt tätig und führt eine Kanzlei; seine Frau Sabine betreibt ein Blumenstudio.

Ihre relevanten Daten tragen Sie in den Mantelbogen der Einkommensteuererklärung ein.

Beispiel
ESt-Erklärung
Mantelbogen

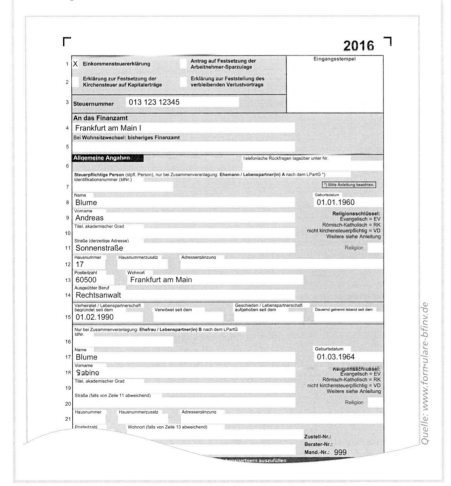

Einkommensteuererklärung - Anlage G (Einkünfte aus Gewerbebetrieb)

Die Anlage G ist von den Steuerpflichtigen auszufüllen, die Einkünfte aus Gewerbebetrieb erzielen, unabhängig davon, ob sie Einzelunternehmer oder z. B. Mitunternehmer einer Personengesellschaft sind. Da die Gewerbesteuer auf die Einkommensteuer anrechenbar ist, sind hier entsprechende Angaben einzutragen.

Der Gewerbesteuermessbetrag (siehe Kapitel 7.3.2) des Jahres 2016 ist in der Zeile 15 und die tatsächlich gezahlte Gewerbesteuer in der Zeile 16 einzutragen.

Beispiel
ESt-Erklärung
Anlage G

Frau Sabine Blume hat 2016 mit ihrem Gewerbebetrieb, einem Blumenstudio, einen Gewinn in Höhe von 61.666,00 € erwirtschaftet. Diesen Gewinn trägt sie in der Anlage G in Zeile 4 ein.

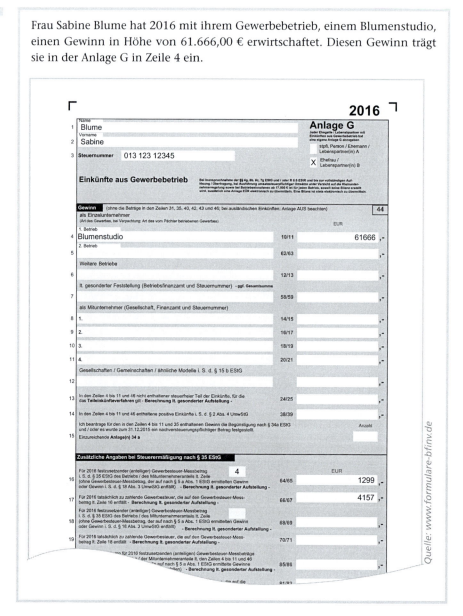

Quelle: www.formulare-bfinv.de

Sollte der Gewerbetrieb im Zuständigkeitsbereich eines anderen Finanzamt (Betriebsfinanzamt) geführt werden, hat der Steuerpflichtige bei diesem Finanzamt eine Feststellungserklärung abzugeben. Der Gewinn aus diesem Gewerbebetrieb wäre dem Wohnsitzfinanzamt über die Anlage G, Zeile 7 mitzuteilen. Wird die Eintragung vergessen, erfolgte eine amtsseitige Korrektur. Ist der Steuerpflichtige an einer Personengesellschaft beteiligt, wird sein Gewinnanteil in Zeile 8 eingetragen. Für die Eintragung des entsprechenden Gewerbesteuermessbetrages und der Gewerbesteuer sind die Zeilen 17 und 18 vorgesehen.

Einkommensteuererklärung - Anlage S
(Einkünfte aus selbstständiger Arbeit)

Die Anlage S ist von den Steuerpflichtigen auszufüllen, die Einkünfte aus selbstständiger Tätigkeit erzielt haben. Dabei sind zum einen Gewinne einzutragen, die aus einer freiberuflichen Tätigkeit oder z. B. aus Beteiligungen an Gesellschaften hervorgegangen sind; zum anderen müssen Veräußerungsgewinne angegeben werden.

Andreas Blume hat mit seiner Anwaltskanzlei einen Gewinn in Höhe von 123.123,00 € erwirtschaftet. Diesen Gewinn trägt er in der Anlage S in Zeile 4 ein.

Beispiel
ESt-Erklärung
Anlage S

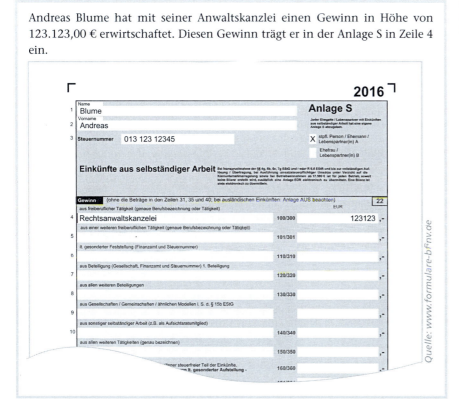

4.10.2 Einkommensteuer-Vorauszahlungen

Wer Einkünfte aus nichtselbstständiger Arbeit bezieht, bekommt durch den Arbeitgeber die Einkommensteuer, in Form der Lohnsteuer, monatlich vom Bruttogehalt abgezogen. Die Lohnsteuer wird vom Arbeitgeber an das Betriebsstättenfinanzamt abgeführt. Über diesen Weg hat der Arbeitnehmer bereits Einkommensteuerzahlungen geleistet und abgeführt. Er hat aber nicht die Zahlungen abgeführt. Bezieht ein Steuerpflichtiger aber z. B. Einkünfte aus Gewerbebetrieb und aus selbstständiger Arbeit, so erfolgt die Besteuerung des Einkommens erst mit Abgabe der Steuererklärung und entsprechender Veranlagung durch das Finanzamt.

Bis zur endgültigen Festsetzung der Einkommensteuer ist der Steuerpflichtige, sofern er nicht nur Einkünfte aus nichtselbstständiger Arbeit bezieht, verpflichtet, Vorauszahlungen an das Finanzamt zu entrichten. Grundlage für die Berechnung der Vorauszahlungen ist die jeweils letzte Einkommensteuerveranlagung.

Die Einkommensteuervorauszahlungen sind zu festen Terminen zu entrichten:

- 10. März
- 10. Juni
- 10. September
- 10. Dezember

Als Grundlage für die Berechnung der Einkommensvorauszahlungen dient der letzte Einkommensbescheid. Jede Vorauszahlung beträgt ein Viertel der Steuer, die sich bei der letzten Veranlagung ergeben hat.

Die einbehaltenen und abgeführten Vorauszahlungsbeträge werden auf die veranlagte Einkommensteuer angerechnet.

Beispiel
Steuervorauszahlung

Timo Schuster hat Einkünfte aus nichtselbstständiger Tätigkeit in Höhe von 60.000,00 €. Sein Arbeitgeber hat insgesamt 13.560,00 € Lohnsteuer und 746,80 € Solidaritätszuschlag einbehalten und an das Finanzamt abgeführt. Auf sein Sparguthaben hat Timo Schuster Zinsen in Höhe von 3.000,00 € erhalten. Hier wurden von der Bank 549,75 € Kapitalertragsteuer und 30,24 € Solidaritätszuschlag einbehalten; die Auszahlung der Zinsen betrug 2.420,01 €. Weitere Einkünfte erzielt Timo Schuster aus seiner nebenberuflichen Beratertätigkeit und aus Einkünften aus Vermietung und Verpachtung.

Nach Abgabe seiner Steuererklärung wird die Einkommensteuer veranlagt. Die Steuer wird seitens des Finanzamts wie folgt festgesetzt:

	Einkommensteuer	Solidaritätszuschlag
Festgesetzt werden	26.900,00 €	1.479,50 €
- Steuerabzug vom Lohn	13.560,00 €	746,80 €
- Kapitalertragsteuer	549,75 €	30,24 €
= verbleibende Steuer/Abgabe	**12.790,25 €**	**702,46 €**

Die nach dieser Berechnung verbleibende Steuer bzw. Abgabe wird nun auf die Vorauszahlungszeiträume verteilt. Demnach hat Timo Schuster vierteljährlich eine Einkommensteuervorauszahlung in Höhe von 3.197,00 € und einen Soli-Zuschlag in Höhe von 175,60 € an das Finanzamt zu bezahlen.

Wissenskontrollfragen

Die Lösungen finden Sie online unter www.edumedia.de/verlag/loesungen.

1) Welche Rechtsgrundlagen sind in Zusammenhang mit der Einkommensteuer-Ermittlung heranzuziehen?

- Einkommensteuergesetz (EStG)
- Einkommensteuer-Durchführungsverordnung (EStDV)
- Einkommensteuer-Richtlinien (EStR)
- Einkommensteuer-Hinweise (EStH)

2) Das Einkommensteuergesetz unterscheidet zwischen sieben Einkunftsarten. Benennen Sie diese und geben Sie die jeweilige Rechtsquelle an.

3) Das Einkommensteuergesetz unterscheidet zwischen Gewinneinkünften und Überschusseinkünften. Wo liegt der Unterschied und welche Einkünfte gehören zu welcher Art?

4) Worin besteht der Unterschied beim Betriebsvermögensvergleich gemäß § 4 Abs. 1 EStG im Vergleich zu § 5 Abs. 1 EStG?

Praxisübungen

Die Lösungen finden Sie online unter www.edumedia.de/verlag/loesungen.

1) Prüfen Sie den Umfang der Einkommensteuerpflicht bei folgenden Gegebenheiten:

a) Der deutsche Staatsbürger Alfred Sommer mit Wohnsitz in Frankfurt betreibt in Hamburg ein Weinlokal. Ferner erzielt er aus einem Wertpapierdepot in der Schweiz Einkünfte aus Kapitalvermögen.

Alfred Sommer ist eine natürliche Person mit Wohnsitz im Inland. Er unterliegt daher der unbeschränkten Steuerpflicht im Inland. (§1 (1) EStG)

b) Der chinesische Staatsbürger An Lin mit Wohnsitz in Peking wurde von seinem Arbeitgeber für zwölf Monate in die Filiale nach Frankfurt abgeordnet und erhält dort seinen Arbeitslohn. Weitere Einkünfte erzielt er nicht.

Der chinesische Staatsbürger An Lin ist gem. §1 (1) EStG unbeschränkt im Inland einkommensteuerpflichtig, da er für 12 Monate seinen gewöhnlichen Aufenthalt in FFM hat und dort seinen Arbeitslohn erhält.

c) Der österreichische Staatsbürger Udo Herbst mit Wohnsitz in Wien besitzt ein Mehrfamilienhaus in Frankfurt. Dieses hat er langfristig vermietet. Weiterhin bezieht er in Wien aus einem Angestelltenverhältnis Arbeitslohn.

Udo Herbst ist eine natürliche Person. Er hat weder seinen Wohnsitz, noch seinen gewöhnlichen Aufenthalt im Inland. Er erzielt aber inländische Einkünfte, mit denen er der beschränkten Steuerpflicht unterliegt. §1 (4) EStG

d) Die Winterdienst GmbH mit Sitz in Frankfurt betreibt in Hamburg einen Einzelhandel mit Kehrmaschinen.

Die Winterdienst GmbH ist keine natürliche Person u. unterliegt damit nicht der Einkommensteuerpflicht (§1 EStG), sondern der Körperschaftssteuer (§1 (1) EStG)

Praxis: Die Einkommensteuer auf Gewinneinkünfte 4

2) Die bilanzierende Unternehmerin Lilli Hess möchte von Ihnen wissen, ob sie folgende Gegenstände ihrem Betriebsvermögen zuordnen kann oder muss.
Um welche Art von Betriebs- bzw. Privatvermögen handelt es sich bei den Gegenständen?

Gegenstand	Anteil der betrieblichen Nutzung	Zuordnung / Vermögensart
Pkw 1	75 %	muss dem notwendigen BV zugeordnet werden, EStR 4.2 (1) S.1
Pkw 2	40 %	kann dem gewillkürten BV zugeordnet werden, EStR 4.2 (1) S.6
Grundstück 1	25 % Wert des Anteils: 35.000,00 €	betrieblich genutzter Teil muss dem notwendigen BV zugeordnet werden. EStR 4.2 (7) S.7
Grundstück 2	15 % Wert des Anteils: 15.000,00 €	Grundsätzlich handelt es sich um notwendiges BV (R 4.2 (8) EStR). Da der Wert nicht mehr als 1/5 des gem. * Wertes des gesamten Grundstücks u. nicht mehr als 20.500€ beträgt, kann es als Grundstücksteil von untergeordneter Bedeutung dem PV zugeordnet werden. §8 EStDV
Segeljacht	0 %	darf nicht dem BV zugeordnet werden, da notwendiges PV. EStR 4.2 (1) S.5

3) Die Einzelhandelskauffrau Monika Seefried ist Inhaberin eines Spielwarenladens in Koblenz und ermittelt ihren Gewinn durch die Gegenüberstellung der Einnahmen und Ausgaben (§ 4 Abs. 3 EStG). Umsatzsteuerlich hat sie die Ist-Besteuerung beantragt und das Finanzamt ist diesem Antrag gefolgt. Frau Seefried führt keine Umsätze aus, die eine Kürzung des Vorsteuerabzugs zur Folge haben. Gemäß der vorläufigen Gewinnermittlung ergibt sich ein Gewinn in Höhe von 18.200,00 €.
Unternehmerin Monika Seefried strebt einen möglichst niedrigen Gewinnausweis an. Sämtliche Buch- und Belegnachweise sind erbracht.

Folgende Sachverhalte sind hinsichtlich der Gewinnauswirkungen im Jahr 2017 noch zu untersuchen. Berechnen Sie den zu versteuernden Gewinn für das Jahr 2017.

a) Im Juli 2017 wurde ein neues Kassensystem für 1.500,00 € netto angeschafft (zzgl. 19 % USt in Höhe von 285,00 € = 1.785,00 € brutto). Das alte wurde für 119,00 € in Zahlung gegeben. Monika Seefried hat 1.666,00 € überwiesen; da unklar war, wo sie den Sachverhalt buchen sollte, hat sie die 1.666,00 € auf das Konto „Zu klärende Posten" gebucht. Das alte Kassensystem hatte zum 01.01.2017 einen Restbuchwert von 1,00 €. Die betriebsgewöhnliche Nutzungsdauer des neuen Kassensystems ist mit sechs Jahren anzusetzen.

Gewinn lt. Aufgabe: 18.200 €
a) Verkauf altes Kassensystem
Einnahmen (netto): 100,-
vereinnahmte USt: 19,-
Restbuchwert: - 1,-

a) neues Kassensystem
AK = 1.500,-
lineare Abschr. 1.500,- / 6 Jahre = 250,-
davon 6/12 - 125,-
Sonderabschr. §7g (5) EStG
20% v. 1.500,- - 300,-
abzugsf. VSt - 285,-

b) Für das Weihnachtsfest entnahm Monika Seefried im Dezember mehrere Spiele, um diese an Verwandte und Freunde zu verschenken. Die Ladenverkaufspreise betrugen insgesamt 754,00 € brutto, die Einkaufspreise inkl. der Anschaffungsnebenkosten zum Zeitpunkt der Entnahme betrugen 350,00 € netto.

Es handelt sich um eine Entnahme, die gem. §6 (1) Nr. 4 EStG mit dem Teilwert anzusetzen ist. Auf diese Entnahme ist die USt in Höhe von 19% zu berücksichtigen.

4 Praxis: Die Einkommensteuer auf Gewinneinkünfte

c) Das Konto Bewirtungskosten weist zum 31.12.2017 einen Saldo in Höhe von 230,00 € aus. Der nicht abzugsfähige Anteil ist noch zu berücksichtigen.

Gem. §4 (5) Nr. 2 EStG sind 30% der Bewirtungskosten nicht als Betriebsausgabe abzugsfähig.

4) Harald Wenzel erwarb von Toni Durm dessen Kiosk. Neben dem Preis für die Anlagegüter musste Harald Wenzel einen Betrag für den Kundenstamm bezahlen.
Wie nennt man diesen Wert des Kundenstamms und wie erfolgt dessen steuerliche Abschreibung? Bitte nennen Sie die Rechtsnorm.

Den Wert des Kundenstamms bezeichnet man als Firmenwert. Die Abschreibung erfolgt linear über 15 Jahre. §7 (1) S 3 EStG

5) Der Allgemeinmediziner Dr. Drechsler erwirbt am 28.12.2016 ein Ultraschallgerät für 9.888,00 € inkl. 19 % USt (= 1.578,76 €). Dieses Ultraschallgerät wird am 28.12.2016 in Betrieb genommen, allerdings erst am 08.01.2017 unter Abzug von 2 % Skonto bezahlt. Die betriebsgewöhnliche Nutzungsdauer beträgt acht Jahre. Die Voraussetzungen für eine Sonderabschreibung sind nicht gegeben.
Berechnen Sie die höchstmögliche steuerliche Abschreibung für 2016 und 2017.

Bemessungsgrundlage sind die AK mit 9.888,-; es gilt der Bruttowert, da Dr. Drechsler nicht vorsteuerabzugsberechtigt ist. Der Skontoabzug wird in 2016 nicht berücksichtigt. *

6) Die Unternehmerin Lilli Hess möchte in 2017 aus ihrem Privatvermögen ein unbebautes Grundstück, das mit einem Ladengeschäft bebaut werden soll, in ihren Betrieb einlegen. Das Grundstück wurde im Jahr 2007 für 120.000,00 € erworben. Der Teilwert zum Zeitpunkt der Einlage beträgt 180.000,00 €.
Mit welchem Wert ist der Grundbesitz einzulegen? Nennen Sie auch die Rechtsvorschrift.

Gemäß §6 (1) 5 EStG erfolgt die Einlage mit dem Teilwert von 180.000€, da das Grundstück nicht in den letzten drei Jahren vor der Einlage angeschafft w...

* Berechnung: $\frac{9.888,-}{8 \text{ Jahre}} = 1.236,-$, davon 1/12 = Abschreibungsbetrag 103,-

Abschreibung 2017
AK '16   9.888,-
Abschr. '16   103,-
RBW 31.12.16   9.785,-
Skontoabzug b. Zhg. 197,76
neue Bemessungsgrundlage 9.587,24

$\frac{\text{RBW } 9587,24}{\text{RND 95 Monate}} = 100,92 \times 12$
(8 Jahre − 1 Monat) = 1.211,04

7) Der Unternehmer Nücklich hat den handelsrechtlichen Jahresabschluss für 2017 fertiggestellt. Die GuV (Kurzfassung) besteht aus folgenden Positionen:

Umsätze	360.000,00 €
Wareneinsatz	110.000,00 €
Personalkosten	60.000,00 €
Raumkosten	12.000,00 €
Kfz-Kosten	6.000,00 €
Abschreibungen	24.000,00 €
Sonstige Kosten	14.000,00 €
Gewerbesteuer Vorauszahlungen	4.000,00 €
Handelsrechtlicher Gewinn	130.000,00 €

In den sonstigen Kosten sind enthalten:

Bewirtungskosten	2.600,00 €
Geschenke (nicht abzugsfähig)	220,00 €

In den Abschreibungen ist enthalten:
Anschaffung Gabelstapler im Januar 2017 für 10.000,00 € (Nuntzungsdauer 6 Jahre, linear abgeschrieben)

Berechnen Sie den steuerlichen Gewinn und berücksichtigen Sie dabei, dass Unternehmer Nücklich in 2017 möglichst wenig Steuern zahlen möchte. Auf Ihre Rückfrage erhalten Sie die Auskunft, dass Unternehmer Nücklich, dessen Werte die Grenzen des § 7g EStG nicht übersteigt, in 2019 eine neue Maschine für geplante 12.000,00 € und in 2018 einen neuen Pkw für 40.000,00 € anschaffen will. Der Pkw wird betrieblich und privat genutzt; die private Nutzung liegt erfahrungsgemäß bei ca. 18 %.

Handelsrechtlicher Gewinn	130.000 €
+ nicht abzugsf. BA	
GewSt VZ	4.000 €
n. abzugsfäh. Bewirtungsk. 30% v. 2.600 €	780 €
n. abzugsf. Geschenke	220 €
= Zwischensumme	135.000,−
− Sonderabschreibung auf Gabelstapler 20% v. 10.000 €	2.000,−
− IAB f. d. geplante Anschaffung der Maschine 40% von 12.000,−	4.800,−
= Steuerlicher Gewinn	128.200,−

4 Praxis: Die Einkommensteuer auf Gewinneinkünfte

5

Die Lohnsteuer - eine Erhebungsform der Einkommensteuer

Dieses Kapitel geht auf die Behandlung der Lohnsteuer als Form der Einkommensteuer ein. Es wird dargestellt, welche Rollen Arbeitgeber und Arbeitnehmer dabei einnehmen und welche Beträge für die Lohnsteuer relevant sind.

Inhalt

- Verpflichtungen eines Arbeitgebers bei der Beschäftigung von Arbeitnehmern
- Ermittlung der Steuerabzugsbeträge
- Anmelden und Abführen der Lohnsteuer
- Sozialversicherungen
- Besonderheiten bei geringfügig und kurzfristig Beschäftigten

5.1 Verpflichtungen eines Arbeitgebers bei der Beschäftigung von Arbeitnehmern

Jeder Unternehmer, der Arbeitnehmer beschäftigt und die Gehaltsabrechnungen selbst erstellt, benötigt ein umfassendes Wissen im Bereich der Lohnsteuer, der Sozialversicherung und des Arbeitsrechts. Auch wenn die Abrechnungen nicht selbst erstellt werden, ist es ratsam, ein Grundwissen in den vorgenannten Bereichen mitzubringen. Nachfolgend wird auf die wesentlichen Grundbegriffe der Lohnsteuer und ihre Anwendung in der Praxis eingegangen.

5.1.1 Steuertatbestand und Akteure der Lohnsteuer

Wer ist steuerpflichtig?

Die Lohnsteuer ist eine besondere Erhebungsart der Einkommensteuer, die von natürlichen Personen abgegeben werden muss, die Einkünfte aus nichtselbstständiger Arbeit erzielen – mit anderen Worten: Die Steuerpflichtigen der Lohnsteuer sind Arbeitnehmer (§ 19 EStG). Als solcher gilt jemand, der einer Beschäftigung in einem Arbeitsverhältnis nachgeht und dabei den Anweisungen seines Arbeitgebers mit der eigenen Arbeitskraft folgt (§ 1 Abs. 1 und 2 LStDV).

Was wird besteuert?

Analog zur Einkommensteuer wird hier die Summe der Einkünfte aus nichtselbstständiger Tätigkeit besteuert. Der Lohnsteuer unterliegt grundsätzlich jeder von einem inländischen Arbeitgeber gezahlte Arbeitslohn. Dabei ist es gleichgültig, ob es sich um laufende oder einmalige Bezüge handelt und in welcher Form sie gewährt werden (§ 38 Abs.1 EStG und § 2 LStDV). So kann der Lohn sowohl in Form von Geld ausgehändigt werden als auch z. B. durch jegliche Art von Vorteil, wie etwa die Überlassung eines Firmenwagens oder die Gewährung eines Frühstücks.

Wer zahlt die Steuer?

Arbeitnehmer kommen ihrer Einkommensteuerpflicht nach, indem ihre Lohnsteuer vom Bruttoarbeitslohn einbehalten und durch den Arbeitgeber an das Betriebsfinanzamt abgeführt wird. Das heißt, Steuerschuldner ist zwar der Arbeitnehmer, der Steuerzahler ist aber in diesem Fall der Arbeitgeber.

Da die Lohnsteuer zu dem Zeitpunkt entsteht, in dem der Lohn dem Arbeitnehmer zufließt, hat der Arbeitgeber grundsätzlich die Lohnsteuer bei jeder Lohnzahlung vom Arbeitslohn einzubehalten und an das zuständige Finanzamt abzuführen (= Quellenabzugsverfahren gemäß § 38 Abs. 3 EStG). Der Arbeitgeber haftet

- für die Lohnsteuer, die er einzubehalten und abzuführen hat;
- für die Einkommensteuer (Lohnsteuer), die aufgrund fehlerhafter Lohnabrechnungen zu gering abgeführt wurde.

Rechtsgrundlagen zur Lohnsteuer

Die steuerlichen Regelungen zum Lohnsteuerabzug sind in folgenden Grundlagen zu finden:

- Einkommensteuergesetz (EStG)
- Lohnsteuerdurchführungsverordnung (LStDV)
- Lohnsteuerrichtlinien (LStR)

Abb.: Akteure der Lohnsteuer

5.1.2 Ermittlung der Steuerabzugsbeträge

Neben der Lohnsteuer hat der Arbeitgeber den Solidaritätszuschlag und ggf. die Kirchensteuer einzubehalten und abzuführen. Diese drei Abgaben werden als Steuerabzugsbeträge zusammengefasst. Im Folgenden werden die relevanten Faktoren vorgestellt, die nötig sind, um diese Beträge zu ermitteln. Welcher Tarif für die zu zahlenden Abgaben gilt, wird anhand der Lohnsteuertabelle ermittelt, in der sowohl die Einkommenshöhe als auch die individuelle Situation des Steuerpflichtigen durch die Steuerklassen berücksichtigt sind. Die jeweiligen Daten des Steuerpflichtigen selbst entnimmt der Arbeitgeber den Lohnsteuermerkmalen.

Die persönlichen Lohnsteuerabzugsmerkmale

Um bei Arbeitnehmern die Lohnsteuer korrekt vom Steuer-Brutto abzuziehen und an das Finanzamt abzuführen, benötigt der Arbeitgeber einige persönliche Daten des Beschäftigten. Die Steuerabzugsmerkmale werden dem Arbeitgeber durch einen elektronischen Datenabruf zur Verfügung gestellt. Diese Informationen sind in einer Datenbank beim Bundeszentralamt für Steuern (BZSt) hinterlegt und können nur vom aktuellen Arbeitgeber abgerufen werden. Dieses Verfahren wird ELStAM (= Elektronische LohnSteuerAbzugsMerkmale) bzw. elektronische Lohnsteuerkarte genannt. Um Zugriff auf die Daten der jeweiligen Mitarbeiter zu erlangen, muss der Arbeitgeber jeden einzelnen Arbeitnehmer in der ELStAM-Datenbank anmelden. Das BZSt übermittelt dann eine Anmeldebestätigung an den Betrieb, in der die ELStAM der angemeldeten Mitarbeiter enthalten sind. Die abgerufenen Lohnsteuerabzugsmerkmale beinhalten.

ELStAM-Verfahren

- Name, Anschrift und Geburtsdatum des Arbeitnehmers
- Persönliche Identifikationsnummer
- Steuerklasse
- Zahl der Kinderfreibeträge
- Religionszugehörigkeit des Arbeitnehmers
- ggf. Steuerfreibetrag (§ 39a EStG)
- ggf. Hinzurechnungsbetrag (§ 39a Abs. 1 Nr. 7 EStG)

Auch wenn die Daten nicht den Tatsachen entsprechen sollten, sind sie beim Lohnsteuerabzug für den Arbeitgeber bindend. Hier ist der Arbeitnehmer dafür verantwortlich, dass seine Daten ggf. aktualisiert werden.

Die Lohnsteuertabellen

Um den Arbeitgebern die korrekte Abführung der Lohnsteuer zu ermöglichen, veröffentlichte das Bundesfinanzministerium früher die Lohnsteuertabellen, in denen die stufenhafte Progression der Besteuerung abgelesen werden konnte. Heute stellt das Finanzministerium nur noch die Programmablaufpläne (PAP) zur Entwicklung der aktuellen Lohnsteuer-Berechnungssoftware zur Verfügung. Einschlägige Verlage veröffentlichen aber weiterhin aktuelle Lohnsteuertabellen, die sie anhand des gültigen PHP erstellt haben.

Für die Praxis sind die Tabellen von untergeordneter Bedeutung, da heute die Gehaltsabrechnungen in der Regel mit entsprechender Software erstellt werden, in der die Tabellen bereits eingearbeitet sind.

allgemeine und besondere LSt-Tabelle

Auch wenn die Gehaltsabrechnung über ein Lohnprogramm erstellt wird, muss sich der Anwender entscheiden, ob die allgemeine oder die besondere Lohnsteuertabelle berücksichtigt werden soll. Die allgemeine Tabelle gilt für sozialversicherungspflichtige Arbeitnehmer und berücksichtigt die normale Vorsorgepauschale. Diese Vorsorgepauschale ist ein Betrag, der bei der Berechnung der Lohnsteuer berücksichtigt wird, um die Ausgaben des Steuerpflichtigen für seine soziale Sicherung steuerfrei zu stellen. **Die besondere Lohnsteuertabelle B** berücksichtigt nur eine gekürzte Vorsorgepauschale und wird daher für Beschäftigte angewendet, die nicht rentenversicherungspflichtig sind bzw. Pensionsansprüche haben, z.B. Beamte.

Tages-, Monats- und Jahreslohnsteuertabelle

Die Lohnsteuertabellen sind für die Abrechnungszeiträume **Tag**, **Woche**, **Monat** und **Jahr** gefasst. Am gebräuchlichsten ist die Monatslohnsteuertabelle, da sie für Arbeitnehmer angewendet wird, die regelmäßiges monatliches Arbeitsentgelt erhalten.

Die Lohnsteuerklassen

§ 38b EStG

Arbeitnehmer werden einer von sechs Lohnsteuerklassen zugeordnet, die in § 38b EStG konkret aufgeführt sind. Sie geben Auskunft über den Familienstand, die Anzahl der Kinder und, ob ein Arbeitnehmer ggf. mehrere Arbeitsverhältnisse unterhält. So gehören zur Steuerklasse I ledige, verwitwete, geschiedene sowie verheiratete Arbeitnehmer, die dauernd getrennt leben. Der Steuerklasse VI werden Arbeitnehmer festgehalten, die mehrere Arbeitsverhältnisse haben.

Die jeweilige Lohnsteuerklasse beeinflusst die monatliche Steuerbelastung des Arbeitnehmers und wirkt sich somit auf seinen Nettoverdienst aus.

Beispiel 1 Steuerklassen

> Frau Sabine Klein ist alleinerziehend und hat eine zehnjährige Tochter, die in ihrem Haushalt lebt. Eine weitere Person gehört dem Haushalt nicht an. Sabine Klein kann der Steuerklasse II zugeordnet werden.
>
> Die Höhe der zu zahlenden Lohnsteuer in 2017 ergibt sich für Frau Klein vergleichsweise wie folgt:
>
> | **Bruttogehalt** | **in Steuerklasse II** | **in Steuerklasse I** |
> |---|---|---|
> | 3.000,00 € | 392,60 € | 441,25 € |

handschriftliche Notizen:

I = ledig
II = ledig + Kind im Haushalt
III = verheiratet + Lohn ↑
IV = " Lohn =
V = " Lohn ↓
VI = Arschklasse
  ↳ zusätzl. Jobs
  jeder Euro wird sofort versteuert
  ↳ keine Freibeträge

Für Ehegatten besteht die Möglichkeit, Steuerklassen zu kombinieren. Dies bietet sich dann an, wenn sich bei der gemeinsamen Wertung eine geringere Bemessungsgrundlage ergibt und somit weniger Steuern gezahlt werden müssen. Folgende Kombinationsmöglichkeiten bestehen:

Kombination der Steuerklassen

- Steuerklasse IV / IV
- Steuerklasse III / V
- Steuerklasse IV / IV mit Faktor (Faktorverfahren)

Beispiel 2 – Kombinationen von Steuerklassen

Die Eheleute Michael und Andrea Liebig sind berufstätig. Sie haben die Wahl zwischen der Steuerklassenkombination III/V und IV/IV. Die Höhe der zu zahlenden Lohnsteuer in 2017 ergibt sich wie folgt:

Bruttogehalt	StKl III	StKl V	StKl IV	StKl IV
Fall 1				
Beide verdienen je 3.000,00 €	201,33 €	760,33 €	441,41 €	441,41 €
Summe		961,66 €		882,82 €
Fall 2				
Frau Liebig: 3.000,00 €	201,33 €		441,41 €	
Herr Liebig: 2.000,00 €		426,00 €		197,00 €
Summe		627,33 €		638,41 €

Neben der Steuerklassenkombination können berufstätige Ehegatten auch das Faktorverfahren wählen. Dabei haben beide Ehegatten die Steuerklasse IV kombiniert mit einem Faktor, der vom Finanzamt aufgrund vorliegender Einkommensdaten berechnet wird. Der jeweilige Faktor wird auf Antrag durch das zuständige Finanzamt ermittelt und über die Lohnsteuerabzugsmerkmale dem Arbeitgeber bekannt gegeben. In diesem Faktor werden auch ggf. sonstige einzutragende Freibeträge berücksichtigt, sodass neben dem Faktor kein anderweitiger Freibetrag mehr eingetragen werden muss. Dadurch soll erreicht werden, dass für beide Ehegatten der für sie geltende Grundfreibetrag und gleichzeitig das Splittingverfahren (siehe Kapitel 4.9) Anwendung findet. Ob die Anwendung des Faktorverfahrens tatsächlich günstiger ist, liegt an den gesamten persönlichen Verhältnissen der Eheleute und lässt sich nicht vom Arbeitgeber beurteilen.

Faktorverfahren

Beispiel – Faktorverfahren

Die Eheleute Lehmann, wohnhaft in Berlin, haben sich für das Faktorverfahren entschieden. Nach dem entsprechenden Antrag hat das Finanzamt die Eintragung vorgenommen, sodass Frau Lehmanns Lohnsteuerabzugsmerkmale nun folgende Eintragungen aufweist: IV / rk / 1,0 / Faktor 0,918; ihr monatliches Gehalt in 2017 liegt bei 2.095,00 €.

Lohnsteuer lt. LSt-Tabelle	219,00 € x 0,918 =	201,04 €
Solidaritätszuschlag lt. LSt-Tabelle	7,70 € x 0,918 =	7,07 €
Kirchensteuer 9 % lt. LSt-Tabelle	12,61 € x 0,918 =	11,58 €
= **Steuerabzugsbeträge gesamt**		219,69 €

Freibeträge der LSt

Um bestimmte Personengruppen steuerlich zu entlasten, hat der Gesetzgeber eine Reihe von Freibeträgen festgelegt (§ 39a EStG). Auf diese Beträge des Arbeitslohns werden keine Steuern erhoben. Dabei wird unterschieden zwischen den Freibeträgen, die bereits in der Lohnsteuertabelle eingearbeitet sind und solchen, die auf Antrag des Arbeitnehmers als Lohnsteuerabzugsmerkmale durch das Finanzamt festgelegt werden. Letztere muss der Arbeitgeber zur Berechnung der Lohnsteuer von der Bemessungsgrundlage abziehen.

in der Lohnsteuertabelle für 2017 eingearbeitete Freibeträge
Grundfreibetrag für Alleinstehende stellt das Existenzminimum eines Steuerpflichtigen steuerfrei für Alleinstehende: 8.820,00 € für Verheiratete: 17.640,00€
Arbeitnehmerpauschbetrag: 1.000,00 €
Sonderausgabenpauschbetrag für Alleinstehende 36,00 €, für Verheiratete 72,00 €
Vorsorgepauschale je nach Arbeitslohn (individuell)
Entlastungsbetrag für Alleinerziehende 1.908,00 € (berücksichtigt den Mehrbedarf bei Haushalten von Alleinstehenden mit einem Kind, für jedes weitere Kind erhöht sich der Entlastungsbetrag um 240,00 €).
Kinderfreibeträge nur für KiSt und Solidaritätszuschlag

ggf. in ELStAM-Datei einzutragende Freibeträge
Pauschbeträge für Behinderte
Pauschalbeträge für Hinterbliebene
Freibetrag für erhöhte Werbungskosten
Freibetrag wegen außergewöhnlicher Belastungen
Freibetrag für erhöhte Sonderausgaben
Negative Einkünfte aus anderen Einkunftsarten
Freibetrag für ein zweites Arbeitsverhältnis

Hinweis: Die Steuerklasse beeinflusst lediglich die monatliche Steuerbelastung; bei der Einkommensteuerveranlagung wird dagegen die steuerklassenunabhängige Grund- oder Splittingtabelle herangezogen. Die abgeführte Lohnsteuer wird auf die festgestellte Einkommensteuer angerechnet. Liegen Abweichungen zwischen der Einkommensteuer und der bereits gezahlten Lohnsteuer vor, kommt es zu Nachzahlungen oder Erstattungen.

Ermittlung von Kirchensteuer und Solidaritätszuschlag

Annexsteuern

Die Kirchensteuer und der Solidaritätszuschlag sind so genannte Annexsteuern (Zuschlagssteuern), deren Bemessungsgrundlage nicht der Bruttoarbeitslohn selbst ist, sondern der abzuführende Lohnsteuerbetrag, wobei die Kinderfreibeträge berücksichtigt werden. Die Annexsteuern unterliegen keiner Progression, sondern sind für alle steuerpflichtigen Arbeitnehmer gleich hoch. Allerdings gibt es für den Solidaritätszuschlag eine Pufferzone für Geringverdiener, in der kein oder nur ein geringerer Betrag aufgrund von eingearbeiteten Freibeträgen in der Tabelle erhoben wird.

Basis: Verpflichtungen eines Arbeitgebers bei der Beschäftigung von Arbeitnehmern

Der Solidaritätszuschlag wird als Zuschlag zur Lohn- bzw. Einkommensteuer erhoben und beträgt 5,5 % von der zu entrichtenden Steuer.

Solidaritätszuschlag

Die Kirchensteuer ist als Zuschlagssteuer auf die Lohn- bzw. Einkommensteuer zu erheben, sofern der Steuerpflichtige Mitglied einer Religionsgemeinschaft ist, die zur Erhebung von Kirchensteuer berechtigt ist. Für steuerpflichtige Arbeitnehmer behält der Arbeitgeber die Kirchensteuer im Rahmen des Lohnsteuerabzuges ein und führt sie an das Finanzamt ab. Das Kirchensteuer-Recht ist Länderrecht, daher ist u. a. der Steuersatz in den einzelnen Bundesländern unterschiedlich. Maßgebend für die Höhe des Kirchensteuersatzes beim Lohnabzug ist der Sitz der Betriebsstätte und nicht der Wohnort des Arbeitnehmers.

Kirchensteuer

Bei einem Bruttogehalt von 3.000,00 € würden in 2017 für Arbeitnehmer (wohnhaft in Berlin, 43 Jahre, keine Freibeträge) in den Steuerklassen I, III und IV folgende Solidaritätszuschläge und Kirchensteuern anfallen:

Beispiel Ermittlung der Annexsteuern

Steuerklasse	I	III	III mit 1 Kind	IV	IV mit 1 Kind
Lohnsteuer	441,41 €	201,33 €	201,33 €	441,41 €	441,41 €
Solidaritätszuschlag (5,5 %)	24,27 €	7,86 €	0,00 €	24,27 €	19,25 €
Kirchensteuer (9 %)	39,72 €	18,11 €	6,03 €	39,72 €	31,50 €

5.1.3 Anmelden und Abführen der Lohnsteuer

Wie bereits erwähnt, ist der Arbeitgeber der Haftungsschuldner für die Lohnsteuer, den Solidaritätszuschlag und die Kirchensteuer. Er ist verpflichtet, dem Finanzamt die einbehaltene und zu übernehmende Lohnsteuer in einer Steuererklärung zu melden.

Die Lohnsteueranmeldung ist bis spätestens am zehnten Tag nach Ablauf einer Lohnsteuer-Anmeldefrist elektronisch an das Finanzamt zu übermitteln. Grundlage für die Anmeldungs- und Abführungsfristen ist § 41a Abs. 2 EStG, der beinhaltet, dass die Lohnsteueranmeldung für alle Arbeitnehmer in einem der folgenden Intervalle abzugeben ist:

- **monatlich**
  wenn die abzuführende Lohnsteuer für das vorangegangene Kalenderjahr mehr als 5.000,00 € betragen hat oder

- **vierteljährlich**
  wenn die abzuführende Lohnsteuer für das vorangegangene Kalenderjahr nicht mehr als 5.000,00 €, aber mehr als 1.080,00 € betragen hat oder

- **jährlich**
  wenn die abzuführende Lohnsteuer für das vorangegangene Kalenderjahr nicht mehr als 1.080,00 € betragen hat.

5.2 Sozialversicherungen

Die gesetzliche Sozialversicherung besteht aus den fünf Zweige: der Kranken-, Pflege-, Renten-, Arbeitslosen- und Unfallversicherung. Die Beiträge werden auf der Bemessungsgrundlage des Bruttoarbeitsentgeltes erhoben und von Arbeitnehmer und Arbeitgeber getragen. Die Beiträge zur Kranken-, Pflege-, Renten- und Arbeitslosenversicherung werden jeweils zur Hälfte vom Arbeitgeber und Arbeitnehmer getragen, während die Zusatzbeitragssätze zur Kranken- und Pflegeversicherung vom Arbeitnehmer gezahlt werden. Die Beiträge zur gesetzlichen Unfallversicherung trägt allein der Arbeitgeber.

Abführung der SV-Beiträge durch den Arbeitgeber

Der Arbeitgeber führt für jeden Mitarbeiter sowohl die Arbeitgeber- als auch die Arbeitnehmerbeiträge zur Sozialversicherung an die entsprechenden Einzugsstellen ab.

Versicherungszweig	Träger	Absicherung
Arbeitslosenversicherung	Bundesagentur für Arbeit	Arbeitslosigkeit (unter bestimmten Voraussetzungen)
Krankenversicherung	Allgemeine Ortskrankenkassen, Ersatzkassen, Innungskrankenkassen, Betriebskrankenkassen und Knappschaft u. a.	allgemeine ärztliche und zahnärztliche Versorgung
Pflegeversicherung	Pflegekassen bei den Krankenversicherungsträgern	Versorgung im Pflegefall
Rentenversicherung	Deutsche Rentenversicherung, Knappschaft Bahn-See	Alters- und Erwerbsminderungsvorsorge, Rehabilitationsmaßnahmen
Unfallversicherung	Berufsgenossenschaft	Personenschaden durch Arbeitsunfälle und Berufskrankheiten

Umlagen

Um die Belastungen, die einem Arbeitgeber durch Entgeltfortzahlungen für Krankheit oder Mutterschutz entstehen können, besser zu kalkulieren, zahlen Betriebe in eine Ausgleichskasse Beiträge ein. Gegen die Zahlung der Umlagen erhält der Arbeitgeber von der Ausgleichskasse die Aufwendungen für Lohnfortzahlungen teilweise oder vollständig erstattet.

Die Ausgleichskasse ist die jeweilige Krankenkasse des Arbeitnehmers. Für geringfügig beschäftigte Arbeitnehmer sind die Umlagen einheitlich an die Knappschaft Bahn-See zu entrichten und die Erstattungen auch dort geltend zu machen.

Eine weitere Umlage ist die Insolvenzgeldumlage. Bei Zahlungsunfähigkeit des Arbeitgebers wird ein Arbeitslohnersatz bezahlt (Antrag bei der Bundesagentur für Arbeit). Dieser Arbeitslohnersatz wird für die letzten drei Monate vor der Eröffnung des Insolvenzverfahrens geleistet, für die kein Arbeitslohn gezahlt wurde.

5.3 Besonderheiten bei geringfügig und kurzfristig Beschäftigten

Normalerweise besteht für jede abhängige Beschäftigung eine Steuer- und Sozialversicherungspflicht. Im Unterschied zu Voll- oder Teilzeitarbeitsverhältnissen sind geringfügige Beschäftigungsverhältnisse jedoch besonderen Regelungen in der Lohnbesteuerung und Sozialversicherung unterworfen, mit denen Arbeitnehmer entlastet werden sollen. Eine besondere Form der geringfügigen Beschäftigung ist die kurzfristige, die im Steuer- und Sozialversicherungsrecht definiert ist.

Mit den Formen der geringfügigen Beschäftigung trägt der Gesetzgeber dem Umstand Rechnung, dass z. B. Aushilfstätigkeiten oder Nebenjobs keine berufsmäßigen Tätigkeiten darstellen, die dauerhaft auf den Erwerb des Lebensunterhalts ausgerichtet sind.

5.3.1 Geringfügig entlohnte Beschäftigte

Geringfügige Beschäftigungen werden auch als Mini-Jobs bezeichnet und sind in § 8 Abs. 1 Nr. 1 SGB IV definiert. Danach liegt eine solche Beschäftigung vor, wenn das Arbeitsentgelt aus dieser Beschäftigung regelmäßig 450,00 € im Monat nicht übersteigt. Dabei werden Bezüge, die vom Arbeitgeber nach § 40 Abs. 2 EStG pauschal versteuert werden, nicht dem Arbeitsentgelt zugerechnet (z. B. Mahlzeiten im Betrieb, Zuschüsse für Fahrten zwischen Wohnung und erster Tätigkeitsstätte).

> Frau Elise Stengel ist stundenweise in einer Änderungsschneiderei beschäftigt. Sie arbeitet durchschnittlich 8 Stunden in der Woche, bei einem Stundenlohn von 10,00 €. Ihr monatliches Entgelt liegt durchschnittlich zwischen 320,00 € und 400,00 €. Zusätzlich erhält Sie einen Zuschuss für die Fahrten zwischen Wohnung und erster Tätigkeitsstätte in Höhe von 0,30 € je Entfernungskilometer. Dieser wird vom Arbeitgeber pauschal versteuert.
>
> Es liegt eine geringfügig entlohnte Beschäftigung vor, bei der das monatliche Entgelt die Grenze von 450,00 € nicht übersteigt (ohne den Zuschuss für die Fahrten zwischen Wohnung und erster Tätigkeitsstätte).

Beispiel geringfügig Beschäftigte

Bei der geringfügigen Beschäftigung handelt es sich um ein versicherungsfreies Beschäftigungsverhältnis. Der Arbeitgeber muss jedoch einen pauschalen Beitrag zur Krankenversicherung (13 %, ohne Zusatzbeitrag) und zur Rentenversicherung (15 %) zahlen. Beiträge zur Pflege- und Arbeitslosenversicherung fallen nicht an. Der pauschale Krankenversicherungsbeitrag entfällt, wenn der Arbeitnehmer nicht in einer gesetzlichen Krankenkasse, sondern privat versichert ist.

Sozialversicherungen

Der Arbeitnehmer ist für eine geringfügig entlohnte Beschäftigung von der Sozialversicherungspflicht in der Kranken-, Pflege- und Arbeitslosenversicherung befreit. In der Rentenversicherung ist der Arbeitnehmer jedoch versicherungspflichtig. Allerdings muss er hier nur den fehlenden Beitragsanteil zum vollen Rentenversicherungsbeitrag von 3,7 % zahlen. Arbeitnehmer, die nicht der Rentenversicherungspflicht unterliegen möchten, können sich auf Antrag befreien lassen.

Der Arbeitgeber hat unter bestimmten Voraussetzungen folgende Möglichkeiten, den Lohnsteuerabzug durchzuführen:

- individuelle Versteuerung anhand der Lohnsteuerabzugsmerkmale
- Pauschalierung mit 2 % (inklusive Solidaritätszuschlag und Kirchensteuer)
- Pauschalierung mit 20 % (zuzüglich Solidaritätszuschlag und Kirchensteuer)

Lohnsteuer

5 Basis: Besonderheiten bei geringfügig und kurzfristig Beschäftigten

Wird das geringfügige Beschäftigungsverhältnis pauschal besteuert, entfällt die Hinzurechnung zur Hauptbeschäftigung als Einkommen bei der Einkommensteuererklärung.

ausgeschlossener Personenkreis

Nach dem Sozialversicherungsrecht sind folgende Personengruppen von der Geringfügigkeit ausgenommen, auch wenn ihr monatliches Entgelt nicht über 450,00 € liegt:

- Auszubildende und Praktikanten
- Personen, die ein freiwilliges soziales oder ökologisches Jahr leisten
- behinderte Personen in geschützten Einrichtungen, Berufsbildungswerken oder ähnlichen Einrichtungen
- Jugendliche in Einrichtungen der Jugendhilfe
- Personen, die stufenweise wieder in das Erwerbsleben eingegliedert werden
- Personen, deren Entgelt aufgrund von Kurzarbeit oder witterungsbedingtem Arbeitsausfall nicht über 450,00 € liegt

Zusammenrechnung mehrerer Beschäftigungen

Werden gleichzeitig mehrere geringfügig entlohnte Beschäftigungen ausgeübt, so werden alle daraus bezogenen Entgelte zusammengerechnet. Wird dann die Geringfügigkeitsgrenze überschritten, so ist keine der Beschäftigungen mehr als geringfügig im Sinne des Steuer- und Sozialversicherungsrechts anzusehen.

Beispiel 1 Mini-Jobs

> Andreas Friedrich räumt in einem Großhandel mehrmals wöchentlich für zwei Stunden die Regale ein. Er verdient im Monat 200,00 €. In einer weiteren Beschäftigung in einem Kiosk verdient er im Monat 250,00 €.
> Da der Verdienst aus beiden Beschäftigungen in Summe die 450,00 € nicht übersteigt, handelt es sich in beiden Fällen um eine geringfügig entlohnte Beschäftigung.

Beispiel 1 Gleitzone

> Andreas Friedrich verdient im Großhandel 250,00 € und im Kiosk ebenfalls 250,00 €. Da in Summe die Grenze von 450,00 € überschritten wird, sind beide Arbeitsverhältnisse nach der Gleitzonenregelung abzurechnen.

Haupt- und Nebenbeschäftigung

Neben einer hauptberuflichen sozialversicherungspflichtigen Tätigkeit darf ein geringfügig entlohntes Beschäftigungsverhältnis eingegangen werden. Dieses wird nicht mit der Hauptbeschäftigung zusammengerechnet. Jedes weitere geringfügig entlohnte Beschäftigungsverhältnis ist dann jedoch beitragspflichtig in der Kranken-, Pflege- und Rentenversicherung (nicht in der Arbeitslosenversicherung), auch wenn es zusammen mit der ersten geringfügigen Beschäftigung die 450,00 €-Grenze nicht überschreitet. Als erster wird dabei derjenige Mini-Job angesehen, der in zeitlicher Reihenfolge zuerst angetreten wurde.

Beispiel Haupt- und Nebenbeschäftigung

> Sylvia Schmidt ist hauptberuflich als Angestellte tätig. Nebenberuflich arbeitet sie am Wochenende als Aushilfe in einem Fitnessstudio und verdient im Monat 450,00 €. Bei der Beschäftigung im Fitnessstudio handelt es sich um ein geringfügig entlohntes Beschäftigungsverhältnis.
> Im März nimmt Sylvia Schmidt das Angebot an, wochentags zusätzlich in einem anderen Fitnessstudio zu arbeiten. Hier bekommt Sie im Monat 200,00 €. Hierbei handelt es sich dann um die zweite geringfügige Beschäftigung neben einer Hauptbeschäftigung. Bei einem zweiten geringfügigen Beschäftigungsverhältnis beträgt der Lohnsteuerpauschalsatz 20 % zuzüglich Solidaritätszuschlag und Kirchensteuer. Es besteht Beitragspflicht in der Kranken-, Pflege- und Rentenversicherung, jedoch nicht in der Arbeitslosenversicherung.

5.3.2 Kurzfristig Beschäftigte

Eine zweite Form der geringfügigen Beschäftigung ist die kurzfristige Beschäftigung. Anders als bei den geringfügig entlohnten Arbeitsverhältnissen unterscheiden sich die Definitionen der kurzfristigen Beschäftigung im Steuer- und Sozialversicherungsrecht. Typische kurzfristige Beschäftigungen sind:

§ 40a EStG, § 8 SGB IV

- Beschäftigung während einer Saison (z. B. Bedienung im Biergarten, Eiscafé oder bei Festen wie dem Oktoberfest)
- Beschäftigung in Notsituationen (z. B. bei hoher Auftragslage oder als Krankheitsvertretung)
- Beschäftigung bezogen auf ein Projekt (z. B. Planung im Ingenieur- oder Architekturbüro)

Gemäß § 40a EStG liegt eine kurzfristige Beschäftigung vor, wenn der Arbeitnehmer beim Arbeitgeber gelegentlich (d. h. nicht regelmäßig wiederkehrend) beschäftigt ist und die Dauer der Beschäftigung 18 zusammenhängende Arbeitstage nicht übersteigt. Des Weiteren muss eine der folgenden Bedingungen erfüllt sein:

Kurzfristigkeit im Steuerrecht

- Der Arbeitslohn übersteigt während der Beschäftigungsdauer 72,00 € durchschnittlich je Arbeitstag nicht.
- Der Höchstlohn je Arbeitsstunde beträgt durchschnittlich 12,00 €.
- Die Beschäftigung wird zu einem unvorhersehbaren Zeitpunkt sofort erforderlich.

Anders als bei den geringfügig entlohnten Beschäftigungen sind bei kurzfristigen keine pauschalen Sozialversicherungsbeiträge durch den Arbeitgeber zu entrichten. Kurzfristige Beschäftigungen sind sowohl für den Arbeitnehmer als auch für den Arbeitgeber vollständig beitragsfrei. Des Weiteren sind für eine kurzfristige Beschäftigung folgende Voraussetzungen zu erfüllen:

Sozialversicherungsbeiträge für kurzfristig Beschäftigte

- Regelung bis 31.12.2014 und ab 01.01.2019:

  Das Beschäftigungsverhältnis darf von vornherein nicht länger als
  für zwei Monate oder 50 Arbeitstage im Kalenderjahr bestehen
  (§ 8 Absatz 1 Nr. 2 SGB IV).

- Sonderregelung vom 01.01.2015 bis 31.12.2018:

  Das Beschäftigungsverhältnis darf von vornherein nicht länger als
  für drei Monate oder 70 Arbeitstage im Kalenderjahr bestehen (§ 115 SGB IV).

- Die Tätigkeit darf nicht berufsmäßig ausgeübt werden.

Im Zusammenhang mit der Einführung des Mindestlohns kommt es ab dem 01.01.2015 zu dieser befristeten Ausweitung der kurzfristigen Beschäftigung.
Erfüllt ein Arbeitsverhältnis gleichzeitig die Bedingungen einer geringfügig entlohnten Beschäftigung und einer kurzfristigen Beschäftigung, so ist diese als kurzfristige Beschäftigung anzusehen.

Ähnlich wie für geringfügig entlohnte Beschäftigungen sieht § 40a EStG auch für kurzfristige Arbeitsverhältnisse eine Pauschalierung der Lohnsteuer vor. Der Pauschsteuersatz beträgt hier 25 % des Arbeitslohns. Hinzu kommen Kirchensteuer und Solidaritätszuschlag auf der Bemessungsgrundlage der Lohnsteuer.

Lohnsteuer für kurzfristig Beschäftigte

Selbstverständlich ist auch bei kurzfristigen Beschäftigungen ein individueller Lohnsteuerabzug anhand der Steuermerkmale des einzelnen Beschäftigten möglich bzw. notwendig, wenn die obigen Kriterien nicht erfüllt sind. Dazu wird das normale Lohnsteuerabzugsverfahren mit elektronischen Lohnsteuerabzugsmerkmalen angewendet.

Individualbesteuerung

Wissenskontrollfragen

Die Lösungen finden Sie online unter www.edumedia.de/verlag/loesungen.

1) Warum ist der Arbeitnehmer Steuerschuldner und nicht Steuerzahler der Lohnsteuer?

Die Lohnsteuer wird im Rahmen des Arbeitsverhältnisses vom AG einbehalten u. an das Betriebsstätten-FA abgeführt. Somit geht die Lohnsteuer zu Lasten des AN u. der AG führt diese ans Betriebsstätten-FA ab.

2) Der Arbeitgeber ist Haftungsschuldner der Lohnsteuer und damit verantwortlich für die richtige Berechnung der Lohnsteuer. Die Höhe der Lohnsteuer richtet sich nach den persönlichen Lohnsteuerabzugsmerkmalen des Arbeitnehmers. Was zählt zu den Lohnsteuerabzugsmerkmalen?

- Name, Anschrift, Geburtsdatum des AN
- Persönliche Identifikationsnummer — Steuerklasse
- Zahl der Kinderfreibeträge — Religionszugehörigkeit
- ggf. Steuerfreibeträge — ggf. Hinzurechnungsbeträge

3) Welche Steuerklassen-Kombinationen sind bei einem verheirateten Ehepaar möglich?

V + III
IV + IV
IV + IV mit Faktorverfahren

4) Benennen Sie die fünf Zweige der Sozialversicherungen.

Pflegeversicherung
Arbeitslosenversicherung
Rentenversicherung
Krankenversicherung
Unfallversicherung

5) An wen werden die Sozialversicherungsbeiträge und Umlagenbeiträge für geringfügig Beschäftigte überwiesen?

Knappschaft-Bahn-See

Praxisübungen

Die Lösungen finden Sie online unter www.edumedia.de/verlag/loesungen.

1) Die Stahl GmbH hat in 2016 ihre Lohnsteueranmeldungen jährlich abgegeben. Insgesamt wurden 2.135,00 € an das Finanzamt gemeldet und gezahlt.

1.080,– >

Kann die Stahl GmbH auch in 2017 ihre Lohnsteueranmeldungen noch jährlich abgeben? Begründen Sie Ihre Antwort.

Da die Summe der abzuführenden Lohnsteuer in 2016 die Grenze von 1.080,– überschritten hat, sind die Lohnsteueranmeldungen 2017 1/4-jährlich abzugeben. (§41 a (2) S.2 EStG

Die Körperschaftsteuer

Dieses Kapitel stellt die Grundlagen und die betriebliche Abwicklung der Körperschaftsteuer dar. Es wird dabei vor allem auf die Aufwendungen eingegangen, die für die Berechnung der Körperschaftsteuer abziehbar oder nicht abziehbar sind.

Inhalt

- Steuertatbestand und Akteure der Körperschaftsteuer
- Feststellung des Steuertatbestandes
- Ermittlung der Bemessungsgrundlage
- Steuersätze der Körperschaftsteuer
- Betriebliche Abwicklung der Körperschaftsteuer

6.1 Steuertatbestand und Akteure der Körperschaftsteuer

Wer ist steuerpflichtig?

Bei der Körperschaftsteuer handelt es sich um eine besondere Form der Einkommensteuer für juristische Personen. Unbeschränkt körperschaftsteuerpflichtig sind die Rechtsformen gemäß § 1 KStG, sofern die Unternehmen ihre Geschäftsleitung oder ihren Sitz im Inland haben[1].

Was wird besteuert?

Mit der Körperschaftsteuer wird das Einkommen der Körperschaft besteuert, d. h. der Gewinn des Unternehmens nach Berücksichtigung von nicht abziehbaren Aufwendungen und steuerfreien Einnahmen.

Wer zahlt die Steuer?

Steuerschuldner der Körperschaftsteuer ist die Körperschaft, d. h. die juristische Person, die durch die Geschäftsführung vertreten ist.

Rechtsgrundlagen zur Körperschaftsteuer

Für die Körperschaftsteuer sind insbesondere die folgenden gesetzlichen Vorschriften zu beachten:

- das Körperschaftsteuergesetz (KStG)
- die Körperschaftsteuer-Durchführungsverordnungen (KStDV)
- die Körperschaftsteuerrichtlinien (KStR) als Verwaltungsanweisungen
- das Einkommensteuergesetz hinsichtlich der Ermittlung des Einkommens (geregelt in § 8 Abs. 1 KStG)

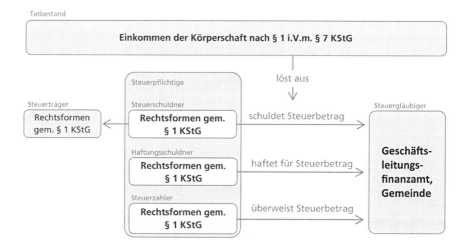

Abb.: Akteure der Körperschaftsteuer

---

1 Nähere Ausführungen zu Rechtsformen von Unternehmen siehe Kapitel 8.3.

6.2 Feststellung des Steuertatbestandes

Wenn eine unbeschränkt steuerpflichtige Körperschaft Einkünfte erwirtschaftet, werden diese zur Körperschaftsteuer herangezogen. Solche Körperschaften können sein:

§ 1 KStG

- Kapitalgesellschaften (GmbH, AG, KGaA, Europäische Gemeinschaften)[1]
- Genossenschaften einschließlich der Europäischen Genossenschaften
- Versicherungs- und Pensionsfondsvereine auf Gegenseitigkeit
- sonstige juristische Personen des privaten Rechts (u. a. rechtsfähige Vereine)
- nicht rechtsfähige Vereine, Anstalten, Stiftungen und andere Zweckvermögen des privaten Rechts
- Betriebe gewerblicher Art von juristischen Personen des öffentlichen Rechts

Unbeschränkt steuerpflichtig bedeutet, dass Körperschaft seinen ständigen Wohn- bzw. Betriebssitz in der Bundesrepublik hat, egal, ob es sich um ein in- oder ausländisches Unternehmen handelt. Es sind dabei alle Einkünfte steuerpflichtig – unabhängig davon, ob diese im Inland oder im Ausland erworben wurden.

6.3 Ermittlung der Bemessungsgrundlage

Bemessungsgrundlage der Körperschaftsteuer ist das zu versteuernde Einkommen der Steuerpflichtigen. Dabei sind Aufwendungen und Erträge zu berücksichtigen, die dem Einkommen hinzugerechnet bzw. davon abgezogen werden müssen.

6.3.1 Grundlagen der Besteuerung

Die Bemessungsgrundlage für die Körperschaftsteuer ist das zu versteuernde Einkommen juristischer Personen (§ 7 Abs. 1 KStG). Es ergibt sich aus dem Einkommen aufgrund der Regelungen des Einkommensteuergesetzes unter Berücksichtigung der körperschaftsteuerlichen Vorschriften (insbesondere §§ 7 bis 10 KStG).

Die Körperschaftsteuer ist jeweils für das Kalenderjahr zu ermitteln – besteht die Steuerpflicht nicht für ein ganzes Jahr, ist der Zeitraum der tatsächlich bestehenden Steuerpflicht maßgebend.

Besteuerungszeitraum nach Steuerrecht

Müssen Körperschaften Bücher gemäß HGB führen, ist das Wirtschaftsjahr ausschlaggebend, für das sie die Abschlüsse machen. Weichen Wirtschafts- und Kalenderjahr voneinander ab, gilt der Gewinn in dem Kalenderjahr als bezogen, in dem das Wirtschaftsjahr endet.

Besteuerungszeitraum nach Handelsrecht

---

1 Die GmbH & Co. KG ist dagegen zivilrechtlich eine Personenunternehmung, deren Einkünfte ausschließlich den Gesellschaftern zuzurechnen sind.

6.3.2 Ermittlung des Einkommens

Im vereinfachten Überblick lässt sich die Berechnung des zu versteuernden Einkommens wie folgt darstellen (die einzelnen Positionen werden anschließend näher erläutert):

	Gewinn / Verlust lt. Steuerbilanz bzw. korrigierter Jahresüberschuss / Jahresfehlbetrag lt. Handelsbilanz*
+	nicht abziehbare Aufwendungen (§ 8 Abs. 1 KStG i.V.m. § 4 Abs. 5 EStG)
+	nicht abzugsfähige Gewerbesteuer (§ 8 Abs. 1 KStG i.V.m. § 4 Abs. 5b EStG)*
+	nicht abziehbare Steuern inkl. Nebenleistungen (§ 10 Nr. 2 KStG)*
+	Geldstrafen, Strafen, usw. (§ 10 Nr. 3 KStG)
+	50 % von Vergütungen jeder Art an Personen, die mit der Überwachung der Geschäftsführung beauftragt sind (§ 10 Abs. 4 KStG)
+	Gesamtbetrag von Zuwendungen (§ 9 Abs. 1 Nr. 2 KStG)
-/+	Hinzurechnungen und Kürzungen (§ 8b KStG)
-	sonst. inländische Steuerbefreiungen
=	steuerl. Gewinn = Einkommen vor Spendenabzug (§ 9 Abs. 2 Satz 1 KStG)
-	abziehbare Spenden mit ordnungsgemäßen Zuwendungsbescheinigungen (§ 9 Abs. 1 Nr. 2 KStG)
=	Gesamtbetrag der Einkünfte
-	Verlustabzug
=	Einkommen
-	Freibeträge (§§ 24, 25 KStG)
=	**zu versteuerndes Einkommen**

* nach § 60 Abs. 2 EStDV, unter Berücksichtigung der besonderen Gewinnermittlung bei Handelsschiffen nach § 5a EStG

** wurden Erstattungen gebucht, die den Gewinn erhöht haben, sind diese außerbilanziell wieder abzuziehen

nicht abziehbare Aufwendungen (§ 8 Abs. 1 KStG i. V. m. § 4 Abs. 5 EStG)

Zur Gruppe dieser Aufwendungen gehören:

- Aufwendungen für Geschenke an Nichtarbeitnehmer, deren Anschaffungs- oder Herstellungskosten je Empfänger im Wirtschaftsjahr 35,00 € übersteigen
- Aufwendungen für die Bewirtung von Personen aus geschäftlichem Anlass, soweit sie 70 % der als angemessen geltenden Aufwendungen übersteigen
- Zinsen auf hinterzogene Steuern gemäß § 235 AO

nicht abzugsfähige GewSt (§ 8 Abs. 1 KStG i. V. m. § 4 Abs. 5b EStG)

Seit dem Veranlagungsjahr 2008 stellt die Gewerbesteuer eine nicht abzugsfähige Betriebsausgabe dar. Dies bezieht sich auch auf Nebenabgaben wie z. B. Säumniszuschläge und Verspätungszuschläge.

nicht abziehbare Aufwendungen § 10 KStG

Die nicht abziehbaren Aufwendungen gemäß § 10 KStG werden bei der Ermittlung des Einkommens hinzugerechnet, soweit sie das Bilanzergebnis gemindert haben. Dazu gehören u. a.:

- nicht abziehbare Steuern inkl. Nebenleistungen wie die Körperschaftsteuer, der Solidaritätszuschlag und die Kapitalertragsteuer, die von vereinnahmten Kapitalerträgen einbehalten wurde (§ 10 Nr. 2 KStG)
- die Umsatzsteuer für Umsätze, die Privatentnahmen oder verdeckte Gewinnausschüttungen sind

- Vorsteuerbeträge auf Aufwendungen, für die das Abzugsverbot des § 4 Abs. 5 Satz 1 Nr. 1 bis 4 und 7 EStG gilt
- Strafen gemäß § 10 Nr. 3 KStG wie z. B. Geldstrafen
- Aufwendungen zur Erfüllung von Auflagen und Weisungen, die nicht nur als Schadensersatz gewertet werden; wurden die Beträge in einem Strafverfahren gewinnmindernd gebucht, sind diese durch Hinzurechnung gewinnmäßig zu neutralisieren
- die Hälfte der Vergütungen für Personen, die zur Überwachung der Geschäftsführung eingesetzt sind, z. B. Mitglieder des Aufsichts- oder Verwaltungsrats (§ 10 Nr. 4 KStG)

Zur Vereinfachung werden dem Gesamtbetrag von Zuwendungen alle Spenden hinzugerechnet, um anschließend die abzugsfähigen Spenden zu ermitteln.

Gesamtbetrag von Zuwendungen (§ 9 Abs. 1 Nr. 2 KStG)

Wurden aus Beteiligungen an anderen Körperschaften und Personengesellschaften Dividenden gewinnerhöhend gebucht, werden diese zur Vermeidung einer Doppelbesteuerung zu 95 % gekürzt. Verluste aus solchen Beteiligungen werden entsprechend hinzugerechnet.

Hinzurechnungen und Kürzungen (§ 8b KStG)

Geld- oder Sachzuwendungen zur Förderung steuerbegünstigter Zwecke im Sinne der §§ 52 bis 54 AO (außer Parteispenden) können – wenn eine ordnungsgemäße Zuwendungsbescheinigung vorliegt – gewinnmindernd berücksichtigt werden. Ein Abzug ist möglich bei bis zu 20 % des Einkommens oder 0,4 % der Summe aller Umsätze und der im Kalenderjahr aufgewendeten Löhne und Gehälter.

Abziehbare Spenden (§ 9 Abs. 1 Nr. 2 KStG)

In Verbindung mit § 10d EStG besteht die Möglichkeit des Verlustrücktrags und des Verlustvortrags. Ein Verlustrücktrag ist möglich auf maximal ein Jahr; rücktragsfähig sind höchstens 1.000.000,00 €. Aus einem Verlustvortrag können auf das zu veranlagende Kalenderjahr 1.000.000,00 € angerechnet werden und vom übersteigenden Betrag maximal 60 % des 1.000.000,00 € übersteigenden Betrages. Bleibt dann ein Verlustbetrag übrig, wird dieser auf die nächsten Jahre vorgetragen.

Verlustabzug

Vom Einkommen können unter bestimmten Voraussetzungen Freibeträge abgezogen werden:

Freibeträge (§§ 24 und 25 KStG)

- 5.000,00 €, höchstens jedoch das Gesamteinkommen bestimmter steuerpflichtiger Körperschaften und Personenvereinigungen wie z. B. Vereine (§ 24 KStG)
- 15.000,00 €, höchstens jedoch das Gesamteinkommen von Erwerbs- und Wirtschaftsgenossenschaften sowie Vereinen, die Land- und Forstwirtschaft betreiben im Veranlagungszeitraum der Neugründung und in den folgenden neuen Veranlagungszeiträumen (§ 25 KStG)

Basis: Steuersätze der Körperschaftsteuer

Beispiel
Ermittlung des Einkommens

Der Steuerbilanzgewinn der Zeiger Werkzeug GmbH beträgt 52.750,95 €. Gewinnmindernd wurden nicht abzugsfähige Bewirtungskosten in Höhe von 500,00 € gebucht.

Für das Jahr 2017 hat die Zeiger Werkzeug GmbH folgende Steuervorauszahlungen geleistet: GewSt 12.000,00 €, KSt 10.000,00 € und SolZ 550,00 €. Des Weiteren wurde eine Spende an eine gemeinnützige Institution in Höhe von 25.000,00 € gewinnmindernd gebucht; die Zuwendungsbescheinigung liegt vor.

An Gehältern wurden in 2017 insgesamt 24.000,00 € verausgabt, der Umsatz beträgt 800.000,00 €. Aus dem Jahr 2016 besteht noch ein vortragsfähiger Verlust in Höhe von 4.015,00 €.

Berechnung:

Steuerbilanzgewinn		52.750,95 €
+ nicht abzugsfähige Bewirtungskosten	500,00 €	
+ Gewerbesteuer-Vorauszahlungen für 2017	12.000,00 €	
+ KSt-Vorauszahlungen für 2017	10.000,00 €	
+ Solidaritätszuschlag - Vorauszahlung	550,00 €	
+ Spenden an eine gemeinnützige Institution	25.000,00 €	48.050,00 €
= Einkommen vor Spendenabzug		100.800,95 €
- Spenden (25.000,00 €)		
maximale Abzugsfähigkeit:		
20 % von 100.800,00 € (Einkommen)	20.160,00 €	
0,4 % von 824.000,00 €		
(Summe Umsatz und Gehälter)	3.296,00 €	
abzugsfähig		20.160,00 €
= Gesamtbetrag der Einkünfte		80.640,95 €
- Verlust		4.015,00 €
= **zu versteuerndes Einkommen**		**76.625,95 €**
Bemessungsgrundlage		76.625,00 €*

* Der zu versteuernde Gewinn wird gemäß § 32 a Abs. 1 EStG auf volle Euro abgerundet.

6.4 Steuersätze der Körperschaftsteuer

Für das zu versteuernde Einkommen ist ein Steuersatz von 15 % anzuwenden, der durch einen Solidaritätszuschlag erhöht wird. Dieser beträgt 5,5 % vom Steuerbetrag, sodass sich insgesamt ein Steuersatz von 15,82 % ergibt, der auf das Einkommen in Ansatz gebracht wird.

Beispiel
Steuersätze KSt

Die im Beispiel ermittelte Bemessungsgrundlage zur Berechnung der Körperschaftssteuer und des Solidaritätszuschlages der Zeiger Werkzeug GmbH beträgt 76.625,00 €. Berechnung:

Körperschaftsteuer 15 % auf 76.625,00 € = 11.493,75 €	11.493,00 €*
+ Solidaritätszuschlag 5,5 % von 11.493,00 €	632,11 €**
= **Steuerbelastung gesamt**	**12.125,11 €**

* Gemäß §31 Abs. 1 Satz 2 KStG erfolgt eine Abrundung auf den nächsten vollen Eurobetrag.
** Gemäß §4 SolZG bleiben Bruchteile eines Cents unberücksichtigt, d.h. der errechnete Betrag wird nach der zweiten Nachkommastelle abgeschnitten.

Wurde das Unternehmen für Zinserträge oder Gewinnanteile mit Kapitalertragsteuer und Solidaritätszuschlag belastet, sind die Steuerbeträge auf die Körperschaftsteuer anrechenbar.

6.5 Betriebliche Abwicklung der Körperschaftsteuer

Für die betriebliche Abwicklung der Körperschaftsteuer ist vor allem die Abgabe der jährlichen Körperschaftsteuer-Erklärung notwendig. Darüber hinaus wird auf die Handhabung von Vorauszahlungen und Rückstellungen eingegangen.

6.5.1 Die Körperschaftsteuer-Erklärung

Grundlage für die Veranlagung zur Körperschaftsteuer ist die Körperschaftsteuer-Erklärung. Die Körperschaftsteuer-Erklärung ist bis zum 31.5. des auf den Veranlagungszeitraum folgenden Kalenderjahres abzugeben (§ 149 Abs. 2 AO). Wird die Erklärung von einem Steuerberater erstellt, gilt eine allgemeine Fristverlängerung bis zum 31.12. Die Abgabefristen sind nur mit hinreichend begründeten Anträgen verlängerbar.

§ 149 Abs. 2 AO

Die Körperschaftsteuer-Erklärung wird vom Verantwortlichen der Körperschaft, z. B. dem Geschäftsführer einer GmbH gemäß § 6 Abs. 2 GmbHG oder seinem Bevollmächtigten (meist ein Steuerberater), gegenüber dem Finanzamt im ELSTER-Verfahren abgegeben. Dort wird sie geprüft und die zu entrichtende Körperschaftsteuer sowie der Solidaritätszuschlag werden mittels Steuerbescheid festgesetzt.

Der Mantelbogen der Körperschaftsteuer-Erklärung umfasst sechs Seiten und wird durch verschiedene Anlagen ergänzt:

das Formular zur KSt-Erklärung

- Anlage A für nicht abziehbare Aufwendungen
- Anlage WA für weitere Angaben (Stammkapital, Beziehungen zu nahestehenden Personen, etc.)
- Anlage SP für den Spendenabzug
- Anlage AE für ausländische Einkünfte
- Anlage GR für Genossenschaften und Vereine
- Anlage ORG für Organschaften

Außerdem muss das Formular „KSt 1F" für die Ermittlung des steuerlichen Einlagekontos ausgefüllt werden.

Im Folgenden wird eine Körperschaftsteuer-Erklärung (inkl. der Anlagen A und WA) anhand des Beispiels auf Seite 190 ausgefüllt.

6 Basis: Betriebliche Abwicklung der Körperschaftsteuer

Abb.: KSt-Erklärung, Seite 1 von 3

Abb.: KSt-Erklärung, Seite 2 von 3

Abb.: KSt-Erklärung, Seite 3 von 3

Abb.: Anlage Z zur KSt-Erklärung

6 Basis: Betriebliche Abwicklung der Körperschaftsteuer

Abb.: Anlage GK zur KSt-Erklärung, Seite 1 von 4

Abb.: Anlage GK zur KSt-Erklärung, Seite 2 von 4

6 Basis: Betriebliche Abwicklung der Körperschaftsteuer

Abb.: Anlage GK zur KSt-Erklärung, Seite 3 von 4

Abb.: Anlage GK zur KSt-Erklärung, Seite 4 von 4

6 Basis: Betriebliche Abwicklung der Körperschaftsteuer

Abb.: Anlage Verluste zur KSt-Erklärung

Abb.: Anlage WA zur KSt-Erklärung, Seite 1 und 2

6.5.2 Körperschaftsteuer-Vorauszahlungen

Bei der Abwicklung der Körperschaftsteuer werden keine Voranmeldungen während des Jahres abgegeben wie es etwa bei der Umsatzsteuer der Fall ist. Die Körperschaftsteuer wird nach Ablauf des Wirtschaftsjahres durch Abgabe der Steuererklärung und anschließenden Veranlagung durch das Finanzamt festgestellt. Bis zur endgültigen Festsetzung der Körperschaftsteuer ist das Unternehmen jedoch verpflichtet, Vorauszahlungen zu den folgenden festgelegten Terminen zu leisten:

- 10. März
- 10. Juni
- 10. September
- 10. Dezember

Als Grundlage für die Berechnung der Vorauszahlungen dient der letzte Körperschaftsteuer-Bescheid. Jede Vorauszahlung beträgt grundsätzlich ein Viertel der Steuer, die sich bei der letzten Veranlagung ergeben hat.

> **Beispiel**
> KSt-Vorauszahlung
>
> Die vierteljährlichen Körperschaftsteuer-Vorauszahlungen der Zeiger Werkzeug GmbH für 2017 sind - basierend auf dem Jahresabschluss 2016 - auf 2.500,00 € zuzüglich Solidaritätszuschlag von 137,50 € festgesetzt.
>
> Aufgrund der abgegebenen Steuererklärungen hat das Finanzamt im Juli 2017 die Veranlagung für 2016 durchgeführt, aus der sich ein zu versteuerndes Einkommen in Höhe von 90.000,00 €, eine Körperschaftsteuer von 13.500,00 € und einen Solidaritätszuschlag von 742,50 € ergibt. Die Veranlagung 2016 bildet die neue Grundlage für die Vorauszahlungen 2017 und 2018. Diese berechnen sich wie folgt:

	KSt	SolZ
Neue Festsetzung der Vorauszahlungen im Juli 2017		
Bemessungsgrundlage für die Vorauszahlungen ist das zu versteuernde Einkommen 2016 in Höhe von 90.000,00 € mit einer Jahressteuer von	13.500,00 €	742,50 €
bezahlt wurden:		
für das 1. Quartal 2017 zum 10.03.	2.500,00 €	137,50 €
für das 2. Quartal 2017 zum 10.06.	2.500,00 €	137,50 €
Jahressteuer abzüglich bereits geleisteter Vorauszahlungen ergibt einen Restbetrag von	8.500,00 €	467,50 €
Dieser Restbetrag wird nun auf die noch offenen Vorauszahlungstermine verteilt:		
für das 3. Quartal 2017 zum 10.09.	4.250,00 €	233,75 €
für das 4. Quartal 2017 zum 10.12.	4.250,00 €	233,75 €
Vorauszahlungen 2018		
Aufgrund des Körperschaftsteuer-Bescheides 2016, der im Juli 2017 ergangen ist, werden die Vorauszahlungen für 2018 festgelegt. Diese betragen vierteljährlich (Jahressoll 2016 / 4)	3.375,00 €	185,62 €

> Mit der Veranlagung für 2017 werden die Vorauszahlungen vom Finanzamt neu berechnet.

6.5.3 Körperschaftsteuer-Rückstellung

Mit der Erstellung des Jahresabschlusses ist das Unternehmen sowohl handels- als auch steuerrechtlich verpflichtet, die Körperschaftsteuer für das zurückliegende Wirtschaftsjahr zu berechnen und eventuell erforderliche Abschlusszahlungen rückzustellen oder ggf. Guthaben einzustellen.

Beispiel KSt-Rückstellung

Der Steuerbilanzgewinn der Schokohasen GmbH beträgt 62.222,50 €. Gewinnmindernd wurden nicht abzugsfähige Bewirtungskosten in Höhe von 500,00 € gebucht. Für das Jahr 2016 hat die GmbH folgende Steuervorauszahlungen geleistet: GewSt 12.000,00 €, KSt 8.000,00 € und SolZ zur KSt 440,00 €. Eine Spende an eine gemeinnützige Institution in Höhe von 25.000,00 € wurde gewinnmindernd gebucht; die Zuwendungsbescheinigung liegt vor.
In 2016 wurden insgesamt 86.000,00 € für Gehälter ausgegeben, der Umsatz betrug 800.000,00 €. Aus dem Jahr 2015 besteht noch ein vortragsfähiger Verlust in Höhe von 4.000,00 €.
Aus einer Beteiligung hat die Schokohasen GmbH eine Dividendenauszahlung erhalten, die gewinnerhöhend gebucht wurde. Die Steuerbescheinigung wurde wie folgt ausgestellt:

Dividende		10.000,00 €
25 % Kapitalertragsteuer	2.500,00 €	
darauf 5,5 % Solidaritätszuschlag	137,50 €	2.637,50 €
ausgezahlter Betrag		7.362,50 €

Berechnung:

Steuerbilanzgewinn		62.222,50 €
+ nicht abzugsfähige Bewirtungskosten	500,00 €	
+ Gewerbesteuer-Vorauszahlungen für 2016	12.000,00 €	
+ KSt-Vorauszahlungen für 2016	8.000,00 €	
+ Solidaritätszuschlag zur KSt	440,00 €	
+ Kapitalertragsteuer	2.500,00	
+ Solidaritätszuschlag zur KapESt	137,50 €	
+ Spenden an eine gemeinnützige Institution	25.000,00 €	48.577,50 €
- Gewinnanteil aus Beteiligung (95 % der Dividende)		9.500,00 €
= Einkommen vor Spendenabzug		101.300,00 €
- Spenden (25.000,00 €)		
maximale Abzugsfähigkeit:		
20 % von 101.300,00 € (Einkommen)	20.260,00 €	
0,4 % von 886.000,00 €		
(Summe Umsatz und Gehälter)	3.544,00 €	
abzugsfähig		20.260,00 €
= Gesamtbetrag der Einkünfte		81.040,00 €
abzüglich Verlust		4.000,00 €
= **zu versteuerndes Einkommen**		**77.040,00 €**

Steuerbelastung	KSt	SolZ
15 % von 77.040,00 €	11.556,00 €	635,58 €
- darauf anrechenbare Steuerbeträge aus Divid.	2.500,00 €	137,50 €
	9.056,00 €	498,08 €
- geleistete Vorauszahlungen	8.000,00 €	440,00 €
= **Rückstellung**	**1.056,00 €**	**58,08 €**

(handschriftliche Anmerkung: nicht addieren, höheren Wert abziehen)

Praxis: Die Körperschaftsteuer

Wissenskontrollfragen

Die Lösungen finden Sie online unter www.edumedia.de/verlag/loesungen.

◆ Welche gesetzlichen Grundlagen sind bei der Ermittlung der Körperschaftsteuer zu beachten?

- Körperschaftssteuergesetz (KStG)
- KStDV - Durchführungsverordnung (KStDV)
- KStR - Richtlinien
- Über den §8 (1) KStG das EStG

Praxisübungen

Die Lösungen finden Sie online unter www.edumedia.de/verlag/loesungen.

1) Die Firma Farben GmbH legt Ihnen nachstehende Gewinn- und Verlustrechnung vor. Wie hoch ist das zu versteuernde Einkommen? Berechnen Sie auch das steuerliche Ergebnis (Körperschaftsteuer und Solidaritätszuschlag) und geben Sie an, unter welcher Bilanzposition dies auszuweisen ist.

Position	Betrag
Erträge	600.000,00 €
Aufwendungen	- 450.000,00 €
Gewinn	150.000,00 €
In den Aufwendungen sind enthalten:	
Gewerbesteuer-Vorauszahlung	18.500,00 €
Körperschaftsteuer-Vorauszahlung	18.000,00 €
Vorauszahlung zum Solidaritätszuschlag	990,00 €
Erträge aus der Auflösung der Gewerbesteuer-Rückstellung aus dem Vorjahr	- 150,00 €
30 % nicht abzugsfähige Bewirtungskosten	260,00 €
Spende an den ortsansässigen Sportverein (Zuwendungsbescheinigung liegt vor)	500,00 €

siehe Lösung S.11

Gewinn — 150.000,
+ nicht abzugsfähige Aufwend.
GewSt-VZ — 18.500,-
KSt-VZ — 18.000,-
VZ zum Solidaritätszuschlag — 990,-
Erträge aus Auflösung GewSt.-Rückstellung Vj. — -150,-
30% n. abzugsfähige Bewirtungskosten — 260,-
Spende an ortsansässigen Sportverein — 500,-
= Einkommen — 188.100,-
- Spende — 500,-
= — 187.600,-

6 Praxis: Die Körperschaftsteuer

2) Wie hoch wäre die Körperschaftsteuernachzahlung aus Aufgabe **1)**, wenn der Farben GmbH keine ordnungsgemäße Zuwendungsbescheinigung vorliegen würde und die GmbH auf der anderen Seite noch einen Verlust aus dem Vorjahr in Höhe von 15.000,00 € vorzutragen hätte?

Siehe Lösung S. 12

3) Die Firma Holub GmbH legt Ihnen nachstehende Gewinn- und Verlustrechnung vor. Wie hoch ist das zu versteuernde Einkommen? Berechnen Sie auch das steuerliche Ergebnis (Körperschaftsteuer und Solidaritätszuschlag) und geben Sie an, unter welcher Bilanzposition dies auszuweisen ist.

Position	Betrag
Erträge	150.000,00 €
Aufwendungen	- 120.000,00 €
Gewinn	30.000,00 €
In den Erträgen ist enthalten:	
Dividende aus Beteiligung	1.000,00 €
In den Aufwendungen sind enthalten:	
Gewerbesteuer-Vorauszahlung	4.900,00 €
Körperschaftsteuer-Vorauszahlung	6.000,00 €
Vorauszahlung zur Solidaritätszuschlag	330,00 €
Säumniszuschläge zur Körperschaftsteuer	25,00 €
Kapitalertragsteuer auf Dividende	250,00 €
Solidaritätszuschlag auf Kapitalertragsteuer	13,75 €
30 % nicht abzugsfähige Bewirtungskosten	175,25 €

Siehe Lösung S. 12

Die Gewerbesteuer

Das vorliegende Kapitel behandelt die für Gewerbebetriebe relevante Steuer. Es wird detailliert auf die Ermittlung der Bemessungsgrundlage eingegangen – welche Beträge bei der Besteuerung berücksichtigt oder vernachlässigt werden müssen und wie sie angerechnet werden können.

Inhalt

- Steuertatbestand und Akteure der Gewerbesteuer
- Feststellung des Steuertatbestandes
- Ermittlung der Bemessungsgrundlage
- Berechnung des Gewerbeertrages
- Der Gewerbesteuermessbetrag
- Betriebliche Abwicklung der Gewerbesteuer

7.1 Steuertatbestand und Akteure der Gewerbesteuer

Wer ist steuerpflichtig?

Der Gewerbesteuer unterliegt jeder im Inland geführte Gewerbebetrieb (§ 2 Abs. 1 GewStG). Darunter ist gemäß § 15 Abs. 2 EStG ein gewerbliches Unternehmen zu verstehen, das selbstständig und nachhaltig im Wirtschaftsverkehr tätig ist, um Gewinn zu erzielen.

Ein Gewerbebetrieb unterliegt der Gewerbesteuer in der Gemeinde, in der sich der Sitz des Betriebes befindet (§ 4 Abs. 1 Satz 1 GewStG). Bestehen mehrere Betriebe desselben Unternehmens in mehreren Gemeinden oder erstreckt sich einer über mehrere Gemeinden, so wird die Gewerbesteuer auf die betreffenden Gemeinden aufgeteilt (siehe Kapitel "Zerlegung des Gewerbesteuermessbetrages" auf Seite 210).

Die Gewerbesteuer kann charakterisiert werden als

- **Realsteuer** (Sach- oder Objektsteuer)
  Sie ist dadurch gekennzeichnet, dass sie bestimmte Gewerbebetriebe ohne Rücksicht auf persönliche Verhältnisse, wie Familienstand, Einkommen oder Vermögen, belastet.

- **Gemeindesteuer**
  Gemeinden sind verpflichtet, eine Gewerbesteuer zu erheben (§ 1 GewStG). Das Gewerbesteueraufkommen steht grundsätzlich den Gemeinden zu; Bund und Länder können aber durch eine Gewerbesteuerumlage beteiligt werden.

Was wird besteuert?

Bei jedem Gewerbebetrieb wird seine wirtschaftliche Leistungsfähigkeit, d. h. der Gewerbeertrag, besteuert. Nimmt ein Betrieb nicht am allgemeinen Wirtschaftsverkehr teil, besteht keine Gewerbesteuerpflicht.

Wer zahlt die Steuer?

Steuerschuldner ist der gewerbetreibende Unternehmer, also stets eine natürliche oder juristische Person und nicht die besteuerte Sache selbst (§ 5 Abs. 1 Satz 2 GewStG). Als Steuerschuldner kommen also in Frage:

- ein einzelner Gewerbetreibender,
- eine Personengesellschaft, sofern diese einen Gewerbebetrieb besitzt,
- die Mitglieder einer europäischen wirtschaftlichen Interessenvereinigung,
- Kapitalgesellschaften und andere juristische Personen.

Rechtsgrundlagen zur Gewerbesteuer

Grundlage für die Festsetzung der Gewerbesteuer ist das Gewerbesteuergesetz (GewStG) und die Gewerbesteuer-Durchführungsverordnung (GewStDV). Darüber hinaus gelten Verwaltungsanweisungen in den GewSt-Richtlinien sowie BMF-Schreiben zu aktuell wichtigen Themen.

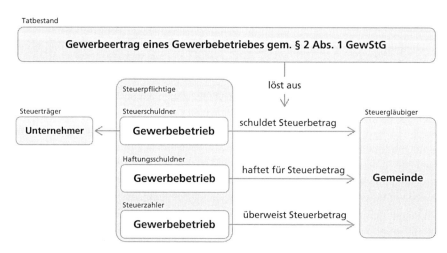

Abb.: Akteure der Gewerbesteuer

7.2 Feststellung des Steuertatbestandes

Zur Feststellung des Tatbestandes unterscheidet das Gewerbesteuergesetz drei Arten des Gewerbebetriebes (§ 2 GewStG):

- **Betrieb kraft gewerblicher Betätigung**
  Zu dieser Kategorie gehört jedes inländische Unternehmen im Sinne des EStG (§ 2 Abs. 1 GewStG). Die Gewerbesteuerpflicht beginnt zu dem Zeitpunkt, von dem an erstmals alle Voraussetzungen erfüllt sind, die zur Aufnahme eines Gewerbebetriebes erforderlich sind. Die Pflicht endet mit Einstellung des Betriebes. Vorbereitungshandlungen, z. B. das Anmieten eines Ladenlokals, begründen noch keine Gewerbesteuerpflicht. Auch eine Eintragung ins Handelsregister ist hier nicht von Bedeutung.

- **Betrieb kraft Rechtsform**
  Dies gilt in vollem Umfang für die Tätigkeit der Kapitalgesellschaften (§ 2 Abs. 2 GewStG). Bei Kapitalgesellschaften beginnt die Gewerbesteuerpflicht grundsätzlich mit der Eintragung ins Handelsregister und endet mit der Beendigung jeglicher Tätigkeit. Nimmt die Gesellschaft bereits vor Eintragung ins Handelsregister ihre Geschäftstätigkeit auf, löst dies ebenfalls eine Gewerbesteuerpflicht aus.

- **Betrieb kraft wirtschaftlichen Geschäftsbetriebes**
  Zu dieser Kategorie zählen sonstige juristische Personen des privaten Rechts und der nichtrechtsfähigen Vereine, soweit sie einen wirtschaftlichen Geschäftsbetrieb – ausgenommen in der Land- und Forstwirtschaft – unterhalten (§ 2 Abs. 3 GewStG). Bei wirtschaftlichen Geschäftsbetrieben beginnt die Gewerbesteuerpflicht bei Aufnahme der wirtschaftlichen Tätigkeit und endet bei ihrer Einstellung. Beginn und Ende der Steuerpflicht sind geregelt in R 2.5 und R 2.6 GewStR.

7.3 Ermittlung der Bemessungsgrundlage

Die Bemessungsgrundlage für die Gewerbesteuer ist der Gewerbeertrag, der jeweils im Kalenderjahr erwirtschaftet wird (§ 6 GewStG). Wurde ein Unternehmen erst im Laufe des Kalenderjahres gegründet oder eingestellt, tritt an Stelle des Kalenderjahres der Zeitraum der Steuerpflicht, der auch als abgekürzter Erhebungszeitraum bezeichnet wird (§ 14 GewStG). Um die tatsächlich abzuführende Steuer zu ermitteln, wird der steuerpflichtige Gewerbeertrag als Basis herangezogen. Davon ausgehend wird ein Gewerbesteuermessbetrag[1] ermittelt, der mit einem gemeindespezifischen Prozentsatz (= Hebesatz) festgesetzt und schließlich erhoben wird. Im Folgenden wird zunächst auf die Bestimmung des steuerpflichtigen Gewerbeertrages als Bemessungsgrundlage eingegangen. Anschließend wird die eben beschriebene Ermittlung der Steuer dargestellt.

§ 6 GewStG

7.3.1 Berechnung des Gewerbeertrages

Als Gewerbeertrag wird der Gewinn bezeichnet, der durch den Gewerbebetrieb erwirtschaftet wird (§ 7 GewStG). Zum Gewerbeertrag zählen außerdem Gewinne, die sich aus folgenden Veräußerungen oder Aufgaben ergeben, sofern der Gewinn nicht auf eine natürliche Person als Mitunternehmer entfällt:

- aus dem (Teil-)Betrieb einer Mitunternehmerschaft
- aus dem Anteil eines Mitunternehmers des Betriebes

§ 7 GewStG

---

1 Achtung Verwechslungsgefahr: Gewerbeertrag und Gewerbe**steuermess**betrag

- aus dem Anteil eines „persönlich haftenden Gesellschafters einer Kommanditgesellschaft auf Aktien" [vgl. § 7 Nr. 3 GewStG]

Der Ausgangswert für die Ermittlung des Gewerbeertrages ist bei

- **Einzelunternehmen** und **Personengesellschaften**
  der steuerliche Gewinn (oder Verlust) aus Gewerbebetrieb und

- **Kapitalgesellschaften**
  das zu versteuernde Einkommen.

Freibeträge

Der Gewerbeertrag wird auf volle hundert Euro abgerundet und um einen bestimmten Freibetrag gekürzt - allerdings maximal in Höhe des abgerundeten Gewerbeertrages:

- 24.500,00 € bei natürlichen Personen und Personengesellschaften
- 5.000,00 € bei Unternehmen von juristischen Personen des öffentlichen Rechts und anderen Unternehmen gemäß § 11 Abs. 1 Nr. 1 GewStG

	Ausgangswert: steuerl. Gewinn aus Gewerbebetrieb oder zu versteuerndes Einkommen	§ 7 GewStG
+	Hinzurechnungen	§ 8 GewStG
-	Kürzungen	§ 9 GewStG
=	Gewerbeertrag vor Verlustabzug	
-	anrechenbarer Verlustvortrag vorangegangener Erhebungszeiträume	§ 10a GewStG
=	maßgebender Gewerbeertrag abgerundet auf volle hundert Euro	§ 11 Abs. 1 Satz 2 GewStG
-	Freibetrag	§ 11 Abs. 1 Satz 3 GewStG
=	steuerpflichtiger Gewerbeertrag	
x	Steuermesszahl 3,5 %*	§ 11 Abs. 2 GewStG
=	Gewerbesteuermessbetrag (nach dem Gewerbeertrag)	

* gesetzlich definierter Faktor zur Berechnung der Gewerbesteuer-Bemessungsgrundlage

Abb.: Berechnung des steuerpflichtigen Gewerbeertrages und -messbetrages

Der steuerliche Gewinn (oder Verlust) bzw. das zu versteuernde Einkommen werden durch Hinzurechnungen und Kürzungen korrigiert. Die steuerrechtliche Begründung hierfür ist, dass die Gewerbesteuer nur die im Erhebungszeitraum tatsächlich erwirtschafteten Erträge besteuern soll. Dieser Tatbestand wird durch den Gewinn allein nicht ausreichend berücksichtigt. Über die Kürzungen hinaus wird der Gewerbeertrag um Verlustvorträge gemindert. Hinzurechnungen, Kürzungen und anrechenbare Verlustvorträge werden im Folgenden näher erläutert.

Hinzurechnungen

§ 8 GewStG

Bei den Hinzurechnungen handelt es sich um Beträge, die zuvor den steuerlichen Gewinn bzw. das zu versteuernde Einkommen gemindert haben. Die Hinzurechnungen sollen den Gewinn „objektivieren": Wie sähe z. B. der Gewinn aus, wenn man nicht mit Fremdkapital arbeiten würde?

Bestimmte Beträge werden u. a. wieder hinzugerechnet, soweit diese bei der Ermittlung des Gewinns als Betriebsausgaben abzugsfähig waren (Auszug aus § 8 GewStG). Dies gilt für ein Viertel der Summe aus folgenden Werten, sofern die Summe den Betrag von 100.000,00 € nicht übersteigt:

- **Nr. 1a) Entgelte für Schulden**
  z. B. Zinsen für kurz- und langfristige Verbindlichkeiten, Aufwand für gewährte Skonti, wenn handelsunüblich (Skonto bei unüblich spätem Zahlungsziel)
- **Nr. 1b) Renten und dauernde Lasten**,
  die wirtschaftlich mit dem Betrieb zusammenhängen, z. B. Erbbauzinsen, Renten und dauernde Lasten aus dem Erwerb des Betriebes oder für Wirtschaftsgüter, die im Laufe des Betriebes erworben wurden
- **Nr. 1c) Gewinnanteile des stillen Gesellschafters**
  nur typische stille Gesellschaft i. S. d. §§ 230 ff. HGB
- **Nr. 1d) ein Fünftel der Miet- und Pachtzinsen**
  (einschließlich Leasingraten) für die Benutzung von beweglichen Wirtschaftsgütern des Anlagevermögens, die im Eigentum eines anderen stehen, z. B. Leasingraten von Fahrzeugen, Miete für Maschinen
- **Nr. 1e) die Hälfte der Miet- und Pachtzinsen**
  (einschließlich Leasingraten) für die Benutzung der unbeweglichen Wirtschaftsgüter des Anlagevermögens, die im Eigentum eines anderen stehen, z. B. Miete für Ladenlokale oder Büroräume, Pacht für Kundenparkplätze

Des Weiteren sind die Hinzurechnungen nach § 8 Nr. 4 bis 12 GewStG zu berücksichtigen. Darüber hinaus werden dem Gewerbeertrag weitere Beträge hinzugerechnet, wie z. B. Spenden im Sinne des § 9 Abs. 1 Nr. 2 KStG. Diese Zuwendungen i. S. d. § 10b EStG stellen bei Einzelunternehmen und Personengesellschaften nicht abzugsfähige Betriebsausgaben dar. Um eine Gleichbehandlung zu erreichen, sind bei Kapitalgesellschaften Zuwendungen bei der Ermittlung des zu versteuernden Einkommens hinzuzurechnen.

Beispiel
Hinzurechnungen

Die Gewinn- und Verlustrechnung des Unternehmers Fink beinhaltet zum 31.12. folgende Werte:

Soll		GuV	Haben
Wareneinkauf	200.000,00 €	Erlöse aus Verkäufen	600.000,00 €
Miete Ladenlokal	120.000,00 €	Zinserträge	15.000,00 €
Energiekosten	12.400,00 €		
Lfd. Kraftfahrzeugkosten	30.600,00 €		
Leasingraten Pkw	12.000,00 €		
Miete für Maschine	48.000,00 €		
Telefon, Porto, Bürobedarf	22.950,00 €		
Zinsen für langfristige Verbindlichkeiten	32.600,00 €		
Gewinn	136.450,00 €		
	615.000,00 €		615.000,00 €

Hinzurechnungen gemäß § 8 GewStG:

Zinsen für langfristige Verbindlichkeiten	32.600,00 €
Leasingraten Pkw; $1/5$ von 12.000,00 €	2.400,00 €
Miete für Maschine; $1/5$ von 48.000,00 €	9.600,00 €
Miete Ladenlokal; $1/2$ von 120.000,00 €	60.000,00 €
Zwischensumme	104.600,00 €
abzüglich Freibetrag	100.000,00 €
Summe	4.600,00 €
davon Hinzurechnung 25 % =	1.150,00 €

Kürzungen

§ 9 GewStG

Bei der Ermittlung des Gewerbeertrages wird die Summe aus steuerlichem Gewinn (bzw. zu versteuerndem Einkommen) und Hinzurechnungen um die in § 9 GewStG angegebenen Beträge gekürzt, um eine Doppelbesteuerung zu vermeiden. Mehrfachbesteuerungen können im Bereich der Gewerbesteuer selbst z. B. durch Ansatz der Grundsteuer oder gewinnerhöhend gebuchter Gewinnanteile aus Beteiligungen eintreten. Außerdem beschränkt sich die Erhebung der Gewerbesteuer auf den inländischen Teil des Unternehmens. Folgende Beträge werden in Abzug gebracht (Auszug aus § 9 GewStG):

- **Nr. 1) 1,2 % des um 40 % erhöhten Einheitswertes** eines nicht grundsteuerbefreiten Grundbesitzes gemäß § 121a BewG, der zum Betriebsvermögen gehört. Maßgebend ist der Einheitswert, der zum letzten Feststellungszeitpunkt vor Ende des Erhebungszeitraums festgestellt wurde.

- **Nr. 2) Gewinnanteile** an einer in- oder ausländischen Personengesellschaft (OHG, KG) oder einer anderen Gesellschaft, bei der die Gesellschafter als (Mit-)Unternehmer anzusehen sind

- **Nr. 2a) Gewinnanteile an inländischen Kapitalgesellschaften**, sofern die Beteiligung mindestens 15 % des Grund- oder Stammkapitals der Beteiligungsunternehmung beträgt

- **Nr. 3) Gewinne aus ausländischen Betriebsstätten**

- **Nr. 5) Zuwendungen (Spenden) i. S. d. § 10b Abs. 1 EStG.** Dazu zählen alle Zuwendungen außer solche an politische Parteien. Voraussetzung für die Kürzung ist zum einen, dass eine ordnungsgemäße Zuwendungsbestätigung vorliegt und zum anderen, dass die Zuwendungen aus betrieblichen Mitteln bezahlt wurden. Abzugsfähige Zuwendungen sind in der Höhe der Kürzung begrenzt auf:

  - 20 % des um die Hinzurechnung nach § 8 Nr. 9 GewStG erhöhten Gewinns aus Gewerbebetrieb bzw. zu versteuerndem Einkommen oder
  - 0,4 % der Summe der gesamten Umsätze, Löhne und Gehälter.

  Hinweis: Der nicht abzugsfähige Anteil der Spenden kann auf das Folgejahr übertragen werden.

Beispiel
Kürzungen

Zum Betriebsvermögen des Einzelunternehmers Brecht gehört ein Grundstück, dessen Einheitswert auf den 01.01.1964 mit 200.000,00 € festgestellt wurde. Außerdem wurden an eine gemeinnützige Körperschaft 10.000,00 € gespendet. Der Gewinn aus Gewerbebetrieb inkl. Hinzurechnungen beträgt 30.000,00 € (§ 8 GewStG), die Umsätze 600.000,00 €; es wurden Gehälter über 24.000,00 € gezahlt. Die Kürzungen berechnen sich wie folgt:

1. Kürzungsbetrag Einheitswert
   Einheitswert 200.000,00 € x Faktor 1,4 = 280.000,00 €
   Bemessungsgrundlage 280.000,00 € x 1,2 % = 3.360,00 €

2. Kürzungsbetrag Spenden
   Spenden gemäß Zuwendungsbescheinigung 10.000,00 €

   Höchstbetrag I: 6.000,00 €
   (auf Basis des Gewinns: 20 % von 30.000,00 €)

   Höchstbetrag II: 2.496,00 €
   (auf Basis von Umsatz und Gehältern:
   0,4 % von 624.000,00 €)

   Unter Anwendung des Höchstbetrages I sind die
   Spenden in voller Höhe abzugsfähig   6.000,00 €
   = **Summe der Kürzungen**   9.360,00 €

Anrechenbarer Verlustvortrag

Bei der Berechnung des Gewerbeertrages wird der Gewerbeverlust, auch anrechenbare Verlustvortrag genannt, berücksichtigt (§ 10a GewStG). Hat ein Unternehmen in der Vergangenheit Verluste erwirtschaftet, können diese von einem positiven Gewerbeertrag in Abzug gebracht werden. Die Höhe des zu berücksichtigenden Verlustvortrages ist auf 1.000.000,00 € begrenzt. Der ggf. übersteigende Betrag ist bis zu 60 % auf den im Veranlagungsjahr positiven maßgebenden Gewerbeertrag anrechenbar.

§ 10a GewStG

Hinweis: Einen Verlustrücktrag wie z. B. bei der Einkommensteuer gibt es bei der Gewerbesteuer nicht.

Beispiel anrechenbarer Verlustvortrag

> Der Einzelunternehmer Brecht hat aus den Vorjahren einen anrechenbaren Verlustvortrag in Höhe von 3.500.000,00 €. Im Veranlagungsjahr 2016 erzielte Herr Brecht einen positiven maßgebenden Gewerbeertrag in Höhe von 4.000.000,00 €.
>
> **Berechnung:**
>
> | | | |
> |---|---:|---:|
> | Verlust aus den Vorjahren | 3.500.000,00 € | |
> | positiver maßgebender Gewerbeertrag | | 4.000.000,00 € |
> | - uneingeschränkter Verlustabzug | 1.000.000,00 € | 1.000.000,00 € |
> | = verbleibender positiver maßgebender Gewerbeertrag | | 3.000.000,00 € |
> | - eingeschränkter Verlustabzug (60 % von 3.000.000,00 €) | 1.800.000,00 € | 1.800.000,00 € |
> | = Gewerbeertrag im Veranlagungszeitraum 2016 | | 1.200.000,00 € |
> | Verlustvortrag für den Veranlagungszeitraum 2017 | 700.000,00 € | |

7.3.2 Der Gewerbesteuermessbetrag

Wie bereits eingangs erwähnt, wird der Gewerbeertrag als Bemessungsgrundlage herangezogen. Für die Berechnung der letztlich abzuführenden Steuer ist allerdings der Steuermessbetrag ausschlaggebend. Um diesen zu ermitteln, wird der steuerpflichtige Gewerbeertrag mit einer Steuermesszahl von 3,5 % multipliziert.

§ 11 GewStG

Die Berechnung von Gewerbeertrag und Steuermessbetrag wird insgesamt also gemäß folgender Formel vorgenommen (das nachstehende Beispiel stellt die einzelnen Punkte detailliert dar):

	Ausgangswert: steuerl. Gewinn aus Gewerbebetrieb oder zu versteuerndes Einkommen	§ 7 GewStG
+	Hinzurechnungen	§ 8 GewStG
-	Kürzungen	§ 9 GewStG
=	Gewerbeertrag vor Verlustabzug	
-	anrechenbarer Verlustvortrag vorangegangener Erhebungszeiträume	§ 10a GewStG
=	maßgebender Gewerbeertrag abgerundet auf volle hundert Euro	§ 11 Abs. 1 Satz 2 GewStG
-	Freibetrag	§ 11 Abs. 1 Satz 3 GewStG
=	steuerpflichtiger Gewerbeertrag	
x	Steuermesszahl 3,5 %*	§ 11 Abs. 2 GewStG
=	Gewerbesteuermessbetrag (nach dem Gewerbeertrag)	

* gesetzlich definierter Faktor zur Berechnung der Gewerbesteuer-Bemessungsgrundlage

Abb.: Berechnung des steuerpflichtigen Gewerbeertrages und -messbetrages

Musterbeispiel
Beispiel
Ermittlung des Steuermessbetrages

Hinweis: Dieses Beispiel dient als Grundlage für die in Kapitel 7.4.1 angelegte Gewerbesteuererklärung.

Die Gewinn- und Verlustrechnung des Fahrradhändlers Bergmann beinhaltet zum 31.12. folgende Werte:

Soll	**GuV**		**Haben**
Wareneinkauf	100.000,00 €	Erlöse aus Verkäufen	230.000,00 €
Personalkosten	22.500,00 €	Provisionsumsätze	5.000,00 €
Miete Werkstatt	12.000,00 €	Privater Anteil Pkw mit USt	3.840,00 €
Energiekosten	2.400,00 €	Privater Anteil Pkw ohne USt	960,00 €
GewSt-Vorauszahlg.	6.200,00 €	Zinserträge	150,00 €
Versicherungen, Beiträge	1.300,00 €		
Bewirtungskosten abzugsfähig	280,00 €		
Bewirtungskosten nicht abzugsfähig	120,00 €		
Lfd. Kraftfahrzeugkosten	3.600,00 €		
Leasingraten Pkw	4.200,00 €		
Telefon, Porto, Bürobedarf	2.950,00 €		
Zinsen für langfristige Verbindlichkeiten	3.260,00 €		
Spende an gemeinnützigen Verein	1.500,00 €		
Gewinn	79.640,00 €		
	239.950,00 €		239.950,00 €

Der Fahrradhändler Bergmann betreibt sein Ladenlokal im eigenen Haus. Der betriebliche Anteil des Grundstücks hat einen Einheitswert von 100.000,00 €. Über die Spende an den gemeinnützigen Verein liegt eine ordnungsgemäße Spendenbescheinigung vor.

Berechnung:

Handelsrechtlicher Gewinn		79.640,00 €

■ Nicht abzugsfähige Betriebsausgaben laut EStG:

+ Gewerbesteuer	6.200,00 €	
+ nicht abzugsfähige Bewirtungskosten	120,00 €	
+ Spende an gemeinnützigen Verein	1.500,00 €	7.820,00 €
= steuerlicher Gewinn		
(Ausgangspunkt zur Berechnung des Gewerbeertrags)		87.460,00 €

■ Hinzurechnungen gemäß § 8 GewStG:

Zinsen langfristiger Verbindlichkeiten	3.260,00 €	
+ Leasingraten Pkw; $1/5$ von 4.200,00 €	840,00 €	
+ Miete Werkstatt; $1/2$ von 12.000,00 €	6.000,00 €	
Zwischensumme	10.100,00 €	
- Freibetrag	100.000,00 €	
Summe	0,00 €	
davon Hinzurechnung 25 % =		0,00 €
Zwischensumme		87.460,00 €

■ Kürzungen gemäß § 9 GewStG:

Einheitswert 100.000,00 € x 1,4 = 140.000,00 € x 1,2 %	1.680,00 €
- Spende an gemeinnützigen Verein	1.500,00 €
= Gewerbeertrag	84.280,00 €
abgerundet auf volle Hundert	84.200,00 €
- **Freibetrag gemäß § 11 Abs. 1 GewStG**	24.500,00 €
= steuerpflichtiger Gewerbeertrag	59.700,00 €
x Steuermesszahl 3,5 % = **Gewerbesteuermessbetrag**	2.089,50 €

Auf Grundlage des Gewerbesteuermessbetrages wird die tatsächliche Steuerschuld erhoben. Dazu wird er abschließend mit einem so genannten Hebesatz festgesetzt, der von einer hebeberechtigten Gemeinde bestimmt wird. Das Gewerbesteuergesetz schreibt einen Mindesthebesatz von 200 % vor, wodurch „Steueroasen" vermieden werden sollen. Gängige Hebesätze sind z. B.:

Hebesatz
§ 16 GewStG

Gemeinde	Hebesatz	Gemeinde	Hebesatz
Berlin	410 %	München	490 %
Frankfurt a.M.	460 %	Nürnberg	447 %
Hamburg	470 %	Rostock	465 %
Köln	475 %	Stuttgart	420 %

Beispiel 1
Hebesatz für einen Standort

Der Fahrradhändler Bergmann betreibt seinen Fahrradhandel in Berlin. Der steuerpflichtige Gewerbeertrag beträgt 2.089,50 €; der anzuwendende Steuersatz liegt bei 410 %.

Berechnung:

Steuerpflichtiger Gewerbeertrag 2.089,50 € x Hebesatz 410 %

= **Gewerbesteuerschuld**   8.566,95 €

Beispiel 2
Hebesatz für mehrere Standorte

Der Fahrradhändler Bergmann unterhält mehrere Betriebsstätten, eine in Frankfurt (Hebesatz 460 %), eine in Mühlheim (Hebesatz 350 %) und eine in Obertshausen (Hebesatz 335 %).

Zerlegung:

	anteiliger Steuermessbetrag	x Hebesatz	= Gewerbesteuerschuld
Frankfurt	2.250,00 €	460 %	10.350,00 €
Mühlheim	1.500,00 €	350 %	5.250,00 €
Obertshausen	1.250,00 €	335 %	4.187,50 €
Summe	5.000,00 €		
GewSt-Schuld gesamt			19.787,50 €

Zerlegung des Gewerbesteuermessbetrages

Wenn ein Gewerbebetrieb Betriebsstätten unterhält, die sich über mehrere Gemeinden erstrecken, bekommt jede Gemeinde einen Anteil an der Gewerbesteuer (§ 28 Abs. 1 GewStG). Dies ist auch der Fall, wenn das Unternehmen eine Betriebsstätte hat, die sich über mehrere Gemeinden erstreckt. Sollte ein Gewerbebetrieb von einer Gemeinde in eine andere Gemeinde verlegt werden, ist auch eine auf das Kalenderjahr der Veränderung bezogene Aufteilung der Gewerbesteuer erforderlich. Ist die Gewerbesteuer aufzuteilen, wird der Gewerbesteuermessbetrag zerlegt. Als Zerlegungsmaßstab gelten die in den einzelnen Betriebsstätten zu berücksichtigenden Arbeitslöhne. Die Zugehörigkeit der Arbeitnehmer zu den einzelnen Betriebsstätten ist nach wirtschaftlichen Gesichtspunkten zu bestimmen. Die Summe der Arbeitslöhne setzt sich wie folgt zusammen:

	Vergütungen i. S. d. § 19 Abs. 1 Nr. 1 EStG (z. B. Gehälter, Löhne, Gratifikationen, Tantiemen)
+	Zuschläge für Mehrarbeit und für Sonntags-, Feiertags- und Nachtarbeit
−	Ausbildungsvergütungen
−	einmalige Vergütungen (z. B. Tantiemen, Gratifikationen)
+	fiktiver Unternehmerlohn (25.000,00 €)
=	Arbeitslohn i. S. d. § 31 GewStG (abzurunden auf volle 1.000,00 €)

Hinweis: Beträgt der anteilige Steuermessbetrag nicht mehr als 10,00 €, so ist er in voller Höhe der Gemeinde zuzuweisen, in der sich die Geschäftsleitung befindet (§ 34 GewStG).

Beispiel: Zerlegung des GewSt-Messbetrages

Der Fahrradhändler Bergmann unterhält mehrere Betriebsstätten: eine in Frankfurt, eine in Mühlheim und eine in Obertshausen. Der Steuermessbetrag beträgt 5.000,00 €, die Summe der gezahlten Arbeitslöhne aller Betriebsstätten 300.000,00 €.

Von dem Gesamtbetrag der Arbeitslöhne entfallen auf die einzelnen Betriebsstätten:

Frankfurt	135.000,00 €	= 45 %
Mühlheim	90.000,00 €	= 30 %
Obertshausen	75.000,00 €	= 25 %
	300.000,00 €	= 100 %

Die Zerlegung berechnet sich wie folgt:

Frankfurt	45 % von 5.000,00 €	= 2.250,00 €
Mühlheim	30 % von 5.000,00 €	= 1.500,00 €
Obertshausen	25 % von 5.000,00 €	= 1.250,00 €
		5.000,00 €

Exkurs: Anrechnung auf die Einkommensteuer

Die Gewerbesteuer stellt steuerlich eine nicht abzugsfähige Betriebsausgabe dar. Um Einzelunternehmer und Gesellschafter von Personengesellschaften zu entlasten, wurde ab dem Erhebungszeitraum 2008 die Anrechnung der Gewerbesteuer auf die Einkommensteuer eingeführt. Die Anrechnung erfolgt in Höhe des 3,8-Fachen des steuerpflichtigen Gewerbesteuermessbetrages; höchstens jedoch die tatsächlich gezahlte Gewerbesteuer.

 max.

Beispiel: Anrechnung auf ESt

Der Fahrradhändler Bergmann betreibt seinen Fahrradhandel in Berlin. Der steuerpflichtige Gewerbeertrag beträgt 2.089,50 €; die Gewerbesteuerschuld hierauf beträgt 8.566,95 €. Fahrradhändler Bergmann hat seinen Einkommensteuerbescheid erhalten.

Aus seinem zu versteuernden Einkommen ergibt sich eine Einkommensteuerschuld in Höhe von	20.000,00 €
Hierauf ist die Gewerbesteuer wie folgt anrechenbar: Gewerbesteuermessbetrag 2.089,50 € x 3,8 =	7.940,10 €
= verbleibende Einkommensteuerschuld	12.059,90 €

Durch die Anrechnung der Gewerbesteuer auf die Einkommensteuer verbleiben von der zu zahlenden Gewerbesteuer lediglich 626,85 € (8.566,95 € - 7.940,10 €) bei Fahrradhändler Bergmann als Belastung.

7.4 Betriebliche Abwicklung der Gewerbesteuer

Für die Abwicklung der Gewerbesteuer im Betrieb ist es in erster Linie wichtig, die ermittelten Gewerbeerträge und Steuermessbeträge mittels der Steuererklärung an das Finanzamt zu übermitteln. Darüber hinaus sind Vorauszahlungen und Rückstellungen der Gewerbesteuer zu berücksichtigen.

7.4.1 Gewerbesteuererklärung

Die Gewerbesteuererklärung wird gemäß § 22 Abs. 1 AO beim Betriebsfinanzamt eingereicht, das auf Grundlage der Steuererklärung den Gewerbesteuermessbescheid erstellt. Dieser Bescheid wird dem Steuerpflichtigen und der Gemeinde bzw. Stadt, in deren Bezirk sich das Unternehmen befindet, überstellt. Auf der Grundlage des Gewerbesteuermessbescheides wird von Gemeinde oder Stadt die Gewerbesteuer festgestellt.

Beispiel
Bescheide zur Gewerbesteuer

> Die Porzellanmanufaktur Edelweiß GmbH hat ihren Sitz in München. Für die Gewerbesteuer ist das Finanzamt München zuständig. Das Finanzamt München erstellt den Gewerbesteuermessbescheid. Dieser ist für die Stadt München die Grundlage für die Erteilung des Gewerbesteuerbescheides.

Bei Unternehmen, die ihre Betriebsstätten in mehreren Gemeinden führen, wird der Steuermessbetrag von dem Betriebsfinanzamt festgestellt und zerlegt, in dessen Bezirk sich die Geschäftsleitung des Unternehmens befindet. Der durch das Finanzamt erstellte Gewerbesteuermessbescheid wird dann den Gemeinden und Städten, in denen sich die einzelnen Betriebsstätten befinden, überstellt. Der Steuerpflichtige erhält schließlich von mehreren Gemeinden und Städten jeweils einen Gewerbesteuerbescheid.

Beispiel
Gewerbesteuer bei mehreren Betrieben

> Die Klaus Schlicht GmbH hat ihren Geschäftssitz in Mainz und eine Betriebsstätte in Frankfurt. Die Gewerbesteuererklärung wird beim Finanzamt Mainz eingereicht und dort veranlagt. Das Finanzamt Mainz erteilt einen Gewerbesteuermessbescheid, der an die Städte Mainz und Frankfurt übermittelt wird. Die Klaus Schlicht GmbH erhält abschließend Gewerbesteuerbescheide von den Städten Mainz und Frankfurt.

Steuererklärungspflicht – Abgabefrist

Der gewerbesteuerpflichtige Unternehmer hat eine Erklärung zur Festsetzung des Gewerbesteuermessbetrages (= Gewerbesteuererklärung) und ggf. eine Zerlegungserklärung elektronisch an das Finanzamt zu übertragen (im ELSTER-Verfahren). Bei einem negativen Gewerbeertrag dient die abgegebene Steuererklärung zur Feststellung des vortragsfähigen Gewerbeverlustes (§ 10a Satz 6 GewStG).

Die Gewerbesteuererklärung ist bis zum 31.5. des auf den Veranlagungszeitraum folgenden Kalenderjahrs abzugeben. Wird die Erklärung von einem Steuerberater erstellt, gilt eine allgemeine Fristverlängerung bis zum 31.12. Die Abgabefristen sind nur bei hinreichend begründeten Anträgen verlängerbar.

Das Formular zur Gewerbesteuererklärung

Die Gewerbesteuererklärung besteht insgesamt aus vier Seiten. Auf der ersten Seite werden - wie bei allen Steuererklärungen - die persönlichen Daten aufgenommen. Sollte die Erklärung nicht authentifiziert übertragen werden, hat der Unternehmer auf der ersten Seite persönlich zu unterschreiben. Auf der zweiten Seite beginnt das Formular mit dem Ausgangswert für den Gewerbeertrag, hier ist der Gewinn einzutragen. Mit einem Kreuz wird angegeben, ob der Gewinn aufgrund der Regelungen des Einkommensteuergesetzes oder des Körperschaftsteuergesetzes ermittelt wurde. Weiterhin sind die Hinzurechnungen einzutragen. Hier ist zu beachten, dass alle Beträge in der vollen Höhe angegeben werden. Die jeweils anteiligen Werte werden vom Finanzamt berechnet. Auch wenn bekannt ist, dass aufgrund des Freibetrages von 100.000,00 € die Hinzurechnungen keine Auswirkung auf den Gewerbeertrag haben, sind die Werte ins Formular einzutragen. Kürzungen sind auf Seite 2 und fortführend auf Seite 3 zu vermerken. Beim Einheitswert ist auch die Ausgangsbasis einzutragen, auf der das Finanzamt dann weiterrechnet. Zuwendungen werden auf der dritten Seite des Formulars eingetragen. Außerdem ist hervorzuheben, dass ggf. Verlustvorträge auf Seite 4 in Zeile 90 einzutragen sind.

Nachfolgend wird eine Gewerbesteuererklärung beispielhaft ausgefüllt; als Grundlage dient das Beispiel zur Ermittlung des Steuermessbetrages des Fahrradhändlers Bergmann ab Seite 208:

Auszug aus Beispiel Ermittlung des Steuermessbetrages

> Der Fahrradhändler Bergmann betreibt sein Ladenlokal im eigenen Haus. Der betriebliche Anteil des Grundstücks hat einen Einheitswert von 100.000,00 €. Aus dem Vorjahr ist noch ein Verlustvortrag in Höhe von 18.000,00 € zu berücksichtigen. Für eine Spende an den gemeinnützigen Verein liegt eine ordnungsgemäße Spendenbescheinigung vor.
>
> **Berechnung:**
>
> | | | |
> |---|---:|---:|
> | Handelsrechtlicher Gewinn | | 79.640,00 € |
> | ■ Nicht abzugsfähige Betriebsausgaben laut EStG: | | |
> | + Gewerbesteuer | 6.200,00 € | |
> | + nicht abzugsfähige Bewirtungskosten | 120,00 € | |
> | + Spende an gemeinnützigen Verein | 1.500,00 € | 7.820,00 € |
> | = steuerlicher Gewinn | | |
> | (Ausgangspunkt zur Berechnung des Gewerbeertrags) | | 87.460,00 € |
> | ■ Hinzurechnungen gemäß § 8 GewStG: | | |
> | Zinsen langfristiger Verbindlichkeiten | 3.260,00 € | |
> | + Leasingraten Pkw; $^1/_5$ von 4.200,00 € | 840,00 € | |
> | + Miete Werkstatt; $^1/_2$ von 12.000,00 € | 6.000,00 € | |
> | Zwischensumme | 10.100,00 € | |
> | - Freibetrag | 100.000,00 € | |
> | Summe | 0,00 € | |
> | davon Hinzurechnung 25 % = | | 0,00 € |
> | Zwischensumme | | 87.460,00 € |
> | ■ Kürzungen gemäß § 9 GewStG: | | |
> | Einheitswert 100.000,00 € x 1,4 = 140.000,00 € x 1,2 % | | 1.680,00 € |
> | - Spende an gemeinnützigen Verein | | 1.500,00 € |
> | = Gewerbeertrag | | 84.280,00 € |
> | abgerundet auf volle Hundert | | 84.200,00 € |
> | **- Freibetrag gemäß § 11 Abs. 1 GewStG** | | 24.500,00 € |
> | = steuerpflichtiger Gewerbeertrag | | 59.700,00 € |
> | x Steuermesszahl 3,5 % = **Gewerbesteuermessbetrag** | | 2.089,50 € |

7 Basis: Betriebliche Abwicklung der Gewerbesteuer

Handschriftliche Eintragungen bitte in GROSSBUCHSTABEN vornehmen.

2016

An das Finanzamt
1 Charlottenburg

2 Steuernummer: 13/123/12345

Eingangsstempel

Gewerbesteuererklärung
Erklärung zur gesonderten Feststellung des Gewerbeverlustes und zur gesonderten Feststellung des Zuwendungsvortrags (1)

Die mit einem Kreis versehenen Zahlen bezeichnen die Erläuterungen in der Anleitung zur Gewerbesteuererklärung

Allgemeine Angaben

Unternehmen / Firma
3 Bergmann, Axel

Art des Unternehmens
4 Fahrradeinzelhandel

Anschrift der Geschäftsleitung / des Unternehmens im Erhebungszeitraum
Straße
5 Berliner Str.

Hausnummer
5a 111

Postleitzahl   Ort
6 10115   Berlin

7 Postleitzahl   Postfach   Telefonisch erreichbar unter Nr.

Rechtsform des Unternehmens
8

9 Das Einzelunternehmen / die Personengesellschaft ist durch Rechtsformwechsel (2) im Laufe des Kalenderjahrs 2016 aus einer Personengesellschaft / einem Einzelunternehmen hervorgegangen: Ja, am

9a Es handelt sich um ein Unternehmen i. S. des § 7 Satz 5 GewStG i. V. mit § 8 Abs. 9 KStG (auch soweit Organgesellschaft)   Ja   Anzahl der beigefügten Anlage(n) ÖHG

10 frei
10a frei
10b Anlage(n) EMU wurde(n) übermittelt   Ja   Anzahl:

11 frei
12 Unternehmer / gesetzlicher Vertreter / Geschäftsführer einer Personengesellschaft (Vorname, Zuname), **wenn von Zeile 3 abweichend**

13 Anschrift des Unternehmers / gesetzl. Vertreters / Geschäftsführers d. Personengesellschaft (Straße, Haus-Nr., PLZ u. Ort), **wenn von Zeile 5 bis 7 abweichend**

14 Der Steuerbescheid soll einem von den Zeilen 3 bis 7 und 12 **abweichenden Empfangsbevollmächtigten / Postempfänger** zugesandt werden. (Nur ausfüllen, wenn dem Finanzamt keine entsprechende Empfangsvollmacht vorliegt.) Name / Firma / Anschrift

15 Betriebsstätten (3) bestanden im Kalenderjahr 2016 in mehreren Gemeinden   **2**   1 = ja 2 = nein   Betriebsstätte(n) (3) erstreckte(n) sich im Kalenderjahr 2016 über mehrere Gemeinden   **2**   1 = ja 2 = nein

Die einzige Betriebsstätte (3) wurde im Laufe des Kalenderjahres 2016 in eine andere Gemeinde verlegt
16 **X** Nein   Ja, am

17   von   nach

18 Bei Betrieb des Unternehmens im Kalenderjahr 2016 nur als Reisegewerbe: Wohnsitzgemeinde(n), Dauer des Wohnsitzes in der / den Gemeinde(n)

19 Wurde das Unternehmen im Kalenderjahr 2016 überwiegend oder ausschließlich als Hausgewerbe betrieben (§ 11 Abs. 3 GewStG)?   **2**   1 = ja 2 = nein

Unterschrift

20 Die Steuererklärung wurde unter Mitwirkung eines Angehörigen der steuerberatenden Berufe i. S. der §§ 3, 3a und 4 StBerG angefertigt.   1 = ja

21 bis 29 frei   Bei der Anfertigung dieser Erklärung hat mitgewirkt: (Name, Anschrift, Telefonnummer)   Ort, Datum

,

(Unterschrift)

Die Erklärung muss vom Steuerpflichtigen bzw. von einer in § 34 AO genannten Person eigenhändig unterschrieben sein.

Hinweis nach den Datenschutzgesetzen: Die mit der Steuererklärung angeforderten Daten werden auf Grund der §§ 149 und 150 der Abgabenordnung i.V. mit § 14a GewStG verlangt.

2016GewSt1A701   Steuersoft GmbH · Wallstraße 7 · 66740 Saarlouis   2016GewSt1A701

Abb.: GewSt-Erklärung, Seite 1 von 4

Basis: Betriebliche Abwicklung der Gewerbesteuer

Abb.: GewSt-Erklärung, Seite 2 von 4

Abb.: GewSt-Erklärung, Seite 3 von 4

Abb.: GewSt-Erklärung, Seite 4 von 4

7.4.2 Gewerbesteuervorauszahlungen

§ 19 GewStG

Bei der Gewerbesteuer werden Voranmeldungen nicht - wie etwa bei der Umsatzsteuer - während des Jahres abgegeben. Die Gewerbesteuer wird nach Ablauf des Wirtschaftsjahres festgestellt, sobald die Steuererklärung abgegeben, der anschließende Gewerbesteuermessbescheid erstellt und schließlich der Gewerbesteuerbescheid erlassen wurde.

Bis zur endgültigen Festsetzung der Gewerbesteuer ist der Unternehmer verpflichtet, Vorauszahlungen an die Gemeinde zu leisten. Hierzu gibt es feste Vorauszahlungstermine:

- 15. Februar
- 15. Mai
- 15. August
- 15. November

Grundlage für die Berechnung der Vorauszahlungen ist der letzte Gewerbesteuerbescheid. Jede Vorauszahlung beträgt grundsätzlich ein Viertel der Steuer, die sich bei der letzten Veranlagung ergeben hat.

Beispiel
GewSt-Vorauszahlung

> Die vierteljährlichen Gewerbesteuervorauszahlungen des Fahrradhändlers Bergmann für 2017 betragen 1.000,00 € - basierend auf der letzten Veranlagung 2015.
>
> Aufgrund der abgegebenen Steuererklärungen wurde im Juli 2017 die Veranlagung für 2016 durchgeführt, aus der sich für 2016 eine Gewerbesteuerschuld in Höhe von 5.000,00 € ergeben hat. Die Veranlagung 2016 bildet die neue Grundlage für die Vorauszahlungen 2017 und 2018. Diese berechnen sich wie folgt:
>
> **Neue Festsetzung der Vorauszahlungen im Juli 2017**
>
> Bemessungsgrundlage für die Vorauszahlungen ist
> die Gewerbesteuerschuld 2016 in Höhe von   5.000,00 €
>
> bezahlt wurden:
>   für das 1. Quartal 2017 zum 15.02.   1.000,00 €
>   für das 2. Quartal 2017 zum 15.05.   1.000,00 €
>
> Jahressteuer abzüglich bereits geleisteter
> Vorauszahlungen ergibt einen Restbetrag von   3.000,00 €
>
> Dieser Restbetrag wird nun auf die noch offenen
> Vorauszahlungstermine verteilt:
>   für das 3. Quartal 2017 zum 15.08.   1.500,00 €
>   für das 4. Quartal 2017 zum 15.11.   1.500,00 €
>
> **Vorauszahlungen 2018**
>
> Aufgrund des Gewerbesteuerbescheides 2016, der im
> Juli 2017 ergangen ist, werden die Vorauszahlungen
> für 2018 festgelegt. Diese betragen
> vierteljährlich (Jahressoll 2016 / 4)   1.250,00 €
>
> Mit der Veranlagung für 2018 werden die Vorauszahlungen von der Gemeinde neu berechnet.

7.4.3 Berechnung der Gewerbesteuerrückstellung

Mit Erstellung des Jahresabschlusses ist der Unternehmer handels- und steuerrechtlich verpflichtet, die Gewerbesteuer für das Wirtschaftsjahr zu berechnen, seine Vorauszahlungen der ermittelten Jahresschuld gegenüberzustellen und eventuelle Abschlusszahlungen rückzustellen; ggf. hat er ein Guthaben einzustellen.

Beispiel GewSt-Rückstellung

Der bilanzierende Handelsvertreter Schneidig aus Stuttgart legt die folgende Gewinn- und Verlustrechnung vor:

Soll	GuV		Haben
Personalkosten	12.000,00 €	Provisionsumsätze	110.000,00 €
Miete Büro	4.800,00 €	Privater Anteil Pkw mit USt	3.840,00 €
Energiekosten	1.000,00 €	Privater Anteil Pkw ohne USt	960,00 €
GewSt-Vorauszahlungen	6.000,00 €	Zinserträge	150,00 €
Kraftfahrzeugkosten	8.600,00 €		
Abschreibungen	2.600,00 €		
Verwaltungskosten	5.790,00 €		
Gewinn	74.160,00 €		
	114.950,00 €		114.950,00 €

Berechnung der Gewerbesteuerrückstellung:

Handelsrechtlicher Gewinn		74.160,00 €
■ Nicht abzugsfähige Betriebsausgaben lt. EStG:		
+ Gewerbesteuer		6.000,00 €
= steuerlicher Gewinn (Ausgangspunkt zur Berechnung des Gewerbeertrags)		80.160,00 €
■ Hinzurechnungen gemäß § 8 Abs. 1 GewStG:		
+ Miete Werkstatt; ½ von 4.800,00 €	2.400,00 €	
- Freibetrag	100.000,00 €	0,00 €
davon Hinzurechnung 25 % =		0,00 €
= Gewerbeertrag		80.160,00 €
abgerundet auf volle Hundert		80.100,00 €
- Freibetrag)		24.500,00 €
= steuerpflichtiger Gewerbeertrag		55.600,00 €
x Steuermesszahl 3,5 % = Steuermessbetrag		1.946,00 €
x Hebesatz 420,00 % = Gewerbesteuerschuld		8.173,20 €
- geleistete Gewerbesteuer-Vorauszahlungen		6.000,00 €
= Gewerbesteuerrückstellung (= Nachzahlung)		2.173,20 €

Wissenskontrollfragen

Die Lösungen finden Sie online unter www.edumedia.de/verlag/loesungen.

1) Wer ist Schuldner der Gewerbesteuer?

Schuldner der GewSt. ist gemäß §5 GewStG der Unternehmer mit seinem Gewerbebetrieb.

2) Beurteilen Sie die folgenden Unternehmer hinsichtlich ihrer Gewerbesteuerpflicht. Begründen Sie kurz Ihre Entscheidung. Prüfen Sie dabei ggf. die Einkunftsarten im Sinne des EStG.

a) Landwirt Arno Bauck mit seinem Bauernhof in Lüneburg

Der Landwirt betreibt keinen Gewerbebetrieb im Sinne des EStG, da er Einkünfte im Sinne §13 EStG erzielt. Er ist daher gemäß §2 (1) GewStG nicht gewerbesteuerpflichtig.

b) Metzgermeister Jürgen Schneider mit seiner Metzgerei in Zwickau

Der Metzgermeister erzielt Einkünfte im Sinne des §15 EStG, also gewerbepflichtige Einkünfte. Er unterliegt daher gemäß §2 (1) GewStG der Gewerbesteuerpflicht.

c) Rechtsanwalt Erwin Neuhaus mit seiner Anwaltspraxis in Nürnberg

Der Rechtsanwalt erzielt freiberufliche Einkünfte gemäß §18 (1) Nr. 1 EStG. Er unterliegt demnach gemäß §2 (1) GewStG nicht der Gewerbesteuerpflicht.

d) AdivisaSteuerberatungs GmbH mit Ihrer Kanzlei in Köln

Die GmbH ist eine Kapitalgesellschaft, deren Tätigkeit gem. §2 (2) GewStG stets und in vollem Umfang als Gewerbebetrieb gilt. Daher besteht Gewerbesteuerpflicht.

e) Turnverein Worms e.V. mit der von ihm betriebenen Gaststätte in Worms

Die Gaststätte des Vereins stellt einen wirtschaftlichen Geschäftsbetrieb dar. Dieser ist gemäß §2 (3) GewStG gewerbesteuerpflichtig.

Praxisübungen

Die Lösungen finden Sie online unter www.edumedia.de/verlag/loesungen.

1) Der Schreinermeister Wenzel hat sein Gewerbe in Mainz und möchte in Wiesbaden eine Filiale eröffnen.

   Wie ist die Verteilung der Gewerbesteuer auf die Städte Mainz und Wiesbaden durchzuführen? Bitte erläutern Sie kurz unter Angabe der einschlägigen Paragrafen.

2) Die Gemeinde Neufriedrichsdorf möchte einen Zuwachs von Gewerbebetrieben positiv beeinflussen. Daher plant der Stadtrat die Senkung des Gewerbesteuerhebesatzes auf 180 %.

   Nehmen Sie kurz, unter Angabe der Rechtsvorschriften, Stellung dazu.

3) Der Schreinermeister Wenzel weist für das Jahr 2017 einen vorläufigen steuerlichen Gewinn in Höhe von 120.550,00 € aus. Darin sind enthalten:
   - Gewerbesteuervorauszahlungen   8.100,00 €
   - Miete für eine Werkshalle   24.000,00 €
   - Leasingraten für Transporter   6.000,00 €

   Berechnen Sie die Gewerbesteuer-Rückstellung unter Zugrundelegung eines Hebesatzes von 400 %.

   Siehe Lösung S. 13

4) Die Metallbau Stahl GmbH weist für 2017 einen vorläufigen steuerlichen Jahresgewinn in Höhe von 88.880,00 € aus. An Gewerbesteuervorauszahlungen wurden 8.800,00 € geleistet. Die Metallbau Stahl GmbH nutzt eine eigene Produktionshalle, deren zum letzten Hauptfeststellungszeitpunkt ermittelter Einheitswert 60.000,00 € beträgt. Für die Herstellung der Produktionshalle wurde seinerzeit ein langfristiges Darlehen aufgenommen, wofür in 2017 16.000,00 € Zinsen gezahlt wurden.

   Berechnen Sie die Gewerbesteuer-Rückstellung unter Berücksichtigung eines Hebesatzes von 350 %.

   Siehe Lösung S. 14

7 Praxis: Die Gewerbesteuer

Steuerliche Aspekte wichtiger Unternehmensentscheidungen

Dieses Kapitel vermittelt wichtige Aspekte der Steuerpraxis, die Unternehmer bei ihren Entscheidungen berücksichtigen sollten. Dabei spielen zum einen formelle Kriterien der Steuerplanung und -gestaltung eine Rolle; zum anderen werden Faktoren betrachtet, die einem Unternehmen Steuervorteile oder -nachteile bringen können.

Inhalt

- Steuerliche Gestaltungsfelder
- Steuerplanung
- Steuerliche Auswirkungen der Unternehmensform
- Bildung von steuerfreien Rücklagen
- Finanzierungseffekte bei Rückstellungen
- Verlustverrechnung - Verlustvorträge und Verlustrückträge
- Die Zinsschranke nach § 4h EStG
- Sale-and-lease-back-Geschäfte
- Steuerliche Aspekte bei Investitionsvorgängen
- Gestaltungsmissbrauch

8 Basis: Steuerliche Gestaltungsfelder

8.1 Steuerliche Gestaltungsfelder

Einem Unternehmer steht es wie jedem anderen Steuerpflichtigen frei, für seine wirtschaftliche Tätigkeit eine rechtliche Gestaltung zu wählen, die steuerliche Belastungen minimiert bzw. die Position gegenüber dem Steuergläubiger optimiert. Sind mehrere alternative Gestaltungen möglich, kann und soll diejenige gewählt werden, die zur geringsten Steuerbelastung führt.

rechtliche Gestaltungsfelder

Das geltende Steuerrecht bietet unterschiedliche Möglichkeiten zur Reduzierung der Steuerbelastung an:

- direkte Steuervergünstigungen
- Wahlrechte
- fehlende Detailregelungen in Einzelsteuergesetzen

Die Realisierung von steuerlichen Vorteilen kann durch die Nutzung unterschiedlicher Gestaltungsinstrumente erreicht werden:

- Abschluss von Verträgen
- einseitige Willenserklärungen, z. B. Aufrechnungserklärungen
- Anträge auf Einwilligung oder Erlass von Verwaltungsakten, z. B. Umstellung auf abweichendes Wirtschaftsjahr
- andere rechtsgeschäftliche Handlungen, z. B. Ausübung eines Wahlrechts

Gestaltungsfelder im Unternehmen

Im Unternehmen selbst bietet der Gestaltungsprozess mehrere Möglichkeiten der Optimierung. Dazu zählen die Ausgestaltung der steuerrechtlich relevanten Beziehungen zwischen verbundenen Unternehmen (Organschaften), Maßnahmen zur Vermögensumschichtung, Gestaltung des Wirtschaftsjahres sowie zu wirtschaftsjahrübergreifenden Korrekturen der Erfolgsgrößen (Verlustvor- und -rücktrag).

8.2 Steuerplanung

Die Steuerplanung ist ein Instrument zur Liquiditätssicherung; sie stellt alle Maßnahmen zur Reduzierung der steuerbedingten Abflüsse finanzieller Mittel dar. Sie umfasst sowohl Maßnahmen zur dauerhaften Reduzierung steuerbedingter Abflüsse einer oder mehrerer Steuerarten als auch solche zur zeitlichen Verschiebung der Steuerabflüsse.

8.2.1 Zeitpunkt der Steuerzahlung

Neben der Höhe der Steuerbelastung ist für die Planung auch relevant, wann die Steuerzahlung zu erfolgen hat. Der Zeitpunkt des Steuerabflusses kann u. a. durch den Zeitpunkt beeinflusst werden, zu dem eine Steuererklärung abgegeben wird. Ist die voraussichtliche Steuerschuld geringer als die geleisteten Vorauszahlungen, kann die Steuererstattung durch schnellstmöglich eingereichte Steuererklärungen beschleunigt werden.

Sollte die Feststellung der Besteuerungsgrundlagen zum Zeitpunkt der Abgabe nicht vollumfänglich möglich sein, ist anstatt eines Antrages auf Fristverlängerung die Abgabe - nach Rücksprache mit dem Finanzamt - einer vorläufigen Steuererklärung vorteilhaft.

Die zeitliche Verschiebung der Steuerabflüsse durch geeignete steuerliche Gestaltung reduziert nicht die summarische Steuerbelastung. Die Steuerzahlungen können jedoch zu einem späteren Zeitpunkt geleistet werden und damit kurzfristige Liquiditätsvorteile ergeben. Die Bildung von steuerbegünstigten Rücklagen nach § 6b EStG bzw. § 7g EStG reduziert den Gewinnausweis des laufenden Wirtschaftsjahres und beeinflusst über die Höhe der Abschreibungen auch die Gewinne künftiger Wirtschaftsjahre.

finanzielle Auswirkung verschobener Steuerabflüsse

8.2.2 Anträge auf Herabsetzung bzw. Heraufsetzung von Vorauszahlungen

Ein bewährtes Mittel zur kurzfristigen Reduzierung der steuerbedingten Mittelabflüsse ist, herabgesetzte Vorauszahlungen zu beantragen. Die vierteljährlich fälligen Einkommen-, Körperschaft- und Gewerbesteuer-Vorauszahlungen werden auf Grundlage des letzten Veranlagungsergebnisses geschätzt und festgesetzt. Die Festsetzung erfolgt durch Vorauszahlungsbescheide, die unter dem Vorbehalt der Nachprüfung stehen und deshalb jederzeit änderbar sind. Das Unternehmen kann daher bei Verschlechterung des vorläufigen Betriebsergebnisses, bei signifikanten Umsatzrückgängen oder bei Erhöhung der Außenstände einen Antrag auf Herabsetzung der Vorauszahlungen beim Finanzamt stellen. Bei starkem Gewinneinbruch besteht sogar die Möglichkeit zur vollständigen Aufhebung der Vorauszahlung.

Zur Antragsbegründung sind entsprechende betriebswirtschaftliche Unterlagen, z. B. betriebswirtschaftliche Auswertungen, einzureichen. Die vorliegenden Geschäftsergebnisse können in einer Planrechnung auf ein voraussichtliches Jahresergebnis hochgerechnet werden. Bei einer Herabsetzung der Vorauszahlungen ist der Unternehmer jedoch verpflichtet, bei einer Verbesserung der Ertragslage eine Erhöhung der Vorauszahlungen zu beantragen. Unterlässt er dies, begeht er eine Steuerhinterziehung im Sinne des § 370 AO.

veränderte Geschäftsergebnisse und Antragstellung

8.2.3 Umstellung des Wirtschaftsjahres

Gewerbetreibenden, deren Firma ins Handelsregister eingetragen ist, steht es nach § 4a Abs. 1 Nr. 2 EStG grundsätzlich frei, auf ein vom Kalenderjahr abweichendes Wirtschaftsjahr umzustellen. Die Umstellung des Wirtschaftsjahres führt zwangsläufig zu einem so genannten Rumpfwirtschaftsjahr. Die Gewinne des Rumpfwirtschaftsjahres gelten nach § 4a Abs. 2 Nr. 2 EStG in dem Kalenderjahr als bezogen, in dem das Rumpfwirtschaftsjahr endet. Dieses ist also kürzer als zwölf Monate und überbrückt den Übergang zwischen zwei vollen Wirtschaftsjahren. Daraus ergeben sich Konstellationen innerhalb eines Wirtschaftsjahren, die Steuerverschiebungen bzw. Steuererstattungen ermöglichen.

Zum einen besteht die Möglichkeit, dass im Wirtschaftsjahr der Umstellung beim Übergang auf ein abweichendes Wirtschaftsjahr nur ein Teil des Ergebnisses im Kalenderjahr der Besteuerung unterworfen wird. Dies führt zu einer **Steuerverschiebung**, die bei Unternehmen mit ausgeprägten saisonalen Schwankungen des Geschäftsbetriebes nennenswerte Größenordnungen erreichen kann. Die steuerliche Wirksamkeit der Umstellung ist an die Zustimmung des Finanzamtes gebunden (§ 4a Abs. 1 Nr. 2 EStG). Diese liegt im Ermessen des Finanzamtes; z. B. kann es die Umstellung ablehnen, wenn keine nachweislich betriebswirtschaftliche, sondern nur steuerliche Gründe geltend gemacht werden.

Steuerverschiebungen

Steuererstattungen

Zum anderen können zwei Wirtschaftsjahre im Veranlagungszeitraum enden, wenn ein abweichendes Wirtschaftsjahr auf das Kalenderjahr übergeht - das abweichende Wirtschaftsjahr endet und für den Rest des Kalenderjahres entsteht ein Rumpfwirtschaftsjahr. Dadurch entsteht die Möglichkeit, **Steuererstattungen** vorzuziehen. Außerdem können etwaige Verluste im Rumpfwirtschaftsjahr schon zum Ende des Kalenderjahres festgestellt und im Rahmen eines Verlustrücktrages mit den Gewinnen des letzten abweichenden Wirtschaftsjahres verrechnet werden. Eine Zustimmung des Finanzamtes zur Umstellung eines abweichenden Wirtschaftsjahres auf das Kalenderjahr ist nicht erforderlich.

Beispiel
Umstellung des Wirtschaftsjahres

> Das Wirtschaftsjahr des Unternehmens Heinze läuft bislang zulässigerweise vom Kalenderjahr abweichend vom 01.06. bis 31.05; es wird zum 31.05.2016 mit einem Gewinn von 500.000,00 € abgeschlossen. Aufgrund eines sich abzeichnenden Umsatzeinbruches beschließt das Unternehmen zum 01.01.2017, zu einem dem Kalenderjahr entsprechenden Wirtschaftsjahr überzugehen. Das entstandene Rumpfwirtschaftsjahr vom 01.06.2016 bis 31.12.2016 wird mit einem Verlust von 550.000,00 € abgeschlossen. Für den Veranlagungszeitraum 2016 entsteht nach der Verrechnung der Jahresergebnisse ein steuerlich wirksamer Verlust von 50.000,00 €.

8.3 Steuerliche Auswirkungen der Unternehmensform

Unternehmerische Tätigkeiten erfolgen immer in einer bestimmten Rechtsform. Die Wahl dieser Rechtsform ist primär kein steuerrechtliches Problem, sondern im Wesentlichen eine Entscheidung unter dem Aspekt der Finanzierung, der Gründungskosten und der Haftung. Die steuerlichen Auswirkungen der gewählten Rechtsform prägen jedoch nachhaltig die unternehmerische Tätigkeit in der Zukunft.

Grundlegend werden Einzelunternehmen mit jeweils einem Inhaber von Gesellschaftsunternehmen mit mehreren Gesellschaftern unterschieden. Letztere können in verschiedenen Formen auftreten. In diesem Band wird auf die wesentlichen Betriebsformen der Personen- und Kapitalgesellschaften eingegangen; andere Gesellschaftsformen wie z. B. Genossenschaften werden nicht betrachtet.

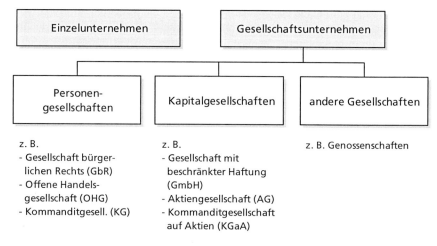

Abb.: Arten von Gesellschaftsunternehmen

8.3.1 Gewerbebetrieb und selbstständige Tätigkeit

Bevor die einzelnen Unternehmensformen näher betrachtet werden, gilt es zunächst einzuschätzen, welche Art von Einkünften ein Unternehmen erzielt. Das Einkommensteuergesetz unterscheidet u. a. gemäß § 2 Abs. 1 EStG Einkünfte aus Gewerbebetrieb (Einzelunternehmen, Personengesellschaft) und gemäß § 18 Abs. 1 EStG Einkünfte aus selbstständiger Arbeit. Anders als bei der selbstständigen Tätigkeit ist es ein wesentliches Charakteristikum des Gewerbebetriebes, dass eine Buchführungs- und Bilanzierungspflicht besteht und die Einkünfte der Gewerbesteuer unterliegen. Die Behandlung beider Einkunftsarten hinsichtlich der Abwicklung der Umsatz- und Einkommensteuer ist gleich. In der folgenden Tabelle werden beide Arten hinsichtlich steuerlicher Aspekte verglichen.

	Einkünfte aus Gewerbebetrieb (Einzelunternehmen, Personengesellschaften)	Einkünfte aus selbstständiger Tätigkeit
Gewinnermittlung	Buchführungspflicht nach § 140 AO Erstellung einer Bilanz (§ 5 EStG) Ausnahme: Wenn die Voraussetzungen gem. § 140 AO nicht vorliegen und die Grenzen gem. § 141 AO nicht überschritten sind, kann eine EÜR gem. § 4 Abs. 3 EStG erstellt werden	Erstellung einer EÜR (§ 4 Abs. 3 EStG) beachte: Es können freiwillig Bücher geführt werden; die Gewinnermittlung basiert dann auf § 4 Abs. 1 EStG
Umsatzsteuer	Umsatzsteuerpflichtig entsprechend den Regelungen des UStG	Umsatzsteuerpflichtig entsprechend den Regelungen des UStG
Einkommensteuer	Gewinn aus Gewerbebetrieb unterliegt der ESt Besteuerung nach allgemeinem Tarif gem. § 32a EStG	Überschuss aus selbstständiger Tätigkeit unterliegt der ESt Besteuerung nach allgemeinem Tarif gem. § 32a EStG
Gewerbesteuer	Gewerbesteuerpflicht unter Berücksichtigung des Freibetrages von 24.500,00 €	keine Gewerbesteuerpflicht
Anrechnung GewSt auf ESt	ESt ermäßigt sich um das 3,8-Fache des GewSt-Messbetrages, max. um die tatsächlich bezahlte GewSt (§ 35 Abs. 1 Nr.1 EStG)	keine Anrechnung, da keine GewSt

8.3.2 Einzelunternehmen, Personengesellschaften und Kapitalgesellschaften

Ein Einzelunternehmen entsteht durch die Aufnahme einer selbständigen, auf nachhaltige Gewinnerzielung gerichteter wirtschaftlicher Tätigkeit. Die Aufnahme einer gewerblichen Tätigkeit muss bei dem zuständigen Gewerbeamt angemeldet werden (Gewerbeanmeldung). Die Aufnahme einer freiberuflichen Tätigkeit wird dem Finanzamt angezeigt.

Eine Personengesellschaft entsteht durch den Zusammenschluss von mindestens zwei Personen - natürlichen oder juristischen - zur Verfolgung eines bestimmten Zwecks. Voraussetzung für das Entstehen der Personenhandelsgesellschaft ist der Abschluss eines Gesellschaftsvertrags. Während die GbR-Gesellschaft bereits durch Unterzeichnung des Gesellschaftsvertrages entsteht, ist die Entstehung einer OHG oder einer KG mit der Eintragung in das Handelsregister oder der Aufnahme der Geschäfte (§ 123 HGB) verbunden. Mit der Gründung einer Personengesellschaft entsteht keine eigenständige Rechtspersönlichkeit (juristische Person). Daraus resultiert auch eine differenzierte umsatz- und ertragsteuerliche Behandlung.

Bei der Kapitalgesellschaft handelt es sich um eine, auf einen Gesellschaftsvertrags beruhende Körperschaft. Gegründet wird einer Kapitalgesellschaft durch eine oder mehrere - auch juristische - Personen. Im Vordergrund steht bei dem Zusammenschluss die kapitalmäßige Beteiligung an dem Unternehmen. Die Entstehung einer Kapitalgesellschaft nach deutschem Recht setzt den Abschluss eines notariell beurkundeten Gesellschaftsvertrages und die Eintragung in das Handelsregister voraus. Mit dem Letzteren entsteht eine eigenständige Rechtspersönlichkeit (juristische Person), die Träger eigener Steuerpflichten ist. Bei Kapitalgesellschaften besteht eine strikte Trennung zwischen der Gesellschaft und den Gesellschaftern mit einer Beschränkung der Haftung auf das Gesellschaftsvermögen. Um ein Mindestmaß an Haftungsvermögen sicherzustellen, ist ein Mindestkapital für die GmbH und die AG (25.000 € bzw. 50,000 €) vorgeschrieben. Eine Sonderform der GmbH ist die Unternehmergesellschaft (haftungsbeschränkt). Eine Unternehmergesellschaft kann bereits mit einem Stammkapital von 1,00 € gegründet werden.

Hinsichtlich der steuerrechtlichen Behandlung unterscheidet man Einzelunternehmen und Personengesellschaften auf der einen und Kapitalgesellschaften auf der anderen Seite.

Belastung bei Einzelunternehmen und Personengesellschaften

Einkünfte von **Einzelunternehmen** und **Personengesellschaften** werden auf Grundlage des EStG mit dem entsprechenden progressiven Steuersatz (siehe Kapitel 4.9) besteuert. Dabei besteht die Möglichkeit, die steuerliche Belastung durch die Verrechnung von Gewinnen und Verlusten unterschiedlicher Einkunftsarten zu optimieren. Wird ein Steuerfreibetrag in Höhe von 24.500 € gewährt, wird auch die gewerbesteuerliche Belastung nachhaltig gesenkt.

Bei Einzelunternehmen und Personengesellschaften, die ihren Gewinn nach § 4 Abs. 1 EStG ermitteln (siehe Kapitel 4.3), besteht die Möglichkeit der steuerlichen Begünstigung durch Gewinnthesaurierung gemäß § 34a EStG. Diese führt erst zum Zeitpunkt der Gewinnentnahme zu einer ermäßigten Besteuerung der thesaurierten Gewinne und zu ihrer Nachversteuerung.

Belastung bei Kapitalgesellschaften

Die Besteuerung von **Kapitalgesellschaften** erfolgt nach den Bestimmungen des KStG. Im Einzelfall kann die Besteuerung mit einem einheitlichen fixen Steuersatz vorteilhaft sein. Die Gewinne einer Kapitalgesellschaft werden jedoch vollständig ohne Freibeträge der Gewerbesteuer unterworfen.

8 Basis: Steuerliche Auswirkungen der Unternehmensform

	Einzelunternehmen	Personengesellschaft	Kapitalgesellschaft
Einkunftsart	Gewerbliche Einkünfte oder aus selbstständige Tätigkeit gem. § 2 Abs. 1 EStG	wie bei Einzelunternehmen	Einkünfte aus Gewerbebetrieb
Gewinnermittlung	Buchführungspflicht nach § 140 AO Erstellung einer Bilanz §§ 5 und 4 Abs. 1 EStG **Ausnahme:** Wenn die Voraussetzungen des § 140 AO nicht vorliegen und die Grenzen des § 141 AO nicht überschritten sind, kann eine EÜR erstellt werden (§ 4 Abs. 3 EStG)	wie bei Einzelunternehmen **Ausnahme** bei einer GbR: Wenn die Voraussetzungen des § 140 AO nicht vorliegen und die Grenzen des § 141 AO nicht überschritten sind, kann eine EÜR erstellt werden (§ 4 Abs. 3 EStG)	Buchführungspflicht nach § 140 AO Erstellung einer Bilanz § 8 Abs. 1 KStG i. V. m. § 5; § 4 Abs. 1 EStG
Unternehmerlohn/ Gesellschafter-Tätigkeitsvergütung	▪ keine Betriebsausgaben ▪ Aufwendungen für Altersvorsorge sind keine Betriebsausgaben ▪ Gelder, die dem Betrieb entnommen werden, stellen Privatentnahmen dar	wie bei Einzelunternehmen	▪ Betriebsausgaben ▪ Aufwendungen für Altersvorsorge sind Betriebsausgaben
Umsatzsteuer	▪ USt-Pflicht liegt beim Unternehmer ▪ die Gesellschaftsform bewirkt keine Änderung bei Anwendung des UStG	▪ USt-Pflicht liegt bei der Gesellschaft ▪ die Gesellschaftsform bewirkt keine Änderung bei Anwendung des UStG	▪ USt-Pflicht liegt bei der Gesellschaft. ▪ Die Gesellschaftsform bewirkt keine Änderung bei Anwendung des UStG.
KSt / ESt	▪ Gewinn wird dem Unternehmer zugerechnet ▪ Besteuerung nach allgemeinem Tarif gem. § 32a EStG	▪ Gesellschaft als solche ist nicht steuerpflichtig ▪ Gewinn/Verlust wird den einzelnen Gesellschaftern anteilig angerechnet ▪ jeder Gesellschafter versteuert seinen Anteil im Rahmen der eigenen ESt-Erklärung; Besteuerung nach allgemeinem Tarif gem. § 32a EStG	▪ Gesellschaft ist als juristische Person körperschaftsteuerpflichtig
Unternehmensverluste	können mit anderen Einkunftsarten des Unternehmers verrechnet werden	können mit anderen Einkunftsarten des jeweiligen Unternehmers im Rahmen seiner ESt-Erklärung verrechnet werden	können innerhalb der Gesellschaft vor- oder zurückgetragen werden
Gewerbesteuer	▪ GewSt-Pflicht des Unternehmers bei Einkünften aus Gewerbebetrieb ▪ Freibetrag von 24.500,00 €	▪ GewSt-Pflicht der Gesellschaft oder des Unternehmens bei Einkünften aus Gewerbebetrieb ▪ Freibetrag von 24.500,00 €	▪ GewSt-Pflicht ▪ Kein Freibetrag
Steuerliche Haftung	Unternehmer haftet mit seinem gesamten Betriebs- und Privatvermögen	▪ Gesellschaft haftet mit ihrem Vermögen ▪ Vollhafter haften zusätzlich mit Privatvermögen ▪ Teilhafter haften mit ihrer Einlage	Gesellschaft haftet mit ihrem Vermögen

8 Basis: Steuerliche Auswirkungen der Unternehmensform

Doppelbesteuerung

Die Kapitalgesellschaft wird als juristische Person eigenständig besteuert. Gewinne unterliegen der Körperschaft- und Gewerbesteuer. Kapitalgesellschaften haben die Möglichkeit, Gewinne an ihre Gesellschafter auszuschütten (Dividendenzahlungen). In diesem Fall kommt es zu einer so genannten **Doppelbesteuerung**, bei der die Gewinne zunächst als Erträge der Gesellschaft und dann als Dividende beim Gesellschafter noch einmal versteuert werden – schließlich unterliegen Einkünfte aus Kapitalvermögen der Einkommensteuer. Die Dividende stellt bei dem Gesellschafter Einkünfte aus Kapitalvermögen dar und wird der Einkommensteuer unterworfen. Um die Doppelbesteuerung zu minimieren, werden die Dividenden bei dem Gesellschafter nur zu 60 % besteuert; gemäß § 3 Nr. 40d EStG bleiben 40 % der Bruttodividende steuerfrei. Die von der Kapitalgesellschaft auf die Dividende bezahlte Kapitalertragsteuer und der Solidaritätszuschlag sind auf die Einkommensteuer des Gesellschafters anrechenbar.

Beispiel Doppelbesteuerung

> Joachim Zeiger ist alleiniger Gesellschafter der Zeiger Werkzeug GmbH. Für das Jahr 2016 wird mit Abschlusserstellung am 01.08.2017 eine Dividendenausschüttung in Höhe von 10.000,00 € beschlossen. Auf die Ausschüttung wird Kapitalertragsteuer fällig, die von der GmbH bezahlt wird. Die Steuerbescheinigung wird wie folgt ausgestellt:
>
> | | |
> |---|---|
> | Dividende | 10.000,00 € |
> | Kapitalertragsteuer (25 % von 10.000,00 €) | 2.500,00 € |
> | Solidaritätszuschlag (5,5 % von 2.500,00 €) | 137,50 € |
> | Ausgezahlter Betrag | **7.362,50 €** |
>
> Joachim Zeiger hat in seiner Einkommensteuererklärung für 2016 die Dividende in Höhe von 6.000,00 € (10.000,00 € x 60 %) als Einkünfte aus Kapitalvermögen zu versteuern. Die von der GmbH gezahlte Kapitalertragsteuer kann er mit 2.500,00 € auf seine Einkommensteuer anrechnen und den Solidaritätszuschlag entsprechend mit 137,50 €.

verdeckte Gewinnausschüttung

Werden an einen Gesellschafter Vorteile gewährt, die aber einem Fremdvergleich nicht standhalten, stellen sie so genannte verdeckte Gewinnausschüttungen, kurz VGA, dar (z. B. überhöhte Mietzahlungen für überlassene Räumlichkeiten oder Wirtschaftsgüter, überhöhte Zinsen für ein der GmbH überlassenes Darlehen). Verdeckte Gewinnausschüttungen sind bei der GmbH nicht abzugsfähige Betriebsausgaben und bei begünstigten Gesellschaftern Zuflüsse, die in der Einkommensteuererklärung unter Einkünfte aus Kapitalvermögen zu versteuern.

Es ist außerdem hervorzuheben, dass bei allen geschäftlichen Aktionen zwischen der Gesellschaft und dem Gesellschafter ein schriftlicher Vertrag bestehen muss, und zwar prinzipiell im Vorhinein.

Exkurs: Gesellschafter in der Geschäftsführung

Geschäftsführer nach Steuerrecht

Sind z. B. Gesellschafter einer GmbH in der Geschäftsführung tätig, können Gehälter an sie gezahlt werden. Steuerrechtlich wird der Geschäftsführer als Angestellter eingestuft; die Lohnabzüge erfolgen anhand der Bescheinigung der Lohnsteuerabzugsmerkmale.

Geschäftsführer nach Sozialversicherungsrecht

Sozialversicherungsrechtlich gelten Besonderheiten. Ein an der GmbH wesentlich beteiligter Gesellschafter-Geschäftsführer ist sozialversicherungsfrei zu behandeln. Zu beachten ist, dass prinzipiell ein schriftlicher Vertrag zu erstellen ist und dass das Gehalt vergleichbar mit Gehältern sind, die auch an Dritte gezahlt werden würden.

Das Gehalt des Geschäftsführers stellt in der GmbH eine abzugsfähige Betriebsausgabe dar und ist in der Einkommensteuererklärung des Gesellschafters unter den Einkünften aus nichtselbstständiger Tätigkeit zu erfassen.

8.3.3 Organschaftsverhältnisse

Eine Organschaft beschreibt die Beziehung zwischen wirtschaftlich miteinander verbundenen, aber rechtlich selbstständigen Unternehmen einer Unternehmensgruppe. Dabei existieren die Organgesellschaft auf der einen und der Organträger auf der anderen Seite. Die steuerrechtlichen Vorgänge der Organgesellschaft werden dem Organträger übergeben, d. h. mehrere Unternehmen werden gemeinsam besteuert. Die zu einer steuerlichen Einheit zusammengefassten Unternehmen bilden einen Organkreis.

Die Jahresergebnisse der einbezogenen Unternehmen werden zusammengefasst und als Gesamtergebnis der Besteuerung unterworfen. Durch die Zusammenfassung von Gewinnen und Verlusten wird die steuerliche Belastung der ertragsstarken Unternehmen in der Gruppe reduziert. Organschaften werden in ertragsteuerliche und umsatzsteuerliche unterschieden, die nachfolgend näher betrachtet werden.

Ertragsteuerliche Organschaft

Die ertragsteuerliche Organschaft kann körperschaftsteuerlich oder gewerbesteuerlich ausgeprägt sein. Da die jeweiligen Besteuerungsgrundlagen verknüpft sind, können beide Formen der Organschaft zugleich und nebeneinander existieren.

Die **körperschaftsteuerliche Organschaft** setzt ihre mehrheitliche Beteiligung an den Stimmrechten der Organgesellschaft und den Abschluss eines Ergebnisabführungsvertrages auf mindestens fünf Jahre voraus[1]. Sie bewirkt, dass Gewinne und Verluste der Organgesellschaft dem Organträger zugerechnet werden. Organgesellschaften in einer körperschaftssteuerlichen Organschaft können nur körperschaftssteuerpflichtige Kapitalgesellschaften mit Sitz und Geschäftsleitung im Inland sein. Der Organträger kann die Form einer unbeschränkt steuerpflichtigen natürlichen Person, einer nicht steuerbefreiten Körperschaft oder einer Personengesellschaft annehmen; er muss grundsätzlich gewerblich tätig sein.

körperschaftsteuerliche Organschaft

Die **gewerbesteuerliche Organschaft** setzt die körperschaftsteuerliche Organschaft voraus (§ 2 GewStG). Die Organgesellschaft gilt als Betriebsstätte des Organträgers, sie ist nicht mehr selbst gewerbesteuerpflichtig und muss keine Gewerbesteuer-Erklärung abgeben. Der Organträger ist Schuldner der gesamten Gewerbesteuer des Organkreises. Ungeachtet dessen, dass der Organträger die gesamte Gewerbesteuer schuldet, erfolgt keine einheitliche Ermittlung des Gewerbeertrages (R 7.1 Abs. 5 GewStR). Der Gewerbeertrag der Organgesellschaft wird so ermittelt, als würde dieser gesondert besteuert (R 7.1 Abs. 5 GewStR). Die Freibeträge nach § 8 GewStG können deshalb den einzelnen Unternehmen gesondert gewährt werden.

gewerbesteuerliche Organschaft

Die ertragsteuerliche Organschaft setzt nach § 14 KStG voraus:

- Die finanzielle Eingliederung der Organgesellschaft. Dies ist z. B. dann gegeben, wenn der Organträger seit Beginn des Wirtschaftsjahres durchgehend mehrheitlich an den Stimmrechten der Organgesellschaft beteiligt war, unabhängig von der Höhe der Kapitalanteile. Eine wirtschaftliche bzw. organisatorische Eingliederung ist nicht erforderlich.
Das Wirtschaftsjahr kann auch ein Rumpfwirtschaftsjahr[2] sein. Dieses kommt vor allem dann zustande, wenn sich eine Organgesellschaft neu gründet oder das Wirtschaftsjahr auf das im Organkreis maßgebliche Wirtschaftsjahr umgestellt wird. Diese Bestimmung ermöglicht mit Zustimmung des Finanzamtes die Begründung von Organschaftsverhältnissen oder deren Beendigung durch Veräußerung der Beteiligung während des laufenden Wirtschaftsjahres.

Voraussetzungen der ertragsteuerlichen Organschaft

---

1 weitere Voraussetzungen sind in den §§ 14 ff. KStG geregelt
2 Rumpfwirtschaftsjahr = Geschäftsjahr, das nicht alle zwölf Monate umfasst (siehe Kapitel 8.2.3)

- Einen Ergebnisabführungsvertrag, der auf mindestens fünf Jahre wirksam abgeschlossen und während der gesamten Geltungsdauer tatsächlich durchgeführt wird. Der Vertrag muss ins Handelsregister eingetragen werden. Bei Verlängerung des Vertrages bedarf es nicht der Festlegung einer Mindestvertragsdauer.

steuerrechtliches Jahresergebnis

Die Organgesellschaft ermittelt ihr steuerrechtliches Jahresergebnis getrennt vom Organträger (nicht von dessen Jahresergebnis) und ist zur Abgabe einer eigenen Körperschaftsteuererklärung verpflichtet. Der für die Organgesellschaft ermittelte Betrag geht als unselbstständiges Besteuerungsmerkmal neben dem Jahresergebnis des Organträgers in das einheitliche Gesamtergebnis ein.

Durch die Ergebnisabführung weist die Bilanz der Organgesellschaft weder einen Gewinn noch einen Verlust aus. Der Organträger weist – in Höhe des Jahresergebnisses der Organgesellschaft – eine entsprechende Verbindlichkeit aus der Gewinnabführungsverpflichtung oder eine Forderung aus der Verlustübernahme aus.

Umsatzsteuerliche Organschaft

Ist ein Unternehmen mit eigener Rechtspersönlichkeit nach dem Gesamtbild der tatsächlichen Verhältnisse finanziell, wirtschaftlich und organisatorisch in ein anderes Unternehmen (= Organträger) eingegliedert, entsteht eine umsatzsteuerliche Organschaft. Dies führt dazu, dass die Unternehmereigenschaft innerhalb des Organkreises nur beim Organträger vorliegt. Die einzelne Organgesellschaft ist im Sinne des UStG unselbstständig und wird als Teil eines Unternehmens behandelt.

Eingliederung in Organschaft

Als Organträger kann jedes Unternehmen i. S. d. § 2 UStG fungieren, während Organgesellschaften nur von juristischen Personen gemäß § 2 Abs. 2 Nr. 2 UStG geführt werden können. Die Organgesellschaften müssen, wie bereits eingangs erwähnt, finanziell, wirtschaftlich und organisatorisch in einem Organträger integriert sein. Die Ausprägung von nur einem oder zwei der unten aufgeführten Merkmale ist für eine umsatzsteuerliche Organschaft nicht ausreichend, wogegen ein Ergebnisabführungsvertrag nicht notwendig ist.

- Eine **finanzielle Eingliederung** der Organgesellschaft liegt vor, wenn der Organträger die Stimmenmehrheit hat und er die Willensbildung in der Organgesellschaft bestimmen kann.

- Die **wirtschaftliche Eingliederung** ist gegeben, wenn zwischen dem Organträger und der Organgesellschaft nicht unerhebliche wirtschaftliche Beziehungen bestehen. Die Verknüpfung und die Abstimmung der Tätigkeiten von Organträger und Organgesellschaft spiegeln ihre Zusammengehörigkeit als wirtschaftliche Einheit wieder.

- Die **organisatorische Eingliederung** ist die tatsächliche Umsetzung der Stellung des Organträgers in der Geschäftsführung der Organgesellschaft. Für eine organisatorische Eingliederung spricht i. d. R. die personelle Verflechtung über die Leitungsgremien von Organträger und Organgesellschaft bzw. die spezifische Ausgestaltung der Geschäftsführungsbefugnis bei den Organgesellschaften.

Die umsatzsteuerliche Organschaft beginnt ab dem Zeitpunkt, in dem alle drei Bestandsvoraussetzungen erfüllt sind und endet, wenn diese nicht mehr vorliegen. Zur Beendigung der umsatzsteuerlichen Organschaft führt auch der Wechsel der Rechtsform von einer Organ- in eine Personengesellschaft.

Umsätze der Organschaft

Die Umsätze zwischen Organträger und -gesellschaften bzw. zwischen den Organgesellschaften innerhalb des Organkreises sind nicht steuerbare Innenumsätze, z. B. Lieferungen der Organgesellschaften an den Organträger. Alle Außenumsätze des Organkreises werden dem Organträger zugerechnet, wie z. B. Lieferungen der Organgesellschaften an Fremdkunden. Damit ist der Organträger der Umsatzsteuerschuldner und zur Abgabe von Umsatzsteuervoranmeldungen und -erklärungen verpflichtet. Die Organgesellschaften haften jedoch für die Umsatzsteuer, die auf sie entfällt (§ 73 AO). Dem Organträger steht auch die entsprechende Vorsteuerabzugsberechtigung zu. So werden ihm alle Leistungsbezüge des Organkreises zugerechnet, unabhängig davon, auf wen die Rechnung ausgestellt ist. Die Vorsteuerabzugsfähigkeit richtet sich nach dem Verwendungszweck der Leistungsbezüge im Organkreis und nicht nach den Verhältnissen der einzelnen Organschaftsmitglieder.

8.4 Bildung von steuerfreien Rücklagen

Unter bestimmten Voraussetzungen gestattet das Steuerrecht die Bildung von unversteuerten Rücklagen, die zunächst gewinnmindernd gebildet werden dürfen und in späteren Wirtschaftsjahren gewinnerhöhend aufzulösen sind. Mit der Aufhebung der umgekehrten Maßgeblichkeit (siehe Kapitel 4.3.2) ist die steuerliche Wahlrechtsausübung zur Bildung steuerfreier Rücklagen nicht mehr an einen entsprechenden Ansatz in der Handelsbilanz gebunden. Durch die Bildung von steuerfreien Rücklagen werden Teile des Gewinns vorübergehend der Ertragsbesteuerung entzogen, um diese dann bei späterer Auflösung nachzuholen (= Steuerverschiebung). Die Bildung von steuerfreien Rücklagen kann mit und ohne Übertragung von stillen Reserven erfolgen.

Bei Aufdeckung von stillen Reserven dürfen diese steuerfrei auf ein Ersatzwirtschaftsgut bzw. auf die Anschaffungs- oder Herstellungskosten eines neuen Wirtschaftsgutes übertragen werden. Sollte diese Übertragung im Jahr der Aufdeckung nicht möglich oder zulässig sein, dürfen zum Ende des Wirtschaftsjahres Reinvestitionsrücklagen gemäß § 6b EStG bzw. Ersatzbeschaffungsrücklagen gemäß R 6.6 EStR als steuerfreie Rücklagen gebildet werden.

Bildung mit stillen Reserven

Steuerfreie Rücklagen können gemäß R 6.5 Abs. 4 EStR auch ohne Übertragung von stillen Reserven als Zuschussrücklagen gebildet werden. Die Inanspruchnahme von Investitionsabzugsbeträgen gemäß § 7g EStG wirkt sich ebenfalls als gewinnmindernde Rücklage aus (zu Investitionsabzugsbetrag siehe Kapitel 4.7).

Bildung ohne stille Reserven

8.4.1 Reinvestitionsrücklage gemäß § 6b EStG

Beim Verkauf bestimmter Anlagegüter können aufgedeckte stille Rücklagen im Jahr der Realisierung auf neu angeschaffte oder hergestellte Wirtschaftsgüter übertragen werden. So kann vermieden werden, dass der Gewinn aus dem Verkauf besteuert wird – der Gewinn wird einer Investition zugeordnet (reinvestiert). Voraussetzung für Bildung die Reinvestitionsrücklage ist, dass die veräußerten Wirtschaftsgüter mindestens sechs Jahre ununterbrochen zum Anlagevermögen einer inländischen Betriebsstätte gehört haben. Bei der Veräußerung von Objekten von städtebaulichen Sanierungsmaßnahmen genügt eine ununterbrochene Zugehörigkeit zum Anlagevermögen von zwei Jahren. Diese Regelung gilt für folgende Anlagegüter:

- Grund und Boden,
- Aufwuchs auf Grund und Boden eines land- und forstwirtschaftlichen Betriebes,
- Gebäude,
- Binnenschiffe und
- Anteile an Kapitalgesellschaften, wenn der Veräußerer keine Körperschaft, Personenvereinigung oder Vermögensmasse ist.

Sofern die Übertragung nach § 6b Abs. 1 EStG nicht vorgenommen wurde, darf zum Ende des Wirtschaftsjahres der Veräußerung eine Rücklage nach § 6b Abs. 3 EStG gebildet werden, die den steuerlichen Gewinn mindert.

Der Rücklagebetrag ist innerhalb der Reinvestitionsfrist (in der Regel vier Jahre) mit den Anschaffungs- oder Herstellungskosten eines neuen Wirtschaftsgutes zu verrechnen. Sofern dies nicht erfolgen kann, ist der nicht übertragene Teil der Rücklage gewinnerhöhend aufzulösen, wobei der aufzulösende Betrag mit 6 % für jedes volle Wirtschaftsjahr des Bestehens zu verzinsen ist (§ 6b Abs. 7 EStG).
Bei neu errichteten Gebäuden verlängert sich die Reinvestitionsfrist auf sechs Jahre, sofern mit der Herstellung vor Ende des vierten auf die Rücklagenbildung folgenden Wirtschaftsjahres begonnen wird.

Bei einer Reinvestition des Veräußerungsgewinns im EU-/ EWR-Raum kann auf Antrag die darauf entfallende Steuer über einen Zeitraum von 5 Jahren verteilt werden (§ 6b Abs. 2a EStG).

Übertragung stiller Reserven bei EÜR oder Durchschnittssätzen

Bei der Gewinnermittlung mittels EÜR (§ 4 Abs. 3 EStG) oder nach Durchschnittssätzen (§ 13a EStG) ist die Bildung einer Rücklage als Betriebsausgabe und ihre Auflösung als Betriebseinnahme zu behandeln (§ 6c EStG). Begünstigt ist die Veräußerung von Grund und Boden, Gebäuden, von Aufwuchs auf oder Anlagen im Grund und Boden sowie von Anteilen an Kapitalgesellschaften bis zu einem Betrag von 500.000,00 € (§ 6b Abs. 10 EStG). Das Wahlrecht auf Gewinnübertragung nach § 6c EStG kann bis zum Eintritt der formellen Bestandskraft der Steuerfestsetzung ausgeübt werden[1].

8.4.2 Rücklage für Ersatzbeschaffung gemäß R 6.6 EStR

Werden stille Reserven zwangsweise aufgedeckt, besteht die Möglichkeit, die realisierten Entschädigungsgewinne im Wirtschaftsjahr des Ausscheidens ganz oder teilweise auf ein funktionsgleiches Ersatzwirtschaftsgut zu übertragen (R 6.6 Abs. 1 EStR). Die Aufdeckung der Rücklage kann erfolgen, wenn Wirtschaftsgüter des Anlage- und Umlaufvermögens aufgrund höherer Gewalt oder zur Vermeidung eines behördlichen Eingriffs ausscheiden. Die Rücklagenbildung ist grundsätzlich nur bei Gewinnermittlung nach Betriebsvermögensvergleich vorgesehen. Aus Billigkeitsgründen gelten die Bestimmungen jedoch auch für die Gewinnermittlung nach § 4 Abs. 3 EStG (R 6.6 Abs. 5 EStR).

Fristen für Rücklagenübertragung

Wird die Ersatzbeschaffung nicht bis zum Ende des Wirtschaftsjahres vorgenommen, ist aber ernstlich geplant und zu erwarten, darf eine steuerfreie Rücklage für die Ersatzbeschaffung in Höhe des Entschädigungsgewinns gebildet werden. Die Nachholung der Rücklagenbildung in einem späteren Wirtschaftsjahr ist nicht zulässig. Bei beweglichen Wirtschaftsgütern muss die Rücklage in der Regel spätestens zum Ende des folgenden Wirtschaftsjahres, bei Grundstücken bzw. Gebäuden grundsätzlich bis zum Ende des vierten Wirtschaftsjahres (bei neu hergestellten Gebäude sechs Jahre) übertragen worden sein, das auf die Rücklagenbildung folgt. Eine Fristverlängerung ist in begründeten Ausnahmefällen möglich. Die Rücklage ist zum Zeitpunkt der Ersatzbeschaffung bzw. bei Unterlassung nach Ablauf der Wiederbeschaffungsfrist gewinnerhöhend aufzulösen. Es finden sich keine Vorschriften für eine Verzinsung der nicht übertragenen Rücklagebeträge in den einschlägigen Richtlinien (R 6.6).

---

1 vgl. BFH Urteil vom 30.8.2001, IV R 30/99, BStBl II 2002, 49

8.4.3 Zuschussrücklage nach R 6.5 Abs. 4 EStR

Zuschüsse verringern die Anschaffungs- oder Herstellungskosten sowie die Abschreibungsaufwendungen der Wirtschaftsgüter, auf die sie übertragen werden. Die Reduzierung der Abschreibungen führt dann zu höheren Gewinnausweisen für die Dauer der Laufzeit.

Werden einem Unternehmen echte Zuschüsse (siehe Kapitel 8.9.4) zur Anschaffung oder Herstellung von Wirtschaftsgütern des Anlagevermögens gewährt, sind diese Zuschüsse im Allgemeinen als sonstige betriebliche Erträge zu erfassen und erhöhen somit den Gewinn. Die Richtlinie R 6.5 EStR gewährt jedoch aus Billigkeitsgründen das Wahlrecht, erhaltene Zuschüsse auch von den Anschaffungs- bzw. Herstellungskosten der Anlagegüter abzusetzen (R 6.5 Abs. 2 EStR). Die Zuschüsse wirken somit nicht gewinnerhöhend, sondern erfolgsneutral.

Für im Voraus erhaltene Zuschüsse kann eine Rücklage gebildet werden, sofern zum Ende des Wirtschaftsjahres noch keine zu kürzenden Anschaffungs- oder Herstellungskosten vorhanden sind. Die Rücklage ist dann in dem Wirtschaftsjahr der Anschaffung oder Herstellung aufzulösen und auf die entsprechenden Kosten zu übertragen. Durch die Rücklagenbildung wird im abzuschließenden Wirtschaftsjahr eine Gewinnminderung in Höhe der erhaltenen Zuschüsse erreicht.

Rücklagen für Zuschüsse

Bei Steuerpflichtigen, die Ihren Gewinn mithilfe der Einnahmen-Überschussrechnung ermitteln, besteht lediglich im Jahr der Bewilligung das Wahlrecht, die Zuschüsse erfolgsneutral oder gewinnerhöhend zu behandeln[1]. Bei nachträglicher Gewährung eines Zuschusses ist im Fall der erfolgsneutralen Behandlung die Herabsetzung der Bemessungsgrundlage (fortgeführte AK/HK) im Sinne des § 7a Abs. 1 EStG so zu berücksichtigen, als wäre die Minderung zu Beginn des Jahres eingetreten (R 7a Abs. 4 S.1 EStR 2012). Wird ein Zuschuss nachträglich rückzahlbar, erhöht sich die Bemessungsgrundlage für die AfA ebenfalls mit Beginn des Rückforderungsjahres (R 7a Abs. 4 S. 3 EStR 2012).

Behandlung der Zuschüsse bei EÜR

8.4.4 Investitionsabzugsbetrag gemäß § 7g EStG

Steuerpflichtige, die ihren Gewinn mit Betriebsvermögensvergleich oder EÜR ermitteln, können für künftige Investitionen in abnutzbare bewegliche Anlagegüter bis zu 40 % der voraussichtlichen Anschaffungs- und Herstellungskosten gewinnmindernd absetzen (= Investitionsabzugsbetrag gemäß § 7g Abs. 1 Nr. 1 a und c EStG). Die Gewinnminderung erfolgt außerhalb der Buchführung auf der Grundlage einer Aufstellung der anzuschaffen Wirtschaftsgüter und ihrer Anschaffungs- und Herstellungskosten. Dabei ist für jedes Wirtschaftsgut ein gesonderter Abzugsbetrag zu ermitteln, der den Gewinn laut Steuerbilanz bzw. EÜR mindert. Dies führt zu einer Steuerstundung und in der Folge zu einer Erleichterung der Entscheidung für vorgesehene Investitionen. Investitionsabzugsbeträge dürfen auch dann in Anspruch genommen werden, wenn dadurch ein Verlust entsteht oder sich vergrößert (§ 7g Abs. 3 u. 4 EStG).

Für die Inanspruchnahme des Investitionsabzugsbetrages gelten die Größenmerkmale gemäß § 7g Abs. 1 Satz 2 Nr. 1 EStG: Bei bilanzierenden Unternehmen wird der Investitionsabzugsbetrag gewährt, wenn das Betriebsvermögen im Abzugsjahr 235.000,00 € nicht übersteigt; bei Unternehmen, die ihren Gewinn mittels EÜR ermitteln, darf der Gewinn vor Bildung des Abzugsbetrages den Wert von 100.000,00 € nicht übersteigen und für Betriebe der Land- und Forstwirtschaft ohne EÜR darf der Wirtschafts- bzw. Ersatzwirtschaftswert die Grenze von 125.000,00 € nicht übersteigen. Stichtag für die Ermittlung der Größenmerkmale des Betriebes ist der Abschlusstag des Wirtschaftsjahres, in dem der Investitionsabzugsbetrag in Anspruch genommen wird.

Voraussetzungen zur Inanspruchnahme

---

[1] siehe BFH-Urteil vom 29.11.2007 (IV R 81/05, NFH/NV 2008)

Der Höchstbetrag für die vornehmbaren Investitionsabzüge liegt bei 200.000,00 € je Betrieb des Steuerpflichtigen. Bei der Ermittlung des Betrages sind auch die Ansparrücklagen zu berücksichtigen, die nach altem Recht gebildet wurden und deren gewinnerhöhende Auflösung noch aussteht (§ 52 Abs. 23 Satz 4 EStG).

Die geplante Investition muss sich auf ein neues oder gebrauchtes abnutzbares bewegliches Wirtschaftsgut des Anlagevermögens beziehen, das

- innerhalb von drei Wirtschaftsjahren nach vorgenommenem Investitionsabzug angeschafft oder hergestellt wird und
- im Wirtschaftsjahr der Anschaffung oder Herstellung und dem darauffolgenden Wirtschaftsjahr in einer inländischen Betriebsstätte zu mindestens 90 % betrieblich genutzt wird (§ 7g Abs. 1 Nr. 2b EStG).

Im Wirtschaftsjahr der Anschaffung oder Herstellung des begünstigten Wirtschaftsgutes ist der in Anspruch genommene Investitionsbetrag dem Gewinn zuzurechnen. Zugleich können die AK/HK des Wirtschaftsgutes um die Hinzurechnung gewinnmindernd herabgesetzt werden (§ 7g Abs. 2 Satz 2 EStG). Die Bemessungsgrundlage für die AfA bzw. der Betrag der Anschaffungs- und Herstellungskosten für die Bewertung der geringwertigen Wirtschaftsgüter verringert sich entsprechend.

Aufhebung des Investitionsabzugsbetrags

Der Investitionsabzugsbetrag ist rückgängig zu machen und zwar für das Wirtschaftsjahr, in dem der Abzug in Anspruch genommen wurde,

- wenn das begünstigte Wirtschaftsgut bis zum Ende des dritten Wirtschaftsjahres, das auf das Wirtschaftsjahr des Abzuges folgt, nicht angeschafft oder hergestellt wurde oder
- wenn der Abzugsbetrag zu hoch angesetzt wurde und innerhalb des Investitionszeitraums keine nachträglichen AK/HK geltend gemacht werden können.

Die Veranlagung des Abzugsjahres ist zu berichtigen, wenn der Investitionsabzugsbetrag rückgängig gemacht worden ist (§ 7g Abs. 3 EStG).

8.5 Finanzierungseffekte bei Rückstellungen

Rückstellungen = Aufwendungen jetzt, Ausgaben später

Rückstellungen sind nach dem Handelsrecht Verbindlichkeiten, Verluste oder Aufwendungen aus dem Eigenkapital, die hinsichtlich ihrer Entstehung oder Höhe noch ungewiss sind. Durch die Bildung von Rückstellungen sollen Aufwendungen, die erst zu einem späteren Zeitpunkt zu Ausgaben führen, dem Zeitraum zugeordnet werden, in dem sie verursacht wurden. In der Bilanz werden die Rückstellungen als Vorwegnahme von Aufwendungen auf der Passivseite ausgewiesen. Dies gilt vor allem für ungewisse Verbindlichkeiten und drohende Verluste aus schwebenden Geschäften. Rückstellungen kann man in drei Laufzeiten unterteilen: kurzfristig, mittelfristig und langfristig:

- Zu den **kurzfristigen Rückstellungen** gehören z. B. solche für Kosten aus Jahresabschlussprüfungen, unterlassene Instandhaltung und Abraumbeseitigung, Provisionen, Boni und Rabatte, Überstunden und nicht genommenem Urlaub. Die Rückstellungen werden im Normalfall innerhalb des nächsten laufenden Jahres aufgelöst.
- Zu den **mittelfristigen Rückstellungen** gehören erwartete Aufwendungen für Prozessrisiken, Bergschäden (Schäden auf fremden Grundstücken) und Garantieverpflichtungen.
- Zu den **langfristigen Rückstellungen** zählen unter anderem die kurzfristigen und mittelfristigen, sofern sie sich über eine längere Laufzeit erstrecken. Pensionsrückstellungen zählen aufgrund des regelmäßigen Auftretens und der langjährigen Laufzeit als langfristige Rückstellungen.

8.5.1 Bildung von Rückstellungen und Finanzierungseffekte

Durch die Bildung von Rückstellungen sollen Aufwendungen, die erst in späteren Perioden zu Ausgaben führen, den Perioden zugeordnet bleiben, in denen sie verursacht wurden. Der Finanzierungseffekt ergibt sich dadurch, dass im laufenden Wirtschaftsjahr Aufwendungen gebucht werden, die erst wesentlich später zu Ausgaben führen. Diese verschobenen Ausgaben stellen finanzielle Mittel dar, die der Betrieb einsetzen kann. Langfristige Rückstellungen haben dabei einen höheren Finanzierungseffekt als kurzfristige Rückstellungen, da sie nicht schon im Folgejahr aufgelöst werden. Der Finanzierungseffekt ist temporär, da spätestens in dem Wirtschaftsjahr, in dem die Kosten tatsächlich anfallen, diese durch die Auflösung der Rückstellung nicht mehr gewinnmindernd ergebniswirksam werden können. Treten die zuvor geplanten Kosten gar nicht auf, führt die Rückstellungsauflösung sogar zu einer Erhöhung des steuerpflichtigen Ergebnisses.

Da die Höhe der Aufwendungen nicht von vornherein feststeht, müssen Schätzungen vorgenommen werden, wobei das Unternehmen wenig Ermessensspielraum hat. Die Höhe der Rückstellungen ist unter dem Prinzip der Vorsicht zu bilden. Bei der Bildung der Rückstellung soll die vollständige Höhe der Schulden berücksichtigt werden. Die Kosten werden in den Aufwand gewinnmindernd gegen das Bestandskonto Rückstellungen gebucht.

> Dem Unternehmen Schneider und Söhne droht im laufenden Jahr aus einem Gewährleistungsprozess die Schadenersatzforderung eines Kunden. Sowohl die Schadenersatzforderung selbst als auch die Aufwendungen für den Prozess sind hinsichtlich ihres Eintritts und der Höhe ungewiss. Sofern der Prozess durch alle Instanzen geführt wird, kann es sich um eine mehrjährige Angelegenheit handeln. Schneider und Söhne bilden also im Folgejahr eine Rückstellung in Höhe von 150.000 €.
>
> **Buchungssatz:**
>
> | Soll | an | Haben |
> |---|---|---|
> | Aufwandskonto (Prozesskosten, Schadenersatzleistungen) | | Rückstellungen |
>
> Der gebuchte Aufwand mindert im laufenden Jahr den Gewinn in genau der Höhe. Da anzunehmen ist, dass der Anlass im laufenden Jahr und ggf. in den folgenden zwei Jahren nicht zu einer Ausgabe führt, bleiben die Mittel im Unternehmen und stehen zu Finanzierungszwecken zur Verfügung.
> Die finanzwirksame Auflösung erfolgt erst bei Beendigung des Prozesses im hier angenommenen dritten Folgejahr. Dann fließen entweder Mittel an Prozessgegner und Gerichtsbarkeit sowie Anwälte oder – im Falle eines Sieges – teilweise (in Höhe der Steuern) an das Finanzamt, da durch die Auflösung der Rückstellung ein zusätzlicher Gewinn entstanden ist.

Beispiel Rückstellungen

Bei der Bildung von Rückstellungen ist darauf zu achten, dass es Abweichungen zwischen Handelsrecht (§ 249 HGB) und Steuerrecht gibt. So gilt z. B. für die Rückstellung für drohende Verluste aus schwebenden Geschäften steuerrechtlich ein Passivierungsverbot.

8.5.2 Auflösung von Rückstellungen

Rückstellungen sind meist in Bilanzen enthalten, vor allem, weil das HGB für eine Reihe von Fällen eine Bilanzierungspflicht vorsieht. Zwar bieten nur bestimmte langfristige Rückstellungen die Basis für eine ausgiebige und dauerhafte Finanzierung, aber z. B. selbst der Sockelbetrag der im Wesentlichen kurzfristigen Aufwandsrückstellungen bietet eine kostengünstige Finanzierungsquelle.

Die Rückstellungen werden in der Bilanz aufgelöst, wenn Gewissheit bei den Aufwendungen eintritt. Dies ist z. B. bei Prozesskosten der Fall, sobald der Prozess beendet ist oder bei Pensionsrückstellungen für Mitarbeiter, sobald diese in den Ruhestand gehen. Ist der tatsächlich entstandene Aufwand so hoch wie die dafür gebildete Rückstellung, ist die Auflösung der Rückstellung erfolgsneutral. Sind die Rückstellungen aber höher als die tatsächlichen Aufwendungen, ist der Differenzbetrag zwischen den gebildeten Rückstellungen und den Aufwendungen erfolgswirksam zu korrigieren. Wenn die Rückstellungen aber niedriger als die Aufwendungen sind, werden sie in voller Höhe aufgelöst und der Fehlbetrag im Aufwand erfasst.

8.5.3 Steuerliche Auswirkungen

Durch die Bildung der Rückstellungen verbleiben die Überschüsse liquider Mittel im Unternehmen. Diese Überschüsse unterliegen nicht der Besteuerung, sie führen aber lediglich zu Steuerstundungseffekten (die Steuern werden erst bei gewinnwirksamer Auflösung der Rückstellung und dann aber mit entsprechenden Zinsen gezahlt).

Pensionsrückstellungen

Pensionsrückstellungen werden an dieser Stelle genauer betrachtet, da sie einen langfristigen und daher besonders nachhaltigen Finanzierungseffekt haben. Sie entstehen dann, wenn ein Unternehmen seinen Mitarbeitern eine Direktzusage für eine Altersversorgung macht. Das Unternehmen hat jährlich die Zuführungen zu diesen Rückstellungen zu berechnen, zu buchen und kann sich in der gesamten Aufbauphase aus diesen Mitteln finanzieren. Dies gilt besonders dann, wenn das durchschnittliche Alter der Mitarbeiter niedrig ist. Wenn z. B. einem Mitarbeiter, der heute 25 Jahre ist, eine Direktzusage gemacht wird, dann wird die Aufbauphase der Rückstellungen für diesen Mitarbeiter mehr als 40 Jahre dauern. Für diesen Zeitraum stehen dem Unternehmen in anwachsendem Umfang die entsprechenden Mittel zur Verfügung.

Sobald die Phase beginnt, in der sich die Auszahlungen aus den Rückstellungen den Zuführungen anpassen, sinkt der finanzwirtschaftliche Effekt. Dem Unternehmen steht jedoch ein aus den jährlichen Zuführungen und den noch nicht ausgezahlten Rückstellungen bestehender Sockelbetrag der Pensionsrückstellung dauerhaft zu Finanzierungszwecken zur Verfügung.

> **Beispiel Pensionsrückstellungen**
>
> Das Unternehmen Ullstein bildet Pensionsrückstellungen i. H. v. 500.000,00 €. Der Gewinn beträgt im Wirtschaftsjahr 1.000.000,00 €.
>
> **Berechnung der Körperschaftsteuerbelastung ohne Pensionsrückstellungen:**
>
> | | |
> |---|---:|
> | Gewinn | 1.000.000,00 € |
> | = Körperschaftssteuerpflichtiger Gewinn | 1.000.000,00 € |
> | **Körperschaftsteuer 15 %** | **150.000,00 €** |
>
> **Berechnung der Körperschaftsteuerbelastung mit Pensionsrückstellung:**
>
> | | |
> |---|---:|
> | Gewinn | 1.000.000,00 € |
> | - Pensionsrückstellung | 500.000,00 € |
> | = Körperschaftsteuerpflichtiger Gewinn | 500.000,00 € |
> | **Körperschaftsteuer 15 %** | **75.000,00 €** |
>
> **Finanzierungseffekt bei der Bildung der Pensionsrückstellung:**
>
> | | |
> |---|---:|
> | Körperschaftsteuer ohne Pensionsrückstellung | 150.000,00 € |
> | - Körperschaftsteuer mit Pensionsrückstellung | 75.000,00 € |
> | **= Finanzierungseffekt** | **75.000,00 €** |
>
> In den Folgejahren leistet das Unternehmen Zahlungen aus der Pensionsverpflichtung in Höhe von 150.000,00 € jährlich.
>
> **Buchungssatz:**
>
> | Soll | | an | Haben |
> |---|---:|---|---:|
> | Pensionsrückstellungen | 150.000 € | Bank | 150.000 € |
>
> Das Aktivkonto Bank nimmt ab und das Passivkonto Rückstellungen nimmt auch ab. In diesem Fall liegt ein Aktiv-Passiv-Minderung vor. Dieser Vorgang ist erfolgsneutral.

8.6 Verlustverrechnung - Verlustvorträge und Verlustrückträge

Die Verlustverrechnung erlaubt, positive und negative Einkünfte innerhalb eines Veranlagungszeitraumes und zwischen den einzelnen Zeiträumen auszugleichen; sie führt zu einer tendenziellen Gleichmäßigkeit der steuerlichen Belastung. Die negativen Einkünfte, die im Veranlagungszeitraum gemäß § 2 Abs. 3 EStG nicht verrechnet werden können, sind vom Gesamtbetrag der Einkünfte des Vorjahres (Verlustrücktrag) oder des Folgejahres (Verlustvortrag) absetzbar. Die nachfolgenden Ausführungen beziehen sich auf die Regelungen des § 10d EStG.

8.6.1 Horizontaler und vertikaler Verlustausgleich

Bei der Ermittlung der Einkünfte eines Jahres werden zunächst positive und negative Ergebnisse (Gewinne und Verluste) mehrerer Einkunftsquellen **innerhalb einer Einkunftsart** verrechnet (horizontaler Verlustausgleich). Die Einkünfte eines Steuerpflichtigen aus Gewerbebetrieb stellen danach das saldierte Ergebnis all seiner Gewerbebetriebe dar.

horizontal = Einkünfte einer Art

| vertikal = Einkünfte verschiedener Arten | Entstehen im betrachteten Veranlagungszeitraum Einkünfte **unterschiedlicher Einkunftsarten**, werden diese bei der Berechnung der Einkünfte nach § 2 Abs. 3 EStG miteinander saldiert (vertikaler Verlustausgleich). Die generelle Verrechnungsfähigkeit der Einkünfte unterschiedlicher Einkunftsarten wird durch eine Reihe von Verlustverrechnungsverboten eingeschränkt, denn bestimmte Verluste dürfen nur mit positiven Einkünften derselben Art verrechnet werden:

- aus gewerblicher Tierzucht oder gewerblicher Tierhaltung
- aus Termingeschäften im gewerblichen Bereich
- aus privaten Veräußerungsgeschäften

ausländische Einkunftsquellen: Bei bestimmten ausländischen Einkunftsquellen dürfen Verluste nur mit positiven Einkünften derselben Art aus demselben Staat verrechnet werden (§ 2a EStG). Die negativen Einkünfte aus der Beteiligung an Verlustzuweisungsgesellschaften (§ 2b a.F. EStG) bzw. bei negativen Einkünften aus so genannten Steuerstundungsmodellen (§ 15b n.F. EStG) dürfen diese nur mit späteren Gewinnen aus derselben Einkunftsquelle verrechnet werden.

8.6.2 Anwendung von Verlustvortrag und -rücktrag

Die Verrechnung von negativen Einkünften in einem Veranlagungszeitraum mit den positiven Einkünften in einem vorhergehenden oder nachfolgenden Veranlagungszeitraum bewirkt aus fiskalischer Sicht eine Verringerung der Steuereinnahmen und führt daher zu einer engen Reglementierung der Gestaltungsspielräume.

Verlustrücktrag geht vor Verlustvortrag: Die Reihenfolge der Bestimmungen des § 10d EStG verweist auf die Reihenfolge der Verlustverrechnung: Der Verlustrücktrag (§ 10d Abs. 1 EStG) ist vorrangig gegenüber dem Verlustvortrag (§ 10d Abs. 2 EStG). Hierdurch besteht im Rahmen eines Verlustrücktrages die Möglichkeit, liquiditätswirksame Steuererstattungen bereits im Zeitraum der Steuerfestsetzung zu realisieren.

Können die negativen Einkünfte im Rahmen eines Verlustrücktrages nicht ausgeglichen werden oder wird auf den Verlustrücktrag verzichtet, können diese im Rahmen eines Verlustvortrages mit künftigen positiven Einkünften verrechnet werden.

begünstigte Einkünfte: Der Verlustrücktrag ist unter Berücksichtigung der Verrechnungsbeschränkungen übergreifend übergreifend auf alle Einkunftsarten möglich. Der Rücktrag ist der Höhe nach begrenzt auf 1.000.000,00 € (bzw. 2.000.000,00 € bei gemeinsam veranlagten Ehegatten) und nur auf den unmittelbar vorausgehenden Veranlagungszeitraum möglich.

Der Verlustvortrag ist bis zu einem Gesamtbetrag von 1.000.000,00 € (bzw. 2.000.000,00 € bei gemeinsam veranlagten Ehegatten) in voller Höhe auf das Folgejahr übertragbar - unter Berücksichtigung etwaiger Verrechnungsbeschränkungen. Ein über diesen Sockelbetrag hinausgehender Verlustvortrag kann nur bis zu 60 % des verbleibenden Verlustes verrechnet werden. Die Verrechnung erfolgt vorrangig vor Sonderausgaben, außergewöhnlichen Belastungen und sonstigen Abzugsbeträgen (§ 10d Abs. 1 Satz 1 EStG und Abs. 2 EStG).

> **Beispiel** Verlustausgleich
>
> Die Stegeborg GmbH hat für 2017 einen Jahresüberschuss in Höhe von 3.500.000,00 € erwirtschaftet. Für das Wirtschaftsjahr 2016 wurde bei der Stegeborg GmbH ein nicht rücktragfähiger Verlust in Höhe von 3.000.000,00 € festgestellt. Bei der Ermittlung des steuerpflichtigen Gewinns 2017 wird der Vorjahresverlust wie folgt berücksichtigt:
>
> | | |
> |---|---:|
> | Gewinn in 2017 | 3.500.000,00 € |
> | festgestellter, nicht rücktragfähiger Verlust aus 2016 | 3.000.000,00 € |
> | **Verlustvortrag in 2017:** | |
> | Gewinn | 3.500.000,00 € |
> | - uneingeschränkte Verrechnung | 1.000.000,00 € |
> | - eingeschränkte Verrechnung 60 % von 2.500.000,00 € | 1.500.000,00 € |
> | **= Steuerpflichtiger Gewinn 2017** | **1.000.000,00 €** |
> | verbleibender Verlustvortrag zum 31.12.2017 | 500.000,00 € |

8.7 Die Zinsschranke nach § 4h EStG

Beim Abzug von Zinsaufwendungen als Betriebsausgaben gilt für alle Unternehmen die so genannte Zinsschranke gemäß § 4h EStG. Demnach werden sämtliche Zinsaufwendungen eines Unternehmens auf ihre steuerliche Abziehbarkeit hin geprüft. Grundsätzlich sind die Zinsaufwendungen eines Betriebs bis zur Höhe des Zinsertrags desselben Betriebs innerhalb eines Wirtschaftsjahres unbeschränkt als Betriebsausgaben steuerlich abzugsfähig. Übersteigen die Zinsaufwendungen die Zinserträge, darf der Zinssaldo nur bis zur Höhe von 30 % des Gewinns als Betriebsausgabe steuerlich abgezogen werden. Dabei werden die Zinsaufwendungen und Abschreibungen dem Gewinn zugerechnet und die Zinserträge herausgerechnet. Beträgt die Differenz aus Zinsaufwendungen und Zinserträgen weniger als 3 Mio. € (Freigrenze), sind alle Zinsaufwendungen in voller Höhe steuerlich abzugsfähig.

Kommt die Zinsschranke bei Kapitalgesellschaften zur Anwendung, erhöht sich das zu versteuernde Einkommen der Gesellschaft; die Zinsen dürfen nicht als Aufwand berücksichtigt werden. Die Minderung der Aufwendungen führt zu einer höheren Bemessungsgrundlage für die Ermittlung der Körperschaft- und Gewerbesteuer. Bei der Gewerbesteuer sind die Zinsaufwendungen unabhängig von der Darlehenslaufzeit zu 25 % und unter Berücksichtigung des Freibetrages von 100.000,00 € zum steuerlichen Ergebnis hinzuzurechnen.

steuerliche Folgen bei Kapitalgesellschaften

8.8 Sale-and-lease-back-Geschäfte

Das Verfahren des Sale-and-lease-back ist eine Sonderform des Leasings. Dabei werden neu angeschaffte oder bereits im Betriebsvermögen befindliche Wirtschaftsgüter an ein Finanzierungsunternehmen verkauft und anschließend wieder zurück gemietet; es entsteht ein Leasinggeber-Leasingnehmer-Verhältnis. Damit verfolgen Unternehmen primär das Ziel, gebundenes Kapital freizusetzen und ihren Liquiditätsrahmen zu erweitern. Hierbei werden Auswirkungen hinsichtlich der aktuellen und künftigen steuerlichen Belastung ausgelöst.

relevante Verträge

Sale-and-lease-back-Geschäfte sind komplexe Vorgänge und beinhalten den Abschluss und die Abwicklung mehrerer Verträge, die eine rechtliche und wirtschaftliche Einheit bilden:

- Das Unternehmen schließt mit dem Finanzierungsunternehmen einen **Kaufvertrag** ab und überträgt ihm zivilrechtlich das Eigentum an dem Wirtschaftsgut mit der Maßgabe, dass es nach Ablauf der Mietzeit wieder an den Verkäufer übergeht. Mit der Kaufpreisvereinbarung wird sowohl über die Höhe der aufgedeckten stillen Reserven als auch über die Grundlage der Leasingraten entschieden. Dabei gilt zu beachten, dass die vereinbarten Beträge einem Drittvergleich standhalten müssen.

- Das Finanzierungsunternehmen (Leasinggeber) und der Verkäufer (Leasingnehmer) schließen zugleich einen **Leasingvertrag** über die Nutzungsüberlassung gegen Zahlung von monatlichen Leasingraten ab.

Steuerliche Aspekte von Sale-and-lease-back

Werden bei Sale-and-lease-back-Geschäften stille Reserven aufgedeckt, kann die steuerliche Belastung, die daraus hervorgeht, vermieden werden. Dazu besteht die Möglichkeit der Übertragung bzw. Bildung von steuerfreien Rücklagen gemäß § 6b EStG bzw. Investitionsabzugsbeträgen gemäß § 7g EStG. Darüber hinaus besteht die Möglichkeit einer definitiven Steuerersparnis, wenn die Auflösung in einem Wirtschaftsjahr erfolgt, in dem ein Verlust ausgewiesen wird und es nicht zum Gewinnausweis kommt.

Die steuerliche Absetzbarkeit der Leasingraten unterliegt bestimmten Beschränkungen. Für den Leasingvertrag sind die Bestimmungen hinsichtlich der Restnutzungsdauer des Leasingobjektes maßgebend - diese muss zum Zeitpunkt des Verkaufs und des Leasingvertrag-Abschlusses mindestens 40 % der betriebsgewöhnlichen Nutzungsdauer betragen. Die höchste steuerlich absetzbare Laufzeit des Leasingvertrages ist die Restnutzungsdauer, gekürzt um 10 % der betriebsgewöhnlichen Nutzungsdauer. Um die steuerliche Anerkennung des Leasingvertrages sicherzustellen, darf der in der Rückkaufoption vereinbarte Rückkaufpreis den steuerlichen Restbuchwert des Objektes zum Zeitpunkt der Rückübertragung nicht unterschreiten.

umsatzsteuerrechtliche Behandlung

Bei Sale-and-lease-back-Transaktionen, bei denen der Leasingnehmer durchgängig wirtschaftlicher Eigentümer der Wirtschaftsgüter bleibt, ist nach der Rechtsprechung des BFH davon auszugehen, dass der Übertragung des zivilrechtlichen Eigentums am Wirtschaftsgut durch den Leasingnehmer an den -geber eine bloße Sicherungs- und Finanzierungsfunktion zukommt. Dies hat zur Folge, dass weder diese Übertragung noch die Rückübertragung des Eigentums vom Geber an den Nehmer umsatzsteuerrechtlich als Lieferung zu behandeln ist[1]. Wird beim Verkauf an den Leasinggeber bzw. für die Gesamtvergütung aus dem Leasingvertrag fälschlich Umsatzsteuer ausgewiesen, wird diese nach § 14c Abs. 2 UStG geschuldet; eine Berichtigung ist jedoch grundsätzlich möglich.

---

1 siehe BFH Urteil vom 9.2.2006, BStBl II 2006, 727

8.9 Steuerliche Aspekte bei Investitionsvorgängen

Der Gegenstand einzelner Investitionsvorgänge ist die Anschaffung bestimmter Wirtschaftsgüter. Die Wirtschaftsgüter eines Unternehmens werden nach zwei Kriterien unterschieden:

Anschaffung bestimmter Wirtschaftsgüter

- nach ihrer Zugehörigkeit zum Anlagevermögen (z. B. Fahrzeuge) oder Umlaufvermögen (z. B. Handelsware) und
- danach, ob sie abnutzbar (z. B. Gebäude, Maschinen) oder nicht abnutzbar (z. B. Grundstücke) sind[1].

In diesem Kapitel wird auf die Unterscheidung der Investitionen bei Wirtschaftsgütern des Umlauf- und des Anlagevermögens eingegangen.

8.9.1 Investitionen ins Umlaufvermögen

Zum Umlaufvermögen gehören Wirtschaftsgüter, die kurzzeitig im Betriebsvermögen verbleiben. An dieser Stelle soll das Umlaufvermögen in Form von Vorräten oder Waren betrachtet werden.

Wertansätze

Die Bewertung erfolgt nach dem strengen Niederstwertprinzip, d. h. die Gegenstände des Umlaufvermögens sind mit dem niedrigeren Börsenkurs oder Marktpreis bzw. mit dem hieraus abgeleiteten niedrigeren Wert zum Abschlussstichtag zu bewerten (§ 253 Abs. 4 HGB i. V. m. § 6 Abs. 1 Nr. 2 EStG). Das steuerrechtliche Wahlrecht soll mit dem Ziel einer Gewinnminimierung ausgeübt werden. Damit wird gewährleistet, dass hohe Lagerbestände an Waren und Vorräten am Jahresende auf Werthaltigkeit geprüft werden, um dann ggf. eine Wertberichtigung vornehmen zu können. Diese Wertberichtigungen stellen eine außerordentliche Abschreibung dar. Entfällt die Wertminderung zu einem späteren Zeitpunkt, besteht gemäß § 6 Abs. 1 Nr. 2 EStG ein Wertaufholungsgebot, wonach die Buchwerte wieder an die aktuellen Börsen- oder Marktpreise anzupassen sind. Der Steuerpflichtige trägt für einen fortlaufend niedrigeren Teilwert die Beweislast.

Bewertung von Investitionen

Bei voraussichtlich dauernder Wertminderung auf Grund des modischen Geschmacks oder des technischen Fortschritts ist auf den niedrigeren Teilwert gemäß § 6 Abs. 1 EStG abzuschreiben (siehe Kapitel 4.4.3). Der Teilwert ist ein besonderer steuerrechtlicher Bewertungsmaßstab, um Wertminderungen von Wirtschaftsgütern berücksichtigen zu können. Dem Teilwert entsprechen die handelsrechtlichen Wertansätze, wie der Börsen- oder Marktpreis bzw. der beizulegende Wert. Die Wertobergrenze stellen die Wiederbeschaffungskosten dar, während die Wertuntergrenze durch den Einzelveräußerungspreis oder den gemeinen Wert gegeben ist.

Ansatz des Teilwertes

Teilwertabschreibungen unterliegen keinem Abschreibungsplan und werden vom Kaufmann selbst festgelegt. Werden Investitionen im Bereich des Umlaufvermögens getätigt, die keine Teilwertabschreibung und damit keine Bewertung gemäß § 6 Abs. 1 Nr. 2 EStG nach sich ziehen, sind sie i. d. R. als nicht förderlich zu betrachten.

---

1 siehe Kapitel 4.4

8.9.2 Investitionen ins Anlagevermögen

Der Schwerpunkt liegt hier bei abnutzbaren Wirtschaftsgütern des Anlagevermögens. Werden Investitionen im Bereich des Anlagevermögens getätigt, werden zunächst die Anschaffungs- und Herstellungskosten (AK/HK) ermittelt, damit der Investitionsbedarf festgelegt werden kann (zur Berechnung von Anschaffungs- und Herstellungskosten siehe Kapitel 4.4.2, Seite 128 ff.).

Hinweis: Teile des Vorsteuerbetrages, die nicht gemäß § 15 UStG geltend gemacht werden können, müssen den Anschaffungs- und Herstellungskosten hinzugerechnet werden.

Bedeutung des Wertansatzes

Relevanz für Abschreibungen

Die Betrachtung der unterschiedlichen Wertgrenzen bei der Festsetzung des Zugangswertes eines Wirtschaftsgutes ist relevant für die Erfassung des so genannten Werteverzehrs (planmäßige Abschreibung gemäß § 7 Abs. 1 EStG). Dabei dienen die AK/HK zur Ermittlung der Bemessungsgrundlage für die planmäßige Abschreibung. In der Regel ist ein Unternehmen bestrebt, einen möglichst niedrigen steuerpflichtigen Gewinn auszuweisen, um im Bereich der ertragsabhängigen Steuern eine niedrige Belastung zu erzielen. Dieses Ziel kann erreicht werden, indem zum einen die steuerlichen Wahlrechte bei der Ermittlung der Bemessungsgrundlage – die AK und HK – ausgeschöpft werden[1]. Zum anderen kann eine Abschreibungsmethode gewählt werden, die dieser Zielsetzung entspricht.

Abschreibungsmethoden

Steuerrechtlich praktische Bedeutung haben die im § 7 Abs. 1 EStG aufgeführten Abschreibungsmethoden. Es ist zu beachten, dass die Zulässigkeit der einzelnen Methoden und ihre normative Ausgestaltung in bestimmten Wirtschaftsjahren unterschiedlich geregelt sein kann.

Abschreibungsmethoden gemäß § 7 EStG		
lineare Abschreibung gem. § 7 Abs. 1 Satz 1 EStG	**degressive Abschreibung** gem. § 7 Abs. 2 Satz 1 EStG (gültig bis 31.12.2010)	**Abschreibung nach Maßgabe der Leistung** gem. § 7 Abs. 1 Satz 6 EStG
= Abschreibung in gleichen Jahresbeträgen ■ für bewegliche und unbewegliche abnutzbare Anlagegüter ■ am Ende der Nutzungsdauer (ND) ist das Wirtschaftsgut auf Null abgeschrieben und sollte mit einem Erinnerungswert geführt werden ■ Ermittlung Abschreibungssatz (in Prozent): $\frac{100}{\text{ND in Jahren}}$ = Abschreibungssatz ■ Ermittlung Abschreibungsbetrag: $\frac{\text{AK und HK}}{\text{ND}}$ = Abschreibungsbetrag ■ es gilt Zeitanteiligkeit gem. § 7 Abs. 1 Satz 4 EStG	= Abschreibung in fallenden Jahresbeträgen ■ für Wirtschaftsgüter, die bis zum 31.12.2010 angeschafft wurden ■ war ein steuerrechtliches Instrument zur Förderung von Investitionen ■ Abschreibungssatz: ist auf 25 % der Anschaffungskosten und max. das Zweieinhalbfache des Betrages der linearen Abschreibung beschränkt (§ 7 Abs. 2 Satz 2 EStG) ■ Ermittlung Abschreibungsbetrag: Abschreibungssatz × Buchwert des Vorjahres = Abschreibungsbetrag	= leistungsbezogene Abschreibung bei Gütern mit starken Nutzungsschwankungen ■ die Leistung muss anhand von geeigneten Messgeräten nachgewiesen werden ■ Ermittlung eines Abschreibungsfaktors (Abschreibungsbetrag je Leistungseinheit): $\frac{\text{AK/HK}}{\text{Gesamtleistung}}$ = Faktor ■ Ermittlung des Abschreibungsbetrages: jährliche Laufleistung x Faktor = Abschreibungsbetrag ■ es gilt keine Berücksichtigung der Zeitanteiligkeit

---

1 zu steuerlichen Wahlrechten siehe Kapitel 4.4.2, Seite 130

Anhand der Darstellung dieser drei unterschiedlichen Abschreibungsmethoden ist zu erkennen, dass für ein Wirtschaftsgut unter Anwendung der jeweiligen Methoden unterschiedliche Wertansätze ermittelt werden, die Einfluss auf die Höhe der ertragsabhängigen Steuern haben.

> **Beispiel**
> Abschreibungen
>
> Die Stegeborg GmbH erwirbt eine Maschine zur Herstellung von Pumpengehäusen. Folgende Daten sind bekannt:
>
> Anschaffungskosten: 35.000 €
> Nutzungsdauer: 10 Jahre
> Anschaffung: 01.04.2017
> max. Laufzeit: 40.000 Stunden
>
> Durch einen Zusatzauftrag können im Jahr der Anschaffung insgesamt 10.000 Pumpengehäuse gefertigt werden, wozu die Maschine 3.000 Stunden benötigt. Es soll der Wertansatz der Maschine ermittelt werden, der diese Investition für die Stegeborg GmbH aus Sicht der ertragssteuerlichen Behandlung am vorteilhaftesten darstellt.
> Welche Abschreibungsmethode sollte hier angewendet werden?
>
> Möglicher Lösungsansatz:
>
> Schritt 1: Prüfen der möglichen Abschreibungsmethoden:
>
> - lineare Abschreibung oder
> - Abschreibung nach Maßgabe der Leistung
>
> Schritt 2: Ermittlung des Abschreibungsbetrages:
>
> - lineare Abschreibung
>
> $$\frac{\text{Anschaffungskosten}}{\text{Nutzungsdauer}} = \text{Abschreibungsbetrag}$$
>
> $$\frac{35.000\,€}{10\,\text{Jahre}} = 3.500\,€\,/\,\text{Jahr}$$
>
> zeitanteilig: 3.500 € x 9/12
> = 2.625 € im 1. Jahr
> = 3.500 € in folgenden Jahren
>
> - Abschreibung nach Maßgabe der Leistung
>
> $$\frac{\text{Anschaffungskosten}}{\text{Gesamtlaufleistung}} = \text{Faktor}$$
>
> $$\frac{35.000\,€}{40.000\,\text{Std.}} = 0{,}875\,€\,/\,\text{Std.}$$
>
> 3.000 Std. x 0,875 € / Std = 3.062,50 €
>
> Schritt 3: Auswahl der Abschreibungsmethode
>
> Bezogen auf die konkreten Verhältnisse des ersten Jahres bestehen diese alternativen Möglichkeiten:
>
> - lineare Abschreibung in Höhe von 2.625,00 €
> - Abschreibung nach Maßgabe der Leistung in Höhe von 3.062,50 €
>
> Aus steuerrechtlicher Sicht sollte sich die Stegeborg GmbH im ersten Jahr für die Abschreibung nach Maßgabe der Leistung entscheiden.

8.9.3 Geringwertige Wirtschaftsgüter (GwG)

geringe Anschaffungskosten, über mehrere Jahre genutzt

Im Rahmen von Investitionen werden auch Wirtschaftsgüter angeschafft, die zwar über mehrere Jahre genutzt werden, aber mit geringeren Anschaffungskosten verbunden sind. Diese geringwertigen Wirtschaftsgüter (GwG) unterliegen besonderen Bestimmungen und Wahlrechten. Hier sind in den letzten Jahren viele Umstände in der Gesetzgebung immer wieder geändert worden.

Zuordnung als geringwertiges Wirtschaftsgut

Ein GwG muss gemäß § 6 Abs. 2 EStG folgende Voraussetzungen erfüllen, um als solches bewertet werden zu können. Das Wirtschaftsgut muss

- zum Anlagevermögen gehören,
- abnutzbar sein,
- beweglich sein und
- selbstständig nutzbar sein.

Wertgrenzen nach UntStRefG

Mit dem Unternehmenssteuerreformgesetz (UntStRefG) 2008 wurden neue Wertgrenzen bei den GwG eingeführt. Steuerrechtlich können Wirtschaftsgüter mit Anschaffungs- und Herstellungskosten von maximal 1000,00 € (netto) als GwG behandelt werden. Dabei wurden mit dem Wachtumsbeschleunigungsgesetz 2009 die Bewertungsmöglichkeiten für GwG erweitert und Bewertungswahlrechte ab 01.01.2010 eingeführt.

Darstellung der Bewertungsmöglichkeiten eines GwG

Bei Anschaffung, Herstellung oder Einlage eines geringwertigen Wirtschaftsgutes sind folgende Bewertungsmöglichkeiten zu betrachten (die Werte sind jeweils Nettobeträge):

- **Bewertung als GwG mit AK/HK bis 150,00 €**
  Mit Einführung der Sammelpostenbewertung (=Poolbildung) 2008 können abnutzbare, bewegliche Wirtschaftsgüter, deren Anschaffungs- bzw. Herstellungskosten bis zu 150,00 € betragen, direkt als Betriebsausgabe gemäß § 6 Abs. 2 EStG abgesetzt werden. Es besteht keine Dokumentationspflicht.

- **Bewertung als GwG mit AK/HK bis 410,00 €**
  Bei geringwertigen Wirtschaftsgütern mit Anschaffungs- bzw. Herstellungskosten bis 410,00 € besteht seit 2010 erneut die Wahlmöglichkeit gemäß § 6 Abs. 2 EStG zur Sofortabschreibung im Jahr der Anschaffung. Die Pflicht zur Aufzeichnung in einem entsprechenden Verzeichnis für Wirtschaftsgüter von 150,01 € bis 410,00 € wurde dabei wieder eingeführt. Alternativ besteht die Möglichkeit, das Wirtschaftsgut einzeln zu aktivieren und entsprechend der betriebsgewöhnlichen Nutzungsdauer abzuschreiben.

- **Bewertung als GwG mit AK/HK über 150,00 € bis 1.000,00 €**
  Bei geringwertigen Wirtschaftsgütern mit Anschaffungs- bzw. Herstellungskosten von 150,01 € bis 1.000,00 € besteht seit 2010 die Wahlmöglichkeit, einen jahresbezogenen Sammelposten zu bilden und mit 20 % über fünf Jahre abzuschreiben. Bei Anschaffungs- bzw. Herstellungskosten über 410,00 € besteht alternativ die Möglichkeit, das Wirtschaftsgut einzeln zu aktivieren und abzuschreiben. Das Wahlrecht muss zu Beginn des Wirtschaftsjahres ausgeübt werden und die einmal getroffene Entscheidung für alle in diesem Wirtschaftsjahr angeschafften oder hergestellten Wirtschaftsgüter zur Anwendung kommen.
  Bei dieser Bewertungsmethode bestehen keine besonderen Aufzeichnungspflichten; diese Posten werden lediglich im Anlagespiegel mit den wertmäßigen Zugängen und kumulierten Absetzungsbeträgen erfasst.

> **Beispiel**
> **Bewertung von GwG**
>
> Die Stegeborg GmbH erwirbt einen Computer für die Finanzbuchhaltung; folgende Daten liegen dazu vor:
>
> Anschaffungskosten 390,00 €
> Nutzungsdauer 3 Jahre
> Anschaffung 15.01.2017
>
> Welche Abschreibung ist mit dem Ziel der Gewinnminimierung zu wählen?
>
> Möglicher Lösungsansatz:
>
> 1. **Schritt:** Prüfung einer möglichen Abschreibung
>   - Zuordnung zum Sammelposten
>   - Erfassung als GwG mit Abschreibung in voller Höhe im Jahr der Anschaffung
>
> 2. **Schritt:** Ermittlung des Abschreibungswertes nach gegebenen Möglichkeiten
>
> $\frac{390,00\ €}{5\ Jahre} = 78,00\ € / Jahr$
>
>   390,00 € Sofortabschreibung im Jahr der Anschaffung
>
> 3. **Schritt:** Auswahl der Abschreibungsmethode
>
>   Aus Sicht einer Gewinnminimierung sollte sich die Stegeborg GmbH für die Sofortabschreibung im Jahr der Anschaffung entscheiden. Somit wird die Investition am Ende des Wirtschaftsjahres erfolgswirksam erfasst. Das Bewertungswahlrecht wird nur einmal ausgeübt. Die Entscheidung gilt dann für alle Anschaffungen dieser Kategorie im gesamten Wirtschaftsjahr.

8.9.4 Sondereffekte – Investitionszulagen, Investitionszuschüsse

Sondereffekte können erzielt werden, wenn bestimmte Investitionen getätigt werden. Zu den Sondereffekten gehören die Anschaffung oder Herstellung von neuen abnutzbaren beweglichen Wirtschaftsgütern des Anlagevermögens, die zu einem Erstinvestitionsvorhaben gehören. In Abhängigkeit von den jeweiligen steuerrechtlichen Bestimmungen können diese Investitionen zu fiskalisch bedingten Einnahmen, d. h. Investitionszulagen oder -zuschüssen, führen.

Investitionszulagen

Investitionszulagen sind staatliche Zahlungen, die dem Steuerpflichtigen für bestimmte Investitionen gewährt werden können. Zulagen sind zwar stets gewinnerhöhend, jedoch nicht steuerpflichtig zu behandeln und führen auch nicht zu einer Minderung der Anschaffungs- und Herstellungskosten des Investitionsobjektes. Bei den Zulagen handelt es sich nicht um Betriebseinnahmen.

Zahlungen vom Staat, keine Betriebseinnahmen

Investitionszulagen können von Steuerpflichtigen im Bereich des Fördergebietes, d. h. der fünf „neuen" Bundesländer, in Anspruch genommen werden (§ 1 Abs. 2 InvZulG 2010). Dabei gelten für begünstigte Betriebe und Investitionen folgende Voraussetzungen.

Investitionszulagen werden nicht im Rahmen der Einkommen- bzw. Körperschaftsteuer-Veranlagung berücksichtigt, sondern unabhängig davon an den Empfänger ausgezahlt. Investitionszulagen gehören demnach nicht zu den Einkünften gemäß EStG bzw. KStG (§ 13 InvZulG). Ein Wahlrecht, die Zulage auch zur Kürzung von Anschaffungs- oder Herstellungskosten bestimmter Wirtschaftsgüter verwenden zu können, besteht nicht.

Investitionszuschüsse

Zuschüsse sind Vermögensteile, die dem Zuschussempfänger mit der Bestimmung zugewendet werden, sie zur Förderung eines - zumindest auch - im Interesse des Zuschussgebers liegenden Zwecks zu verwenden. Diese Zuschüsse sind dabei keine Gegenleistungen für Leistungen des Empfängers (R 6.5. Abs. 1 EStR). Es werden echte von unechten Zuschüssen unterschieden.

echte Zuschüsse

Echte Zuschüsse liegen vor, wenn Zahlungen in erster Linie dem leistenden Unternehmer zu seiner Förderung, d. h. überwiegend in seinem Interesse, entrichtet wurden, z. B. um ihn aus bestimmten strukturellen oder wirtschaftlichen Gründen zu subventionieren. Danach kommt es entscheidend darauf an, welche Zwecke der Zahlende mit den Zahlungen verfolgt, z. B. Agrarsubventionen aus öffentlichen Mitteln, Förderung neuer Technologien oder die Erschließung neuer Märkte. Echte Zuschüsse sind aufgrund des fehlenden Leistungsaustausches nicht umsatzsteuerpflichtig (Abschn. 150 Abs. 7 UStR).

unechte Zuschüsse

Unechte Zuschüsse liegen hingegen vor, wenn sie als Entgelt gemäß § 1 Abs. 1 Nr. 1 UStG gezahlt werden. Dies ist dann der Fall, wenn Zuschussnehmer Leistungen gegenüber den Zuschussgebern erbringen, die diese wiederum mit dem dafür vorgesehenen Entgelt begleichen. In diesem Sinne ist der unechte Zuschuss als umsatzsteuerpflichtig zu bewerten und zu behandeln.

erfolgswirksame vs. erfolgsneutrale Behandlung

Investitionszuschüsse sind in der Regel mit der Zweckbestimmung gewährt, sie zur Anschaffung oder Herstellung von Wirtschaftsgütern des Anlagevermögens zu verwenden. Im Allgemeinen sind diese Zuschüsse als Betriebseinnahme zu erfassen und erhöhen somit den Gewinn. Die Richtlinien gewähren jedoch aus Billigkeitsgründen das Wahlrecht, erhaltene Zuschüsse auch von den Anschaffungs- bzw. Herstellungskosten der Anlagegüter abzusetzen (R 6.5. Abs. 2 EStR). Die Behandlung der Zuschüsse erfolgt in dem Fall erfolgsneutral.

Bei nachträglicher Gewährung eines Zuschusses ist im Fall der erfolgsneutralen Behandlung die Herabsetzung der Bemessungsgrundlage gemäß § 7a Abs. 1 EStG so zu berücksichtigen, als wäre die Minderung zu Beginn des Jahres eingetreten (R 7a Abs. 4 S. 1 EStR). Sofern ein Zuschuss nachträglich rückzahlbar wird, erhöhen sich mit Beginn des Rückforderungsjahres sowohl die Bemessungsgrundlage für die Abschreibung als auch die Absetzungen und Sonderabschreibungen. Somit sind handelsrechtlich - je nach abweichender Erfassung zur steuerlichen Behandlung von Investitionszuschüssen - latente Steuern zu erfassen. Dies liegt darin begründet, dass Differenzen aufgrund der unterschiedlichen Bemessung für die Abschreibungen erst über die Dauer der betriebsgewöhnlichen Nutzung des subventionierten Wirtschaftsgutes ausgeglichen werden. Demgegenüber verursachen steuerfreie Investitionszulagen keine Steuerlatenzen, da durch die steuerliche Nichtbehandlung eine permanente Differenz zur Handelsbilanz gegeben ist.

8.9.5 Investitionsauslagerung

Im Rahmen von Investitionsentscheidungen kann die Frage auftauchen, ob eine Investition in einer bestehenden oder sogar neu zu gründenden Tochtergesellschaft getätigt werden soll. Die Investition wird also von der investierenden Gesellschaft (= Muttergesellschaft) ausgelagert. Für die steuerliche Betrachtung ist dabei relevant, welche Rechtsform die Tochtergesellschaft hat, denn unterschiedlichen Rechtsformen stehen unterschiedliche Prinzipien der Besteuerung gegenüber. Hier werden die unterschiedlichen Behandlungen von Tochtergesellschaften in ihrer Eigenschaft als Personal- oder Kapitalgesellschaft dargestellt.

Ertragsbesteuerung nach dem Transparenzprinzip

Für Personengesellschaften gilt das Transparenzprinzip. Es besagt, dass eine Personengesellschaft kein einkommensteuerpflichtiges Steuersubjekt darstellt. Gewinne oder Verluste werden auf Ebene der Personengesellschaft ermittelt und auf die Gesellschafter bzw. Mitunternehmer verteilt. Die Ertragsbesteuerung erfolgt im Rahmen der individuellen steuerlichen Veranlagung der Gesellschafter und erscheint transparent. Das Prinzip gilt nicht für die Gewerbesteuer, weil die Personengesellschaft selbst Steuerpflichtiger ist (§ 5 GewStG) und somit die Steuerschuld nicht auf die Gesellschafter verlagert wird. Die Gewerbesteuer wird also bei der Tochtergesellschaft belastet, während die Einkommensteuer von den Gesellschaftern zu entrichten ist.

Ertragsbesteuerung nach dem Trennungsprinzip

Im Gegensatz zum Transparenzprinzip wird bei Kapitalgesellschaften das Trennungsprinzip angewandt. Dabei erfolgt die Besteuerung einer Gesellschaft unabhängig von den Anteilseignern. Die Kapitalgesellschaft stellt ein eigenständiges Steuersubjekt dar, dessen Gewinne nach den Vorschriften des KStG ermittelt und besteuert werden. Die Ausschüttungen an die Gesellschafter stellen ihre individuellen Einkünfte dar und unterliegen deren Ertragsteuern. Dabei wird die steuerliche Belastung der Gesellschaft bei der Besteuerung des Gesellschafters im Rahmen des Teileinkünfteverfahrens bzw. der Abgeltungsteuer berücksichtigt.

Gestaltungsmöglichkeiten der Investitionsauslagerung

In Abhängikeit von der Rechtsform des investierenden Unternehmens entstehen unterschiedliche steuerliche Auswirkungen für die ausgelagerte Investition. Im Folgenden werden dazu zwei Fälle unterschieden: Im ersten wird die Muttergesellschaft als Personengesellschaft angenommen und untersucht, welche Auswirkungen dies auf die Auslagerung im Tochterunternehmen haben kann. Im zweiten Fall wird von einem Mutterunternehmen als Kapitalgesellschaft ausgegangen.

Mutterunternehmen als Personengesellschaft

Erfolgt die Auslagerung der Investition einer Personengesellschaft in ihr Tochterunternehmen, das ebenfalls als Personengesellschaft besteht, gelten folgende steuerliche Kriterien:

Auslagerung in Personengesellschaft

- die gewerbesteuerliche Belastung erfolgt auf der Ebene der Tochtergesellschaft gemäß Transparenzprinzip
- Gewinne nach GewStG werden den Gesellschaftern der Muttergesellschaft zur Einkommensteuer-Berücksichtigung zugewiesen
- der Gewerbesteuer-Freibetrag ist zu berücksichtigen
- auf Ebene der Gesellschafter erfolgt gemäß § 9 Abs. 2 GewStG keine weitere Belastung der zugewiesenen Gewinne mit Gewerbesteuer

Ist für die Tochtergesellschaft die Form einer Kapitalgesellschaft gewählt, sind folgende Rahmenbedingungen zu berücksichtigen:

Auslagerung in Kapitalgesellschaft

- Gewinne aus Investitionen werden auf Ebene der Tochtergesellschaft mit Gewerbe- und Körperschaftsteuer gemäß Trennungsprinzip belastet
- solange keine Gewinnausschüttungen erfolgen, folgt auch keine steuerliche Belastung der Muttergesellschaft
- bei Gewinnausschüttungen wird die Muttergesellschaft nach dem Teileinkünfteverfahren besteuert (§ 3 Nr. 40 EStG)

- bei der Gewerbesteuer erfolgt keine Berücksichtigung eines Freibetrages
- bei Beteiligungen an der Tochtergesellschaft bis 15 % geht die Ausschüttung in den Gewerbeertrag ein
- bei Beteiligungen über 15 % ist die Ausschüttung der Gewerbesteuer freigestellt

Mutterunternehmen als Kapitalgesellschaft

Auslagerung in Personengesellschaft

Existiert das Mutterunternehmen als Kapitalgesellschaft und investiert in ihr Tochterunternehmen, das als Personengesellschaft besteht, gelten folgende Kriterien für die steuerliche Behandlung:

- auf Ebene der Tochtergesellschaft erfolgt die gewerbesteuerliche Belastung gemäß Transparenzprinzip; die ermittelten Gewinne und Verluste werden unmittelbar den Gesellschaftern (Steuersubjekte i. S. d. § 1 EStG, §§ 1, 2 KStG) als steuerpflichtige Gewinnanteile zugerechnet und der Körperschaftsteuer unterworfen
- der entnommene Gewinn wird auf der Ebene der Muttergesellschaft nicht noch einmal der Gewerbesteuer unterworfen (Kürzung gemäß § 9 Abs. 2 GewStG)
- bei Gewinnthesaurierung gilt § 34 a EStG[1]

Auslagerung in Kapitalgesellschaft

Investiert eine Kapitalgesellschaft in ihr Tochterunternehmen, das ebenfalls als Kapitalgesellschaft existiert, sind folgende Bedingungen zu berücksichtigen:

- hier gilt das Trennungsprinzip, d. h. die gewerbesteuerliche und die körperschaftsteuerliche Belastung erfolgt auf Ebene der Tochtergesellschaft
- die Gewinnausschüttung, die eine Kapitalgesellschaft von einer anderen Kapitalgesellschaft empfängt, ist von der Körperschaftsteuer befreit (§ 8b Abs. 1 KStG); ein Teilbetrag der Gewinnausschüttung i. H. v. 5 % gilt jedoch als nicht abzugsfähige Betriebsausgabe

8.10 Gestaltungsmissbrauch

Die bereits erwähnten Gestaltungsfelder aus Sicht des Steuerrechts bieten einem Unternehmen verschiedene Möglichkeiten, die Steuerbelastungen zu optimieren. Bei der Anwendung im Betrieb – das Gleiche gilt auch für Privatpersonen – ist allerdings darauf zu achten, dass die Rahmenbedingungen eingehalten werden. Anderenfalls könnte der Tatbestand des Gestaltungsmissbrauchs oder sogar einer Steuerhinterziehung entstehen.

Die Finanzverwaltung muss Steuergestaltungen akzeptieren, auch wenn diese im geltenden Steuerrecht nicht ausdrücklich vorgesehen sind (Grundsatz der Vertrags- und Gestaltungsfreiheit). Nicht zulässig ist jedoch, steuerrechtliche Vorschriften durch die Wahl einer unangemessenen rechtlichen oder wirtschaftlichen Gestaltung zu umgehen. In § 42 AO ist ausdrücklich geregelt, dass das Steuergesetz durch Missbrauch von Gestaltungsmöglichkeiten nicht umgangen werden darf.

---

[1] Die Gewinnthesaurierung ist eine Form der Kapitalbildung, bei der die Gewinne teilweise nicht an Gesellschafter ausgeschüttet, sondern im Betrieb einbehalten und verwendet werden; die Gewinnthesaurierung wird über die Zuführung zu den Gewinnrücklagen oder über den Gewinnvortrag auf neue Rechnung erreicht.

8.10.1 Tatbestand des Gestaltungsmissbrauchs

Die steuerrechtliche Gestaltung setzt die Existenz entsprechender zivilrechtlicher Gestaltungselemente oder -komponenten (Mietverträge, Anstellungsverträge, Darlehensverträge, usw.) voraus. Grundvoraussetzung für die steuerliche Wirksamkeit der gewählten Art der Gestaltung ist, dass diese nicht gegen eine entsprechende Vorschrift zur Vermeidung missbräuchlicher Gestaltung eines Einzelsteuergesetzes verstößt. Begründet der konkrete Sachverhalt einen solchen Verstoß, wird die Gestaltung steuerlich nicht anerkannt. So liegt z. B. bei Mietverträgen mit nahen Angehörigen ohne tatsächliche Nutzung des gemieteten Wirtschaftsgutes ein Scheingeschäft vor (§ 117 BGB). Scheingeschäfte sind jedoch nach § 41 Abs. 2 AO für die Besteuerung unerheblich.

Ein Gestaltungsmissbrauch liegt vor, wenn eine unangemessene rechtliche Gestaltung gewählt wird, die beim Steuerpflichtigen oder einem Dritten im Vergleich zu einer angemessenen Gestaltung zu einem gesetzlich nicht vorgesehenen Steuervorteil führt. Von einer unangemessenen Gestaltung ist insbesondere dann auszugehen, wenn deutlich hervortritt, dass diese allein auf eine Steuerersparnis abzielt und kein wirtschaftlicher oder anderweitig anerkennenswerter Grund vorliegt.

Laut § 42 AO ist von einer unangemessenen Gestaltung auszugehen, wenn einer der folgenden Umstände zutrifft:

Voraussetzungen der Unangemessenheit

- Es entsteht bei dem Steuerpflichtigen oder einem Dritten ein Steuervorteil. Dieser kann sowohl in Verringerung der steuerlichen Belastung als auch in der Realisierung von Steuererstattungen oder Steuerrückvergütungen bestehen. Steuervorteile bei nahestehenden Dritten, z. B. Gesellschafter oder nahe Familienangehörige, werden durch das Finanzamt bei der Beurteilung des Sachverhaltes einbezogen.

- Es entsteht ein gesetzlich nicht vorgesehener Vorteil.

- Die Unangemessenheit ergibt sich einerseits aus einem möglichen Steuervorteil einer steuerlichen Gestaltung. Ist bei der Bewertung der Gesamtheit der rechtlichen und wirtschaftlichen Verhältnisse der Gestaltung anderseits offensichtlich, dass es sich um eine unwirtschaftliche, ineffektive, komplizierte, überflüssige oder widersinnige Gestaltung handelt, ist die Vermutung der Unangemessenheit aus Sicht des Finanzamtes anzunehmen. Wann eine Gestaltung unangemessen ist, muss jedoch für den Einzelfall und für jede Steuerart individuell entschieden werden.

- Es fehlen beachtliche außersteuerliche Gründe. Die gesetzliche Vermutung des § 42 Abs. 2 AO über die Missbräuchlichkeit einer Steuergestaltung kann abschließend nur durch den Nachweis beachtlicher außersteuerlicher Gründe widerlegt werden. Außersteuerliche Gründe können wirtschaftlicher oder privater Natur sein, müssen hinreichend konkret sein und dürfen nicht primär auf die Steuerersparnis abzielen. Beachtlich sind die außersteuerlichen Gründe dann, wenn sie auch durch einen Dritten ungeachtet des Steuervorteils berücksichtigt werden.

Beispiel Gestaltungsmissbrauch

> Herr Menzel beabsichtigt, seinem Kind eine Schenkung in Höhe von 800.000,00 € zu machen. Um die Freibeträge nach § 16 ErbStG nicht zu überschreiten, werden dem Kind 400.000,00 € direkt und die restlichen 400.000,00 € Frau Menzel geschenkt. Sie schenkt diese 400.000,00 € ihrerseits anschließend dem Kind.
>
> Die fehlenden außersteuerlichen Gründe für diese Gestaltung und das Entstehen von nicht vorgesehenen Steuervorteilen veranlassen die Finanzverwaltung, von einem Verstoß gegen § 42 AO ausgehen.

Die Beweislast für eine Gestaltung nach außersteuerlichen Gründen wird dem Steuerpflichtigen auferlegt. Bei einem gegebenen Steuervorteil durch Gestaltung besteht die gesetzliche Vermutung des Missbrauchs. Diese kann nur widerlegt werden, wenn der Steuerpflichtige für die gewählte Gestaltung außersteuerliche Gründe nachweist, die nach dem Gesamtbild der Verhältnisse beachtenswert sind.

Folgen des Gestaltungsmissbrauchs

Kann durch den Steuerpflichtigen die Missbrauchsvermutung nicht widerlegt werden und stellt die Finanzverwaltung einen Gestaltungsmissbrauch fest, ist für die Rechtsfolgen maßgeblich, gegen welche Steuerrechtsnormen verstoßen wurde:

- Wird gegen die Vorschriften eines Einzelsteuergesetzes verstoßen, verstoßen, bestimmen sich auch die Folgen nach dieser Vorschrift.

- Ist eine Steuerumgehung durch missbräuchliche Gestaltung im Sinne des § 42 AO gegeben, entsteht ein Steueranspruch, so wie er bei einer angemessenen rechtlichen Gestaltung entstanden wäre. Der angestrebte Steuervorteil wird nicht gewährt bzw. bei einer nachträglichen Feststellung rückgängig gemacht. Sind mehrere angemessene Steuergestaltungen möglich, ist die für den Steuerpflichtigen steuerlich günstigere zu wählen.

- Ist die Veranlagung bereits erfolgt, werden die Steuerbescheide entsprechend geändert oder aufgehoben. Für Bescheide, die unter dem Vorbehalt der Nachprüfung stehen, kann die Änderung gemäß § 164 Abs. 2 AO erfolgen. Ist dies nicht mehr möglich, erfolgt die Änderung wegen neuer Tatsachen auf Grundlage von § 173 Abs. 1 Nr. 1 AO.

- Die Feststellung eines Gestaltungsmissbrauchs gemäß § 42 AO berührt hingegen nicht die zivilrechtliche Wirksamkeit der gewählten Gestaltung. Alle als Instrumente der Gestaltung abgeschlossenen Verträge oder abgegebenen Erklärungen bleiben weiterhin rechtswirksam und müssen erfüllt werden.

8.10.2 Übergang zur Steuerhinterziehung

Die Feststellung einer missbräuchlichen steuerlichen Gestaltung kann zu einer Strafverfolgung wegen Steuerhinterziehung nach § 370 AO führen. Die Strafbarkeit ergibt sich nicht zwangsläufig aus der Wahl der Gestaltung. Werden jedoch missbräuchliche Vertragsgestaltungen absichtlich verschwiegen oder vorsätzlich unvollständige Angaben darüber gemacht, begeht der Steuerpflichtige neben dem Gestaltungsmissbrauch auch eine Steuerhinterziehung; diese kann zu einer Verurteilung in einem Steuerstrafverfahren führen. Es ist daher notwendig, die gewählten steuerlichen Gestaltungen im Rahmen der Steuererklärungen so zu dokumentieren und zu erläutern, dass das Finanzamt ohne weitere eigene Ermittlungen die tatsächlichen Besteuerungsgrundlagen feststellen kann.

Auf Grund der Unbestimmtheit der Rechtsbegriffe kann der Rechtsunsicherheit bei Gestaltungen nur durch eine verbindliche Auskunft gemäß § 89 AO begegnet werden: Der Steuerpflichtige muss vor der Verwirklichung der steuerlichen Gestaltung dem zuständigen Finanzamt den zukünftigen Sachverhalt vollständig darlegen. Die Finanzverwaltung wiederum ist an die in der verbindlichen Auskunft getroffenen Feststellungen gebunden, sofern die späteren tatsächlichen Verhältnisse nicht oder nur unwesentlich von dem dargestellten Sachverhalt abweichen.

Wissenskontrollfragen

Die Lösungen finden Sie online unter www.edumedia.de/verlag/loesungen.

1) Hat es einen Einfluss auf die Umsatzsteuer, ob jemand Einkünfte aus Gewerbebetrieb (§ 15 EStG) oder aus selbstständiger Tätigkeit (§ 18 EStG) erzielt?

2) Gibt es bei der Gewerbesteuer einen Unterschied zwischen einer Personengesellschaft und einer Kapitalgesellschaft?

3) Stellen Sie die Merkmale körperschaftsteuerlicher, gewerbesteuerlicher und umsatzsteuerlicher Organschaften dar.

4) Woraus resultiert der Finanzierungseffekt bei der Bildung von Rückstellungen?

5) Welchen Vorteil hat die vorrangige Verlustrückrechnung gemäß § 10d EStG für ein Unternehmen?

6) Welche Wertgrenzen sind bei Entscheidungen bezüglich geringwertiger Wirtschaftsgüter (GwG) zu berücksichtigen?

7) Bei bestimmten Investitionen können nicht nur steuerliche Belastungen auftreten, sondern auch Einnahmen in Form von Investitionszulagen oder Investitionszuschüssen realisiert werden.

Welche Unterschiede bestehen in der steuerlichen Behandlung von Investitionszulagen und Investitionszuschüssen?

8) Werden Investitionen nicht im Unternehmen selbst, sondern in einem verbundenen Unternehmen (Tochtergesellschaft) durchgeführt, unterscheiden sich die ertragsteuerlichen Auswirkungen in Abhängigkeit von der Rechtsform des durchführenden Unternehmens.

Welche Besteuerungsprinzipien sind bei der Abgrenzung der steuerlichen Auswirkungen zu berücksichtigen?

9) Welches Verhältnis besteht zwischen der steuerrechtlichen und der zivilrechtlichen Gestaltung der Verhältnisse im Unternehmen?

10) Was wird unter Gestaltungsmissbrauch verstanden?

11) Führt eine missbräuchliche Steuergestaltung zwingend zu einer Steuerhinterziehung?

9

Musterklausuren

Vor allem für zukünftige Prüfungsteilnehmer sind Musterklausuren hilfreich, um den eigenen Wissensstand zu überprüfen und ein Gefühl für den zeitlichen Rahmen einer Prüfungssituation zu entwickeln.

Inhalt

- 1. Musterklausur
- 2. Musterklausur
- 3. Musterklausur

Hinweis:
Die Lösungen zur Klausur finden Sie online unter www.edumedia.de/verlag/loesungen.

1. Musterklausur

Die Lösungen finden Sie online unter www.edumedia.de/verlag/loesungen.

Aufgabe 1: Abgabenordnung (max. 15 Punkte)

a) Ben Richter wurde vom Finanzamt zur Abgabe seiner Einkommensteuererklärung bis zum 05. September 2017 aufgefordert. Aufgrund seiner Arbeitsüberlastung reagierte er auf die Aufforderung nicht.

- Welche Maßnahme wird das Finanzamt ergreifen?
  Aufgrund welcher Gesetzesnorm kann das Finanzamt diese Maßnahme durchsetzen?

b) Steuern können nach ihrer wirtschaftlichen Auswirkung beim Steuerschuldner unterschieden werden.

- Welche Arten gibt es hierfür? Beschreiben Sie diese kurz und nennen Sie jeweils 2 Beispiele.

c) Das Finanzamt Stuttgart erlässt mit Datum vom 18.02. den Einkommensteuerbescheid des Steuerpflichtigen Winter für das Vorjahr. Dieser geht beim Steuerpflichtigen am 19.02.2017 ein. Hierbei wurden bei den Einkünften aus nichtselbstständiger Arbeit die Werbungskosten nicht voll vom Finanzamt anerkannt.

	Januar					Februar				März			
Mo	2	9	16	23	30	6	13	20	27	6	13	20	27
Di	3	10	17	24	31	7	14	21	28	7	14	21	28
Mi	4	11	18	25		1	8	15	22	1	8	15	22	29
Do	5	12	19	26		2	9	16	23	2	9	16	23	30
Fr	6	13	20	27		3	10	17	24	3	10	17	24	31
Sa	7	14	21	28		4	11	18	25	4	11	18	25
So	1	8	15	22	29	5	12	19	26	5	12	19	26

- Was kann der Steuerpflichtige gegen den Bescheid unternehmen? Welche Rechtsgrundlage liegt Ihrer Entscheidung zugrunde?

◆ Wann wurde der Bescheid bekannt gegeben? Bitte begründen Sie Ihre Antwort.

....

....

....

◆ Berechnen Sie die Rechtsbehelfsfrist.

....

....

....

d) Der Steuerpflichtige Müller hat seine Umsatzvoranmeldung für den Monat Januar 2017 am 15. März abgegeben. Eine Dauerfristverlängerung liegt vor. Da er derzeit finanzielle Probleme hat, zahlt er die Umsatzsteuerschuld am 25.03.2017.

◆ Wann hätte Herr Müller seine Umsatzsteuervoranmeldung abgeben müssen?

....

....

....

◆ Welche steuerlichen Nebenleistungen wird das Finanzamt festsetzen? Definieren Sie diese.

....

....

....

◆ Was kann Herr Müller gegen die festgesetzten Nebenleistungen unternehmen?

....

....

....

Aufgabe 2: Umsatzsteuer (max. 33 Punkte)

a) Welche Umsatzsteuersätze kennen Sie?

b) Welche Bestandteile muss eine Rechnung enthalten? Nennen Sie die geltenden Normen.

c) Wie lange hat ein Unternehmer Rechnungen aufzubewahren? Liegt hierzu eine Norm zugrunde?

d) Der Hotelbetreiber Max Müller schreibt an den Unternehmer Klein folgende Rechnung (Auszug aus der Rechnung):

Übernachtung für den Zeitraum vom 01.06.2017 bis 05.06.2017

4 Tage je 50,00 € netto	200,00 €
19 % Umsatzsteuer	38,00 €
Gesamtbrutto	238,00 €

◆ Welchen Betrag muss Max Müller an das Finanzamt bezahlen? Welchen Betrag kann Herr Klein als Vorsteuer geltend machen? Nennen Sie die entsprechenden Rechtsgrundlagen.

e) Beurteilen Sie für die folgenden Geschäftsfälle, ob die Umsätze steuerbar sind und geben Sie die geltenden Rechtsgrundlagen an. Bei den genannten Personen handelt es sich um Unternehmer im Sinne des § 2 UStG.

- Der Apotheker Schmidt verkauft in seiner Apotheke in Stuttgart Medikamente gegen Barzahlung.

- Der Taxifahrer Heinze fährt einen Fahrgast von München nach Stuttgart.

- Der Bäcker Schindler entnimmt Brot und Brötchen für seinen Privathaushalt.

- Der Steuerberater Dietrich verwendet seinen betrieblichen Pkw für eine private Fahrt.

- Der Landschaftsgärtner Straube aus Hannover setzt einige seiner Angestellten zur Pflege des Gartens seines privat genutzten Einfamilienhauses ein.

- Der Großhändler Röder fährt mit seinem Lkw eine Sondermaschine von Zürich nach Berlin. Er lässt die Maschine zum zoll- und steuerrechtlichen freien Verkehr abfertigen.

- Der Baumarkt Tagebau in Köln erwirbt vom Hersteller Klinkersteine in Venlo (Niederlande). Der Hersteller transportiert die Steine mit dem Lkw nach Köln.

f) Das Umsatzsteuergesetz unterscheidet verschiedene Gebietsbegriffe. Welche Orte in der Tabelle gehören zum Inland, Ausland, Gemeinschaftsgebiet bzw. Drittland? Kreuzen Sie an und begründen Sie Ihre Entscheidung anhand der geltenden Rechtsgrundlage.

Ort	Inland	Ausland	Gemeinschafts-gebiet	Drittland	Übriges Gemein-schaftsgebiet
Berlin					
Insel Helgoland					
Insel Sylt					
Freihafen Cuxhaven					
Büsingen					
Basel					
Rom					
Prag					
Insel Isle of Man					

Aufgabe 3: Lohnsteuer (max. 7 Punkte)

◆ Benennen Sie sieben Lohnsteuerabzugsmerkmale, die der Arbeitgeber der ELStAM Datei zur Lohnabrechnung entnehmen kann.

....

....

....

Aufgabe 4: Einkommensteuer (max. 23 Punkte)

a) Nennen Sie acht Formulare die zur Einkommenssteuererklärung gehören.

....

....

....

b) Der Rennfahrer Pfeiffer, der die französische Staatsbürgerschaft besitzt, wohnt mit seiner Familie in Salzburg. Beim Großen Preis von Deutschland am Nürburgring belegt er Platz 1 und erhält als Preisgeld 100.000,00 €. Ist er in Deutschland einkommensteuerpflichtig?

....

....

c) Renate Bauer betreibt in Regensburg einen Friseursalon. Sie ermittelt ihren Gewinn nach § 5 EStG. Nehmen Sie zu folgenden Sachverhalten Stellung. Wie hoch ist die Betriebseinnahme bzw. Betriebsausgabe? Wie hoch ist der Restbuchwert zum 31.12.2017?

◆ Im Februar 2017 erwirbt Frau Bauer ein unbebautes Grundstück zum Kaufpreis von 600.000,00 €. Es fällt Grunderwerbsteuer in Höhe von 18.500,00 € an, die Frau Bauer am 15. März 2017 bezahlt. Folgende Notarkosten fallen im Zuge des Kaufs an:

Beurkundung des Kaufvertrages	4.000,00 €
Eintragung der Grundschuld	2.500,00 €
Eintragung im Grundbuch	750,00 €.

◆ Zur Finanzierung des Grundstücks nimmt Frau Bauer am 01. Februar 2017 ein Darlehen in Höhe von 200.000,00 € auf. Die Laufzeit des Darlehens beträgt 5 Jahre. Sie zahlt 2017 Schuldzinsen in Höhe von 9.500,00 € und ein Disagio in Höhe von 7.500,00 €.

◆ Frau Bauer hat einen Wäschetrockner. Hier werden die Handtücher des Friseursalons und die private Wäsche getrocknet. Die betriebliche Nutzung des Wäschetrockners beträgt 5 %.

◆ Frau Bauer übergibt einer guten Kundin zu Weihnachten ein Geschenk im Wert von netto 55,00 €.

◆ Frau Bauer zahlt Gewerbesteuervorauszahlung in Höhe von 3.000,00 € und Einkommensteuervorauszahlung in Höhe von 5.000,00 €.

◆ Der Steuerberater von Renate Bauer hat die Bilanz des Vorjahres erstellt. Es wird eine Erstattung der Einkommensteuer erwartet. Zum Dank lädt sie ihren Steuerberater zum Essen ein und bespricht mit ihm währenddessen auch Maßnahmen zur Umsatzsteigerung. Die Kosten für das Essen belaufen sich auf insgesamt 120,00 €.

Aufgabe 5: Körperschaftsteuer (max. 3 Punkte)

a) Nennen Sie Beispiele für nicht abzugsfähige Betriebsausgaben einer GmbH sowie die jeweilige Rechtsgrundlage.

b) Die Firma Kielholz GmbH legt nachstehende Gewinn- und Verlustrechnung vor. Wie hoch ist das zu versteuernde Einkommen? Berechnen Sie auch das steuerliche Ergebnis (Körperschaftsteuer und Solidaritätszuschlag) und geben Sie an, unter welcher Bilanzposition dies auszuweisen ist.

Position	Betrag
Erträge	245.920,95 €
Aufwendungen	- 190.480,25 €
Gewinn	55.440,70 €
In den Erträgen ist enthalten:	
Dividende aus Beteiligung	1.000,00 €
In den Aufwendungen sind enthalten:	
Gewerbesteuer-Vorauszahlung	9.900,00 €
Körperschaftsteuer-Vorauszahlung	8.500,00 €
Vorauszahlung zur Solidaritätszuschlag	467,50 €
Kapitalertragsteuer auf Dividende	250,00 €
Solidaritätszuschlag auf Kapitalertragsteuer	13,75 €
30 % nicht abzugsfähige Bewirtungskosten	175,25 €

Aufgabe 6: Gewerbesteuer (max. 13 Punkte)

a) Beurteilen Sie die folgenden Geschäftsfälle und geben Sie die jeweiligen Rechtsgrundlagen an.

◆ Wer erhebt die Gewerbesteuer?

◆ Was ist Steuergegenstand?

◆ Gibt es Unternehmungen, die von der Gewerbesteuer befreit sind? Nennen Sie zwei Beispiele.

◆ In welchem Zeitraum wird die Gewerbesteuer erhoben?

b) Petra Straube betreibt eine Metzgerei. Der vorläufige handelsrechtliche Gewinn beträgt 50.085,68 €. Für die Finanzierung der Kühlanlage hat sie 11.510,60 € Zinsen jährlich bezahlt. Ferner hat sie das computergesteuerte Kassensystem für eine monatliche Rate von 120,00 € geleast. Die Gewerbesteuervorauszahlung betrug 1.200,00 €. Ferner wurden Kunden im laufenden Geschäftsjahr für insgesamt 800,00 € bewirtet. Darüber hinaus hat Petra Straube eine Spende in Höhe von 350,00 € über das betriebliche Geschäftskonto an einen Sportverein getätigt.

◆ Berechnen Sie den Gewerbeertrag.

Aufgabe 7: Steuerliche Aspekte der Unternehmensgründung (max. 6 Punkte)

Es gibt u.a. folgende Unternehmensrechtsformen: Einzelunternehmen, BGB-Gesellschaft, KG, OHG, GmbH, Ltd., UG sowie Mischformen.

a) Wie lauten die vollständigen Rechtsformbegriffe von BGB-Gesellschaft, KG, Ltd. und UG?

b) Nennen Sie jeweils 2 Vor- und Nachteile, die bei der Rechtsform der GmbH zu berücksichtigen sind.

c) Nennen Sie 2 Beispiele für Mischformen.

2. Musterklausur

Die Lösungen finden Sie online unter www.edumedia.de/verlag/loesungen.

Aufgabe 1: Abgabenordnung (max. 15 Punkte)

a) Hermann Welke bewohnt in Leutkirch ein Einfamilienhaus. Am 05. Januar dieses Jahres erhält er einen Bescheid mit der Aufforderung zur Zahlung von Grundsteuer in Höhe von 250,00 €. Am 10. Februar folgt ein Bescheid, nach dem er als Anlieger einen Anteil in Höhe von 1.000,00 € zur Erneuerung der Straßenbeleuchtung in seiner Straße leisten soll. Am 18. März war Herr Welke beim Einwohnermeldeamt, um einen Ersatz für seinen verloren gegangenen Personalausweis zu beantragen. Hierfür musste er 10,00 € zahlen.

Um welche Art von Abgaben handelt es sich bei den angeforderten Beträgen?
Begründen Sie kurz Ihre Antwort.

◆ Grundsteuer

....

....

....

◆ Anteil Straßenbeleuchtung

....

....

....

◆ Neuer Personalausweis

....

....

....

b) Elvira Huber hat ihren Wohnsitz in Mannheim. Sie ist Besitzerin einer Nachtbar in Frankfurt.
Welche Finanzämter sind für Frau Huber örtlich zuständig? Begründen Sie kurz.

◆ ... für die Einkommensteuer

....

◆ ... für die Nachtbar

....

c) Der Steuerpflichtige Egon Mahler hat seine am 10. März 2017 fällige Umsatzsteuerzahlung in Höhe von 1.499,00 € erst am 20. Mai 2017 an das Finanzamt überwiesen.

◆ Welchen Zuschlag wird das Finanzamt erheben?

....

....

....

◆ Berechnen Sie den Zuschlag und erläutern Sie Ihre Berechnung.

....

....

....

d) Die nicht verheiratete Sylvia Harnisch aus Frankfurt/Main erhält am 21.01. ihren Einkommensteuerbescheid für das Vorjahr. Dieser wurde am 20.01. durch das Finanzamt zur Post gegeben. Bei der Kontrolle des Bescheides stellt sie fest, dass statt eines Verlustes aus Vermietung und Verpachtung in Höhe von 4.500,00 € ein Gewinn von 4.500,00 € angesetzt wurde. Daher legt sie beim Finanzamt einen schriftlichen Widerspruch ein.

	Januar					Februar				März			
Mo	2	9	16	23	30	6	13	20	27	6	13	20	27
Di	3	10	17	24	31	7	14	21	28	7	14	21	28
Mi	4	11	18	25		1	8	15	22	1	8	15	22	29
Do	5	12	19	26		2	9	16	23	2	9	16	23	30
Fr	6	13	20	27		3	10	17	24	3	10	17	24	31
Sa	7	14	21	28		4	11	18	25	4	11	18	25
So	1	8	15	22	29	5	12	19	26	5	12	19	26

◆ Wann wurde der Bescheid bekannt gegeben? Begründen Sie Ihre Antwort.

....

....

....

◆ Ermitteln Sie die Rechtsbehelfsfrist.

....

....

....

e) Der Steuerpflichtige Albert Brecht hat – trotz Aufforderung und Festsetzung diverser Zwangsmaßnahmen durch das Finanzamt – bis heute keine Umsatzsteuererklärung 2015 eingereicht.

- Welche Möglichkeit zur Ermittlung der Besteuerungsgrundlagen steht dem Finanzamt zur Verfügung? Begründen sie kurz unter Angabe des einschlägigen Paragrafen.

....

....

....

- Welchen Zuschlag wird das Finanzamt in diesem Bescheid wahrscheinlich zusätzlich festsetzen und wie hoch darf dieser maximal sein? Bitte nennen Sie die Gesetzesvorschriften.

....

....

....

Aufgabe 2: Umsatzsteuer (max. 33 Punkte)

a) Hanno Müller betreibt in Aschaffenburg (Bayern) in der Nilkheimer Str. 120 ein Baustoffgeschäft als Groß- und Einzelhändler. Das Grundstück mit dem Betriebsgebäude gehört Herrn Müller. Ferner vermietet er in der Hauptstraße 56 mehrere Büros und Wohnungen. Er selbst wohnt in einem Einfamilienhaus in der Schloßstraße 55, das seiner Ehefrau gehört. Als Hobby sammelt Herr Müller altes Blechspielzeug. Er hat sich in Sammlerkreisen einen guten Namen als Experte gemacht und erstellt daher oft Expertisen und Gutachten für Käufer und Verkäufer von alten Spielsachen.
Herr Müller unterliegt der Regelbesteuerung. Bei innergemeinschaftlichen Lieferungen und Erwerben verwendet er seine deutsche Umsatzsteuer-Identifikationsnummer (USt-IdNr.). Auf Steuerbefreiungen hat Herr Müller - soweit möglich und sinnvoll - verzichtet. Soweit in den einzelnen Textziffern keine gegenteilige Aussage getroffen wird, gelten alle erforderlichen Buch- und Belegnachweise als erbracht.

- Nehmen Sie Stellung zur umsatzsteuerlichen Unternehmereigenschaft des Herrn Müller und zum Umfang seines Unternehmens.

....

....

....

- Nehmen Sie zur Steuerschuldnerschaft nach § 13 b UStG Stellung.

....

....

....

b) Beurteilen Sie die folgenden Geschäftsfälle (GF) des Hanno Müller und tragen Sie die Lösung in das beigefügte Lösungsschema ein (Art und Ort mit Angabe der einschlägigen Rechtsgrundlagen sowie die Bemessungsgrundlage des Umsatzes).

- **Geschäftsfall A:**
  Bruttoeinnahmen aus Gutachten für andere Sammler 595,00 €

- **Geschäftsfall B:**
  Bruttoeinnahmen aus Verkäufen von Baumaterialien 1.190,00 €

- **Geschäftsfall C:**
  Am 24.05. lieferte ein italienischer Lieferant (Sitz in Mailand, italienische USt-IdNr.) eine Position Marmor. Diesen hatte Herr Müller direkt in Italien bestellt. Die Rechnung ist im Sinne des UStG vollständig und beläuft sich auf 84.000,00 €.

- **Geschäftsfall D:**
  Das seiner Frau gehörende Einfamilienhaus wurde im März renoviert. Dazu lieferte er an seine Frau kostenlos Material, das er zu diesem Zweck für 2.500,00 € zzgl. 19 % USt (= 475,00 €) eingekauft hatte. Einem fremden Dritten hätte Herr Müller 7.500,00 € zzgl. USt in Rechnung gestellt.

- **Geschäftsfall E:**
  Herr Müller stellt seinem Arbeitnehmer ein Firmenfahrzeug zur Verfügung, das er auch für private Fahrten nutzen darf; Fahrten zwischen Wohnung und erster Tätigkeitsstätte fallen nicht an. Er führt kein Fahrtenbuch. Der Bruttolistenpreis zum Zeitpunkt der Erstzulassung beträgt 26.856,00 €. Berechnen Sie den monatlichen geldwerten Vorteil.

- **Geschäftsfall F:**
  Das Herrn Müller gehörende Haus in der Hauptstraße 56 wird wie in der folgenden Tabelle stehend genutzt. Er hat – soweit möglich – zur Umsatzsteuerpflicht optiert.

Geschoss	Nutzungsart	tatsächliche Mieteinnahmen
Erdgeschoss Fläche: 180 qm	2 möblierte Appartements, vermietet an Herrn Schneider und Frau Krause zu Wohnzwecken	15.750,00 €
1. Obergeschoss Fläche: 120 qm	Arztpraxis, vermietet an den Orthopäden Dr. med. Schmidt	13.500,00 €
2. Obergeschoss einschl. Dachgeschoss Fläche: 200 qm	Rechtsanwaltsbüro, vermietet an den Rechtsanwalt Stegemann	26.775,00 €

- **Geschäftsfall G:**
  Zur Renovierung seines Büros entnimmt Herr Müller Waren aus seinem Lager.
  Der Entnahmewert der Waren beträgt netto 1.500,00 €

Lösungsschema:

GF	Art des Umsatzes Rechtsgrundlage	Ort des Umsatzes Rechtsgrundlage	nicht steuerbar in €	steuerbar im Inland in €	steuerfrei im Inland in €	steuerpflichtig im Inland zu 19 % in €
A						
B						
C						
D						

GF	Art des Umsatzes Rechtsgrundlage	Ort des Umsatzes Rechtsgrundlage	nicht steuerbar in €	steuerbar im Inland in €	steuerfrei im Inland in €	steuerpflichtig im Inland zu 19 % in €
E						
F						
G						

c) Beurteilen Sie die folgenden Geschäftsfälle des Hanno Müller, bezugnehmend auf die Aufgabe b), hinsichtlich des Vorsteuerabzuges und begründen Sie kurz. Berechnen Sie die Höhe der abziehbaren und nicht abziehbaren Vorsteuerbeträge.

Für das Gebäude in der Hauptstraße 56 sind in 2017 folgende Rechnungen von den Handwerkern gestellt worden:

- Sanitärarbeiten im Erdgeschoss 952,00 €
- Renovierung des Treppenhauses 3.094,00 €
- neues Fenster in der Anwaltspraxis 1.428,00 €
- Einbau einer neuen Tür in der Arztpraxis 1.785,00 €

Alle Beträge stellen Bruttobeträge (inkl. 19 % USt) dar. Die Rechnungen entsprechen allen Erfordernissen zur Vorsteuerabzugsberechtigung.

Lösungsschema:

Geschäftsfall	Vorsteuer gesamt in €	davon abziehbar in €	davon nicht abziehbar in €
Sanitärarbeiten			
Treppenhaus			
Fenster			
Tür			
Summen			

Begründung:

....

....

....

d) Herr Müller überreichte anlässlich des Abschlusses einer Baumaßnahme seinem Kunden Bodo Maier einen Blumenstrauß. Diesen hatte er morgens bei einem Blumenhändler in Aschaffenburg zum Preis von 38,00 € inkl. 7 % USt erworben.

◆ Kann Herr Müller die Vorsteuer geltend machen? Begründen Sie mit Nennung der Normen.

....

....

....

e) Welche Angaben muss eine Rechnung haben, um zum Vorsteuerabzug zu berechtigen? Gibt es hierzu eine gesetzliche Norm?

Aufgabe 3: Lohnsteuer (max. 4 Punkte)

a) Welche beiden Zuschlagsteuern werden zusätzlich zur Lohnsteuer einbehalten und in welcher Höhe werden diese berechnet?

b) Wo wird die Lohnsteuer gesetzlich geregelt?

Aufgabe 4: Einkommensteuer (max. 25 Punkte)

a) Unter welchen Voraussetzungen darf ein Gewerbetreibender i. S. d. § 15 EStG seinen Gewinn nach § 4 Abs. 3 EStG ermitteln? Wie ist dieser Gewinn zu ermitteln?

b) Der Elektromeister Sepp Traut ist nebenberuflich als Gutachter tätig. Hauptberuflich ist er bei der Strom-Traut GmbH als Geschäftsführer beschäftigt. Er hält seit 1978 einen Anteil von 40.000,00 € an der Gesellschaft, das 80 % des Stammkapitals entspricht.

- Welchen einkommensteuerrechtlichen Einkunftsarten sind die Tätigkeiten zuzuordnen?
  Wie bezeichnet man die Ergebnisse der Einkünfteermittlung?
  Begründen Sie Ihre Antworten unter Angabe der einschlägigen Paragrafen.

Gutachtertätigkeit	Geschäftsführertätigkeit

c) Der Werkzeughersteller Eduard Dressler aus Frankfurt/Main möchte gerne von Ihnen wissen, ob er folgende Betriebsausgaben aus einkommensteuerrechtlicher Sicht in 2017 steuermindernd geltend machen darf? Ergänzen Sie in unten stehender Tabelle, ob und gegebenenfalls in welcher Höhe ein Betriebsausgabenabzug möglich ist. Nennen Sie dabei die genaue Rechtsgrundlage.

Aufgabe	abziehbar ja/nein/teils, Höhe in €	Rechtsgrundlage
Für die Bewirtungen von Geschäftspartnern wurden insgesamt 2.000,00 € aufgewendet.		
Die Firma unterhält ein Gästehaus im 20 km entfernten Hanau, in dem Gäste der Firma (keine Arbeitnehmer) für die Zeit ihres Besuches untergebracht werden. Dafür entstanden Aufwendungen in Höhe von 15.000,00 €.		
Herr Dressler leistete eine Spende an eine politische Partei in Höhe von 1.000,00 €, die er als Betriebsausgabe geltend machen möchte.		
Die Firma wurde am 16.08.2017 vom Landgericht zu einer Geldstrafe in Höhe von 25.000,00 € verurteilt, da sie sich nicht an Umweltschutzauflagen gehalten hat.		
Eduard Dressler schenkt seinem Kunden einen eigens für den Betrieb hergestellten Spezialschrauber im Wert von 40,00 € netto.		
Herr Dressler hat sich mehrere Anzüge gekauft, um bei Kundengesprächen gut eingekleidet zu sein.		
Für eine eintägige Dienstreise, die 15 Stunden dauerte, möchte er 50,00 € als Verpflegungspauschale abziehen.		

d) Der Einzelhändler Anton Meißner hatte in 2017 unter anderem gewerbliche Einkünfte aus seinem Einzelhandelsbetrieb und seiner Beteiligung an der Meißner und Söhne OHG in Glücksburg (Hebesatz 320 %). Sein Anteil am Gewinn beträgt 25 %.
Der für 2017 festgesetzte Gewerbesteuermessbetrag für das Einzelunternehmen beträgt 2.000,00 € und für die OHG 8.000,00 €.

◆ Wie hoch ist die Einkommensteuerersparnis für 2017 für Herrn Meißner und wie berechnet sich diese? Nennen Sie die Rechtsgrundlage.

....
....
....

e) Der bilanzierende Schreiner Alois Zimmer möchte eine neue Werkstatt errichten. Deshalb legt er aus seinem Privatvermögen folgende Gegenstände zum 01.01.2017 in seinen Betrieb ein:

- Ein unbebautes Grundstück, das er am 17.06.2005 zum Preis von 50.000,00 € erworben hat. Der Zeitwert (gleichzeitig Teilwert) des Grundstücks beträgt laut Gutachten 75.000,00 €.
- Ein benachbartes Grundstück, das er am 05.02.2016 zum Preis von 95.000,00 € erworben hatte. Der Zeitwert (gleichzeitig Teilwert) des Grundstücks beträgt laut Gutachten 102.000,00 €.

◆ Mit welchen Werten sind die Einlagen zum Zeitpunkt der Einlage zu erfassen?
Wie hoch ist die höchstmögliche Abschreibung für die eingelegten Wirtschaftsgüter im Jahr 2017 (Teilwertabschreibungen sind nicht vorzunehmen)?
Begründen Sie Ihre Antwort unter Nennung der einschlägigen Rechtsgrundlagen.

....
....
....

Aufgabe 5: Körperschaftsteuer (max. 2 Punkte)

◆ Wer unterliegt der unbeschränkten Steuerpflicht? Nennen Sie die Rechtsgrundlage.

....
....

Aufgabe 6: Gewerbesteuer (max. 12 Punkte)

a) Was wird eine Stadt tun, wenn sie die Vorauszahlungen mit Bescheid vom 10. Juni des Jahres an eine höhere Vorjahresschuld anpassen will? Bitte nennen Sie die einschlägigen Rechtsgrundlagen.

....
....
....

b)

- Welcher Zeitraum gilt für die Erhebung der Gewerbesteuer?

....

- In welchem Erhebungszeitraum gilt der Gewerbeertrag bei abweichendem Wirtschaftsjahr als bezogen?

....

c) Nennen Sie jeweils drei Hinzurechnungen und Kürzungen und geben Sie die Rechtsgrundlagen an.

....
....
....

d) Wie wird der Gewerbeertrag bei Kapitalgesellschaften berechnet? Wie hoch ist der Freibetrag?

....
....

Aufgabe 7: Unternehmensgründung   (max. 9 Punkte)

a) Wie lautet die vollständige Bezeichnung für GmbH?

....

b) Wie wird diese gegründet?

....
....

c) Wie ist die Haftung geregelt?

....
....

d) Welchen Firmennamen kann diese erhalten?

....
....

3. Musterklausur

Die Lösungen finden Sie online unter www.edumedia.de/verlag/loesungen.

Aufgabe 1: Abgabenordnung (max. 15 Punkte)

a) Steuern können nach der Ertragshoheit unterschieden werden. Nennen Sie jeweils ein Beispiel für

- eine Bundessteuer: ....
- eine Landessteuer: ....
- eine Gemeindesteuer: ....
- eine Gemeinschaftssteuer: ....

b) Herr Müller betreibt einen Friseursalon in München als Einzelunternehmen. In Stuttgart hat er ein fremd vermietetes Wohngebäude. Er wohnt mit seiner Ehefrau in Augsburg. Diese hat Einkünfte aus nichtselbständiger Arbeit. Der Steuerbescheid an Herrn Müller ging am 08. April 2017 zur Post. Am 05. Mai 2017 schrieb er daraufhin an das Finanzamt:

„Ich bin mit dem Steuerbescheid vom 08. April 2017 nicht einverstanden, da ich aus Versehen bei der Einkommensteuererklärung die Schuldzinsen, die ich an die Bank für die vermietete Wohnung in Höhe von 1.200,00 € schulde, nicht angegeben habe. Den Zahlungsbeleg sende ich anbei. Ferner hat mein Arbeitgeber mir insgesamt 10.000,00 € Lohnsteuer einbehalten. Im Bescheid sind jedoch nur 9.500,00 € notiert."

- Welche Finanzämter sind örtlich zuständig? Trennen Sie hierbei nach der Steuerart (Einkommen-, Umsatz-, Gewerbe- und Grundsteuer) und nennen Sie die Rechtsgrundlage.

....
....
....

- Wie ist das Schreiben von Herrn Müller an das Finanzamt rechtlich zu würdigen?
  Wie wird das Finanzamt reagieren?

....
....
....

- Was wäre, wenn Herr Müller das Schreiben erst am 05. Juni 2017 gesandt hätte?
  Wann hätte das Schreiben spätestens beim Finanzamt eingehen müssen?

....
....

Aufgabe 2: Umsatzsteuer   (max. 32,5 Punkte)

a) Wann ist eine Lieferung steuerbar? Nennen Sie die Tatbestandsmerkmale inklusive der Rechtsgrundlagen.

b) Werden in den nächsten Geschäftsfällen steuerbare Umsätze bewirkt? Begründen Sie Ihre Entscheidung und geben die Rechtsgrundlage an.

- Der Angestellte Maier verkauft einen gebrauchten Kinderwagen an seinen Geschäftskollegen in Stuttgart für 100,00 € gegen Barzahlung.

- Der Assistenzarzt des Klinikums München Dr. Buchfink aus München behandelt während seines Urlaubs in Venedig (Italien) unentgeltlich einen verunglückten Italiener.

- Der Unternehmer Walter hat am 14. September 2017 einen Computer an den Unternehmer Müller für netto 1.000,00 € geliefert. Erstellen Sie für diesen Fall die ordnungsgemäße Rechnung und nennen Sie die Bestandteile einer Rechnung und deren Gesetzesgrundlage.

c) Das Umsatzsteuergesetz unterscheidet verschiedene Gebietsbegriffe. Welche Orte in der Tabelle werden welchem Gebiet zugeordnet? Kreuzen Sie an und nennen Sie die Rechtsgrundlagen. Begründen Sie kurz Ihre Entscheidung.

Ort	Inland	Ausland	Gemeinschaftsgebiet	Drittland	Übriges Gemeinschaftsgebiet
München					
Insel Helgoland					
Insel Rügen					
Freihafen Bremerhaven					
Büsingen					
Oslo					
Amsterdam					
Budapest					
Monaco					

Begründung:

....

....

....

....

....

d) In welchen Rechtsgrundlagen sind die Steuerbefreiungen geregelt? Nennen Sie drei Beispiele.

....

....

....

Aufgabe 3: Lohnsteuer (max. 7 Punkte)

a) Welche Abgaben hat ein Arbeitnehmer zu zahlen, der monatlich 1.000,00 € brutto verdient? Nennen Sie diese.

....

....

....

b) Welche Abgaben hat ein Arbeitgeber für seinen Arbeitnehmer abzuführen, wenn dieser monatlich brutto 1.000,00 € verdient?

....

....

....

Aufgabe 4: Einkommensteuer (max. 24 Punkte)

a) Nennen Sie die Einkunftsarten und geben Sie die entsprechenden Rechtsgrundlagen an.

....

....

....

b) Berechnen Sie die aufgeführten Einkünfte aus nichtselbstständiger Arbeit.

Monatliches Gehalt	2.500,00 €
Urlaubsgeld	1.000,00 €
Weihnachtsgeld	1.000,00 €
Fahrten zur ersten Tätigkeitsstätte an 200 Tagen, einfache Entfernung: 15 km	
Fortbildungskosten:	
- Kursgebühr	1.000,00 €
- Fachliteratur	250,00 €
- Fahrten zur Fortbildungsstätte an 10 Samstagen (einfache Entfernung: 55 km), Abfahrt 7:00 Uhr, Ankunft 17:00 Uhr.	

....

....

....

c) Renate Bauer betreibt in Regensburg einen Friseursalon. Sie ermittelt Ihren Gewinn nach § 5 EStG. Nehmen Sie zu folgenden Sachverhalten Stellung. Wie hoch ist die Betriebseinnahme und die Betriebsausgabe? Wie hoch ist der Buchwert zum 31. Dezember 2017?

◆ Im Februar 2017 erwirbt Frau Bauer ein unbebautes Grundstück zum Kaufpreis von 500.000,00 €, wofür Grunderwerbsteuer in Höhe von 17.500,00 € anfällt. Frau Bauer bezahlt diese am 15. März 2017. Weiterhin fallen Notarkosten an:
- für die Beurkundung des Kaufvertrages: 3.500,00 €
- für die Eintragung der Grundschuld: 2.500,00 €
- für die Eintragung im Grundbuch: 750,00 €

....

....

....

◆ Zur Finanzierung des Grundstücks nimmt Frau Bauer am 01. März 2017 ein Darlehen mit einer Laufzeit von fünf Jahren in Höhe von 200.000,00 € auf. Sie zahlt in 2017 Schuldzinsen in Höhe von 8.500,00 € und ein Disagio über 6.000,00 €.

◆ Frau Bauer hat eine Waschmaschine. Hier werden die Handtücher des Friseursalons und die private Wäsche gewaschen. Die betriebliche Nutzung beträgt 5 %.

◆ Frau Bauer übergibt einer guten Kundin ein Weihnachtsgeschenk im Wert von netto 50,00 €.

◆ Frau Bauer zahlt Gewerbesteuervorauszahlung in Höhe von 3.000,00 € und die Einkommensteuervorauszahlung in Höhe von 5.000,00 €.

◆ Der Steuerberater von Frau Bauer hat die Bilanz des Vorjahres erstellt. Es wird ein Erstattung der Einkommensteuer erwartet. Darüber freut sich Frau Bauer und lädt Ihren Steuerberater spontan zum Essen ein. Im Verlaufe des Essens werden Maßnahmen zur Umsatzsteigerung besprochen. Für das Essen bezahlt Frau Bauer 100,00 €.

Aufgabe 5: Körperschaftsteuer (max. 3 Punkte)

◆ Sind folgende Aussagen richtig? Kreuzen Sie die richtigen Sachverhalte an.

☐ Die Körperschaftsteuer ist die Einkommensteuer der juristischen Personen.

☐ Der Körperschaftsteuersatz beträgt 20 %.

☐ Die Deutsche Bundesbank zahlt keine Körperschaftsteuer.

☐ Politische Parteien zahlen keine Körperschaftsteuer für den wirtschaftlichen Geschäftsbetrieb.

☐ Da eine GmbH Körperschaftsteuer zahlt, muss sie keine Gewerbesteuer entrichten.

☐ Die Körperschaftsteuer bemisst sich nach dem Umsatz.

Aufgabe 6: Gewerbesteuer (max. 10 Punkte)

a) Nennen Sie zwei Betriebe, die keine Gewerbesteuer bezahlen müssen.

b) Petra Straube betreibt eine Metzgerei. Der vorläufige handelsrechtliche Gewinn beträgt 35.000,00 €. Für die Finanzierung der Kühlanlage hat sie jährlich 8.000,00 € Zinsen gezahlt. Ferner hat sie das computergesteuerte Kassensystem zu einer monatlichen Rate von 350,00 € geleast. Die Gewerbesteuervorauszahlung betrug 1.000,00 €. Darüber hinaus hat sie im laufenden Geschäftsjahr Kunden mit einem Aufwand von 800,00 € bewirtet. Petra Straube hat eine Spende in Höhe 500,00 € über das betriebliche Geschäftskonto an den Sportverein getätigt.

◆ Berechnen Sie den Gewerbeertrag für Frau Straube.

Aufgabe 7: Steuerliche Aspekte der Unternehmensgründung (max. 8,5 Punkte)

a) Herr Ulrich hat gerade seinen Meister als Zimmermann erfolgreich abgelegt. Nun möchte er sich selbstständig machen. Was raten Sie Herrn Ulrich?

b) Nennen Sie jeweils drei Gemeinsamkeiten und Unterschiede zwischen einer GmbH und einer Ltd.

....

....

....

c) Ein Freund von Ihnen möchte eine UG gründen. Was meint er damit? Beschreiben Sie die Unternehmensform.

....

....

....

Sachwortverzeichnis

Numerics

1 %-Regelung 143

A

Abschreibung, außerplanmäßig 149
Abschreibung, degressiv 149
Abschreibung, linear 149
Abschreibung, Maßgabe der Leistung 150
Abschreibung, planmäßig 148, 149
Abschreibungen 148
Absetzung für Abnutzung 148
Anlagegüter, abnutzbar 127
Anlagegüter, nicht abnutzbar 128
Anlagevermögen, abnutzbares 127
Annexsteuern 178
Anschaffungskosten 128
Ausland 54

B

Beiträge 14
Beschäftigte, geringfügig 181
Beschäftigte, kurzfristig 183
Besitzsteuern 19
Besteuerungsverfahren 26
Betriebsausgaben 145
Betriebsausgaben, beschränkt abzugsfähig 146
Betriebsausgaben, nicht abzugsfähig 145
Betriebseinnahmen 144
Betriebsfinanzamt 32
Bewirtungskosten 147

D

Doppelbesteuerung 228
Drittland 54
durchlaufender Posten 48
Durchschnittsbewertung 134

E

Einkommensteuer, Steuersätze 161
Einkommensteuer, Vorauszahlungen 165
Einkommensteuererklärung 162
Einlagen 139
Einzelbewertung 134
Einzelunternehmen 225, 227
Einzelwertberichtigung 135
ELStAM 175
Entgelt 55
Entnahmen 139

F

Fahrtenbuchmethode 142
Faktorverfahren 177
Festbewertung 134
Finanzverfassung 21
Forderungen 134

G

Gebäudeabschreibung, linear 151
Gebühren 14
Gegenleistungen 55
Geldleistungen 13
Gemeindesteuer 202
Gemeinschaftsgebiet 54
Geringwertige Wirtschaftsgüter, Abschreibung 154
Geschäftsleitungsfinanzamt 31
Geschenke 146
Gewerbebetrieb 225
Gewerbeertrag 203
Gewerbesteuer 202
Gewerbesteuer, Bemessungsgrundlage 203
Gewerbesteuer, Steuertatbestand 203
Gewerbesteuererklärung 212
Gewerbesteuermessbetrag 207
Gewerbesteuerrückstellung 217
Gewerbesteuervorauszahlungen 216

H

Haftungsschuldner 16
Hebesatz 209
Herstellungskosten 130
Hinzurechnungen 189, 204

I

Imparitätsprinzip 133
Individualbesteuerung 183
Inland 53
Investitionsabzugsbetrag 156

K

Kapitalgesellschaft 227
Kirchensteuer 179
Kleinunternehmerregelungsverzicht 86
Körperschaftsteuer 186
Körperschaftsteuer, Bemessungsgrundlage 187
Körperschaftsteuer, Besteuerungszeitraum 187
Körperschaftsteuer, Freibeträge 189
Körperschaftsteuer, Steuersätze 190
Körperschaftsteuer, Steuertatbestand 187
Körperschaftsteuer-Erklärung 191
Körperschaftsteuer-Rückstellung 198
Körperschaftsteuer-Vorauszahlungen 197
Kurzfristigkeit 183
Kürzungen 189, 206

L

Lagefinanzamts 32
Leistungen 54
Lohnsteuer 174
Lohnsteuerabzugsmerkmale 175
Lohnsteuerklasse 176
Lohnsteuertabelle 176

M

Mini-Job 181
Mittel, liquide 137

N

Nachhaltigkeit 50
Nebenbeschäftigung 182
Nebenleistungen, steuerliche 13
Niederstwertprinzip 133

O

Objektsteuer 202

P

Pauschalwertberichtigung 136
Personengesellschaft 225, 227
Poolbildung 154

R

Realsteuer 202
Rechtsmittelbelehrung 34
Rechtsverordnungen 21
Reverse-Charge-Verfahren 51
Rückstellungen 138

S

Sachsteuer 202
Säumniszuschläge 13
Selbstständigkeit 49
Sofortabschreibung 154
Solidaritätszuschlag 179
Sonderabschreibung 152
Sonderabschreibungen 153
Sozialversicherungen 180
Sozialversicherungsbeiträge 183
Spenden, abziehbar 189
Steuerabzugsbeträge 175
Steueranmeldung 27
Steuerarten 18
Steuerbare Umsätze 53
Steuerbescheid 33
Steuerbescheid, Mussangaben 34
Steuerbescheid, Sollangaben 34
Steuerbilanz 159
Steuererklärung 27
Steuererklärung, Form 29
Steuererklärung, Inhalt 29
Steuererklärungspflicht 212
Steuerfestsetzung 33
Steuergläubiger 17
Steuerklassenkombination 177
Steuern 12
Steuern, direkte 18
Steuern, indirekte 18
Steuerpflichtige 16, 27
Steuerschuldner 16
Steuerschuldnerschaft 51
Steuerschuldnerschaft, Umkehr 51

279

Steuersubjekt 16
Steuertatbestand 17
Steuerträger 17
Steuerverkürzung 30
Steuerzahler 16

T

Tätigkeit, selbstständig 225
Teilwert 132

U

Umlaufvermögen 133
Umsatzsteuer, Steuertatbestand 49
Unternehmensformen 224
Unternehmer 49

V

Verbindlichkeiten 137
Verbrauchsteuern 19
Verkehrsteuern 19
Verlustabzug 189
Verlustvortrag, anrechenbar 207
Verpflegungsmehraufwendungen 147
Verspätungszuschläge 13
Verwaltungsanordnungen 21
Vorräte 134

W

Wertaufholungsgebot 133
Wertpapiere 136
Wohnsitzfinanzamt 30

Z

Zinsen 13
Zölle 19
Zugangsvermutung 34
Zuschlagssteuern 178
Zuständigkeit, örtlich 30
Zwangsgelder 14

Ebenfalls im Verlag erschienen.

Up-To-Date FiBu und Lohn

Bleiben Sie auch weiterhin auf dem Laufenden. Die Up-To-Date-Broschüren Finanzbuchhaltung und Lohn und Gehalt informieren Sie jährlich über aktuelle Gesetzesänderungen. Alle wichtigen Rechtsstandsänderungen sind übersichtlich zusammengestellt und anhand von Beispielen erklärt.

Xpert Business

	Titel	Preis*	ISBN/Bestellnr.
	Finanzbuchführung 1	22,95 €	978-3-86718-**500**-4
	Finanzbuchführung 1 - Übungen und Musterklausuren,	24,95 €	978-3-86718-**550**-9
	Finanzbuchführung 2	22,95 €	978-3-86718-**501**-1
	Finanzbuchführung 2 - Übungen und Musterklausuren,	24,95 €	978-3-86718-**551**-6
	Finanzbuchführung mit Lexware	22,95 €	978-3-86718-**502**-8
	Finanzbuchführung mit DATEV	22,95 €	978-3-86718-**592**-9
	DATEV für den Mittelstand	22,95 €	978-3-86718-**599**-8
	Intensivkurs Finanzbuchführung - Betriebl. Übungsfallstudie	16,95 €	978-3-86718-**594**-3
Neu	Up-To-Date 2017 - Finanzbuchhaltung	9,95 €	978-3-86718-**016**-0
	Einnahmen-Überschussrechnung	22,95 €	978-3-86718-**598**-1
	Kommunales Rechnungswesen - Doppik Doppelte Buchführung in der öffentlichen Verwaltung	36,95 €	978-3-86718-**516**-5
	Lohn und Gehalt 1	22,95 €	978-3-86718-**503**-5
	Lohn und Gehalt 1 - Übungen und Musterklausuren,	24,95 €	978-3-86718-**553**-0
	Lohn und Gehalt 2	22,95 €	978-3-86718-**504**-2
	Lohn und Gehalt 2 - Übungen und Musterklausuren,	24,95 €	978-3-86718-**554**-7
	Lohn und Gehalt mit Lexware	22,95 €	978-3-86718-**505**-9
	Lohn und Gehalt mit DATEV	22,95 €	978-3-86718-**595**-0
Neu	Up-To-Date 2017 - Lohn und Gehalt	9,95 €	978-3-86718-**017**-7

* Preise inkl. USt., Änderungen vorbehalten. Aktuelle Preise finden Sie auf www.edumedia.de

Xpert Business

Titel	Preis*	ISBN/Bestellnr.
Personalwirtschaft	22,95 €	978-3-86718-**512**-7
Personalwirtschaft - Übungen und Musterklausur	22,95 €	978-3-86718-**562**-2
Kosten- und Leistungsrechnung	22,95 €	978-3-86718-**511**-0
Kosten- und Leistungsrechnung - Übungen und Musterklausuren	16,95 €	978-3-86718-**561**-5
Controlling	22,95 €	978-3-86718-**508**-0
Controlling - Übungen und Musterklausuren	22,95 €	978-3-86718-**558**-5
Bilanzierung	24,95 €	978-3-86718-**507**-3
Bilanzierung - Übungen und Musterklausuren	22,95 €	978-3-86718-**557**-8
Betriebliche Steuerpraxis	26,95 €	978-3-86718-**515**-8
Finanzwirtschaft	22,95 €	978-3-86718-**510**-3
Finanzwirtschaft - Übungen und Musterklausuren	22,95 €	978-3-86718-**560**-8

* Preise inkl. USt., Änderungen vorbehalten. Aktuelle Preise finden Sie auf www.edumedia.de

Xpert Business
WirtschaftsWissen

Titel	Preis*	ISBN/Bestellnr.
Systeme und Funktionen der Wirtschaft	11,95 €	978-3-86718-**600**-1
Wirtschafts- und Vertragsrecht	11,95 €	978-3-86718-**601**-8
Unternehmensorganisation und -führung	11,95 €	978-3-86718-**602**-5
Produktion, Materialwirtschaft und Qualitätsmanagement	11,95 €	978-3-86718-**603**-2
Finanzen und Steuern	11,95 €	978-3-86718-**604**-9
Marketing und Vertrieb	11,95 €	978-3-86718-**605**-6
Personal- und Arbeitsrecht	11,95 €	978-3-86718-**606**-3
Rechnungswesen und Kostenrechnung	11,95 €	978-3-86718-**607**-0
WirtschaftsWissen kompakt	22,95 €	978-3-86718-**611**-7
WirtschaftsWissen für Existenzgründer	29,95 €	978-3-86718-**612**-4

* Preise inkl. USt., Änderungen vorbehalten. Aktuelle Preise finden Sie auf www.edumedia.de

Xpert Personal Business Skills

Titel	Preis*	ISBN/Bestellnr.
Wirksam vortragen - Rhetorik 1	15,95 €	978-3-86718-**080**-1
Erfolgreich verhandeln - Rhetorik 2	15,95 €	978-3-86718-**081**-8
Zeit optimal nutzen - Zeitmanagement	15,95 €	978-3-86718-**082**-5
Erfolgreich verkaufen - Verkaufstraining	15,95 €	978-3-86718-**083**-2
Projekte realisieren - Projektmanagement	15,95 €	978-3-86718-**084**-9
Konflikte lösen - Konfliktmanagement	15,95 €	978-3-86718-**085**-6
Erfolgreich moderieren - Moderationstraining	15,95 €	978-3-86718-**086**-3
Probleme lösen und Ideen entwickeln	15,95 €	978-3-86718-**087**-0
Kompetent entscheiden und verantwortungsbewusst handeln	15,95 €	978-3-86718-**088**-7
Teams erfolgreich entwickeln und leiten	15,95 €	978-3-86718-**089**-4
Overhead-Folien und Bildschirmshows	15,95 €	978-3-86718-**090**-0
Präsentationen gekonnt durchführen	15,95 €	978-3-86718-**091**-7

* Preise inkl. USt., Änderungen vorbehalten. Aktuelle Preise finden Sie auf www.edumedia.de

Wissenstrainer
interaktive Lernsoftware

Programmversion		Preis ab*	ISBN/Bestellnr.
Wissenstrainer Finanzbuchführung			
Xpert Business - Finanzbuchführung 1	560 Wissenskontrollfragen	24,95 €	978-3-86718-**970**-5
Xpert Business - Finanzbuchführung 2	558 Wissenskontrollfragen	24,95 €	978-3-86718-**971**-2
Starter - Buchhaltung für Einsteiger	560 Wissenskontrollfragen	24,95 €	978-3-86718-**972**-9
Advanced - Buchhaltung für Fortgeschrittene	558 Wissenskontrollfragen	24,95 €	978-3-86718-**973**-6

* Preise inkl. USt. gelten für Edu-Version (für berechtigte Kunden wie Schüler, Studenten, Lehrkräfte, Kursteilnehmer, Bildungseinrichtungen); Änderungen vorbehalten; aktuelle Preise und Bedingungen finden Sie auf www.edumedia.de

Buchungstrainer
interaktive Lernsoftware

Programmversion		Preis*	ISBN/Bestellnr.
Buchungstrainer Xpert Business Finanzbuchführung 1	mit 250 Belegen mit 500 Belegen mit 750 Belegen (Bundle)	24,95 € 39,95 € 49,95 €	978-3-86718-**930**-9
Buchungstrainer Xpert Business Finanzbuchführung 2	mit 250 Belegen mit 500 Belegen mit 750 Belegen (Bundle)	24,95 € 39,95 € 49,95 €	978-3-86718-**931**-6
Buchungstrainer Starter Finanzbuchhaltung für Einsteiger	mit 250 Belegen mit 500 Belegen mit 750 Belegen (Bundle)	24,95 € 39,95 € 49,95 €	978-3-86718-**932**-3
Buchungstrainer Advanced Finanzbuchhaltung für Fortgeschrittene	mit 250 Belegen mit 500 Belegen mit 750 Belegen (Bundle)	24,95 € 39,95 € 49,95 €	978-3-86718-**933**-0

* Preise inkl. USt., Änderungen vorbehalten. Aktuelle Preise finden Sie auf www.edumedia.de

EDV

Titel	Preis*	ISBN/Bestellnr.
PC-Starter - Version für Windows 7	13,95 €	978-3-86718-**340**-6
Textverarbeitung 2010	13,95 €	978-3-86718-**345**-1
Tabellenkalkulation 2010	13,95 €	978-3-86718-**346**-8
Datenbanken 2010	13,95 €	978-3-86718-**347**-5

* Preise inkl. USt., Änderungen vorbehalten. Aktuelle Preise finden Sie auf www.edumedia.de

Xpert Culture Communication Skills

Titel	Preis*	ISBN/Bestellnr.
Interkulturelle Kompetenz	19,95 €	978-3-86718-**200**-3
Cross-cultural competence (englischsprachige Ausgabe)	19,95 €	978-3-86718-**201**-0
Interkulturelle Kompetenz in Gesundheit und Pflege	11,95 €	978-3-86718-**203**-4
Leben und Arbeiten in Deutschland	11,95 €	978-3-86718-**202**-7

* Preise inkl. USt., Änderungen vorbehalten. Aktuelle Preise finden Sie auf www.edumedia.de

Büroorganisation

Titel	Preis*	ISBN/Bestellnr.
Büroorganisation, Chefassistenz und Arbeitsoptimierung	29,95 €	978-3-86718-**404**-5
LOTUS NOTES- und IT-Anwendungen	9,95 €	978-3-86718-**401**-4

* Preise inkl. USt., Änderungen vorbehalten. Aktuelle Preise finden Sie auf www.edumedia.de

Fachprofil Lernbegleitung

Titel	Preis* Farb-Version	ISBN/Bestellnr.	Preis* Schwarz-Weiß-Version	ISBN/Bestellnr.
Fachprofil Lernbegleitung Fachbuch	49,90 €	978-3-86718-**753**-4	37,90 €	978-3-86718-**750**-3
Fachprofil Lernbegleitung Arbeitsblätter	49,90 €	978-3-86718-**754**-1	37,90 €	978-3-86718-**751**-0
Fachprofil Lernbegleitung Set (Fachbuch und Arbeitsblätter)	79,90 €	978-3-86718-**755**-8	59,90 €	978-3-86718-**752**-7

* Preise inkl. USt., Änderungen vorbehalten. Aktuelle Preise finden Sie auf www.edumedia.de

Bestell- und Kundenservice

Ob es um Fragen zu unseren Produkten, zu einer Lieferung oder um aktuelle Informationen geht, unser Kundenservice ist gern für Sie da. Sie werden von Ihrem persönlichen Kundenbetreuer individuell beraten oder mit dem Experten für die jeweiligen inhaltlichen Fragen verbunden.

- ☑ Online: www.edumedia.de
  Bestellen Sie zu jeder Tages- und Nachtzeit. Zeitunabhängig und zuverlässig.
- ☑ Telefon-Hotline: 05031 - 909800, E-Mail: info@edumedia.de
  Treffen Sie individuelle Absprachen mit Ihrem persönlichen Kundenbetreuer. Wir sind flexibel.